国家级小学教育一流本科建设专业与师范教育创新工程系列教材

小学英语教师专业发展

张光陆　主编

华东师范大学出版社

上海

图书在版编目(CIP)数据

小学英语教师专业发展/张光陆主编.—上海:华东师范大学出版社,2021

国家级小学教育一流本科建设专业与师范教育创新工程系列教材

ISBN 978 - 7 - 5760 - 1583 - 6

Ⅰ.①小… Ⅱ.①张… Ⅲ.①英语-小学教师-师资培训-师范大学-教材 Ⅳ.①G623.312

中国版本图书馆 CIP 数据核字(2021)第 069523 号

国家级小学教育一流本科建设专业与师范教育创新工程系列教材

小学英语教师专业发展

主　　编　张光陆
责任编辑　彭呈军
特约审读　郝　琳
责任校对　郭　红　时东明
装帧设计　刘怡霖

出版发行　**华东师范大学出版社**
社　　址　上海市中山北路 3663 号　邮编 200062
网　　址　www.ecnupress.com.cn
电　　话　021 - 60821666　行政传真 021 - 62572105
客服电话　021 - 62865537　门市(邮购)电话 021 - 62869887
地　　址　上海市中山北路 3663 号华东师范大学校内先锋路口
网　　店　http://hdsdcbs.tmall.com

印 刷 者　浙江临安曙光印务有限公司
开　　本　787×1092　16 开
印　　张　21.25
字　　数　378 千字
版　　次　2021 年 7 月第 1 版
印　　次　2021 年 7 月第 1 次
书　　号　ISBN 978 - 7 - 5760 - 1583 - 6
定　　价　68.00 元

出 版 人　王　焰

《国家级小学教育一流本科建设专业与师范教育创新工程系列教材》编写委员会

主　编　周　勇

委　员　冯铁山　邵光华　徐晓雄

　　　　陈柏华　张光陆　沈玲蓉

　　　　黄荣良　汪明帅　姚佩英

　　　　李慧仙　周国平　李元厂

《小学英语教师专业发展》编委会

主　编　张光陆

编写者　张光陆　谢　维　施春阳　张若以

　　　　许　冰　童晓露　王心怡　谭　丽

　　　　陈施佳　王晓菲

总序

为全面振兴我国本科教育,建设一流本科专业人才培养体系,教育部于 2018 年 6 月召开了新时代第一次高等学校本科教育工作会议,先后出台了《关于加快建设高水平本科教育全面提高人才培养能力的意见》(教高〔2018〕2 号)和《关于一流本科课程建设的实施意见》(教高〔2019〕8 号),把实施一流专业建设"双万计划"和一流课程建设"双万计划",作为新时代高水平本科人才培养体系建设的重要任务和重点举措。2019 年 4 月,教育部办公厅发布了《关于实施一流本科专业建设"双万计划"的通知》(教高厅函〔2019〕18 号),并于同年 12 月公布了首批国家级和省级一流本科专业建设点名单(教高厅函〔2019〕46 号)。其中,宁波大学小学教育专业、法学专业、通讯工程专业等十个本科专业成功入选我国首批国家级一流专业建设点。至 2020 年底,宁波大学已有 24 个专业获批国家一流本科专业建设点,全校 60% 以上的专业入选国家和浙江省专业建设"双万计划"。宁波大学是 2017 年入选的国家"双一流"建设高校。根据教育部对"双一流"高校要率先建成"一流专业"的要求,我校教务处于 2020 年初组织 2019 年获批的国家和省级一流本科专业建设点制定了《宁波大学国家级和省级一流本科专业建设点 2020—2022 年建设方案》,由此开启了宁波大学本科专业人才培养体系高质量内涵建设与发展的新征程。

宁波大学小学教育专业是首批入选国家级一流本科专业建设点的专业之一。经过这些年不懈建设与努力,该专业内涵不断丰富,办学质量持续提升,陆续成为浙江省重点建设专业、浙江省教师教育基地、浙江省"十二五""十三五"优势和特色建设专业,并于 2019 年成功入选国家级一流专业建设点和浙江省一流专业建设点。该专业国家一流专业建设点负责人、宁波大学教师教育学院院长贺国庆教授主持制定了《小学教育国家级一流本科专业建设点 2020—2022 年建设规划方案》,把一流课程与教材建设项目作为推进国家一流专业建设、建设高水平小学教育人才培养体系的核心内容与重要抓手。根据建设规划方案的要求,宁波大学基础教育系主任、小学教育专业负责人周勇教授牵头成立了小学教育专业一流教材建设专家组与教材编写委员会,组织制定了《国家级小学教育一流本科建设专业与师范教育创新工程系列教材》建设规划,并且联系教育出版全国领先的华东师范大学出版社承担这套教材的出版事宜。呈现在大家面前的这套十卷本小学教育系列教材,就是宁波大学小学教育专业辛勤奉献的课程教材建设成果,同时也是该专业在建设国家一流专业的征程中迈出的坚实步伐。

作为宁波大学小学教育国家级一流专业建设成果,这套小学教育专业系列教材具有如下几个鲜明特色。

本套教材的第一个鲜明特色是:教材编写队伍荟萃了宁波大学教师教育团队的优势力量,教材编写过程实现了"领军型"教师团队建设与一流学科建设、一流专业建设、一流课程建设的一体化,为本套教材的整体编写质量奠定了坚实基础。"领军型"教师团队既决定着一流学科的建设质量,同时也决定着一流专业、一流课程与教材的建设质量。本套教材的每一位教材主编,既是在教师教育研究领域有所建树的研究专家与领军人物,又是本专业执教相应教师教育课程多年、具有丰富大学教学经验、同时又谙熟基础教育实践的骨干教师。本套教材的编写过程,既是各位主编教师带领自己的团队,根据专业人才培养目标与课程建设的需要,把最新教师教育研究成果转化为课程教学内容的过程,也是各位主编教师带领自己的团队,围绕一流课程教材建设,开展教学研讨、实现教师教学发展、凝练高水平教学团队的过程,实现了教师教育学科建设、专业建设、课程建设、团队建设的一体化。因此,本套教材的编写队伍与编写过程,为确保教材整体质量奠定了坚实基础。在此,对本套教材每本教材名称及主编基本情况简介如下(最终书名可能会有变动):

◇《诗意语文案例教程》,编著者冯铁山博士、教授,语文教育研究专家。

◇《小学数学实践与科学实验》,主编邵光华博士、教授,数学教育研究专家。

◇《小学科学教学论》,著者周勇博士、教授,科学教育研究专家。

◇《小学英语教师专业发展》,主编张光陆博士、教授,英语教育研究专家。

◇《小学英语课程与教材分析》,主编陈柏华博士、教授,英语教育研究专家。

◇《小学信息化教学技能实务》,主编徐晓雄博士、教授,教育技术研究专家。

◇《小学班主任与班级管理》,主编汪明帅博士、副教授,教师教育研究专家。

◇《小学语文统编本教材教学设计》,著者沈玲蓉副教授,语文教育研究专家。

◇《小学数学算理基础》，主编黄荣良副教授，小学数学算理研究专家。

◇《小学教育实习指导》，主编姚佩英老师，教育实践课程研究专家。

本套教材的第二个鲜明特色是：整套教材在编写思路上注重落实一流专业人才培养目标、教师专业属性和专业发展机制对人才培养的要求，具有鲜明的专业性、实践性、案例性、反思性特征。本质上，教材是课程效能的价值载体和课程实施的基本媒体，是指导师生展开教学活动、建构学习经验、实现专业人才培养目标的重要教学资源。为此，教师教育教材的编写既要落实教师专业培养目标对课程目标和课程内容的要求，同时又要落实教师专业属性和专业发展机制对教学活动和教学过程的内在要求，才能保障教师教育教材承载相应的课程效能并发挥人才培养成效。宁波大学小学教育专业作为国家一流建设专业，将人才培养目标定位于：主动适应国家基础教育改革、浙江义务教育优质均衡发展和率先实现教育现代化对教师专业素质的要求，培养师德修养高尚与教育情怀浓厚，综合素养全面与实践技能扎实，具有一定教学专长能力与持续发展潜力的高素质、专业化小学教师。由此观照本套教材中每一本教材，无论是《诗意语文案例教程》《小学数学实践与科学实验》《小学科学教学论》《小学英语教师专业发展》等面向教师教学内容素养的教材，还是《小学信息化教学技能实务》《小学班主任与班级管理》《小学教育实习指导》等面向教师一般教学技能素养的教材，都是针对高度支撑小学教育专业培养目标的课程，并且按照相应课程效能、课程目标、课程内容而开发出来的，从根本上保障了教材所承担的课程效能与人才培养成效，表现出非常强的"专业性"。其次，国家教育部颁布的《教师教育课程标准（试行）》指出，教师是反思性实践者，他们是在研究反思自身实践经验和改进教育教学行为过程中实现专业发展的。教师专业的这种反思实践性及其反思实践发展机制，已经为专家与新手教师比较研究的结果所证实，并已成为当前世界教师教育领域的共识，极大地影响了世界各国教师教育模式与课程教材开发策略。为了落实这种专业属性与专业发展机制的要求，本套教材注重把小学教育教学情境中的真实性、实践性问题，先导性地植入教材创设的学习情境之中，从而激发师范生以教师主体角色身份，展开对这些实践性问题的思考与探究，有意识地培养师范生对教师专业身份认同与教育实践智慧。这就是本套教材所具有的"实践性"。为了培养学生像教育专家那样解决这些实践问题，本套教材皆注重从优秀教师教学案例或专家指导下的联合教研案例中选择实践问题解决案例，并通过案例分析展示专家解决这些问题的思维过程，从而培养师范生的专家思维与教学专长能力。这就是本套教材所具有的"案例性"。为了引导学生在解决实践问题时超越自身经验,本套教材注重把多种先进理论成果引入问题解决过程,让学生作为反思的多种视角或方法,透视实践情境的复杂性并据此重构问题及其解决过程,培养师范生的实践反思能力。这就是本套教材所具有的"反思性"。从某种意义上说,专业性、实践性、案例性、反思性,正是一流教师教育教材所应具有的基本特征。

本套教材的第三个鲜明特色是:整套教材在编写内容与编写方式上致力于体现我国新时代国家一流本科专业建设与一流本科课程(即"金课")建设对教材内容与呈现方式的要求,具有较强的高阶性、创新性与挑战性。首先,整套教材在编写内容上体现国家一流建设专业培养目标对课程内容的要求,注重引导师范生运用新的理论观点对教育实践问题展开深层次探究学习,并融入当前热点与难点问题的探讨,强调学习内容的深度与广度,培养师范生解决复杂问题的专家思维与教学专长能力。在教材呈现方式上,本套教材注重创新教材呈现方式与话语体系,从奠定师范生综合素养、形成实践智慧、培养教学专长能力与持续发展潜力所需要的教学与学习条件出发,把先进学术研究成果的"学术化"表征方式与话语体系,转化为适合学生学与教师教的"教学化"的表征方式与话语体系,既保障教材内容的前沿性、科学性与深广度,又增强教材形式与功能的针对性与实效性,从而落实高阶性、创新性、挑战性的"金课"建设要求。另外,本套教材注重配合国家级与省级线下、线上一流课程资源的建设,努力构建出融合线上视频、多媒体课件、线下教学资源于一体的新形态教材体系。

总之,这套十卷本小学教师教育教材,向我们展示了宁波大学小学教育专业在建设国家一流专业征程中所迈出的坚实步伐与所取得的标志性成果。希望该专业以这次系列教材建设为契机,进一步加强一流课程教材建设、一流教师团队建设,进一步完善人才培养方案,加强教学改革与研究,全面提升专业内涵深度,开启全面建设国家级一流小学教育专业的新局面,为把小学教育专业尽早建成国家一流专业取得更多、更高水平的专业建设成果。

宁波大学副校长　国家二级教授　博士生导师

2021 年 5 月

前　言

联合国教科文组织强调，教师工作是一种"专业""学习的专业""终身学习的专业"。我国的中小学《教师专业标准（试行）》亦将终身学习作为教师专业发展的基本理念，倡导具有终身学习与持续发展的意识和能力，做终身学习的典范。2011年版的《教师教育课程标准》明确提出了小学职前教师教育课程目标，其中一条是"小学教师应具有发展自我的知识与能力"。如何开展教师专业发展已经成为一个重要的研究课题，但是较为遗憾的是，国内专门针对小学英语教师专业发展的教材尚不多见。宁波大学小学英语教育专业开设小学英语教师专业发展课程已经有十多年的时间了，本教材的编写过程中一方面总结了多年的教学实践经验，另一方面也认真倾听了小学英语教育专业学生以及教师的建议。本教材以培养卓越的小学英语教师为目标，以国家一流本科建设专业——宁波大学小学教育专业为依托，主要面向小学英语教育专业的专科生、本科生、研究生和在职的小学英语教师。

本教材积极吸收国内外有关教师专业发展特别是小学英语教师专业发展的新近研究成果，突出了教师专业发展的理论性与实践性的融合。本教材的编写将理论阐释与案例分析融为一体，既观照到了教师专业发展的一般理论，又体现了小学英语教师专业发展的独特性；既有对基本概念的内涵、特征、功能等相关内容的阐释，又有对具体实施对策的说明。教材编写注重问题性、探究性与实践性。每一章不但由问题导入，而且贯穿于教材之中；每一章都包含多个案例，将理论阐释与实践探索充分融合。每一章前有学习目标与学习指导，每一章后有学习小结和评价检测题，有利于学生的自主学习。本教材共有十章，其中前三章主要从教师专业发展的理念、新时代对小学教师的新要求、小学英语教师的知识、技能以及身份认同等方面总体阐释了小学英语教师专业发展的目标，后面七章，即从第四章到第十章，主要阐释了促进小学英语教师专业发展的七种主要策略,分别是反思性教学、教学日志、同伴观摩、行动研究、案例研究、教育叙事以及学习共同体等。教材既阐释了每一种策略的内涵、特征、类型以及功能等方面,又结合实践分析了实施此种策略的障碍,并提出可行性对策。每一章都有理论阐释与案例研究,集理论性与操作性于一体。

本教材系宁波大学多人合作创编而成,是集体智慧的结晶。具体分工如下:第一章,张光陆;第二章,谢维;第三章,施春阳;第四章,张若以、张光陆;第五章,许冰、张光陆;第六章,童晓露、王晓菲;第七章,张光陆;第八章,王心怡、张光陆;第九章,谭丽、张光陆;第十章,陈施佳、张光陆。该教材由张光陆确定写作框架,并且进行统稿和定稿。刘科参与了书稿的修改校对工作。

本教材参考、引用和借鉴了许多国内外文献,尽可能做到了标注,若有疏漏,敬请谅解。同时非常感谢华东师范大学出版社编辑们的鼎力支持。

由于水平有限,本教材肯定会有许多问题或不足,敬请各位同仁和同学提出宝贵意见,以便今后再版时进一步修改完善。

张光陆

2020 年 9 月 16 日

于宁波大学

目　录

第一章　教师专业发展概论

学习目标

学习目标

1. 能够了解教师专业发展的内涵及其特征；
2. 能够了解教师专业发展的价值及其影响因素；
3. 能够了解当前教师专业发展面临的问题及其可能的对策；
4. 能够理解新时代对教师素养的新要求。

学习指导

本章建议课堂教学 4 个学时。

学习重点主要包括：教师专业发展的内涵与特征，教师专业发展的影响因素，当前教师专业发展中存在的问题及对策，教师核心素养的内涵与框架，教师核心素养构建的本土对策等。

课堂教学以讲授为主，对话讨论为辅。

教材学习与教材之外的学习相结合，建议阅读相关领域的研究论文和著作，以提升理解。

问题引导

王萍是一名新入职的小学英语教师，她对未来的工作充满了期待，但是她很快发现教师这份工作并没有预想得那么美好。上课时总有那么几个孩子不认真听讲，在课堂上交头接耳；总有几个孩子不按时完成作业；总有许多学生对自己精心准备的话题不感兴趣；总有部分家长对自己的工作不满意；虽然自己努力工作，但是班级成绩在全年级倒数；教研组里的老师交流不多，有时遇到问题不知道该请教谁？

你认为王萍老师该如何去做？你能提出什么建议？

第一节　教师专业发展概述

知识经济与信息社会不仅仅要求21世纪的学生成为终身学习者，而且教师也要成为终身学习者。联合国教科文组织强调，教师工作是一种"专业""学习的专业""终身学习的专业"。我国的中小学《教师专业标准（试行）》亦将终身学习作为教师专业发展的基本理念，倡导具有终身学习与持续发展的意识和能力，做终身学习的典范。2011年版的《教师教育课程标准》明确提出了小学职前教师教育课程目标，其中一条是"小学教师应具有发展自我的知识与能力"，具体包括如下内容：了解教师专业素养的核心内容，明确自身专业发展的重点；了解教师专业发展的阶段与途径，熟悉教师专业发展规划的一般方法，学会理解与分享优秀教师的成功经验；了解教师专业发展的影响因素，学会利用以课程学习为主的各种机会，积累发展经验。

问题与讨论

你认为职业是否都属于专业？哪些职业属于专业？专业有何特征？

一、专业的内涵

专业性是一个社会学概念，判断一项职业是否具有专业性有两种分析模式："即特征模式和权力模式。特征模式以医生、律师等社会公认的成熟的专门职业作为理想的模式，从中归纳出一系列的专业特征，以此建立起一套具有普遍意义的专业性尺度，用来衡量职业群体的专业化程度，并判定哪些职业是专门职业。权力模式则分析了从业人员在职业活动中对专门职业的内在认识。"[1]不同的学者或机构从不同的视角提出了判断一个职业是否具有专业性的尺度[2]，见表1-1。

---

① 宋吉缮.论教师职业的专业化[J].清华大学教育研究,2003(2)：69.
② 宋吉缮.论教师职业的专业化[J].清华大学教育研究,2003(2)：70.

表 1-1　教师专业性的不同视角

弗莱斯尼(A. Flexnen)	①有知识并且有社会责任感；②把重点放在非常识的学习上；③实用性；④通过专业教育获得专业技术；⑤组织权；⑥优先为社会服务。
美国教育学会	①基本的心智活动；②专业化的知识体系；③需要长时间的专门训练；④需要持续的在职成长；⑤提供终身从事的职业生涯和永久的成员资格；⑥服务于个人利益之上；⑦拥有强大的、严密的专业团体；⑧建立自身的专业标准。
利伯曼(M. Liberman)	①社会服务功能；②高水平的知识和技能；③长期的准备；④自主权；⑤责任权；⑥自治组织；⑦社会服务优先于经济报酬。
金钟哲	①要求高智商的精神活动；②严格的资格标准；③学术理论及其应用；④利他性的服务活动优先；⑤高度的自主和社会责任感；⑥伦理纲领；⑦自主的组织权。
曾荣光	①为社会提供不可或缺的服务；②享有专业服务的专业权；③接受长时间训练和入职辅导；④具有一套"圈内知识"；⑤有专业自主权；⑥组成对成员有制约力的专业团体；⑦确立一套专业守则；⑧获得社会当事人信任；⑨享有相当社会地位和职业报酬；⑩不断接受在职培训和从事科研活动。
舒尔曼(L. S. Shulman)	①对学术与理论知识有充分的掌握；②服务的理念和职业道德；③能在一定的专业范围内进行熟练操作和实践；④运用理论对实际情况做出判断；⑥从经验中学习；⑥形成一个专业学习和人员管理的团体。

综上所述，一般而言，作为一名专业人员，应具有如下特征：

1. 具有高度的知识基础与技术能力。专业人员应具备非专业人员所不具备的大量的知识和高超的技术能力，能够在复杂的情境中有效地解决问题。

2. 具有使命感。专业人员具有很强的社会服务性，专业活动的主要目的不是为个人谋私利，而是为社会服务，在某些情况下，甚至需要牺牲个人利益。与使命感密切相关的是，专业人员应具有职业道德，应受到职业道德标准的制约。

3. 长期的专业教育和严格的考核要求。专业资格证的获得需要首先接受长期的专业教育，并且接受严格的考核要求。

4. 自主性。专业人员在没有其他外界压力的情况下，要按照自身的判断，完成自己的工作，即专业人员不应该因受到雇佣组织或顾客的压力，而改变自己的判断标准。

5. 责任感。专业人员应对自己的行为和决策富有责任感。

6. 归属于某个专业组织。专业人员将专业组织作为在专业工作中判断和思考的主要标准，即专业人员通过参加专业组织或阅读专业杂志，自觉受到专业标准的强烈影响。

为什么教师是专业人员？

1. 教师职业有较高的专门知识和技能。就像法律工作者需要法学知识，医生需要医学知识一样,教师也要具备有关教育专业知识。美国著名教育家、斯坦福大学教授舒尔曼,认为教师需要具备七大类知识,具体为学科知识、一般教学法知识、课程知识、学科教学知识、学习者及其特点知识、教育背景知识、教育目标和价值观及其哲学和历史背景的知识等。2010 年 9 月美国的教师教育学院协会与 21 世纪技能合作伙伴(P21)合作,研制了《职前教师的 21 世纪知识与技能》,明晰了美国职前教师的关键能力框架①。作为教师培养机构的师范大学开设的课程为预备教师提供了必要的理论知识和实习机会。

2. 教师职业需要长时间的专门训练。现在,国际上培养教师的任务主要是由高等教育机构承担的。在中国,包括小学英语专业在内的小学教育专业的培养年限大都是四年,需要接受严格的考核,需要获得本科学历和学士学位。

3. 教师职业需要不断的学习进修。教师必须要不断地完善自己的专业技能,不断进修,并将教育理论和研究成果运用到教学实践当中去。教师通过这一过程要反省自己,要对一些新问题进行分析,要在积累了一定教学经验的基础上,不断地学习和进修。教师的进修意味着这一职业的不断成长。

4. 教师职业的自主权。从某种意义上说,教师具有相当高的自主性。教师在教室这一环境内,是有高度的自主性的,他们可以自由安排教学方式,并且可以在国家和地方政府制定的方针下,自由选择大部分教学内容。教师的学术自由是有较大发展空间的。

5. 教师职业有较高的职业道德。世界各国都对教师的职业道德有明确要求,教师的职业道德要高于一般职业的道德水准。教师职业道德的水准不仅表现教师职业的社会声望,而且直接关系到教育工作的成败。

二、教师专业发展的内涵与特征

教师专业发展这一概念把教学工作视为一种专门职业,把教师视为一个履行教育教学工作的专业人员。要成为一个成熟的教育专业人员,需要通过不断的学习与探究历程来拓展其专业内涵,提高专业水平,从而达至专业成熟的境界。对于教师专业发展的界定,学者有不同的论述。哈格里夫斯(A. Hargreaves)和富兰(M. Fullan)指出,

---

① P21. 21ˢᵗ century knowledge and skills in educator preparation. [EB/OL] http://www.p21.org/storage/documents/aacte_p21_whitepaper. 2010 - 11 - 12.

教师发展可以从知识与技能的发展、自我理解和生态改变三个方面来理解。伊文思（L. Evans）提出教师发展最基本的是态度上和功能上的发展。①

从个体角度看，教师专业发展被定义为通过系统的努力来改变教师的专业实践、信念、以及对学校和学生的理解，强调教师个体知识、技能的获得以及教师生命质量的成长。从群体的角度看，教师专业发展可以理解为："教师不断成长、不断接受新知识、提高专业的过程，在这个过程中，教师通过不断的学习、反思和探究来拓宽其专业内涵、提高专业水平，从而达至专业成熟的境界。教师专业发展强调教师的终身学习和终身成长，是职前培养、新任教师培养和在职培训，直至结束教职为止的整个过程。教师专业发展不仅包括教师个体生涯中知识、技能的获得和情感的发展，还涉及与学校、社会等更广阔情境的道德与政治因素"。② 教师专业发展具有如下特征：

1. 教师专业发展的过程性。教师专业发展是一个过程，强调教师作为一个教育教学的专业人员要经历一个由不成熟到相对成熟的专业人员的发展历程。

2. 教师专业发展的多维性。教师专业发展既包括了知识的积累、技能的娴熟、能力的提高，也涵盖了态度的转变、情意的发展，还涉及与学校、社会等更广阔情境的道德与政治因素。

3. 教师专业发展的终身性。教师专业发展强调教师的终身学习和终身成长，是职前培养、新任教师培养和在职培训，直至结束教职为止的整个过程。"教师专业的'学习'拥有三个基本定律：其一，越是基于学习者的内在需求就越是有效；其二，越是扎根于学习者的鲜活经验就越是有效；其三，越是细致地反思学习者自身的经验就越是有效。所以，教师的成长需要终身学习。"③

4. 教师专业发展的批判反思性。教师不只是知识和技能的受容器，教师是一支强大的变革力量。具有变革力量的教师独自或与人一起检视、更新和拓展教学的目的，不断学习和发展优质的专业思想、知识、技能和情感智能。

5. 教师专业发展的自主性。教师专业发展不应成为"被发展"的过程，应强调教师的自主意识，强调教师专业发展的个体性、自主性和自发性，重视教师的创造性和独特性。

① Evans, L. What Is Teacher Development? [J]. Oxford Review of Education，2002(1)：123 - 137.
② 卢乃桂，钟亚妮. 国际视野中的教师专业发展[J]. 比较教育研究，2006(2)：71—76.
③ 钟启泉. 为了未来教育家的成长——论我国教师教育课程创新的课题[J]. 教育发展研究，2011(18)：20—26.

三、教师职业倦怠与专业发展的功能

教师专业发展是一个连续的、动态的、终生的过程,在这一过程中会面临着各种各样的困境和危机,这些困境和危机有些来自于自身的专业知识能力、个人和专业经历、情感和心理因素等个人因素,有些来自于包括学校在内环境的因素。而职业倦怠就是教师专业发展过程中所遭遇到的一个重大的危机与困境。

1. 职业倦怠

许多教师一方面由于面临长期的精神压力,另一方面又由于个人成就的缺乏以及工作的单调,可能会导致职业倦怠。职业倦怠(burnout)是个体因不能有效缓解工作压力(反映在压力深重且无从疏导倾泻)或妥善应付工作中的挫折所经历的身心疲惫的状态。1974年美国学者弗洛登伯格(H. Freudenberger)最早提出了"职业倦怠"这个概念。他用"burnout"一词来描述那些服务于助人行业的人们因工作时间过长、工作量过大、工作强度过高所导致的一种疲惫不堪与耗竭的状态。职业倦怠被界定为包括情绪衰竭(emotional exhaustion)(个体压力成分)、人格解体(depersonalization)(人际关系成分)和低成就感(reduced personal accomplishment)(自我评价成分)这三个维度的心理综合征。教师作为特殊的助人行业群体,是该现象的高发人群之一。

教师职业倦怠是指教师不能顺利应对工作压力(即指教师在工作中无从排解压力)时产生的一种极端生理心理反应,是教师在长期压力体验下产生的情感、态度和行为衰竭状态。教师职业倦怠现象在国内已大量存在。职业倦怠的感受正打击着无数教师,原本有仁爱之心、有奋斗理想、乐于奉献于工作的教师们在逐渐远离他们的专业发展与教育工作,这不但导致教学质量的下降,教师工作投入、参与减少,创造性大幅降低,而且导致教师产生离职意向,教师流失增加。职业倦怠最终影响教师身心健康,出现教育危机。

2. 教师专业发展的功能

教师专业发展可让教师能够重新发现教师工作的乐趣,对工作产生新的期待,能够有效抑制职业倦怠,这是因为:

(1)教师专业发展可为教师创造习得新知识与技能的机会。能够在原有认知基础上引介和增加新的知识与技能。通过专业发展,教师可习得诸如信息技术、课堂管理、教学安排、话题设计以及问题解决等多元的知识与技能。

(2)教师专业发展可让教师适应不断变化的外在世界。21世纪是信息社会与知识经济时代,对每个人的生活、工作、交往以及自我实现都提出了新的要求,这就要求

教师能够在不断变化的情境中通过不断反思从而融合知识、技能和情感而发挥作用，这就要求教师不断更新自身的知识结构。

（3）教师社会地位的提升。教师专业发展可有效提升教师的学术地位，进而提升教师的收入，让教师在学校里以及社会中获得更多的尊重，从而不断提升其社会地位。

（4）可有效改善教育实践。随着教师知识与能力的不断增长，教师的工作积极性的提升，能够提高学生的学业成就，能够促进各项教育政策的有效实施，从而不断改善教育实践。

调查与讨论

请选择你所在地区的几所小学，调查小学英语教师中存在职业倦怠的比例，探究导致职业倦怠的缘由，并且通过研讨找出解决小学英语教师职业倦怠的对策。

案例分析与研讨

1. 影响小学英语教师职业倦怠的因素有哪些？

2. 哪个阶段的小学英语教师更容易产生职业倦怠？

3. 你能否提出消解小学英语教师职业倦怠的对策？

评教制度视角下的小学英语教师职业倦怠案例研究[①]

1. 研究问题

本研究立足教师专业发展，具体研究小学英语教师职业倦怠这一方面，并与教师评价制度建立联系。通过定性（访谈）与定量（问卷）分析呈现实践研究结果，试图初步了解小学英语教师职业倦怠的现状、小学英语教师对于现今评教制度的看法、在教师评价这一制度下英语教师的工作状态与职业心理等。

2. 研究目的

案例研究旨在掌握当前小学英语教师的职业倦怠现状，结合评教以求得出一些缓解的策略，从而促进教师专业的稳步、持续发展。

3. 研究对象

本研究以浙江省宁波市 A 小学 20 名英语教师为对象，其中有 2 名担任学校行

[①] 案例由宁波大学冯玉婷撰写，张光陆指导。

政工作,4名教师工作15年以上。这其中有2名高级教师(含1名市特级教师)。笔者在案例研究中分别对该校三位教师进行深入访谈,教龄分别为2年、7年与15年。

4. 研究工具

实践研究以问卷与访谈为主要研究工具展开。笔者在实习期间向A小学英语教师发放问卷并借助SPSS统计软件进行数据汇总。问卷第一部分为该小学英语教师的基本情况,包括性别、年龄、教龄、学历、职称这五点(Q1—Q5)。第二部分是针对职业倦怠设立的三个问题,包含工作情绪、工作带来的个人成就感、工作人性化这三个维度(q1—q3)。第三部分是围绕评教制度具体拟定的几个小点及从职业倦怠和评教制度两者关系出发的几个问题(q4—q11)。期间笔者还与三位教师进行简单访谈。他们分别是A教师(教龄2年,新教师,一直跟随师傅学习锻炼)、B教师(教龄7年)、Z教师(教龄15年,有多年带领新教师的经验)。访谈以评教制度为主,主要了解教师进入教师岗位后成长历程(专业发展之路),教师评价的手段、主体及教师对学校评教的态度看法。本人也与三位英语教师探讨改进评教制度的策略与建议。

5. 研究分析

5.1 访谈分析

在访谈中,三名英语教师均反映自己在教学工作中有时候会觉得无精打采,情绪上很疲惫。究其原因,A教师:虽然英语是A小学的办学特色,但语文、数学依然为学科主导,学校英语教师数量不多,导致一位英语教师通常得带3个平行班级,甚至有一些教师教学年级不统一。一天三节课连续的情况使得英语教师应接不暇,到第三节课自然教学情绪低迷,身心疲惫。此外,英语课堂纪律不佳,远不如语数课堂,这也拖垮了英语教师课堂兴致,导致倦怠。这是她进入工作后最深的体会。

B教师:目前正钻心于科研论文的进行,科研项目自申报下来一直成为教研组头等大事,甚是费心费神,而即将来临的职称评定又缺论文这一项指标不可,自己感到前所未有的压力。看着身边的同事都潜心于职称评定,自然不甘示弱,这就导致课堂教学(备课、反思等)无法得到充分保障。学校很多英语教师无暇一心投入于课堂教学,五花八门的教研活动导致教师仅仅在课前几分钟备课。

Z教师:自己一路奋斗至英语教研组组长的发展历程相对顺利,评比阶段也较轻松度过。偶尔出现的倦怠大多是因为所带班级之多而带来的疲惫。并且她向笔者详述目前小学英语教师在上岗后的成长历程。

表1-2 A校小学英语教师入职后奋斗一般历程

教龄	专业成长过程	
	评比或申请荣誉要求	评比目标,荣誉
教师刚进校	师徒结对,逐渐熟悉教学常规与学校管理模式	
一年内	教学技能,课堂管理基本成熟	优质课一、二、三等奖
一至三年	教学年限,笔、面试	教坛新秀(区、省、市)
三至六年	教学年限,笔、面试	二级教师
六年以上	年度考核(尤看优质课),研究课题,论文数量	一级教师
十年以上	以上荣誉积累,自行报名评选	高级教师、骨干教师(区、市),名师(区、市),特级教师(市、省)

Z教师:以上是对一般教师进校后奋斗历程简述。当然也有一些教师发展较快,在三五年内就积累很多荣誉。不过很多评比要求需要教学年限的达标。也有的教师会错失一些机会,教学年限很长但成就积累不多。在这些评比过程中,有的教师积极应对,有的教师抱着"既来之,则安之"的态度,有的教师发展一帆风顺、基本没有坎坷,也有的教师在遭遇一次次坎坷后强烈排斥评比竞争。访谈末,Z教师表示:对照评价指标,能很快发现近期的表现与教学进步,同时找出自身尚存的不足,以此更加有方向性地发展。虽然如此,我也希望看到评教的进一步改善,希望评教更加科学化。

由以上谈话可见,教师评价伴随小学英语教师一路的专业发展,而教师自身的发展状况不同致使对待教师评价制度的态度截然不同:评比阶段顺利度过、专业水平发展较快的教师对于评教无强烈的不满;但更多的教师意识到现今的评教正拖垮教师自身发展,加重工作负担,课堂教学的重要性与投入大大降低(客观上)。教师对于教师评价的态度与定位直接关系到教师工作生涯的心理生理状态(主观上)。过度积极的态度或许导致教师精疲力竭,而低迷无谓的态度使得教师个人成就感低,专业发展滞慢。这两种极端态度均是造成职业倦怠的主观影响因素,客观上,教师评价制度自身的科学合理与否对于教师情绪状态等仍起主导作用。在该校,教师评价带来的一系列指标、考核促使教师精疲力竭。花样百出的教研活动,不间断地优质课评比,职称评定……让英语教师从进入岗位开始便马不停蹄,无法喘息,原本有助于教师成长的教学活动演变为一项项硬性任务,致使小学英语教师应接不暇,投入教学、关注学生的时间配比愈来愈少。面对如此教师评价,极少数教师坚持下来达到高水平专业认知,而大部分教师仍在水深火热之中。

5.2 问卷统计分析

通过分析问卷第二部分的三个问题,笔者初步了解当前该校英语教师职业倦怠的现状。问卷第三部分围绕"评教制度"展开。笔者利用 SPSS 软件分析第三部分(q4—q11)1—5 个问题后得到以下结果。

表 1-3 A小学英语教师参加优质课评比和教研活动的目的

		Frequency	Percent	Valid Percent	Cumulative Percent
Valid	单纯为了完成领导的指示或者完成学校的指标	6	30.0	30.0	30.0
	为了得到同事们和校领导的肯定,希望他们看到我的积极表现	2	10.0	10.0	40.0
	怀着交流学术和教学方法、理念的想法,期望提升自身专业水平	12	60.0	60.0	100.0
	Total	20	100.0	100.0	

注:Frequency 表示频数,如 Frequency 为 6 表示有 6 位教师选择第一条目的;Valid percent 表示有效百分比,由 SPSS 系统自动生成(下表同)。

表 1-3 反映的是 A 小学英语教师参加优质课评比和教研活动的目的,30% 的教师是为了单纯完成领导的指示或者完成学校的指标,表现出低专业自主,这 6 位中以工作 6—15 年的教师居多。60% 的教师表示他们怀着交流学术和教学方法、理念的想法,期望通过优质课展示与区、市教研活动等提升自身专业水平。

由表 1-4 可知,50% 的教师是为了应付科研考核和教师职称评比而从事科研。科研的准备是为了评定职称而进行。假设我们的评定取消这一项,可想而知,教学科研将大幅减少。这也反映了这部分教师被动的专业发展。当然,仍有 40% 的教师出于个人发展需要并为促进自身专业发展从事教学科研,这说明该校近一半英语教师的专业认知水平程度较高。表 1-5 反映教师评职称的目的。70% 的教师选择刚好有机会且条件符合评定。从表面看,这一结果反映的是大多数教师平常对待职称评定。但深入思考可知,这些教师为了达到职称评定的条件所做的大量的前期努力是必然的。

表1-4　A小学英语教师做科研的目的		N	％
Valid	为了应付科研考核和教师职称评比	10	50.0
	为了研究并以此来解决教学中遇到的问题	2	10.0
	为了出于个人发展需要、促进自身专业发展	8	40.0
	Total	20	100.0

表1-5　A小学英语教师评职称目的		N	％
Valid	为了获得学校领导及同事的高度评价	2	10.0
	为了得到社会的认可,提高社会地位	4	20.0
	刚好有机会且条件符合职称评定	14	70.0
	Total	20	100.0

注：N表示number,即指频数

再看该校英语教师投入课堂教学时间比例这一项,70％的教师表示自己有近一半甚至达到一半工作时间参加各类活动。这极大地影响教学质量与学生英语的提高。将该项结果与教龄结合分析,笔者发现100％投入教学的6位教师基本是工作5年以下的新教师和工作15年以上的老教师。问题严重的仍归属工作6—15年这一时间段的教师。

表1-6　A小学英语教师投入课堂时间

		Frequency	Percent	Valid Percent	Cumulative Percent
Valid	51％—80％,在教学之余参加活动	14	70.0	70.0	70.0
	100％投入教学,每一节课精心备课与课后积极反思	6	30.0	30.0	100.0
	Total	20	100.0	100.0	

由表1-7可得,近一半教师认为学校评价教师基本上都是量化指标,评价功利片面,30％的教师认为评价中量化指标占据多数。显然,量化评价是教师普遍认为的教师评价的一弊病。

表1-7　A小学英语教师认为学校评价教师

		Frequency	Percent	Valid Percent	Cumulative Percent
Valid	基本是量化指标,评价功利片面	8	40.0	40.0	40.0
	有软性指标,但量化指标占多数	6	30.0	30.0	70.0
	评价公正客观,兼具量化指标和软性指标,十分合理	6	30.0	30.0	100.0
	Total	20	100.0	100.0	

问卷第三部分6—8题为多选题。在问及教师引起教师职业倦怠的原因时,有18名(90%)教师选择"五花八门的活动很多,工作压力很大",有达10名(50%)教师也认为"学校对于教师的考核数量、标准过多,教师应接不暇"。当提出可以采取哪些措施应对英语教师职业倦怠这一问题时,16位教师普遍觉得要"淡化学生成绩与教研成绩在评价体系中的比重,有较灵活的评价标准"。近一半教师均认为"适当减少教研活动,提倡专业自主","以教师为主体进行评价"能够应对教师职业倦怠。

6. 研究总结

通过访谈与问卷调查,可以初步发现评教制度与教师职业倦怠间确实存在着紧密的联系。研究表明,教学时间在6—15年的教师职业倦怠程度远高于新老教师。该现象与教师评价制度直接相关。教师评价的硬性量化指标(例如职称评定需要完成科研指标)导致教师职业心理扭曲,被动开展与参加所谓的提高教学质量、创新教师科研的各类活动,而使教师专注教学、投入课堂的时间被压榨得寥寥无几,本末倒置,这严重背离了教师本位的教师专业发展观,极不符合人本主义心理学所主张的关注自身需要、强调自我实现的观点。该校对于英语教师的评价与发展性评价间还存在很大差距。评价的鉴定功能远高于发展功能;很少有教师能通过评价了解自身的长处与不足,评价的诊断功能全无;评价依然是以学校领导(尤其是校长)评价为主,教师自评展开几乎没有。综上,评价体系中存在的问题导致大部分教师工作情绪衰竭、个人成就感低等职业倦怠症状,从而影响学生的英语习得过程的情绪与习得英语的质量。

四、教师专业发展的阶段

教师专业发展阶段的划分主要有两种分析路向:

其一,以生命变化周期为分析路向,把年龄/生命周期理论和教师职业生涯发展结合起来,依据教师的年龄特点去描述教师的专业发展阶段。美国教师发展研究领域的著名学者费斯勒(R. Fessler)将教师整个职业生涯的发展视为一种动态的、回应各种影响因素的此消彼长且与之循环互动的历程。费斯勒将教师发展过程分为八个阶段:职前期、职初期、能力建构期、热情与成长期、职业挫折期、职业稳定期、职业消退期、职业离岗期。而休伯曼(M. Huberman)则依照每一位教师对各阶段主题解决程度的不同,区分出不同的发展路线。休伯曼等人把教师职业周期分为七个时期:入职期、稳定期、实验和歧变期、重新估价期、平静和关系疏远期、保守和抱怨期、退休期。

其二,为社会化分析路向,从教师作为社会人的角度,考察其成为一名专业教师的变化过程。伯林纳(D. C. Berliner)描述了教师从新手到专家的发展过程,具体包括五个阶段:新手水平教师、高级新手水平教师、胜任水平教师、熟练水平教师、专家水平教师。

教师专业成长可分为五个阶段[1]:以刚入职的新教师为起点,成为适应型教师为第一阶段,即适应与过渡时期;由适应型教师发展成为知识型、经验型和混合型教师为第二阶段,即分化与定型时期;由知识型、经验型和混合型教师发展为准学者型教师为第三阶段,即突破与退守时期;准学者型教师发展成为学者型教师为第四阶段,即成熟与维持时期;学者型教师发展为智慧型教师为第五阶段,即创造与智慧时期。

尽管不同研究取向的教师发展阶段模式划分出不同的教师生涯发展阶段,但通过比较分析,仍可发现它们共同具有的一些特点,有一些共同主张[2]:

(1) 承认各个阶段都是发展的个别差异;

(2) 把教师在环境压力下所产生的需求看成是教师专业发展的动力;

(3) 充分注意到教师在各个发展阶段所具有的特性和兴趣;

(4) 把着眼点集中在教师随时间的改变而带来的种种变化上;

(5) 多数理论对教师专业发展阶段的变化的描述侧重于教师实际上已发生的变化;

(6) 把教师职前的教育和在职的专业发展联系起来,把两者看作是一个完整的、持续的专业发展历程。

(7) 教师专业发展的目的在于使教师不断地适应变化着的教学环境,不断地增长专业能力,从而胜任其角色,进而达至自我实现的境界。

案例分析与研讨[3]

1. 教师专业发展包括哪些阶段?

2. 影响教师专业发展的因素主要有哪些?

3. 教师专业发展中可能遇到哪些问题?

---

[1] 卢真金. 教师专业发展的阶段、模式、策略再探[J]. 课程. 教材. 教法,2007(12):68—70.

[2] 李瑾瑜. 课程改革与教师角色转换[M]. 北京:中国人事出版社,2003:71.

[3] 黄秋燕. 一个转岗英语教师的成长历程[J]. 中小学外语教学(小学篇),2010(5):28—30.

一个转岗英语教师的成长历程

自从于1999年师范毕业，我走上工作岗位已经11年了。2001年，浙江省在小学普遍开设英语课，急需小学英语教师。那时，年轻的我被派到浙江大学参加了为期一年的小学英语教学脱产培训，于是便成了小学英语教师中的一员。回顾我的成长历程，这其中有苦有乐，有笑有泪，有着太多美好的回忆。

一、起步朦胧阶段

2002年，我在一所完小教英语。那是一所只有十多个教师的小学。我既担任大队辅导员，又担任班主任，既是语文老师，又是英语老师，既教三年级，又教四年级，教学与管理任务可以概括为三个字：重、繁、杂。

在众多繁杂的工作中，我心中最没有底的是英语教学。我知道自己的英语基础知识并不扎实，课堂上无法用英语流利地表达，加之这是一门新开的课程，我连可以请教的师傅都没有。

我们学校使用的是《PEP小学英语》教材。这套教材配有完备的教学辅助材料和教学参考资料。借助这些教辅材料，我勉强开始了英语教学。开学不久，诸暨市教研室就组织了集体备课和观摩活动。我印象最深的是，当时上课的老师都用活泼、优美的英语歌曲导入新课，以各种各样的方式引出单词，课堂中游戏一个接一个。授课教师亲切的教态、丰富的肢体语言让我大开眼界。这些老师有那么多的"妙招"，真是令人佩服。原来英语课可以这样上呀！

于是，我照着这几节英语课的"模板"，进行了很长一段时间的模仿。课前我认真备课，一遍又一遍地模仿课文录音，生怕念错了哪个单词。每次新课导入时，我也用唱歌曲、说歌谣等节奏感强的活动方式，让学生兴奋起来，很快进入学习状态；到了操练环节，我模仿设计了一些学生感兴趣的游戏、活动等，让他们学得不机械、不枯燥。我根据学生的兴趣制作一件件教具，使他们对新单词、新句型产生浓厚的兴趣，学得快且效果好。

例如，三年级的数字教学中，为了帮助学生巩固所学数字单词，我设计了一个抽奖活动，用纸壳糊了个抽奖箱，里面放上写有阿拉伯数字或英文数字单词的纸条，纸条背面写上"Thank you."（表示没有中奖）或奖品名称（都是学生学过的单词，如apple，pencil等）。抽奖者要用英语准确读出纸条上的数字，抽到的纸条背面写有奖品名称的即为中奖。中奖者要正确读出奖品的英语名称才能领取奖品。此游戏既巩固了本课所学数字单词，又复习了前面所学内容，并且与学生的生活经验相结合。当我把抽奖箱拿出来时，学生们情不自禁地发出了欢呼，抽到奖品的学生更加兴奋，课堂气氛达到了高潮。

经过半个学期的摸索,我上了一节市级英语公开课,话题为"We Love Animals"。常规的设计,活泼的课堂,流畅的过程,我的授课得到了听课老师的好评,也正因为如此我对英语教学充满了信心。但同时我又有了一些疑惑:英语课真的应该如此热闹嘛?这样的练习强度与频率,学生能理解和内化所学的知识吗?

二、探索清晰阶段

2003 年 8 月,我调入镇中心小学任教,依然担任班主任,依然是兼任语文和英语两门课,但是同事多了,因为学校有三名英语教师了。自此,我结束了一个人"孤军奋战"的状态。备课时,我们三个老师共同讨论教学内容,设计教学思路;公开课后我们一起进行教学反思,完善教学设计……尽管我们彼此提出的建议并不完美,但在不断的探讨和互助中,每个人的教学能力都有了一定程度的提高。

2004 年上半年,我开始探索教材中 Let's Talk 部分的教学方法。在参加市英语优质课比赛时,我教学的是三年级下册 Unit 3 How many? 中 B 部分的对话。我用一棵苹果树的图片直接引出句型:How many apples can you see? /Let's count. One, two, three . . . I can see . . . 这既是对以前所学内容的复习与拓展,又是本节课的重点内容,如此开门见山的教学方式有利于学生更好地掌握知识。然后我用课件呈现一个苹果的图片,对学生说:What's in the apple? Let's open it and see. 而后点击苹果图片,从中跳出几个英语字母,既让学生运用了本节课的难点句型"Let's open it and see",又复习了学生已学的字母。

在执教优质课时,我结识了一些优秀的英语教师,在与他们的交流中我明显看到了自己的不足。于是我参加了全国英语等级考试(PETS)和全省英语教师上岗证的考试。四年时间里,我的英语词汇量增加了不少,语言表达更加流利,口语和书面表达中的语法错误也明显变少了。课堂教学上,我除了模仿优秀教师的做法,还在教学中融入了自己的思想,特别是能够考虑到自己所教学生的实际水平与需要。比如,在复习三年级上册第三单元 Let's Paint 时,我一改以往听录音、读课文的枯燥方式,设计了一个题为 A Little Bird and Frog 的小故事,通过 Little Bird 和 Frog 的对话,复习了见面时的问候语。一条小小的彩虹引发了两个小动物的对话:

—How many colours?

—Seven. Red, yellow, indigo, green, purple, orange and blue.

学生对这个故事非常感兴趣,课堂气氛非常活泼。

在教学实践中,我还学会整理自己的心得,并把这些心得串编成文章,其中《谨防失衡,方能流光溢彩》这篇文章获得了市一等奖。

三、成长明朗阶段

2007年暑假,我调入一所城区学校。这对我来说是一个新的起点,但我又十分担忧:自己的英语水平能适应城区小学的教学吗?这所学校对英语教师要求非常严格。教研组每周开展集体备课、教材解读以及同课异构等活动。学校规定每位教师每学期做一个观点报告、"小妙招"展示、两节优质课展示,积极为教师搭建教研的平台,努力让教师快速提高。近三年来我按照学校的要求,制定自己的教学规划,边学边干,努力提高自己的专业素养。

1. 夯实英语基础知识和英语基本技能

教师要系统、扎实地掌握英语知识,提高英语运用能力,才能胜任英语教学工作。为此,我坚持自学《新概念英语》,阅读《中小学英语教师手册》,模仿英语学习网站上的英语小故事,收听 VOA 慢速英语,以此夯实自己的英语基础知识,提高自己运用英语的能力。这样的训练提高了我的听、说、读、写能力,增强了我的英语语感。

2. 向书本和有经验的教师学习

为了尽快适应城区小学的英语教学,我认真研读《中小学英语教学法》和《英语课程标准解读》等专业书籍,同时还订阅了《中小学外语教学》《中小学英语教学与研究》和《中小学英语教学设计》等学术期刊,从中学习专家、同行的经验和方法。当我在教学方面遇到困惑或者难以解决的问题时,我就会查找相关的学术期刊、书籍,或咨询有关的专家,并与经验丰富的老教师一起分析原因,商量对策。

比如,在设计四年级下册 It's Warm Today 的公开课时,我始终感觉单词教学方法不够新颖,于是请教了一些教学经验丰富的老教师。在他们的指点下,我设计了一个 Match Girl 的教学环节,我边用课件呈现故事内容边对学生说:"Look, this is the Match Girl. What does she wear?"学生给出各种回答。听到学生的回答后我说:"Yes, she wears an old dress. Listen, it's windy and snowy. She is very cold."并用单词 old 来引导学生学习单词 cold 的读音;然后我继续对学生说:"The Match Girl is poor, and she is very cold. Let's help her, OK?"此时用课件依次呈现各种衣物,并对学生说:"I have a pair of shoes, so she can put on my shoes. Look, here are some clothes."我继续启发学生:"Can you choose some for her? You can use 'put on the sweater/…'"学生在回答问题的过程中运用了所学语言。这样的教学设计既复习了

前面单元的 clothes，又自然地整合了 old，warm，hot 和 cool 的教学。这个环节成了这节课的一个亮点。

正因为有了理论指导、专家引领和同伴支持，我驾驭课堂的能力更强，教学方法也更灵活，实际教学中少走了弯路。

3. 精心磨课造就精彩课堂

磨课的目的主要是深刻理解教材的知识体系及其重点和难点，把握教材的编写意图，了解学生的基础知识、接受能力和认知规律，并在此基础上设计符合学生认知规律的教学方案。我们学校提倡"一课多磨"的备课方式，每次执教公开课、展示课时，我总先按自己的思路设计教案，再在班级试教，教研组的同伴听课、评课，也经常听取专家、优秀教师的指导意见，然后综合大家的建议再次修改教学设计，如此反复多次。这种反复磨课让我不断摸索和反思，使我的课堂教学日益完善。

4. 反思教学行为

尽管每天忙于备课、上课、批改作业、辅导学生等日常事务，但我还是不忘抽出时间与同伴交流，向经验丰富的教师学习。每次教研活动后我都会反思：教学目标定位是否合理？教学效果和预设有哪些差距？课堂中的意外事件处理得是否得当？结合老师们的评课，我总是及时小结，并将其整理成文。

5. 坚持教研工作

开展教育科研是为了改进教学工作，提高教学实效。两年前，我确定了一个关于英语教学评价问题的研究课题。在从事课题研究的过程中，我阅读了大量相关的资料，请教市教研员和教学经验丰富的老教师，与本校教师一起探讨，交流心得。现在这个市级课题已结题，结题报告《小学英语教学中实施形成性评价的研究》获得了市一等奖，并发表在《英语周刊》上。

我的成长经历说明，转岗英语教师教学能力的提高需要有良好的学校教研环境，需要有专家的指导和理论的引领，更需要转岗英语教师学习不息，实践不止，不断提高自己的能力，形成自己的教学风格，在教学实践中逐步成长为一名合格的小学英语教师。

第二节　教师专业发展：问题与对策

问题与讨论

为什么目前国家以及地方教育主管部门非常重视教师专业发展，也提出了许多措施促进教师专业发展，但许多教师似乎对政府的举措不满意，甚至有些教师认为教师专业发展成为一种负担，你认为造成这种现象的原因是什么？你有什么对策？

一、教师专业发展中存在的问题

1. 教师"被发展"

虽然近些年来教育行政部门和学校都提出了诸多推动教师专业发展的措施，也千方百计地为教师的专业发展提供各种机会，但是随着教师专业化的逐步深入，教师缺乏专业发展自主性的现象亦非常突出。深入一线教师中间，我们似乎不难发现，有很多教师对各种名目的"专业发展"活动持有明显的爱恨参半的心态。一方面，他们发现上级行政部门提供的专业培训没有因人而异，教师缺乏自主选择，对他们的实际工作鲜有直接的指导作用，不是过于学术化，就是与教师实际工作情境相去甚远；另一方面，他们又必须完成各种与他们的上岗、晋升、获奖、职称评聘等密切相关的刚性的培训任务，他们虽不情愿，但又不得不参加各种专业发展活动和培训，这就是典型的"被发展"心态。目前实施的主流的教师专业发展模式，主要还是由教育局和各级学校发起的、指令性的教师发展模式，主要依托于刚性推进的政策体系和外部形塑的培训体系，本质上都是一种外在于教师的、"培训者"主导、专家引导的自上而下的发展模式。这就很容易导致参加培训的教师仅仅是迫于外在的压力参加培训，甚至在一定程度上导致了教师们对这些培训活动的抵触情绪，其结果就是教师们的学习主动性降低，学习态度不认真，甚至有部分教师抱着混学时的态度来参加培训，培训效果可想而知。在培训过程中，教师们由于长期处于被控制、被管理的境地，被动性较强，因此不可能创造性地内化各种教师专业发展的途径。由于受科学管理的影响，教师的主要角色长期以来都是一个"执行者"——忠实地执行教育行政部门选定的教材，有效地贯彻教学研究部门提供的教学参考资料、介绍的教学方法和编制的考试试卷。至于为什么要教这些内容，为什么要这样教，教师不需要更多的思考，创造性发挥受到限制。长期处于被控制、被管理的位置，受惯性影响，教师被动性较强。这样的促进教师专业发展的方式，不管其初衷多么美妙，设想多么动人，但终究是远离教师自身的，其效果也就值得怀疑。

2. 追求专业发展的功利性，缺乏精神追求

许多教师也渴望在专业上不断发展，成长为优秀教师，成为名教师，但参加培训是为了获得培训之后所赋予的某种特性利益或身份的提升，给他们的职位提升、工资增

加等提供条件。在这种名师效用的导向下,不可否认有些教师与其说他们是在追求专业发展,毋宁说是在追求"专业发展"之后带来的外在的利益。由此,教师专业发展就成为谋利的工具,而不是发自教师内心的专业发展信念。这样一来,在教师身上所体现出来的专业进阶从根本上说就不是发展,而是一种算计。

在这种心态的驱使下,教师往往对于各种外在的促进教师专业发展的举措表面上十分认同,在某些方面和某种程度上也表现不错。不过,在其内心深处,根本不认可上述各种促进教师专业发展的举措,从而很少甚至根本没有将上述各种举措落到实处。其主要追求的还是名师效应所带来的外在的利益和好处,致使其行为成为一种应付检查的摆设而很难成为其常态生活。更可怕的是,它带给教师的除了外在的实惠之外,还有内心深处对于各种举措的鄙视、疏远和面对现实的无奈。

教师首先是一种职业,因此它对于大多数教师来说,必然会成为其谋生的途径,自然也就无法完全抛开自身利益,不能完全抛开教育培训中所获得的诸如工资收益等物质利益和其他额外利益,但教师是一种专业,并不完全等同于一般的职业。教师作为一种专业,不能完全追求物质利益,亦需要教育精神的不断提升。作为一种专业,奉献精神和进取精神是其应有之义。正是由于视专业为职业,面对自上而下的大规模变革所采用的外部强制的改革培训,部分教师由于把获得利益作为主要目的而积极参与,但内心却缺乏对为何改革和如何改革的理性沉思。教师专业发展和名师成长的过程,其实质就是文化意义建构的过程,是自我价值认同和追求的过程。因此,教师的自我突破和超越,首先是意义、价值认识与追求方面的突破和超越。

3. 教师缺乏研究意识与能力

教育改革对教师的角色定位已经从作为一个教书匠转向成为一个反思性的实践者。换言之,符合教育改革要求的教师,在本质上是一个拥有自主发展愿景和自主发展能力的研究型变革主体。但部分教师认为教学是一门技术,认为凡事一旦裁决为真,便一劳永逸地为真,只要需要,可随时随地储存起来或传播开来,教学从根本上讲就是一项文化再生产和传播活动。这样课堂教学就会以教师为中心,教师把学生看作是控制和教育的对象,学生不能积极地投入到师生关系的创造和教育活动中。而教师个体也缺乏教育教学的反思创造意识和能力。

部分小学教师很难将学术界的教育学理论运用到自己的日常教育教学实践中。他们即使通过培训或读书,在概念上理解甚至在理念上认同了这些理论,但是在工作中通常还是不能运用。结果导致教学实践脱离与情境的对话,教师的"知"和"行"存在诸多不一致之处。实际上,作为专业人士的教师是在复杂情境中探求问题的"反思性实践者",他们通过自身的经验对实践中的问题不断反思与建构,形成自己的知识——实践性知识。教师通过反思教学活动以及根据实践情境重新解读理论、概念与原理,批判、检视与发展自身的实践性知识。可以说,教师的成长是一个长期而细致的过程,必须植根于日常的教育生活中,通过平常的实践实现不平常的理想。

4. 学校效率至上,缺乏对教师专业自主的尊重

当前的学校管理体系是由政府行政主导下的科层制管理模式。具体而言就是强调通过不同的等级划分和行政命令自上而下地传达,追求整齐划一的行动和高效率的任务完成。在科层制管理模式主导下的学校教育,很少真正顾及教师个体感受和意愿。甚至很少把教师作为一个具有主体性意识和决断能力、富有情感体验和行为选择的活生生的人去考虑。学校在科层制管理模式主导下,认为在学校教育中,教师的教学活动需要忠实于外部专家学者研制的理论和编制的教材,并依据外部专家学者所编写的课程和教学指南将课程产品推向学生,实现预定教育目标。因之对教师多采用控制灌输的培训模式,使其能够更好地忠实于既定理论和教材,成为预定教育教学理论要求的传输者。

在现有的教师专业发展模式下,教师依然处于弱势地位,甚至不得不屈从于外部的规约和控制,丧失了职业发展的自主性和积极性。这种自上而下的教师专业发展模式,有两个明显的弊端。其一,教育行政部门形成一套相对独立的教育培训体系,以此开展常规的教学研究和教师培养工作;其二,教育行政部门通过一套甄别、评价与认定机制最终评判教师专业发展的情况。在这样的境遇下,一方面教师的专业发展空间被挤压,教师的专业发展能力被"肢解"。另一方面,由于管理部门实行"一刀切"的评价标准,试图通过统一的细化和量化的考评来提升教师发展动力,这不仅未能衡量教师专业的真实水平,还成为限制和控制教师自由探寻真理和学术的"藩篱"。结果造成教师在不知不觉中屈从于外部的规约和控制,压抑了教师"自为"发展的精神需求和选择行为,从而丧失了职业发展的自主性和积极性。

二、促进教师专业发展的对策

不管是哪一种"被发展"的表现,都极有可能会给整个教育带来消极的影响。而且,教师"被发展"还具有一定的隐蔽性和欺骗性,给教师整体素质的提高带来了严重的隐患。因此,必须采取有效的措施加以克服和解决。为了克服这种缺乏自主性的

"被发展"现象,教师就必须具备持续发展的内在动力。因此,注重教师自主发展就是必然趋势。强调教师专业发展的个体性、自主性和自发性,重视教师的创造性和独特性,可以充分挖掘教师自身的潜能,建立适合于教师个性和兴趣的学习方式从而提升教师专业的素养。当教师从被动的遵从转变为主动的追求,从不自觉的服从到自觉的尝试,专业发展的效应方可凸显。教师的自主发展,不仅包括教师在从事教育教学工作时依其专业智识独立抉择、不受他人干扰、影响和控制,还包括教师能够独立于外在的压力制订适合自己专业发展的目标、计划,选择自己需要的学习内容,有意愿和能力将制订的目标和计划付诸实施。

1. 教师作为终身学习者理念的构建

联合国教科文组织强调,教师工作是一种"专业""学习的专业""终身学习的专业"。"学习的专业需要专业的学习。教师专业的'学习'拥有三个基本定律:其一,越是基于学习者的内在需求就越是有效;其二,越是扎根于学习者的鲜活经验就越是有效;其三,越是细致地反思学习者自身的经验就越是有效。所以,教师的成长需要终身学习。"①培养"终身学习者"的教师首先必须成为"终身学习者"。美国的教师素养框架明确指出教师应将终身学习作为一种专业伦理,欧盟的教师核心素养框架则强调了持续的教师专业发展的必要性,而新加坡的教师素养框架则把追求学习作为教师身份认同的价值追求,我国的中小学《教师专业标准(试行)》亦将终身学习作为教师专业发展的基本理念,倡导具有终身学习与持续发展的意识和能力,做终身学习的典范。21世纪的教师的专业发展将是一个终身学习的过程,是一个持续的发展过程,将会伴随其整个职业生涯。所以,具有终身学习能力,根据自身的专业发展变化选择适切的学习内容,从而成为终身学习者将成为教师的核心素养之一。

2. 加强教师的身份认同

提升教师的内在学习动力。目前教师的专业发展在相当大的程度上还是一种"被发展",教师缺乏发展自我的内在动力。为改变这种"被发展"的状况,一方面,教育主管部门和学校在开展教师专业发展时应倾听教师的意见,应充分尊重教师在专业发展中的主体地位;另一方面,在重视教师专业知识和技能提升的同时,亦应重视提升教师的专业态度与教育观念,特别是应将深度学习的理念落实在教师每个教学设计、每节课的教学实践之中。教师只有真正经历了课堂教学中的碰撞与触动,才能更好地理解

---

① 钟启泉.为了未来教育家的成长——论我国教师教育课程创新的课题[J].教育发展研究,2011(18):20—26.

深度学习,更好的反思自己应该成为怎样的教师,才能对自己的身份有全新的认识。随着教育环境的迅速变化,教师只有具有强大的学习动力,才能够及时回应学生的新需求。

教师专业发展不应完全是"形而下"的,更不完全是技术性的,应该有"形而上"的"道",有更高的根本性的"专业"。积极的教师身份认同,能够让教师对所从事的工作产生一种内在的兴趣,并能够从中找到乐趣,是教师努力做好本职工作并不断开拓进取的心理基础。在获取身份认同后,教师才能实现自主成长,把成长当做个体内在的一种积极发展的历程,视其为追求人生的意义与价值的过程中自然生发的,而不是对外在压力或诱惑的迎合,此时,他就具有了自主成长的内在依据和动力;才会对自己的专业发展保持一种自觉的状态,主动寻找各种助力自身专业发展的资源和凭借,不断追求并及时调整自己的专业发展行为,从而最终达至理想的教师专业发展的境界。

3. 构建民主平等的学校管理模式

转变评教方式,走向发展性评价。由于当前学校实施的评教主要是绩效性评价或奖惩性评价,不利于教师的专业发展。在现有的评教制度下,教师依然处于弱势地位,甚至不得不屈从于外部的规约和控制,丧失了专业发展的自主性和积极性。更为糟糕的是,教师不愿意开展同行合作,不愿意开放教室创造同行评论,担心自己的劣势或缺点被公开化,从而产生不利的评价结果。这压抑了教师"自为"发展的精神需求和选择行为,从而丧失了专业发展的自主性和积极性。教育主管部门和学校应该用发展的眼光看待教师,注重评价的过程,针对不同的教师应该采用不同的评价标准,多角度、多层次去评判教师发展,评教的目的不在于奖惩教师,而在于促进教师全面发展。

教师专业发展离不开行政的引导和介入,但行政力量过于强大,也会带来严重的等级化、功利化和短视化行为,非但无助于教师专业发展,反而会挤压教师专业自主的空间,甚至剥夺他们专业发展的自主权,造成教师"被发展"现象。这种来自外部推动的改革使教师成为教育改革方案制订的局外人,教师个人掌控专业发展的空间受到了严重挤压,教师专业自主发展受到了钳制。面对教师专业发展问题,基本的思路应该是从专业发展自身的逻辑出发来解决。过分迷信行政力量,不仅难以切实解决现实生活中的专业发展问题,反而有可能进一步恶化教师专业发展的生态环境。因此,重心下移,将管理重心下降,真正把教师专业发展的主动权还给教师,是教师专业发展实现内涵发展的重要保障。作为管理者,重在营造促进教师成长的物质环境、制度环境和文化环境。学校要健全教代会制度,为教师全面行使民主权利、参与学校重大决策、实施监督和保障教职工的合法权益提供组织和制度保障；要健全校务公开制度，把学校的发展规划、人事变动、收费标准、财务状况、评优晋级、年度考核等涉及教职工切身利益的重大问题，在校务公开栏上公布，使教师获得安全感和对学校的认同感。把更多的人力和资金用于对教师的日常服务当中，为教师规划成长愿景，提供指导帮助，提供理论和技术的支撑，提供经费和物质上的帮助；为教师解决教育教学实践中的各种困难，解除一些教师身上的生存的枷锁，提供更多的选择、空间与支持，让教师能静下心来阅读、教学、反思、研究；唤醒教师职业的内在尊严与欢乐，置教师于乐为、能为、可为、作为的主客观良性成长环境之中。

4. 教师需要成为反思性实践者

课堂中的教与学并非总是与教师的备课计划保持一致，有效的课堂教学必须立足于具体的情境之中，需要对真实的教育情境的需求保持敏感。课堂教学的情境是动态的、模糊的，没有任何现成的教学规则或技术可以应用到所有的情境中。这就要求我们必须摒弃课堂教学的技术思维，以及对理想化的、普世性的教学模式的追求，仅仅遵循某些所谓的秘诀或者规则是远远不能确保教学成功的，必须进行不断的实践，反思自己的实践经验。课堂教学需要参与者不断的实践反思，需要对个体自身独特情境的深入理解。教学不是一种技术行为，它需要教师的自我理解，在课堂教学中，表面上只有教师和学生之间的言语互动，但实际上，教师还需要不断地与文本、情境以及自我进行对话。美国学者舍恩(D. Schon)将反思性思维应用于专业培训。区分了行动中的反思(reflection-in-action)和行动后的反思(reflection-on-action)，舍恩更重视行动中的反思。所谓行动中的反思就是个体有意识地或潜意识地，不断地对与以往经验不符合的、未曾预料的问题情境的重新建构，行动中的反思是在教学过程中瞬时发生的。"实践工作者特别是借由他与情境对话的能力，创造了一个可理解的、和谐一致的构思。在反思性对话中，实践工作者解决重新框定问题的努力，将会衍生出新的行动中的反思。"[①]另一方面，教师亦需要为学生创设相适合的教学情境，不断激发学生的学习兴趣，促使学生主动学习并提供恰当的帮助，这些都没有固定的模式或程序可以依循，必须根据所处情境，在行动中不断选择与思考。

反思并非仅仅是一个个体的心理过程，个体的反思是有局限性的。教师的反思不可避免地受自己的传统和语言的限制，正因为如此，为了避免主观相对性，为了更好地

① (美)舍恩. 反映的实践者[M]. 夏林清，译. 北京：教育科学出版社，2007：114.

理解自己,教师需要倾听他人的观点,与不同的观点进行交流、对话,以达到视域融合。换言之,教师需要与他人合作。

5. 创建研修共同体,让教师成为研究者

强调"情境性"成为当前教师培训的一个重要趋势,改变传统培训模式,让参训者走进教育现场,构建研修共同体,凸显了情境学习理论在教师培训中的改革与创新。强调教师自主发展,并不意味着把教师孤立起来,而是要让教师保持开放的心态,加强教师之间在教学实践活动中的专业切磋、协调与合作,共同分享经验,互相学习,彼此支持,共同成长。集体备课、公开课研讨、教学论坛等活动为教师发掘和利用各种资源提供了条件,便于教师向同伴学习,与团队合作,努力寻找自己在发展中存在的问题,及时更新自己的教育理念和专业能力,从而促进自己的发展。

教师学习共同体的构建将是推动教师成为终身学习者,不断提升其专业素养的重要途径,欧盟、美国与新加坡的教师素养框架都明确指出了教师需要具备参与教师学习共同体的意识与能力。我国的中小学教师专业标准亦提及教师需要与同事合作交流,分享经验和资源,共同发展。教师学习共同体的构建需要体现自然合作的文化而非人为合作的文化,只有这样才能有真正的合作,否则就是虚假合作。许多教师缺乏合作意愿就是因为自然合作文化的缺失,所以合作平台的构建应以此为文化基础。可以采用如下举措:

其一,搭建校本研修和校际研修平台。校本研修平台虽然可以由教师自主构建,但是由于种种条件的限制,教师自主搭建研修平台的并不多见,这就需要学校领导根据教师的特性主动为教师合作穿针引线,甚至要积极参与到各类研修活动,并且为校本研修提供适当的资金、设备与场地支持。此外,地方教育主管部门也应根据地方的教育特色,创设各种校际研修平台,鼓励引导教师跨校交流与合作。虽然学校领导和教育主管部门参与了平台的构建,但是必须要尊重教师的自主性与自愿性,决不能强加。同时需要转变校本研修和校际研修的方式,研修的目的不仅仅关注教师的教学,更应多关注学生的学习,特别是学生的深度学习。

其二,充分利用信息技术,搭建各种网络学习社群。信息时代的到来,为教师之间的合作提供了各种有利条件,教师可以运用信息技术手段进行"非面对面"的合作,这种合作甚至可以是跨学校、跨区域的,学校和教育主管部门应充分利用这一有利条件,根据需要与自主原则,构建多种网络学习社群。同时还可以借用网络平台,本着自愿的原则,将教师的教案、教学日志以及发表的科研成果进行公开展示,让教师们相互借鉴和分享。

案例分析与研讨

1. "卷入式教研"的教学观摩活动与传统的教学观摩活动的区别有哪些?

2. "卷入式教研"的教学观摩活动是一种"共同体式"的教学研修吗?

3. 如何有效开展"卷入式教研"活动?

基于以"卷入式教研"的教学观摩活动的实践与思考①

一、前言

教学观摩是教师专业发展及团队研修的平台。然而,在观摩活动中多数教师的参与意识薄弱,观摩活动培训、示范功能的发挥大多依赖于观摩教师的个体学习能力,教学观摩活动存在低效现象。为了提高教学观摩活动的实效,近年来我校开展了基于"卷入式教研"的教学观摩活动的实践。"卷入式教研"就是以学校教研组为单位,以全员参加、全程卷入为制度保证,以全程录像为技术手段,以自下而上的方式聚焦问题,进行课例研究——现场互动——反思跟进,最终指向教师专业发展的教研方式。

二、"卷入式教研"活动的有效途径探讨

1. 活动介绍

我校自2014年第二学期开始实施基于"卷入式教研"的教学观摩活动。每三周举行一次,每次半天,由两位教师执教,可以同课异构,也可以进行以故事教学、语法教学、综合复习、绘本教学等为主题的教学研讨。全校30名英语教师分成若干小组,每组4—5人,就课前拟定的观察内容进行课堂观察。观察结束后,小组就观察记录进行商议、研讨,之后派代表将观察、研讨结果向全校英语教师汇报,以解决教师教学实践中的困惑,促进校内相互合作的教学氛围的形成。

在基于"卷入式教研"的教学观摩活动中,课前要确定观察点,课中教师带着任务观察、记录,课后的反思、研讨要基于数据和对观察点的具体分析,对教学行为、教学方法等进行客观、具体的评价。执教教师与观摩教师之间以及观摩小组的成员之间进行思维碰撞,交流教学理念、教学行为,并获得教学实践知识,从而提高教学观摩活动的实效。

---

① 卢燕. 基于以"卷入式教研"的教学观摩活动的实践与思考[J].中小学外语教学(小学篇),2017(3):54—58.

2. 活动的过程与方法

（1）充裕的活动时间

"卷入式教研"的活动时间分小组和大组活动时间。小组活动时间由小组成员商议确定，大组活动时间为每学期的第三、六、九周的周三上午。大组活动时所有教师需安排好课务，集中观课，分组研讨，集中交流。

（2）机动的组员方式

"卷入式教研"活动在分小组时并不按年级把教师分成若干组。教师们可以商讨、确定自己的观察内容，确定了相似观察内容的教师可以组合在一起，在组长的带领下进一步细化观察点。

（3）灵活的观摩方式

为了使基于"卷入式教研"的观摩活动更深入、有效，可以进行1—2次观摩。如需进行两次观摩，则采用录像观摩与现场观摩结合的方式，以免因全体教师两次集中而打乱教学秩序。录像观摩的优势是观摩教师可以根据自己的时间安排观课，也可以在观课过程中采用暂停、回放等操作更细致地研究、分析观察内容。现场观摩则能使观摩教师与执教教师近距离接触课堂和学生，更全面地了解实际教学情况。

（4）详细的观察点

观察点的制定是"卷入式教研"的核心。在制定观察点时，学校的英语学科把关人往往会参与到各小组的讨论中，与小组成员商讨、细化观察点。比如，某小组确立了关于有效提问的观察主题，该主题可进一步细化为以下观察点：有效问题的设置、问题的表述、信息沟的设置、问题的思维深度等。

3. 活动案例介绍

现以2016年5月在我校举行的一次市级教学观摩活动为例，探讨如何基于"卷入式教研"提高教学观摩活动的实效。本次教学观摩的主题是故事教学的研讨。由本校黄老师和周老师分别执教译林版《英语》三年级下册 Unit 6 "What Time Is It?" 和五年级下册 Unit 6 "In the Kitchen" 的 Story Time 板块。本次活动采用两次观摩的方式，两位教师先在录播教室进行了试教，随后将试教的视频发布在学校英语组 QQ 群里，所有教师观看后确定各自的观察主题。学校英语学科把关人整理教师们拟定的观察主题，并进行修改、整合，最终确立了以下六个观察主题：课堂提问的有效性、情感教育的渗透、课外素材的选择与使用、思维能力的培养、阅读中教学环节的师生互动形式、学生回答问题的频次。现以选择第三个观察主题的教师参与"卷入式教研"的过程为例,谈谈如何开展基于"卷入式教研"的教学观摩活动。该组活动的主要流程为:小组研讨,细化观察点;组内分工,制定观察点;小组研讨,分析观察结果;大组研讨,诊断问题,改进方法,达成共识。

首先,围绕观察主题,小组进行研讨,细化观察点如下:课外素材的选择是否合理;所选课外素材的难度是否合适;课外素材的使用形式与效果如何。接着,该小组分工落实观察点,针对以上观察点进行"卷入式教研"观察活动。

(1)录像观摩,分析、研讨根据既定的观察点,观看了录像课后,该小组进行研讨,作了如下分析(分析过程省略)

(2)提出诊断、反馈建议(建议省略)

(3)现场观摩,再次分析、研讨

所有教师参加现场观摩活动。该小组成员仍然就第一次拟定的观察点进行课堂观察。第二次分析、反馈意见如下(内容省略)。

(4)达成共识

经过研讨,教师们就阅读教学中课外素材的选择和使用达成了以下共识:①基于教学主题选择课外素材;②基于学生的认知水平选择课外素材;③基于提高学生的阅读理解能力的目的设计对课外素材的理解环节;④课外素材是教材的补充与拓展,使用时不能喧宾夺主,不能破坏故事教学的整体性。

三、建议

1. 选取有价值的观察点

有价值的观察点应基于《义务教育英语课程标准(2011年版)》。教师可以从该标准中提到的课程理念、课程目标入手选取观点。教师还应多阅读优秀英语教学期刊,多关注教学研究动态,结合自身的教学实践观察和反思。

2. 合理设计观察记录表

每位教师在观察过程中都需根据制定的观察点详细记录。学校的英语学科把关人可以与教师共同制定观察记录表。合理、科学的观察记录表便于教师观察课堂,记录和分析课堂中存在的问题。例如,某组设计了关于学生回答问题频次的记录表,通过观课教师记录可以发现,第一排和最后一排学生的回答频次明显低于其他排。

3. 及时反馈观察结果和建议

在基于"卷入式教研"的教学观摩活动中,无论是一次观摩还是两次观摩,都应在观摩后及时反馈、评议。尤其是在两次观摩的"卷入式教研"活动中,要关注第一次观摩后的及时反馈和建议。这对执教教师进行第二次高质量的教学至关重要。在第二次教学观摩后的评议中,建议各组对比两次观摩,向全体教师呈现两次观察结果以及评价建议,凸显两次观摩中执教教师的不同做法以及改进理由。在基于"卷入式教研"的观摩活动过程中,教师们全程"卷入",提高了各自的观察、思考、分析能力;增强了团队合作意识和团体行动研究能力,提高了教学观摩活动的实效。学校教研组应不断深入开展基于"卷入式教研"的教学观摩活动,在活动中引领教师聚焦问题、反思跟进、解决问题、达成共识,让基于"卷入式教研"的教学观摩活动成为教师专业发展的实践阵地。

第三节　新时代的教师素养:内涵与框架①

问题与讨论

为适应 21 世纪知识经济与信息社会的需要,2016 年 9 月教育部正式公布了我国学生的核心素养框架。学生核心素养的落实必将成为新一轮基础教育课程与教学改革的重要任务,而改革成功离不开教师专业素养的不断提升,提升教师素质是培育学生核心素养的关键。基于学生核心素养的课堂教学必然要求教师转变传统的知识结构,构建与学生核心素养的培育和发展相一致的新的教师素养。为什么学生核心素养的发展需要教师素养的重建? 促进学生核心素养发展的教师素养有哪些?

一、学生核心素养的发展需要教师素养的重建

21 世纪是信息社会与知识经济时代,对每个人的生活、工作、交往以及自我实现都提出了新的要求,这也是学生核心素养产生的时代背景。21 世纪需要开放的博学多才之人,他们能够整合各种歧异,在不同领域使用知识,把深度技能应用于领域广泛的情境之中,获得新的能力,构建各种关系,展现新角色。学生核心素养超越单纯的学科知识与技能的掌握,强调在不断变化的情境中通过不断反思从而融合知识、技能和情感而发挥作用,适应"不断变化的情境"正是学生核心素养的本质功能,"'专家思维'与'复杂性交往'是学生核心素养浓缩的概括。"②学生核心素养的培育与发展不同于传统的学生基础知识与基本能力的培养,这就要求转变传统的课堂教学,要求教师不

---

① 张光陆. 教师核心素养内涵与框架的比较研究[J]. 宁波大学学报教育科学版,2018(5):101—106.
② 张华. 论核心素养的内涵[J]. 全球教育展望,2016(4):10—24.

断更新自身的知识结构,形成与学生核心素养的培育与发展相一致的教师素养。

1. 教师需要引领学生的深度学习

学生核心素养的提出无疑对当今时代的教师提出了新的挑战。那些去情境化的、分裂的、彼此缺乏联系的知识与规则最容易被教授和测量,但是也最容易被数字化、自动化,最容易通过编程让计算机去做。当重复性的常规工作被计算机所取代的时候,人类就必须从事计算机不能代劳和胜任的复杂工作,也因此必须发展计算机所不具备的复杂能力。

仅仅依靠抽象的教学并不能让学生掌握核心素养,教师需要为学生掌握核心素养展示或创设有意义的情境,确保学生有真实世界的机会来整合、应用和展示他们所精通的核心素养。传统的教学强调教师在去情境化的抽象世界中按照既定的程序将知识与技能教给学生,教师关注的是教学目标的达成,重视教师的"教",不重视学生的"学",学生们经常看不到知识与现实情境的关联性,缺乏学习的动机与兴趣。核心素养的学习不是简单学习,而是深度学习,学习成为一个批判性思维和问题解决的过程,既要根植于情境,又要超越具体情境的限制,迁移于不同的情境之中。学生首先需要深刻理解知识的基本概念,在面对新情境和新问题的时候具有一种转化能力,能够识别和使用相关的知识和规则来解决问题,然后在最初的情境中评估这种解决办法。例如,"在过去,读写能力主要是关于'学会去读'(Learning to read),每个学习者应掌握一套技术方法,目的在于处理一套确定编码的知识体系。在 21 世纪,读写能力是'为学习而读'(Reading for learning),是识别、理解、解释、创造和交流知识的能力与动机,是在持续变化的情境中使用与多样的情境有关的书面材料。"[①]今天,读写能力与好奇心和自我引导有关,能够管理非线性的信息结构,让个体以自己的方式获得互联网上的超文本、处理分歧、形成健康的怀疑与一种探究性的思维定势,能够解释和解决冲突的信息,构建自身的心理表征和合成信息。

基于学生核心素养的教学需要秉持为理解而教的原则。教师应为学生创设相适合的教学情境,激发学生的学习兴趣,促使学生主动学习并提供恰当的帮助;教师亦应多设计结构不良的没有标准答案的新问题来提升学生的创造力和解决问题的能力。教导学生逐渐从教师指导的经验进步到独立应用、阐释与解释,把课程与学习者的经验连接,帮助学生们系统地扩展他们的能力和掌握新概念,拥有计算机不容易替代的

---

① Scheicher, A. Preparing Teachers and Developing School Leaders for the 21st Century: Lessons from Around the World, [EB/OL]. http://dx.doi.org/10.1787/9789264174559-en. 2012 - 06 - 12.

不规则的复杂思维和工作方式。

2. 教师需要引领学生整合与合作学习

21世纪的知识分布于共同体之中，所以核心素养的落实需要让学习过程成为合作与交往的过程。传统的学校教育一方面强调分割式教学，即教师首先将所教授的问题或知识分解成小部分，然后教给学生们技术来解决他们；另一方面强调学生的个体学习，学生们被要求独立学习，在学期结束时，学校仅仅证明他们个体的成就。但是世界越是相互依赖，个体的合作与调和的能力就越重要，交流与合作的价值就不断增长。今天每个人都需要通过合作与合成来创造新知识。这就需要开放的心态，需要熟悉和接受不同领域的知识，使以前看似没有联系的观点连接起来。今天重要的是多才多艺的人才，他们能够深度地将技能应用于不断扩延的情境和经验之中，获取新的能力，构建关系和承担新的角色。他们不但能够持续地适应，而且能够持续地学习和发展，在一个快速变化的世界中将自身定位和再定位。跨领域能力，例如数字能力、学会学习能力以及公民素养等在21世纪尤为重要。教师应具备开发能够把学生所必需的重要概念和技能相互联系的课与单元的能力，避免在课堂教学中教授分裂的毫无联系的阻碍学生的批判性思维、问题解决以及其他核心素养形成的知识。今天的教育需要教师成为高水平的知识工作者，反思、提升和改进21世纪技能的教学，教育者应该形成学习共同体，通过合作不断反思和提升他们的教学方法。

二、国际视野下的新时代教师素养的内涵与框架

由于教师专业发展在学生核心素养落实之中发挥着关键作用，世界各国以及OECD和欧盟等国际组织都非常注重教师素养的培育与提升。为促进学生核心素养的落实，教师应具备哪些核心素养一直是世界各国和国际组织研究的重点。

1. 三位一体的欧盟教师核心素养内涵与框架

作为较早制定学生核心素养框架的国际组织，欧盟一直非常重视促进学生核心素养落实的教师核心素养的研究。自从公布学生核心素养框架以来，欧盟公布了多份促进教师专业发展的文件，其中涉及教师核心素养的重要文件有三份：

其一，2005年欧盟公布了《欧洲教师素养及资格的共同标准》，对各国教师需具备的共同素养以及资格进行阐述，从而推动各成员国落实学生核心素养。《欧洲准则》主要由共同原则、核心素养及政策建议三部分内容组成，将教师需要具备的核心素养分为三大类：

"(1)与他人协作的素养：强调了内在于专业价值之中的宽容的价值,目的在于形成每个学生的人际交往和合作技能以及心理学-教育学知识;(2)运用知识、技术和信息的素养：暗示了检索、管理和批判性地分析多种信息的能力,包括应用于专业目的的数字技术以及教育学和教学技能;(3)在社会中工作并与社会相处的素养：要求教师成为当地教育共同体中的负责任的专业人员,鼓励合作、跨文化对话和相互尊重。"①

其二,2011年,"欧盟教育和培训2020：教师专业发展主题工作小组"发表了研究报告《教师核心素养：需求与发展》,综述了教师发展所需要的核心素养,强调反思性实践、持续学习、合作、积极参与研究和创新以及学校发展是教师除了掌握专业知识和教学技能(教授跨领域能力、使用信息技术和教授异质课堂)之外的最基本的需要。具体指出了教师所需要的核心素养：

"(1)专业的学科知识;(2)教育学技能,包括：教授异质课堂、运用信息通信技术、教授跨领域的能力、创设安全的吸引人的学校环境等;(3)具有如下文化或态度,包括反思性实践、研究、创新、合作、自主学习等。"②

2011年的文件与2005年的文件相比,既有相同之处,亦有不同之处。两份文件在阐释教师所应具备的素养时所秉持的理念是一致的,都是基于教师的终身学习理念,都是为了促进学生的专家思维与复杂性交往能力的培养,且都是从三个方面阐释;但是2011文件在阐释教师所应具备的素养时框架更为清晰,是从知识、技能与情感态度三个维度展开,而且内容更为具体。

其三,2013年欧盟发表了报告《为更好的学习结果,支持教师素养发展》,认为教师专业发展需要时间、详尽的认知过程、有目的的实践和高质量的反馈。指出教师所需要的超越教育文化和传统的核心素养如下：

"(1)关于课程、教育理论、评价的结构与组织良好的知识框架,由有效的知识管理策略所支撑;(2)如何教授特定学科的良好的知识,与数字技术素养和对学生学习的理解相连;(3)课堂教学/管理技能和策略;(4)为在专业学校共同体工作所需要的人际

① European Commission. Common European Principles for Teacher Competences and Qualifications,[EB/OL]. http://www. cedefop. europa. eu/fi/news-and-press/news/common-european-principles-teacher-competences-and-qualifications. 2005 - 04 - 18.
② European Commission. Literature Review. Teachers' Core Competences：Requirements and Development,[EB/OL]. http://ec. europa. eu/education/policy/school/teaching-professions_en. 2011 - 03 - 15.

的、合作的、反思性的和研究技能;(5)基于不同来源——学习结果、理论和专业对话——对于专业实践和创新的批判性态度;(6)对持续的专业发展、合作、多样化和包容持有积极的态度和承诺;(7)较强的适应能力——能够将计划和实践适应于不同的情境和学生的需求。"①

与前两份文件相比,2013年的文件则进一步使教师核心素养的概念清晰:是教师知识、技能、价值、态度和情感的复杂组合,能够在特定领域的特定教学情境中有效行动。2013文件不但指明教师需具备知识、技能与情感态度三方面的素养,而且指出这三个方面是复杂组合的,而非截然分开的;不但从教师"教"的角度阐明了教师所应具备的核心素养,而且从学生"学"的角度阐明了教师所应具备的核心素养;更加凸显了教师也是一个终身学习者,需要持续的专业发展。

三份文件都清晰地表明:欧盟教育政策中对教师核心素养的强调根植于知识社会和终身学习与全方位(生活中的)学习,经济结构的调整对技术需求的影响,文化的多元主义和生活方式的多样性。强调教师应具有学会学习、适应变化,具有批判意识、自主性和自我反思这些信息时代所需要的高级技能和态度,具有交际与团队合作技能以及灵活性、开放性和问题解决与责任担当等核心素养。

2. 技能取向的美国的教师素养内涵与框架

为了促进学生习得21世纪知识与技能,美国的21世纪技能合作伙伴(P21)为实施"21世纪学习框架"提供了完备的支持系统,包括"21世纪标准""21世纪评价""21世纪课程与教学""21世纪专业发展""21世纪学习环境"等五个彼此联系的子系统,并且制定了多份促进教师专业发展的文件,其中2010年9月美国的教师教育学院协会与21世纪技能合作伙伴(P21)合作,研制了《职前教师的21世纪知识与技能》,明晰了美国职前教师的素养框架:

"(1)成功地把技术与教学内容和教育学相结合,并能够创造性地使用技术来满足特定的学习需求;(2)把教学与标准相结合,特别是那些体现了21世纪知识与技能的标准;(3)在直接讲授策略与基于项目的教学方法之间保持平衡;(4)把儿童和青少年的发展知识应用于教师培养和教育政策之中;(5)运用一系列的评估策略来评价学生的表现并且能够区分教学(包括但不局限于形成性的、基于档案袋的、课程嵌入的和总

① European Commission. Supporting Teacher Competence Development for Better Learning Outcomes. [EB/OL] http://ec.europa.eu/dgs/education _ culture/repository/education/policy/school/doc/teachercomp _ en.pdf. 2013 - 02 - 14.

结性的);(6)积极参与学习共同体,在学校或学区之内通过教导、教辅、知识共享和合作教学等方式来磨炼专业技能;(7)担任同行的辅导者和同伴教导者;(8)使用的一系列的策略(如形成性评价)来教授多元的学生,并且创造支持因材施教的环境;(9)持续追求学习机会,接受终身学习作为一种专业伦理。"①

总体而言,美国的教师素养框架是技能取向的,这里的技能与那种简单应用的技术知识是不同的,具有很强的情境敏感性,这是指在具体的教学情境中的推理、洞察和顿悟,是一种具体情境中的实践理性,并不具有普遍性和客观性;另一方面,教师的技能并非仅仅是一种实践理性,还是一种美德,更重要的还与教师是一个什么样的人不可分割地联系在一起。所以根本而言,这种技能本质上是一种实践智慧。文件中多次主张教师应具备某些需要灵活性、适应性与判断力的技术、策略与方法,而且主张与相关知识和理念融合,如具备儿童和青少年的发展知识以及终身学习的理念等,这正是倡导一种技能取向的教师素养框架。

3. 以价值为核心的新加坡的教师素养内涵与框架

OECD 虽然制定了学生核心素养框架,但是 OECD 作为一个国际组织并未制定教师素养框架。为促进学生核心素养的落实,OECD 一方面开展了"教师教学国际调查(TALIS)",根据调查结果,提出诸多政策建议;另一方面又汇编并推荐成员国在教师教育模式、教师专业发展、教师资格、新手教师培养以及教师评价等方面的诸多成功经验,重要的文献有两份:一份是 2011 年公布的《构建高质量的教学专业:基于全球经验》;另一份是 2012 年公布的《为 21 世纪培养教师和学校领袖:基于全球经验》,在这两份文件中皆重点推荐了新加坡的教师教育模式及教师素养框架。

新加坡非常重视学生核心素养培育和发展过程中的教师培训,明确指出所有教师都必须接受新加坡国立教育学院的职前培训,该培训依据 2009 年发布的"教师教育 21世纪框架",使教师具备必需的技能和知识,以便能够培养学生的"21世纪素养"。"新加坡的国家教育学院是一所大学性质的教育机构,它一方面寻求提供理论基础来培养'善于思考的教师',另一方面,又与关键的利益相关者和学校建立强有力的合作关系,确保实现教师专业发展中的强有力的临床式的实践。它的这一模式寻求提升教师教育的关键要素:包括作为基础的哲学、课程、对教师所预期的结果以及学术之路。这

---

① P21. 21st Century Knowledge and Skills in Educator Preparation [EB/OL] http://www.p21.org/storage/documents/aacte_p21_whitepaper. 2010 - 11 - 12.

些被认为是应对 21 世纪课堂挑战的必要前提。模式聚焦于三种价值范式：学习者中心、教师身份认同、服务专业和共同体。学习者中心价值将学习者置于教师工作的核心，通过了解学习者的发展和多元性，相信所有的年轻人都能学习，关心学习者，在内容教学中追求学术，知道如何最好地学习，学会在可能的条件下设计最好的学习环境。教师的身份认同价值是指鉴于教育环境的迅速变化，教师需要具有高水准的强大的动力学习，及时回应学生的需求。服务专业和社区的价值是指通过积极的合作而投身于专业发展，努力成为更好的实践者而助益教学共同体。"①这一模式也强调了鉴于当今全球化背景的趋势下，教师需要掌握的知识和技能，提升学习结果。具体而言，教师需要掌握的知识类型包括：自我知识、学生知识、共同体知识、学科内容知识、教育学知识、教育基础和政策知识、课程知识、多元文化素养、全球意识、环境意识；教师需要掌握的技能包括：反思性技能和善于思维的品格、教育学技能、人力管理技能、自我管理技能、公共管理技能、交流技能、促进发展技能、技术技能、革新与创新技能、设计技能和情商。

新加坡的教师素养框架虽然包含价值、技能与知识三维度，但是强调以价值为核心，统整技能与知识，将教师应具备的价值置于教师素养框架的核心。

三、新时代的教师素养：知识、技能与态度价值观的复杂融合

教师教育作为一种体制，是由它的情境所界定并且易受体制控制。与教师培养和实践有关的一切都注定充满分歧，因为它涉及深层的意识形态，触及到与学校教育的目的和目标有关的价值和理念的敏感地带。所以不同的国家和国际组织的教师素养框架在其内容以及理念上都存在着不同。新加坡更重视价值引领，而美国的框架则凸显了技能取向，欧盟的框架强调知识、技能与价值的三位一体。虽然重点不同，但是这三个框架基本都从知识、技能以及价值态度等三个维度展开，是这三个方面的复杂组合，其目的都在于培养学生的专家思维与复杂性交往的能力，它们相互统一和互相补充。仔细研究和分析这三个不同国际组织和国家的教师素养内涵和框架可为我国未来的教师专业发展提供有益的启示，进一步反思未来教师的专业形象。

1. 新时代的教师应是知识渊博的专家。教师不但需要精通任教的学科知识，而

---

① Scheicher, A. Preparing Teachers and Developing School Leaders for the 21st Century: Lessons from Around the World, [EB/OL]. http://dx. doi. org/10. 1787/9789264174559-en. 2012 - 06 - 12.

且需要了解跨学科知识;不但需要具备自我知识,而且需要了解支撑学生的内容学习所需要的人和大脑的发展、元认知发展的知识;不但需要具备个体知识,而且需要具有社会知识;不但需要具有教学知识,而且需要具有课程知识;不但需要具有教育学方面的知识,而且需要具有超越教育学的多元文化知识、全球知识以及环境知识。

2. 新时代的教师应是技能熟练的专家。他需要具有慎思的、明晰的有效的专业思维、知识和行动。他既需要具有教育学技能,包括:教授异质课堂、运用信息通信技术、教授跨领域的能力、创设安全的吸引人的学校环境等;又需要具有管理、革新和创新技能等。

3. 新时代的教师应是教室中的积极行动者。他一方面需要具有学习者中心的价值,具有处理多样性和包容性的能力,信任并爱护学生,尊重学生的多元性,需要能够将计划和实践适应于不同的情境和学生的需求,能够做到因材施教;另一方面又拥有教师身份认同的价值,具有专业伦理精神,具有如下文化或态度:反思性实践、研究、创新、合作、自主学习等。

4. 新时代的教师应是社会主体。他积极参与教师学习共同体,在社会情境和专业共同体之中走向对话与合作,在学校或学区之内通过教导、教辅、知识共享和合作教学等方式来磨炼专业技能,并且能够承担社会责任,参与公共管理。

学习小结

本章首先分析了专业的基本特征,并阐释了教师职业属于一种专业的缘由:有较高的专门知识和技能、需要长时间的专门训练、需要不断的学习进修、具有自主权、具有较高的职业道德。其次,进一步分析了教师专业发展的内涵及其特征:教师专业发展的过程性、多维性、终身性、批判反思性、自主性,并阐释了教师专业发展的价值,特别是能有效抑制职业倦怠。再次,分析了教师专业发展的不同阶段。第四,阐释了当前教师专业发展所面临的主要问题,并提出了可行的解决对策:教师作为终身学习者理念的构建、加强教师的身份认同、构建民主平等的学校管理模式、教师需要成为反思性实践者、创建研修共同体,让教师成为研究者。第五,主要阐释了为了发展学生核心素养,教师需要不断更新自身的知识结构,形成与学生核心素养的培育与发展相一致的教师素养,主要借鉴了欧盟、美国以及新加坡等国际组织或国家的教师核心素养框架,指出新时代的教师素养是知识、技能与态度价值观的复杂融合,新时代的教师应是知识渊博的专家、技能熟练的专家、教室中的积极行动者、社会主体。

评价检测

一、简答题

1. 为什么教师属于专业人员？

2. 教师专业发展的内涵与特征？

3. 职业倦怠的特征？

4. 教师专业发展的价值？

5. 从阶段的视角看,教师专业发展的特点？

二、论述题

1. 你认为当前教师专业发展遇到哪些问题？应如何解决？

2. 试比较美国、欧盟以及新加坡等国家或地区的教师核心素养框架的异同？

三、讨论题

1. 教师专业发展与教师培训的异同？

2. 为了促进小学生英语学科核心素养的落实,小学英语教师需要具备哪些核心素养？

附录

小学教师专业标准(试行)

为促进小学教师专业发展,建设高素质小学教师队伍,根据《中华人民共和国教师法》和《中华人民共和国义务教育法》,特制定《小学教师专业标准(试行)》(以下简称《专业标准》)。

小学教师是履行小学教育工作职责的专业人员,需要经过严格的培养与培训,具有良好的职业道德,掌握系统的专业知识和专业技能。《专业标准》是国家对合格小学教师专业素质的基本要求,是小学教师开展教育教学活动的基本规范,是引领小学教师专业发展的基本准则,是小学教师培养、准入、培训、考核等工作的重要依据。

一、基本理念

(一)学生为本

尊重小学生权益,以小学生为主体,充分调动和发挥小学生的主动性;遵循小学生身心发展特点和教育教学规律,提供适合的教育,促进小学生生动活泼学习、健康快乐成长。

(二)师德为先

热爱小学教育事业,具有职业理想,践行社会主义核心价值体系,履行教师职业道德规范。关爱小学生,尊重小学生人格,富有爱心、责任心、耐心和细心;为人师表,教书育人,自尊自律,做小学生健康成长的指导者和引路人。

(三)能力为重

把学科知识、教育理论与教育实践相结合,突出教书育人实践能力;研究小学生,遵循小学生成长规律,提升教育教学专业化水平;坚持实践、反思、再实践、再反思,不断提高专业能力。

(四)终身学习

学习先进小学教育理论,了解国内外小学教育改革与发展的经验和做法;优化知识结构,提高文化素养;具有终身学习与持续发展的意识和能力,做终身学习的典范。

二、基本内容

维度	领域	基 本 要 求
专业理念与师德	(一)职业理解与认识	1. 贯彻党和国家教育方针政策,遵守教育法律法规。 2. 理解小学教育工作的意义,热爱小学教育事业,具有职业理想和敬业精神。 3. 认同小学教师的专业性和独特性,注重自身专业发展。 4. 具有良好职业道德修养,为人师表。 5. 具有团队合作精神,积极开展协作与交流。

维度	领域	基本要求
	（二）对小学生的态度与行为	6. 关爱小学生，重视小学生身心健康，将保护小学生生命安全放在首位。 7. 尊重小学生独立人格，维护小学生合法权益，平等对待每一个小学生。不讽刺、挖苦、歧视小学生，不体罚或变相体罚小学生。 8. 信任小学生，尊重个体差异，主动了解和满足有益于小学生身心发展的不同需求。 9. 积极创造条件，让小学生拥有快乐的学校生活。
	（三）教育教学的态度与行为	10. 树立育人为本、德育为先的理念，将小学生的知识学习、能力发展与品德养成相结合，重视小学生全面发展。 11. 尊重教育规律和小学生身心发展规律，为每一个小学生提供适合的教育。 12. 引导小学生体验学习乐趣，保护小学生的求知欲和好奇心，培养小学生的广泛兴趣、动手能力和探究精神。 13. 引导小学生学会学习，养成良好学习习惯。
	（四）个人修养与行为	14. 富有爱心、责任心、耐心和细心。 15. 乐观向上、热情开朗、有亲和力。 16. 善于自我调节情绪，保持平和心态。 17. 勤于学习，不断进取。 18. 衣着整洁得体，语言规范健康，举止文明礼貌。
专业知识	（五）小学生发展知识	19. 了解关于小学生生存、发展和保护的有关法律法规及政策规定。 20. 了解不同年龄及有特殊需要的小学生身心发展特点和规律，掌握保护和促进小学生身心健康发展的策略与方法。 21. 了解不同年龄小学生学习的特点，掌握小学生良好行为习惯养成的知识。 22. 了解幼小和小初衔接阶段小学生的心理特点，掌握帮助小学生顺利过渡的方法。 23. 了解对小学生进行青春期和性健康教育的知识和方法。 24. 了解小学生安全防护的知识，掌握针对小学生可能出现的各种侵犯与伤害行为的预防与应对方法。
	（六）学科知识	25. 适应小学综合性教学的要求，了解多学科知识。 26. 掌握所教学科知识体系、基本思想与方法。 27. 了解所教学科与社会实践的联系，了解与其他学科的联系。
	（七）教育教学知识	28. 掌握小学教育教学基本理论。 29. 掌握小学生品行养成的特点和规律。 30. 掌握不同年龄小学生的认识规律。 31. 掌握所教学科的课程标准和教学认识。
	（八）通识性知识	32. 具有相应的自然科学和人文社会科学知识。 33. 了解中国教育基本情况。 34. 具有相应的艺术欣赏与表现知识。 35. 具有适应教育内容、教学手段和方法现代化的信息技术知识。
专业能力	（九）教育教学设计	36. 合理制定小学生个体与集体的教育教学计划。 37. 合理利用教学资源，科学编写教学方案。 38. 合理设计丰富多彩的班队活动。

维度	领域	基 本 要 求
	（十）组织与实施	39. 建立良好的师生关系，帮助小学生建立良好的同伴关系。 40. 创设适宜的教学情况，根据小学生的反应及时调整教学活动。 41. 调动小学生学习积极性，结合小学生已有的知识和经验激发学习兴趣。 42. 发挥小学生主体性，灵活运用启发式、探究式、讨论式、参与式等教学方式。 43. 将现代教育技术手段渗透运用到教学中。 44. 较好使用口头语言、肢体语言与书面语言，使用普通话教学，规范书写钢笔字、粉笔字、毛笔字。 45. 妥善应对突发事件。 46. 鉴别小学生行为和思想动向，用科学的方法有效防止和矫正不良行为。
	（十一）激励与评价	47. 对小学生日常表现进行观察与判断，发现和赏识每一个小学生的点滴进步。 48. 灵活使用多元评价方式，给予小学生恰当的评价和指导。 49. 引导小学生进行积极的自我评价。 50. 利用评价结果不断改进教育教学工作。
	（十二）沟通与合作	51. 使用符合小学生特点的语言进行教育教学工作。 52. 善于倾听，和蔼可亲，与小学生进行有效沟通。 53. 与同事合作交流，分享经验和资源，共同发展。 54. 与家长进行有效沟通合作，共同促进小学生发展。 55. 协助小学与社区建立合作互助的良好关系。
	（十三）反思与发展	56. 主动收集分析相关信息，不断进行反思，改进教育教学工作。 57. 针对教育教学工作中的现实需要与问题，进行探索和研究。 58. 制定专业发展规划，不断提高自身专业素质。

三、实施建议

（一）各级教育行政部门要将《专业标准》作为小学教师队伍建设的基本依据。根据小学教育改革发展的需要，充分发挥《专业标准》引领和导向作用，深化教师教育改革，建立教师教育质量体系，不断提高小学教师培养培训质量。制定小学教师准入标准，严把小学教师入口关；制定小学教师聘任（聘用）、考核、退出等管理制度，保护教师合法权益，形成科学有效的小学教师队伍管理和督导机制。

（二）开展小学教师教育的院校要将《专业标准》作为小学教师培养培训的主要依据。重视小学教师职业特点，加强小学教育学科和专业建设。完善小学教师培养培训方案，科学设置教师教育课程，改革教育教学方式；重视小学教师职业道德教育，重视社会实践和教育实习；加强从事小学教师教育的中公师资队伍建设，建立科学的质量评价制度。

（三）小学要将《专业标准》作为教师管理的重要依据。制定小学教师专业发展规划,注重教师职业理想与职业道德教育,增强教师育人的责任感与使命感;开展校本研修,促进教师专业发展;完善教师岗位职责和考核评价制度,健全小学绩效管理机制。

（四）小学教师要将《专业标准》作为自身专业发展的基本依据。制定自我专业发展规划,爱岗敬业,增强专业发展自觉性;大胆开展教育教学实践,不断创新;积极进行自我评价,主动参加教师培训和自主研修,逐步提升专业发展水平。

第二章　小学英语教师知识和技能

学习目标

1. 能够了解小学英语教师知识的内涵及其类型；
2. 能够了解小学英语教师知识发展的价值；
3. 能够了解小学英语教师技能的内涵及其类型；
4. 能够了解小学英语教师技能发展的价值。

学习指导

本章建议课堂教学 4 个学时。

学习重点主要包括：教师知识的内涵与类型，教师知识发展中的问题和对策，教师技能的内涵及其类型，教师技能发展中的问题和对策。

课堂教学以讲授为主，对话讨论为辅。

教材学习与教材之外的学习相结合，建议阅读相关领域的研究论文和著作，以提升理解。

问题引导

小王是在校的英语专业师范生，她一直认为只要学好英语相关课程，掌握英语的听说读写技能，在未来她就能胜任小学英语教师的工作。你认为这种想法对吗？你对一名合格的小学英语教师应该具备的知识和技能了解多少？

第一节 小学英语教师知识：内涵和类型

问题与讨论

什么是知识？小学英语教师应当具备哪些知识？

一、教师知识的内涵与类型

（一）教师知识的内涵

知识是一个常用词，但究其真正的意思至今也没有一个统一而明确的界定。知识是一个模糊抽象的词。知识是符合文明方向的、人类对物质世界以及精神世界探索的结果总和。知识能让人类创造新事物得到新力量，在信息爆棚的时代，知识的获得不再是学习的目的和终点，而是一个引导体，引导人类通向广阔的崭新领域。

教师知识（teacher knowledge）是"认知者与被认知者之间的一种交互作用的智力结果。"[①]教师不仅是知识的传播者，也是知识的载体之一，教师知识是引导教师自身成长发展、不断进步的基础。因此，教师知识不仅仅局限于不同领域对知识的界定，应该还包含教师的观点、态度、信念等，教师知识是一个综合的概念。

（二）教师知识的构成要素及分类

教师知识主要可以分为学科取向和实践取向两大类。

1. 以舒尔曼（L. Shulman）为代表，以 PCK 为核心的学科取向的教师知识

20 世纪 80 年代，时任美国教育研究会主席的斯坦福大学舒尔曼针对当时教师资格认证制度的缺失，明确提出了"学科教学知识"的概念，认为应当把学科知识与教学知识相结合。他在论文《知识与教学：新改革的基础》（Knowledge and Teaching: Foundations of the New Reform）中认为教师的知识构成应该包含学科内容知识、普通教学知识、课程知识、学科教学知识、学生和学生特点知识、教育环境知识、以及教育目标、目的、价值及其哲学和历史背景等七类知识。具体含义为：（1）学科内容知识（Content knowledge），又称为专业知识或本体知识，是指某一具体学科的概念、原则和技能，以及储存在学科教师头脑中的知识经验，是与某种学科相关的基本内容和知识；（2）普通教学知识（General pedagogical knowledge），是指在课前教学设计、课堂管理和

---

① 范良火.教师教学知识发展研究[M].上海：华东师范大学出版社，2003：13.

组织、课后评价中,各学科教师都会运用的普通教育学、心理学等方面的原则与策略;(3)课程知识(Curriculum knowledge),指关于课程改革的基本要求和内容的知识,也包括教师对整个教学计划、课程理论、教材、评价标准和方法的全面理解。具体体现为为儿童设置的全部课程、学习的编程和用来教每一学科的各种课程材料,可以说用来教课程各方面的材料和资源都包括在其中;(4)学科教学知识(Pedagogical content knowledge),是指应用于具体特定学科的专业教育知识,这是学科知识和教学知识的融合。它是教师的特殊区域,即教师自己的专业知识和理解的形式;(5)学生和学生特点知识(Knowledge of learners and their characteristics),是关于学生在学习过程中所呈现出来的身心状态的知识,具体表现为学生的兴趣爱好、学习需求、强项和薄弱环节等;(6)教育情境知识(Knowledge of educational contexts),指学习的环境,例如教室、图书馆、学校、社区等学习场所的特点;(7)教育目标、目的、价值及其哲学和历史背景知识(Knowledge of educational ends and values),指教师对教育本身的情感态度信念以及他们的教学目标、目的、价值、历史背景等。价值是一个宽泛的概念,涉及多方面的内容。需要教师掌握教育史及法令等知识:包括教育价值及目的、中外教育史、各种教育法规、教师的法定权利义务、教育行政组织及运作、学校组织及行政运作、学校与社区(家庭)关系、各种教育制度与政策、学校与社会、文化背景及政治环境的关系等。

舒尔曼实际上将 PCK 视为教师对学习者的知识、课程知识、教学法知识以及教学情境知识等多种知识的归纳融合,它是"用专业学科知识结合教育学知识去理解特定单元的教学如何组织、呈现以适应学生的各种兴趣和能力。"[①]他认为学科教学知识是由学科知识转化而来的,但学科教学知识超越了学科知识,是教师知识的基础。学科知识与学科教学知识的关系是 PCK 研究中关键的问题。

在舒尔曼之后,格罗斯曼(P. L. Grossman)、马克斯(R. Marks)、科克伦(K. F. Cochran)、米什拉(P. Mishra)等一大批学者对 PCK 的认识和构成进行了深入研究。学者们越来越倾向于把内容知识、教学知识等原先与 PCK 并列的知识作为 PCK 的组成部分。格罗斯曼把舒尔曼提出的七类教师知识整合为四类:一般教学法知识,学科内容知识,PCK 和情境知识。在这四种知识中,她认为学科内容知识和 PCK 处于中心地位,并与其他两种知识相互作用。[②]

① Shulman, L. Knowledge and Teaching: Foundations of New Reform [J]. Harvard Educational Review, 1987(57): 1-22.
② 邹斌,陈向明. 教师知识概念的溯源[J]. 课程·教材·教法,2005,24(6):85—89.

格罗斯曼的教师知识分类如图 2-1 所示。①

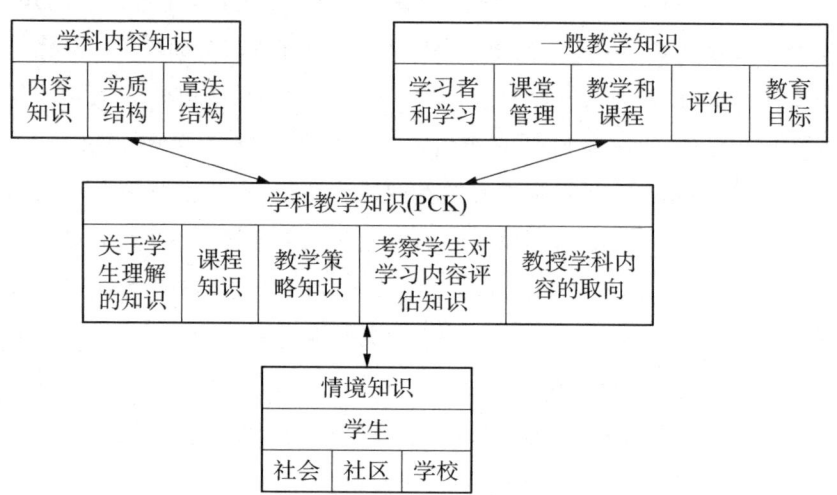

图 2-1　格罗斯曼的教师知识分类图

马克斯认为 PCK 包括四部分：学生知识、学科知识、利用多媒体进行教学的知识、教学中组织学生活动与注重教学行为表现的知识。② 他的观点与格罗斯曼接近，他把学科知识、教学知识、学生知识等看作是教师学科教学知识的一部分。科克伦从建构主义视角对舒尔曼的 PCK 概念进行了修正，提出了一个更为综合、动态的概念：学科教学认知（Pedagogical Content Knowing，简称 PCKg）。科克伦认为 PCKg 包括学科知识、教学知识、学生知识和学习情境知识。③ 他更倾向于把 PCK 看作是教师的专业知识基础，而不仅仅是教师专业知识的一部分。米什拉认为，PCK 包含学科知识、教学知识、学科教学知识、技术知识。她提出了 TPCK（Technological Pedagogical Content Knowledge）概念。TPCK 代表着教师能够根据具体教学情境的需要，综合考虑学科知识、教学方法，使用技术支持教学过程。④

① Grossman P L. A Study in Contrast：Sources of Pedagogical Content Knowledge for Secondary English [J]. Journal of Teacher Education，1989，40(5)：24-31.

② Marks, R. Pedagogical Content Knowledge：From a Mathematical Case to a Modified Conception [J]. Journal of Teacher Education，1990，41(3)：3-11.

③ Cochran. K，De Ruiter. J & King. R. Pedagogical Content Knowing：An Integrative Model for Teacher Preparation [J]. Journal of Teacher Education，1993，44(4)：263-272.

④ Punya Mishra，Matthew J Koehler. Technological Pedagogical Content Knowledge：A Framework For Teacher Knowledge. [J]. Teachers College Record. 2006，108(6)：1017-1054.

PCK 在信息技术的发展和互联网时代的背景下,在当前慕课,翻转课堂等热点话题中逐步由静态走向动态、由狭义走向广义,逐渐融入了新的内容。因此人们对教师的知识形成了新的认识,提出了新的要求。

2. 以艾尔巴兹(F. Elbaz)为代表的实践取向的教师知识

艾尔巴兹是最早对教师"实践知识"进行系统探讨的研究者之一。她通过对一个具有丰富经验的中学教师莎拉的研究,得出如下结论:教师以独特的方式拥有一种特别的知识"实践知识"。她认为实践知识是一种"教师以独特方式拥有的,关于学生、课堂、学校、环境、学科、学习和社会等方面的知识,它被每位教师整合成个人价值观和信念,并以教师的实际情境为取向。"[1]她在解释教师的"实践知识"时特别指出,教师的学科知识同教师具有的其他领域的知识一样,也是实践知识,它是由一定的实践情境塑造的,也为这一实践情境服务。她认为实践知识"突出了教师情境的行动和决策取向的属性,并在一定程度上,将教师知识理解为教师对该情境反映的一个函数。"[2]显然,艾尔巴兹认为教师知识是动态的、不断发展变化着的,而且这种变化是随课堂实施环境变量的变化而变化。加拿大学者康纳利和克兰迪宁(F. M. Connelly & D. J. Clandinin)认为,教师实践性知识是"教师通过教学经验所获得的实际的东西,它表达了一种从经验中获得的、在工作和生活环境中学到的、并在实际情境中展示的个人实践知识。"[3]因此,教学活动是一个复杂的、动态的实践性活动,要求教师具备独特的知识基础。在长期的教学中,教师需要通过不断的反思和实践,才能形成其实践性知识,指导教学实践。

但教师的实践性知识又不同于"经验"和"能力"。经验通常指从个人经历中获得的知识和技能,它是知识的初级形态;而实践性知识来自教师对经验的反思和总结,进而形成对教学的理解,强调过程性和动态性。"实践性知识"将教师与在实践中形成真的知识联系起来,提升教师实践活动在教师研究中的地位。实践性知识较之于经验更为抽象,来源于经验,但不等同于经验,必须通过对经验的反思使其形式化,形成知识。教师的能力通常指教师的教学方法、策略和技能等,其展现的是教师职业技术操作的

---

① Elbaz F. The Teacher's "Practical Knowledge": Report of a Case Study [J]. Curriculum Inquiry, 1981. 11(1): 43 - 71.

② Elbaz F. Teacher Thinking: A Study of Practical Knowledge [M]. London: Croom Helm, 1983: 98 - 141.

③ Connelly, F. M., & Clandinin, D. J. Personal Practical Knowledge and the Modes of Knowing: Relevance for Teaching and Learning [M]. Chicago: University of Chicago Press, 1985; 174 - 198.

一面,是教师外显的行为;而教师实践性知识不仅包含教师的教学能力,还探究教师外显行为背后的思考、教学信念,是教师价值观的体现。实践性知识体现了教师职业艺术的一面,它呈现的是内隐于教师实践甚至是教师自身也没有意识到的知识,蕴涵着教师的自我、价值观和情感。教师在教学实践中,通过行动中、行动后以及对行动的反思,不断调整自己的行为,同时其信念也在不断的重构和发展中,其整体变化会更加彻底、深刻和持久。① 总而言之,"教师实践性知识"这一概念,是一个奇妙的结合体,它的提出突破了教师的理论知识与实践工作之间的二元对立。

综上所述,教师的知识可以包括教师在受教过程中获得的知识,也包括在教学过程中可选择、整合、展现和传授的内容,具体可表现为学科知识、教学法知识、语言文化知识和信息素养知识等的内涵知识以及实践性知识、情境知识和批判反思知识等相关的外延知识。

二、小学英语教师知识的类型

1. 英语学科知识

英语学科知识主要是指英语教师的专业知识,包括三大学科知识要素:英语语言知识(语音、词汇、语法等)、语言技能(听、说、读、写)和语言文化特别是跨文化知识。作为英语教师,若没有完备的语言知识、良好的语言技能与丰富的语言文化知识,则不可能顺利进行英语教学活动。因此,英语学科知识是英语教师开展教学活动的前提和顺利完成英语教学活动的重要保障。小学英语教师的学科内容不仅是广泛的语音、词汇、语法、听说读写等,而要细化到具体的教学主题,例如小学生关于颜色的英语词汇、关于季节的英语词汇等。

2. 英语教学法知识

英语教学法知识是英语教师在设计、管理、组织与评价英语课堂时所运用的语言习得理论与英语教学理论知识,包括:(1)英语课堂设计知识,即能根据英语学科体系、概念结构、自身规律特点、教学对象等进行英语课程的宏观规划与微观设计。(2)英语课堂管理与组织知识,即英语教师根据英语教学规律、英语课程标准、教材、教学对象在进行英语课堂计划、组织、引导与控制过程中所获得的知识与经验。(3)英语课堂评价知识,即英语教师根据英语教学目标在英语教学过程及结果进行价值判断过

---

① 陈向明. 对教师实践性知识构成要素的探讨[J]. 教育研究,2009(10):66—73.

程中的知识。课堂教学评价主要是对学生学习过程与效果的评价和对教师教学工作过程与效果的评价。一般教学法知识是英语教学法知识的指导，英语教学法知识是一般教学法知识的具体应用，二者是学科教学知识中教学法知识缺一不可的两大要素，是英语教师形成学科教学知识所不可或缺的重要条件支撑。

3. 英语学科教学知识

作为小学英语教师需要将英语学科与教育学进行整合，通过教师对专业的解读帮助学生理解新知识。教师可以根据教学目标和学生现有的知识基础与学习水平确定教学内容的重、难点；在不影响教科书的完整性和系统性的前提下，依据所在地区的教学实际需要、学生现有水平与课时安排等，对小学英语教科书内容作适当地补充与删减；根据实际教学目标和学生学习需求，替换部分教学内容和活动，扩展教学内容或延伸原有的教学活动；依据学生周围的现实生活或者知识本身的内在逻辑和学生学习知识的认识逻辑，对教学内容的顺序做适当调整。小学英语教师也要完全理解学科教学知识有许多关键的思想需把握，如重要的教学表达思想、师生知识相互作用的思想、熟练教学行为的思想、所有知识整合在一起的思想。

4. 小学英语课程知识

在2019年版的小学英语课程标准中，小学阶段的英语课程是为了激发学生学习英语的兴趣，培养积极的学习态度，初步建立学习英语的自信心，使他们能听懂简单话语、小故事等，能对日常指令和要求做出反应；发音清晰，能进行简短的对话或讲小故事；能朗读并理解简单的语篇或短文；可以根据图片或实物等写出完整的句子或简短的文章。根据小学生的特点，英语教学重点培养语言交流的能力，侧重提高对语言的感受，培养初步的听说读写的能力。评价形式是多样的、可选择的，目的在于激励学生的兴趣和积极性。小学英语课程知识不仅指英语课程材料的使用、编排，课程具体材料可以是教师自己做的，或者在特定情景下根据学生特殊需求所设计的、或者是一个特别难的概念的拓展等；而且还包含一定的课程理论知识，像课程内容、课程设计、课程实施及课程评价等。

5. 小学生的特点及发展知识

它由不同的要素组成：学生的经验知识和学生的认知知识。学生的经验或社会知识是指这些方面的知识：特定年龄段儿童所共有的、在课堂和学校里表现出来的、与其兴趣和情景因素相关的、影响学习和行为以及儿童与教师关系本质的知识等。学生的认知知识由两部分组成：一是儿童发展的理论知识；二是特定学生群体的知识。

包括各年级学生身心发展的特征、各年级学生认知学习及思考方式、指导学生如何学习、学生个别差异及班级中特殊儿童学习的知识等。在小学英语学科中主要体现为对学习者英语学习需要、学习动机、学习态度、英语水平和学习风格等的了解。通过科学、系统地方式了解学生的学习需要，从内部和外部两个方面同时激发学生学习动机，用专业量表测量学生的学习态度和学习风格，通过纸笔测验和实践操作两个方面来了解学生英语水平。

6. 教育情境知识

教育情境包括社会大环境，如政治、经济、文化等环境，与小环境即课堂环境。英语教育情境知识包括三大要素：英语课堂环境、学校语言学习环境，和社区、地区及社会的语言环境。英语课堂环境是指英语教师在英语语言的教与学活动过程中努力为学生创造互动、合作、协商、主动的课堂氛围，让学生能在轻松愉快的环境中习得语言。学校语言学习环境也指英语课堂外环境，是指英语教师努力为学生营造语言学习与运用的课外环境；社区、地区及社会的语言环境是学校周围的英语学习环境，和影响英语教学的社会教育环境、所在地区的特点以及社区的背景。小学英语教师需要借助教室设备设施向学生有效呈现不同的教学内容，创造一种敢于开口、积极参与、关系融洽的课堂教学环境。同时需要了解所教学校里有助于小学英语教学的英语元素，熟悉所教学校的语言学习环境，并且能够有效利用这种环境。语言学习离不开教学环境，为了实现语言教学目标，营造良好语言学习氛围更是英语教学亟待解决的重要课题。

7. 小学英语教育目的及价值知识

小学英语教师需要准确理解义务教育英语课程标准中小学阶段英语的课程目标，不但要有一节课、一个主题或一个单元的短期目标，还要有长期的英语教育目的，因此，教师要掌握教育目标相关的设计理论知识。小学英语教师教学目标，按照课标的要求分为语言知识目标、语言技能目标、情感态度目标、学习策略目标和文化意识目标五类。当围绕小学英语某一教学主题时，小学英语教师应当制定出科学且明确的语言技能、语言知识、情感态度、学习策略和文化意识五个方面教学目标，并突出重点。[①]

案例分析与研讨

1. 除了案例中所列举的几方面，你是否能够发现小学英语教师专业知识在其他

① 刘清华. 教师知识研究的问题与建构路向[J]. 教育理论与实践，2005，25(11)：45—48；何丽芬. 中外英语教师学科教学知识现状比较分析[J]. 外语研究，2016，2(156)：63—71.

方面存在的问题？

2. 小学英语教师专业知识问题产生的原因有哪些？

3. 如何提升小学英语教师专业知识？

小学英语教师的专业知识水平亟待提高

——基于对一份六年级英语期末试卷的分析①

一、引言

"知识是连接教师和学生的一条纽带，教师要在教育过程中充分发挥作用……对这些小学教师来说，基础知识在他们的知识结构中在占有更大的比例。"如果一个教师的专业知识达不到最基本的要求，那他或她就没有可能避免在教育教学的过程出现这样那样的学科知识的科学性错误。对于学生来说，这是十分可怕的，或许这也是教师让人最可怕的事情之一，因为在本质上它与"庸医杀人不用刀"是一样的！

然而，J省S市C区一所名牌小学2017年第一学期期末的一份六年级英语试卷引起了笔者的注意。从试卷暴露出来的近二十个错误来看，不仅错误数量太多，而且错误的性质相当严重。从表象上看，这只是考试命题人和试题审核人的个人专业知识方面的问题。但是，如果从深层次进行分析，不难看出这份试卷所出现的错误，恰恰是小学英语教师在专业知识水平方面亟待提高的共性问题。

二、小学英语教师专业知识存在的主要问题

从这份试卷看，小学英语教师专业知识存在的主要问题涉及语法知识、语用知识和文化知识(含背景知识)三个方面。

1. 语法知识的错误

英语语法知识主要是由词法知识和句法知识构成的。对英语教师和英语学习者来说，英语语法知识都是十分重要的，因为"语法规则不仅具有对英语话语表达的监查功能，还具有供人们根据规则生成新的句子的功能"(龚海平,2015：136)。这份试卷中的词的用法错误严重！

(1) 第八大题"用所给词的适当形式完成句子"，第2小题和第6小题的题干中分别出现了两处副词的用法错误。

第2小题：Don't drive the car so _____ (quick).

---

① 龚海平,黎忠.小学英语教师的专业知识水平亟待提高——基于对一份六年级英语期末试卷的分析[J].中小学英语教学与研究,2018.4：1315.

第 6 小题 Jim usually _____ (write) to his e-friends when he was young.

第 2 小题的错误表明,命题者自己根本没有搞懂"quickly"与"fast"的用法区别。"drive the car quickly"的意思是"赶紧开车","quickly"的确切意思是"不要磨蹭;刻不容缓",而不是车子开得"快"的意思。因此,这里括号中的"quick"应改为"fast"。

第 6 小题中的副词"usually"用在这里简直使整个句子让人感到莫名其妙!它似乎在传达这样的信息:吉姆年轻的时候(无所事事),通常就是给其网友写信。这样的句子怎能不让人感到滑稽呢?

(2)试题中的动词时态错误多得简直让人咋舌!

在第六大题的听力材料中,居然有"We went to the beach last Friday. The beach was messy and dirty. What makes the beach messy?"这样的表述! 显然,这里的"makes"必须改成"made"才能保持时态的一致。

第七大题要求"根据句子的意思或首字母提示,写出英文单词或词组",在第 2 小题的题干"If I were free and r_____ I will travel around the world."中出现了词汇用法错误,也有动词时态不一致的错误。命题者想当然地要学生填写"rich"一词,可是难道只有富人才能周游世界吗?句中的时态不一致的问题,已是显而易见,不再赘述。

第十四大题"请比较下图的两个城市,思考它们的不同之处,并完成短文",在题干中也出现了动词时态用法错误。"We can also find some cars running in the left city. Smoke cars will also pollute(污染)the air."这里的"also pollute"前面为什么要加上"will"来构成一般将来时态呢?难道汽车行驶的过程中不产生污染,非得要过了一个时间段才产生污染?

2. 语用知识的错误

语用学(Pragmatics)是指一方面依照语用规则对话语元素进行自主编码、输出话语,另一方面依据语用规则对话语表述加以规范和分析,而不简单地满足于话语表述在语法上正确。"语用学"特别关注两个方面的问题,即"语言的理解与应用"(language comprehension and application)和"语言的得体与委婉"(language appropriateness and tactfulness),认为"语言表达的得体与委婉在跨文化交际中是很重要的"(何自然,2003)。

然而,在第九大题"单项选择"的第 10 小题"_____ shout, stop shouting. Tom! My grandma _____."的题干和选项(选项:A. Not, slept; B. Don't, is sleeping; C. Don't, sleeps)中都出现了严重的语用错误。

如果对方此时并没有"shout"，也不能说"Don't shout"，而只能说"No shouting"；如果对方正在"shout"，才能说"Stop shouting"。因此，将"Don't shout"与"Stop shouting"连续、并列表达，这在英语语用上是错误的。

再如：第四大题"听录音，根据所听对话及问题，选出正确的答案"第 2 小题的录音稿为：

W：Where did you go last National Day holiday，Tom？

M：I went to a farm. What about you，Helen？

W：I went to a park with my cousin Jack.

Q：Where was Jack last National Day holiday？

试题所给选项为"A. In a park."　"B. On a farm"和"C. At a shopping centre."。试题命制者所设置的答案为选项 A。可是，选项 A 真的正确吗？Jack 在 last National Day holiday 去了公园这个事实并不等于 Jack 那天仅仅在公园待过。

这道题最大问题还不在这一点，而在于不同国家的"国庆节"的英文表达是有各自的文化意义和特有的表达方式的。姑且不论 Tom，Helen 和 Jack 三个小孩是否都来自于同一国家，即便他们都来自同一国家，他们国家的"国庆节"的表述也未必就是"National Day"！例如：美国的国庆节实际上是"独立日"(Independence Day)，加拿大的国庆节实际上是"加拿大日"(Canada Day)，古巴的国庆节实际上是它的"解放日"(Liberation Day)，而英国的国庆节实际上是"英国女王官方生日"，即 Official Birthday of Her Majesty Queen Elizabeth Ⅱ（UK）。由此可见，"National Day"在英语中并非通用的"国庆节"。

3. 文化知识的错误

语言的文化知识(含背景知识)是非常丰富的，英语教师对此应该高度注意，不可以掉以轻心。然而，这份试卷中出现了好几处文化背景知识方面的错误。

第七大题"根据句子的意思或首字母提示，写出英文单词或词组"第 3 小题的题干为"It's a kind of liquid（液体）energy. It's black. It's _____."，试题编制者犯了文化知识缺失的错误。命题者设置的正确答案是"oil"。固然，"oil"可以是一种"black liquid"，可是它绝不是"liquid energy"。殊不知，"liquid energy"是一个物理学中的力学概念，表达的是"以液体作为工作介质，利用液体压力来传递动力和进行控制的一种传动方式"，而不是某一具体液体本身。因此，这道题本身所表达的概念是混乱的。

第八大题"用所给词的适当形式完成句子"第 5 小题的题干"_____（protect）

the Earth. we shouldn't waste too _____ (many) wood. "中也出现了文化知识的错误。常识告诉我们，"to protect the Earth"，我们不是不能 waste too much wood，而是根本就不能 waste any wood，因此这道题的设计违背生活常识。

三、结语

综上所述，从这份试卷的分析中不难发现，一些接受过高等院校英语专业教育的小学英语教师在从事小学英语教学工作若干年后自身的英语语法知识、语用知识和文化知识已经严重退化到了让人触目惊心的程度。相关教育主管部门是否有必要对过去和现在所开展的中小学英语教师的继续教育作出深刻反思，并从小学英语教师的培训内容到培训实效的评估作出改革？一些小学的领导是否需要对中小学英语教师的专业知识的退化现象高度警惕，并采取有效措施为他们的专业知识水平的提升创造良好条件、提出严格要求？广大小学英语教师是否能由此"照照镜子"，主动审视自我的专业知识水平，找到自己专业知识的短板，并在自身的专业发展上作出一步一个脚印的努力？这些问题将事关我国小学英语教学质量的保障和提升，需要我们共同而长期地为之努力并加以解决。

第二节　小学英语教师知识发展中的问题与对策

问题与讨论

有哪些因素会影响小学英语教师知识的发展？

一、小学英语教师知识发展中存在的问题

1. 理论知识与实践性知识的基础相对薄弱，且相互转换不畅

很多小学英语教师的理论知识有待进一步提高。首先在语音方面，个别教师存在着发音不准确、不清晰的情况，语音发音规则使用有误，基本的连读、爆破、语调等语音常识知识不足。其次在词汇知识方面，词与词的搭配知识掌握欠佳。存在着词汇应用问题，当教师遇到近义词、同义词时如果随机选择，容易让学生误解，违背了通俗易懂的原则，从而产生消极影响。再次，小学英语教师的句法结构知识有待深入学习。若小学英语教师对简单的句子结构了解不透彻，在用英语教授课程时，难免会将所要表达的意思直译成英语来表达或直接用汉语授课，这对孩子英语语言的学习来说无疑是致命的。同时，教师如果没有深入学习语篇连贯知识，不能结合各种身体语言等加以调整和变

换,不能保证教师用语的连贯,由此则很难在课堂授课时抓住学生的注意力,引起学生的兴趣,长此以往学生会逐渐丧失学习英语的源动力。最后,在英美文化知识方面,大部分小学英语教师都较欠缺重要的英美文化知识和语言习得理论知识。英语语言文化知识应是小学英语教师必须了解和掌握的,这影响到孩子跨文化知识的掌握。语言的学习就是为了交流和应用的,一旦教师偏离了这个核心目标,英语语言的学习也就失去了它应有的价值。语言习得理论知识分析了非母语国家的孩子学习外语应遵循的原则,小学英语教师也应该系统了解这方面的知识,否则会耽误孩子学习英语语言知识的黄金时期。

在实践性知识方面,多数小学英语教师依旧认为课本出现的重点单词、词组和句型是教学的重难点,他们会花费大量重复练习迫使学生掌握该部分的内容。在教学过程中教师缺乏对个性化课堂,个性化教学的探索和创新,导致学生学习的个性化缺失。同时忽视基础教育的"人本化"诉求。教师未能全面了解并理解学生的知识,未能时刻关注学生的学习过程,会导致教与学的对立,这不利于改善教与学的关系,也不利于促进教学情境的融合与课堂交流互动。

理论与实践应是有效统一的,理论来自于实践,最终也是为了指导实践。因此理论知识和实践性知识对小学英语教师知识的发展同等重要。在现实情况中,特别是新入职的小学英语教师知识的发展面临着理论知识与实践性知识转换不畅的问题。许多偏远地区的小学英语教师并非英语专业毕业,就算是英语专业毕业的教师,也存在职前理论知识和职后实践性知识相脱节的现象,他们更加侧重于学科知识而忽略了教育学、心理学等方面的知识,甚至有些教师在进入小学授课前没有经历过相关的实习或实践。实践性知识几乎为空白。若职前理论知识不能有效结合互通实践性知识,有效共通英语一线教学,将会极大影响教学行为和效果。

2. 小学英语教师对知识的主动反思意识欠缺,反思方法不清

反思的目的就是促进教师行为和思想的改变,从而促进教学方法的改变,进而影响到学生的学习和发展。反思行为是以反思意识为依托,要想教师的反思是积极的、主动的意义创造而非消极的、被动的在受挫之后的自我检讨,就需要教师具备反思意识,保持着对教育的激情和敏感性。然而更多的教师反思行为背后缺少这种"反思意识",反思行为更倾向于是被动的、受挫后的自我检讨。由于部分小学英语教师入职前期缺少深入细致的反思,轻视个人教学经验,将实践知识看作习惯行为,缺乏对自己教学活动、教学结果的审视与批判性分析,受困于教育情境,致使经验停留在原始的情境体验中,从而职业生涯后期没有形成有效的实践性知识体系。另一方面,部分教师把

自我反思视为例行任务,只是对教学工作的表面现象进行粗略归纳,没有对教学中的困境及成效进行分类总结,导致日后的教育教学实践中不能成功借鉴已有的成功案例,不能有效规避失败的经历,抑制自身教师知识的发展。

目前小学英语新课程改革要求教师具有勇于对自己的教育行为负责的态度,挑战传统,反思自己已形成的教学行为以及教学行为背后的观念、思想,生成新问题。尽管部分英语教师在学校教育改革中扮演着的积极角色,拥护并坚持反思性教学的口号,但也有教师认为虽然学校在倡导教师做反思,交反思日记,写工作总结,但实际具体怎么反思不明确,通常的表现形式就是想一下工作做得对不对,应该怎样改进。因此反思方法是否恰当也会影响小学英语教师知识的提高。

3. 小学英语教师知识提高缺乏科学的指导和有效政策的协助

小学英语教师的知识发展不仅需要自身的努力,也需要外部科学有效的指引,避免教师在教育教学中的偏差,扫清教师知识发展道路中的障碍。常见的提高教师知识的方式是培训和交流,但是常会出现形式单一、平台狭窄的问题。培训经常以讲座的形式出现,教育局或教育机构组织的教师交流培训,多局限于集中会议室,没有真正进入真实的课堂,培训效果不甚理想。这种方式适宜于对理论的探讨,难以对实践性知识提供有效的指导。校外专家学者亲临现场指导的机会少。小学阶段学校数量多而位置分布散,教学资源相对于其他教学阶段较少且散,专家和学者亲临现场根据该学校的实际情况专业指导教师实践机会少。其次,校内指导工作对实践需要配合度不高。很多学校对教师实践的指导工作很滞后,专门的专业实践交流会议较少,对教师所遇问题会出现仅仅进行简单讨论,或长期搁置现象。最后,无论是跨区域的城乡小学英语教师之间的交流协作,还是境外的学习研修,都需要教育主管部门到学校管理层的支持。特别是偏远农村地区的小学英语老师,信息接触面不广,外出学习锻炼的机会少。如果当地教育主管部门没有对教师交流学习大力支持,仅象征性的学习,重形式,不能达到真正学习的目的,那么对教师知识的发展也是很大的一个不利因素。

4. 教师自我管理知识的缺失

自我管理包括自我控制、自我意识、自我调适、自我激励、目标管理、时间管理、优势与效能、人际交往和健康等诸多方面,它是教师知识发展的保障。在教师工作中,教学课程标准多由外部因素主导,教师是执行者而不是参与制定者,缺少目标管理、自我控制的动因。在这种外部环境中如果教师不能进行自我设计、自我激励就很容易失去动力,随波逐流。自我管理缺失的另一个表现是时间管理的缺失。时间,已经成为知识社会中重要的资源,科学的管理时间就是合理利用资源。教师经常采用的时间管理行为常通过记录待办事项来安排时间,这样的时间管理方式是被动的,没有以个体价值观为导向,没有关注效率和效能,没有强调个人管理。教师知识的发展,特别是实践性知识的发展是隐性的,如果教师不能很好的进行自我管理,也不能对知识的提高做出长远的规划,更不能赋以行动。

二、小学英语教师知识发展的对策

1. 加强学科教学知识和实践性知识学习,理论结合实践

教师首先需要树立正确的学习动机。小学英语教师必须意识到学科知识的学习和完善不仅可以帮助教师提升自身的专业素养,而且更好地完成教学活动,更能激发学生学习英语的兴趣,让学生爱上英语,爱上英语教师。无论是职前不同阶段的英语专业学习,还是职后接受的各项培训,小学英语教师应采用科学的学习方法和策略丰富和提升自身的语音知识和能力。通过学习构词法,明了英语词汇的构成规则,扩展词汇量。通过使用元认知策略、认知策略、记忆策略以及社会交往等策略实现英语词汇意义、搭配规则的记忆以及词汇的灵活运用。同时英语教师需要加强和完善自我的英语语法知识,做到运用准确、厚积薄发。只有具备了体系健全的、规则完整的语法网络,教师在讲解语法时,才可以逻辑清晰、对比鲜明、情境设置恰当,有意注重语法知识与其他英语学科知识的融合,避免语法知识教授途径枯燥乏味。除此之外,英语教师要学习句子单位的词汇、词性及它们的运用方法,对相似结构的句子进行观察,通过归纳总结,找出基本英语句子的构成规则,连词成句,连句成段,连段成篇。唯有如此,教师在课堂讲授知识时才会注意语义的完整性和前后逻辑的连贯,注重句与句、段与段等的衔接。在语言知识的转换过程中,教师必须熟练地知晓目标语与母语间的联系,迅速在头脑中完成转换,转换成学生可理解的英语教师用语。

在实际课堂教授过程中,小学英语教师应当注重英语知识与实际情境的联系。首先,教师应多注意观察生活情境,不断进行反省和探索,寻找英语知识与生活情境的联系,并通过微格课程或教学实践,对自己设想的情境进行运用和加工。也可以通过观摩同事和其他优秀教学视频,借鉴和完善自身的情境知识,这是对亲身体验的情境知识的补充。通过观察和模仿,教师能掌握更丰富的生活情境,为课堂情境知识的积累提供素材。在结合学生特点与教学重点难点的基础上,在教学实践过程中,教师不断修正已积累的情境最终内化为自身的教学情境知识。

同时也要做到理论知识与实践相结合，不能让理论知识脱离实践知识，以研究性的学习方式总结自己在教学过程中使用的教学方法和教学技巧，进一步学习教育理论知识，结合自身实践经验，学会评估自己教育教学实践活动，运用教育科学方法，主动地获取知识、应用知识，及时地解决教育教学实践活动中存在的问题，以提高自己在教育教学活动中的应变能力。

2. 树立反思意识，改进反思方法

教学反思是教师在自我适应和专业发展中的核心方式。首先，小学英语教师要树立反思的意识，有了反思意识，教师才能思考教学过程中问题所在、如何解决以及需要怎么改变，才能深入探讨如何在实践中有效解决问题。反思是实践性知识生成与发展的前提条件，教研活动或者学校继续教育必须鼓励教师反思，提供给教师反思活动的动力或者意义，从而促进教师观念、方法和行动的改变。

我国目前的英语课程改革提出了许多新的英语课程理念，要求小学英语教学具备即时性、语境化、个性化、艺术化等特征。在此前提下，教师对待教学要有方法意识，在教学活动中积极探索教学方法，不断学习，引进行之有效的方法、理念，而且还需要在与学生交往、互动的过程中吸收经验有效反思，达到教师实践性知识发展的目的。小学英语教师实现个性化、艺术化教学的最好途径就是对自己及他人的教学进行批判性反思，包括教学行动前和后的反思、教学中决策实施和调整的反思。首先，教师要积极参与行动研究，在教育教学过程中，可以通过观察、学生测验等从批判性的角度发现存在的问题，针对这些问题查找文献、采取课上和课下活动、对学生谈话以及作业的批改等多种方式及时展开调查和研究。其次，认真写反思日记。在每次上完课之后，或者每天的工作结束以后，审视自己的教学过程，全面的分析问题，并寻找各种途径的帮助加以改正。再次，最重要的是要观摩学习，特别是优秀的经验教师的课程。观察思考优秀教师的实践经验，对比自我，进行自我审视、自我分析和自我教育，找出自我的问题和差距，多与优秀经验教师沟通请教，这是提升教师理论和实践知识的一个良好机会。

3. 开展对教师知识发展的有效指导，管理阶层完善促进教师知识发展的方式

怎样才是对知识发展的有效指导？教师知识的有效指导并不停留于让教师认识到自身专业知识的程度，而是工作中能否最大化的运用所学的知识。通过对学科知识和实践性知识的提高，提升诊断学生学习困难的能力，提高教师的思维逻辑性，从而提高教师的课堂教学效果。

有效组建教师合作团队。从学校管理层，到学校教师、学生都紧密结合一起，创建

团结合作的工作关系,最终达到促进教师知识发展的目标。这种团队可以邀请高校及教育行政主管部门的专家,给予更专业性的引导。也可以校间合作,就是不同学校之间或不同学校的老师组成的合作共同体。学校之间合作可以实现优势互补、资源能够共享。通过团队的合作,能够促进教师之间的友好交流、分享工作实践、学习交流经验、共同研讨课题,也能够汇集更多的智慧,创造新的工作思路。同时,学校内部教师合作团体也是很便捷、很有效的合作方式,它具有灵活多变、自主、针对性强、涉及面比较广的特点,有利于提高学校教师的综合知识,提高教师的教学质量。

国家十分重视教育的发展,在教师教育方面的投入也较多,各级教育部门也开展了各种类型的培训,但必须先了解教师个体的知识内容需求,将具有相同或相似学科知识或实践知识问题的教师集中在一起,针对其身上存在的不同问题,集中、有针对性的进行培训。在进行教师培训时,一定要遵循教师自身体验、感悟、反思、实践的原则,以此选择恰当的方式。培训的目的是为教师知识发展做准备,为了更好的发挥培训的作用,相关部门有必要做好相关的培训反馈工作,及时了解每次培训工作的不足,并积极调整和改进。相应的,有关部门要在培训结束后及时采访接受培训的教师,必要时也可采用培训效果考核等方式对教师培训结果信息进行收集和整理,寻找最有效的方式、最有针对性的内容以达到最佳效果。

4. 增强教师自我管理的意识和行为

自我管理是个体拥有的一种能力,自我管理的实现需要始终贯穿自我学习或自我教育,逐步缩小理想与现实的差距。自我管理与小学英语教师知识具有紧密的联系:自我管理与教师知识具有内在的一致性。两者内在价值追求具有共鸣,自我管理与教师知识都是在对自身资源的合理配置,追求最大化的自我实现。因此,自我管理的意识是教师知识发展的基础之一。有效的自我管理必然能够促进教师知识发展。教师在进行自我管理时需要注意两方面的内容:第一,知识目标的有效设定。教师设定和分解知识目标时须判断自身核心竞争力和不足,即哪一部分知识已经符合标准或存在缺陷。第二,评价是知识目标管理的关键。设定目标实现的时间表以及终结性成果的具体表现形式,给评价一个参照指标。

案例分析

1. 小学英语教师实践性知识建构存在哪些问题?

2. 除了文中提到的原因,你还能找出其他的原因吗?

小学英语教师实践性知识建构困境的原因分析①

1. 缺少具有方向性的建构路径

小学英语教师自身兼具外语学习者和教育者的双重身份,外语的学习和使用贯穿于小学英语教师职业生涯的始终。在与小学英语教师交流的过程中发现,在实践性知识中有关学科的部分,小学英语教师的关注点是自身的外语驾驭能力,尤其是语音面貌,良好的语音面貌是其专业自信的来源,但即使是从教十余年的成熟型教师也对自身的语音面貌不满意,认为自己最需要的还是进行口语方面的进修,一方面专业的英语进修能够提升自身驾驭英语的能力使语音面貌得到改善,另一方面在用语时也能更加符合英语思维。小学英语教师渴望能够获得针对语言能力的学习机会,然而这样的资源在小学阶段却是稀缺的。专门的英语进修到底能够给英语教师带来怎样的改变,这里我们可以通过 W 老师的案例来直接地感受一下:

> W 老师所在的 D 小学是一所具有实验性和示范性的小学,教学科研和改革都走在全省前列,在 21 世纪初伴随英语学习热潮,学校也进行了英语教学实验班的教学改革尝试,W 老师也因此次改革有机会赴英国进行有关教学法和口语方面的培训。L 老师回忆说:"刚到国外时并不敢直接和外教进行交流,对自己的口语还不是很自信,但由于环境使然,逼迫自己不得不多说多听英语。经过一段时间后,感觉自己少了一些胆怯开始能够自然地用英语进行交流同时也具有了英语思维,用语更加地道。但是回国后缺少语言环境,口语和英语思维就慢慢退化了。对于英语教师来说出国还是很有必要的,但是对于小学教师来说这样的机会太少了。我们也希望能有一些像口语发音之类的学科专业方面的培训学习机会。"

W 老师的案例说明专门的外语培训对英语教师语言能力的提高大有裨益,而且在上文曾提到小学英语教师由于学科知识的基础性,其驾驭英语的能力和学科知识储备与职前相比都呈下降趋势,开展针对学科的外语培训以保持教师学科知识的活性就显得更为重要。通过对小学英语教师参加本学科校外教学比赛和教学交流机会的调查发现,小学英语教师所获得的机会并不多。有教师表示其参加校外比赛和交流的机会非常少。对于小学英语教师而言,他们不仅缺少专门的语言学习机会,就连校际间

① 郭熠琳.小学英语教师实践性知识建构研究[D].东北师范大学.硕士毕业论文,2014:40—45.

英语学科的学习交流机会也是很宝贵的。

2. 教师流于教学,建构能力不强

教学是小学英语教师实践性知识的生发之地也是最终的目标所在,但如果教师仅仅止步于日常教学就难免会缺乏自主建构实践性知识的能力。一方面,小学教学工作的繁杂和细碎使教师在客观条件上就很难具备较高的理论梳理能力,因此在琐碎的教育实践中抽离出抽象的实践性知识不是小学教师所擅长的;另一方面,从教多年后,职业瓶颈的出现会让教师失去建构实践性知识的动力,建构能力也难以得到发展。我们可以通过 W 老师的自述获得对小学英语教师日常工作景象的初步印象:

> 教师的工作时间远不止八个小时,我每天六点四十多到学校吃早饭然后开始准备接下来的课,正常情况下午四点多下班,如果遇到学校有活动或者需要出公开课,加班到七八点是在所难免的。每天感觉都很忙,但回想一下却也没发现任何成果。除了备课上课以外,批改作业占据了相当多的时间。从收作业开始就需要与学生斗智斗勇,新学期开始我都会打印每个班级的学生名单用来记录作业完成情况,每次作业批改完需要将学生的成绩等级登记在名单上,同时梳理出尚未交作业的学生,展开催作业的工作。对于经常不交作业的"惯犯"还需要找班主任找家长进行督促改正。我教三个班就有一百多名学生的作业、小卷(学习卡)要批。批完作业并不是工作的结束而是意味着后续工作的开始,学生的作业本上只要出现了"A—"我就需要单独指导学生进行修改,有时下课了找不到人还需要时时去班级里查看。刚开始上班时还做总结写心得,但现在每天都把大量的时间花在批改作业上了,没有更多的精力关注教育改革之类的其他事情。

除了 W 老师对自己日常工作的描述外,通过调查问卷数据同样可以看到小学英语教师时间分配情况,从图 2-2 小学英语教师每周平均工作时间分配情况中可见教师时间投入最多的是课前准备、课后作业批改和学生辅导,其次是其他杂事和学生活动,最后是教研活动和行政会议。由此可见,小学英语教师在工作时间内进行教研的时间投入是少于日常事务性的时间,甚至处理日常杂事的时间也要多于进行教研的时间。这样的时间分配结构就在客观上制约了小学教师获得理论梳理能力的可能。教育之中本无小事,批改作业和日常教学对学生的成长是至关重要的,但这些工作具有重复性和机械性的特质,如果教师自我教育能力不强,就很容易淹没在日常教学等琐

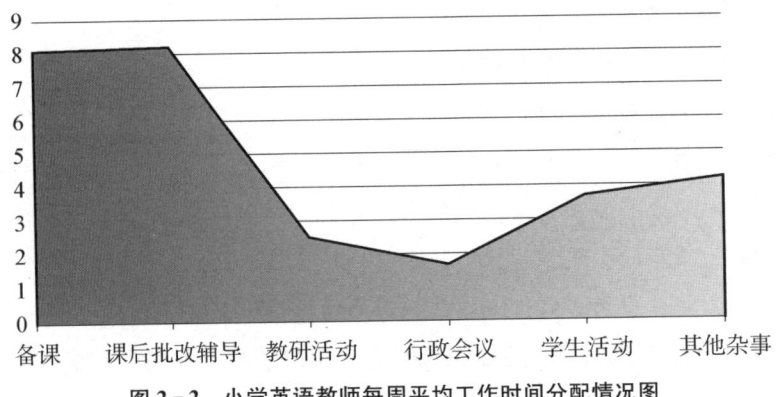

图 2-2　小学英语教师每周平均工作时间分配情况图

事之中,忽视对自身实践性知识的感知与建构能力的培养。

从教十余年的成熟型教师虽然在教学方面已经得心应手,但却面临职业发展的瓶颈,易出现职业倦怠,从而失去进行实践性知识建构的动力。职业瓶颈是个人在职业生涯中所遇到的再晋升可能性非常小的某一阶段,对教师而言职业瓶颈不仅指职业晋升的停滞更包括其教学思路、方式的固化。对于从教十年以上的成熟型教师而言,课堂教学所带来的挑战已经甚微,就像 L 老师所说的"**我已经形成了有关上课的模块,现在备课只需要在脑海中过一遍即可,不需要再像新老师一样仔细写教案**"。成熟型教师对于课堂是自信的,但对于梳理自己的实践性知识则是茫然的,这类教师通常身怀宝藏,但却缺少梳理与提炼的过程,这也导致成熟型教师往往是沿袭习惯而很少能有突破。20 世纪 70 年代凯尔尼斯(Cherniss)通过工作中组织和环境对个人影响的研究发现,职业倦怠通常是由于专业人员感到付出与回报不相匹配而产生的。个体被过度刺激是"不匹配感"产生的原因之一,也是教师产生职业倦怠的动因之一,一名教师同时教授太多的学生就是过度刺激的表现。而另一方面如果个体总是面对有限的刺激和挑战也会产生"不匹配感",易激发职业倦怠,例如一名教师总是长年教授同一个年级或同一科目,那么他所面对的就是有限的刺激和有限的教学挑战。而教龄达十余年的小学英语教师在所教学生总量上已经被过度刺激,学生这类存在会逐渐退去可爱的色彩而变为对立的对象性存在,而长时间面对有限的刺激与挑战也易使教师的建构能力停滞不前。总之,小学英语教师工作的组织环境和工作性质就在客观条件上决定了理论思辨不是其专长,小学英语教师也会随着时间的推移而面临职业倦怠,这两种挑战无疑都会影响小学英语教师实践性知识的建构能力。

3. 自我管理不足,建构行为失根

狭义的自我管理是指自我控制,即当个体在面对可能产生不同效果的多种行为选择时,为了实现某种客观效果,而长时间的对自我行为加以控制。广义的自我管理除了自我控制外还包括自我意识、自我调适、自我激励、目标管理、时间管理、优势与效能、人际交往和健康等诸多方面。这里所谈及的是广义上的自我管理,它是教师实践性知识建构的保障。麦格雷戈提出的关于人性假设的 Y 理论中提到,人是愿意工作,愿意取得成绩的,基于这样的人性假设,个体由于参与组织目标的制定而愿意促进目标的实现,同时在实现目标的过程中更容易实现自我控制,变传统的上级评估为自我评定。但在教师工作中,目标多由外部因素主导,教师是执行者而不是参与制定者,缺少目标管理、自我控制的动因。在这种外部环境中如果教师不能进行自我设计和自我激励就很容易失去动力,成为随波逐流的一粒沙。

在学校里,新入职的老师干劲实足,就如同烈酒一般。与新教师相比,老教师经过十几年的教学磨炼就如同淡茶一般,工作更趋于稳定和平淡,尤其是评完职称后,当教师感觉职称晋升无望时就失去了发展的动力。入职五年之内是工作热情最高涨的时候也是职业定型期,如果教师工作在此阶段没有大的起色基本就很难实现突破,随着工作热情以及成就感的下降就产生了职业倦怠。对大部分老师而言,要想克服职业倦怠教师自身的内在要求——自律是非常重要的。

以上是 J 老师对她所在环境内小学英语教师工作情况的感触和她对于教师职业的看法,这也正反映了教师在职业发展中的直接动力来源于可见可达到的职称评定等外部因素的激励,当外部目标无法实现,教师就易失去动力。职业动力的丧失也是教师进行实践性知识建构动力的丧失。

第三节 小学英语教师技能:内涵和类型

问题与讨论

美国职前教师的 21 世纪知识与技能的详细内容有哪些?

一、教师技能的内涵

技能(skills),根据《教育大辞典》解释,"运用知识和经验执行一定目标活动的能力"。技能是指以相关知识经验为支撑基础,通过不断练习,最终形成顺利完成某种任务的能力。技能是受两方面影响的,一是知识,是形成技能的基础和前提;二是练习,教学技能不同于知识,可以通过讲授的方式获得,而技能的形成,离不开大量的、多种方式的练习,需要逐步经历一个由不会到会、由会到熟练的过程,个体最终要达到有一套属于自己的自动化操作系统。根据技能自身的特点可分为动作技能和智力技能。动作技能是一种习得的动作活动方式,按一定技术要求,通过练习而获得熟练的身体运动能力。具有一定的外显性,如教学中的板书技能、唱歌技能、绘画技能、体操技能等。智力技能是由头脑内部完成任务的认知活动方式,包括完成某种认知任务或操作任务时表现的记忆、想象、感知等心理活动,具有一定内隐性,如阅读、课堂教学设计技能等。

教师技能可理解为教师教学技能,是教师专业发展的核心内容。在《教育大辞典》中,教学技能被称为教育技巧,它是"教育艺术的构成要素,教师在教育实践中练就的一种熟练的灵活多变的实际操作本领"。[①] 教师教学技能也被定义为"教师运用已有的教学理论知识,通过练习而形成的稳固的复杂的教学动作系统。它既包括在教学理论基础上,按照一定方式进行反复练习或由于模仿而形成的初级教学技能,也包括在教学理论基础上,按照一定方式经多次练习,使教学活动方式的基本成分达到自动化水平的高级教学技能即教学技巧。"[②]教师技能也可理解为包含运用学科知识的能力、运用现代教学技术的能力、了解学习者的能力、课程规划能力、课堂管理能力、教学管理和教师自我反思、自我发展、自我评价的能力等各种教育实践能力的总和。教师教学技能的发展直接影响到教师的教学水平和教师专业发展水平,只有掌握好教学所需的各种技能,教师才能更好地完成教学任务,提升学生学习水平,同时促进教师专业发展。

二、教师技能的类别

课堂教学技能的分类有助于认清教学环节的各个部分,加深理解,帮助教师迅速提高课堂教学技能水平;同时也能为教师培训提供一定的参照和依据;能更加客观真实地评价教师课堂教学情况。2002 年胡淑珍等人编著的《教学技能》一书中将教学技能分为教学设计技能、课堂教学技能(授课、管理、试卷编制技能等)、组织学生学习和

---

① 顾明远.教育大辞典[M].上海:上海教育出版社,1998:755.
② 胡淑珍,胡清薇.教学技能观的辨析与思考[J].课程.教材.教法,2002,02:21—25.

活动的技能和教学研究技能。① 同时国家政策性文件也提出了师范生的培养要求。教育部师范司的《教师专业化的理论与实践》对职前教师教学技能进行分类：(1)导入技能：引起注意、激发动机、明确意图、进入交流；(2)教学语言技能：用准确的语言提供事实、科学论证、交流信息；(3)板书技能：提纲挈领、突出重点、辅助语言交流；(4)教态变化技能：活跃气氛、增强情感、辅助语言交流；(5)教学演示技能：增强感知，变换信息通道，加强交流；(6)讲解技能：形成概念，掌握原理和规律，认识交流本质；(7)提问技巧：检查学习，促进思维，获得交流反馈；(8)反馈强化技能：调控教学，强化学习，巩固交流成果；结束技能：总结归纳，拓展延伸，形成系统，结束交流；(9)组织教学技能：教育学生，指导学习，保证交流顺利进行。②

英国对合格教师专业技能要求分为：(1)教师能为所任教学段的学生进步作好学科规划，并拥有牢固的学科或课程知识。(2)从提高学生的读写能力、计算能力和信息技术能力的角度，布置家庭作业或其他课外任务，保证学习者的进步，巩固和拓展他们的知识。(3)运用包括在线学习在内的一系列教学策略和资源，为考虑多样性及促进公平和宽容的教育而采取切实可行的教学方法，在先前知识的基础之上，运用各种概念和方法，使学习者能够理解运用新的知识、技能，实现教学目标。(4)采用适合学生学习的教学语言，巧妙地引入新知识、新概念，有效地运用解释、质疑和各种讨论，展现出对学生个体学习、小组学习和整个班级学习的管理能力，以及根据教学进度调节自己教学的能力。(5)能有效地运用一系列评价、检测和记录的策略评价学生的学习需求，提出富有挑战性的学习目标，能够对学习者的成就、进步和有待继续发展的领域提出及时、准确和建设性的反馈信息，支持并指导学习者进行自我评价，明确自己已经取得的进步并明确新的学习目标。(6)评价自己的教学对全体学生的影响，必要时调整自己的教学计划和课堂教学实践。(7)创设一种目的明确、安全、有助于学习的学习环境，并为学习者在校外环境中的学习创造机会，为建设性地管理学习者的行为而构建一套清晰的课堂纪律，提高学生的自我控制能力和自律性。(8)能作为团队成员展开工作，为与同事一起工作、共同分享有效教学实践而创造机会；确保理解与自己一起工作的同事的工作以及他们将要完成的角色任务。③

---

① 胡淑珍. 教学技能[M]. 长沙：湖南师范大学出版社，2016：7—8.

② 教育部师范司. 教师专业化的理论与实践[M]. 北京：人民教育出版社. 2003：5.

③ Training and Development Agency for Schools. Post Threshold Standard [EB/OL]. http://www.tda.gov.uk/teachers/professional standards/standards/attributes/frameworks/post threshold. aspx, 2010－3－12.

2010 年 9 月美国的教师教育学院协会与 21 世纪技能合作伙伴(P21)合作,研制了《职前教师的 21 世纪知识与技能》。为了实现 21 世纪学生所要具备的知识和技能,教师需要掌握以下技能确保学生积极正面的学习成果。(1)成功地将教学内容和方法与现代化技术相结合,发展创造性使用技术的能力来满足特定学习需求。(2)将教学指导与标准相结合,特别是那些符合 21 世纪知识和技能的标准。(3)策略性地平衡直接指导教学方法与项目为导向的教学方法。(4)将儿童、青少年的发展知识应用于教师培养与教育政策。(5)使用一系列的评价策略评估学生表现(包括但不局限于形成性评价、基于档案袋的评价、课程嵌入式评价和总结性评价)。(6)积极参与学习团体,在学校和学区能通过训练、指导、知识分享和团队教学等方法发掘专业技能。(7)同行或同事之间相互指导训练。(8)使用一系列的策略(例如形成性评价)来教授不同的学生,创造支持因材施教的环境。(9)追求持续性学习的机会,将终身学习作为职业标准。[①]

案例分析

1. 搜集中国课堂技能的各种分类。
2. 试比较你当前的课程方案和内容与威斯康辛大学麦迪逊教育学院的异同。

美国小学教师课堂技能的分类以及培养中小学教师课程方案设置及课程内容
——以威斯康辛大学麦迪逊教育学院为例[②]

表 2-1 为美国课堂技能的分类研究:

表 2-1

研究视角	基本观点	教学技能分类
要素研究视角	美国斯坦福大学的艾伦和瑞安抽取 14 种要素设定为普通教学技能[③]	(1)刺激多样化(2)导入(3)总结(4)非语言性启发(5)强调学生参与(6)流畅提问(7)探索性提问(8)高水平提问(9)分散性提问(10)确认辨析专注行为(11)图解的范例应用(12)运用材料(13)有计划的重复(14)交流的完整性

① P21. 21st Century Knowledge and Skills in Educator Preparation [EB/OL]. http://www. p21. org/storage/documents/aacte_p21_whitepaper2010. pdf. 2010-11-12.
② 韩晨. 新教师的教学技能训练方案与效果研究——基于中美两所大学比较的视角[D]. 上海:华东师范大学. 硕士毕业论文,2013.20—53.
③ 王孝红. 师范生中学课堂教学技能的培养方法研究[D]. 西南大学,2008:9.

研究视角	基本观点	教学技能分类
教学能力研究视角	美国弗罗里达州在1970年曾提出教师技能表现的1 276项指标①	主要包括：(1)度量和评价学生行为的技能(2)进行教学设计的技能(3)教学演示的技能(4)负担行政职责的技能(5)沟通技能(6)发展个人技巧和使学生自我发展的技能
	美国芝加哥市立大学曾对30名具有影响的教师进行调查,提出了好教师的基本特征②	(1)精心组织和规划课程,课程按照导入、小结和紧凑的逻辑顺序展开(2)对学生表达肯定态度、注重于学生的沟通(3)通过提问鼓励学生积极参与课堂活动,观察学生对教学活动的参与(4)通过评论试卷或论文,为学生提供经常性的反馈信息
教学行为研究视角	美国教育家制定了"师资能力培养法",提出教师成为"临床专家"③	涉及教学技能的有:(1)实验指导能力(2)革新能力(3)与学生交往能力(4)学生社会活动组织能力(5)教科书处理能力(6)学生升学就业指导能力(7)书面与口头表达能力(8)示范能力(9)自制力(10)推理能力

这里笔者以威斯康辛大学麦迪逊教育学院2012年秋季入学的小学教育专业为例,其学生要求在完成了文理学院的通识教育课程（Liberal Studies）、辅修课程（Minor）、教育学课程（Education）、环境教育课程（Environmental Education）之后继续进行5个学期的专业学习。其中教育学课程的具体方案和内容安排是为未来的教师提供教育教学领域的专业知识,体现出了教育专业和其他专业的区别,是师范性的最集中体现。（以下的数字为课程号）

人类发展（至少3学分）

中小学教育学专业从以下课程选其一：幼儿时期的人类发展的教育心理学（320）,课程探究人类从出生到幼儿时期在身体、心理、社会及情感发展、行为等方面的一般发展过程和个体之间的差异。幼儿少年（Young Child 指出生至11岁）的身心发展（362）,课程主要介绍有关于幼儿少年在家中及学前机构中接受学习指导下的身心发展情况的研究现状和成果。中学青年教育专业从以下课程选其一：幼儿至青少年发展的教育心理学（331）,教育对人类从幼儿成长至青少年的社会和心理方面的影响。教育心理学（320）、青少年时期人类发展的教育心理学（321）,从青少年向成人成长过渡过程中显现出来的生理的、社会的、认知的变化。

① E. C. Wragg. Primery Teaching Skills[M]. London：Routledge, 1993：224.
② The University of Chicago Department of Economics Undergraduate Program http://home. uchicago. edu/~seyedali/Files/Teaching ％ 20 Evaluations. pdf.
③ 陈俊坷,徐彦伟. 国外高师教育实习改革的特点与趋势[J]. 河南师范大学学报(哲学社会科学版),2001(28)：100.

学习(至少 3 学分)

人类学习及能力习得的教育心理学(301),学习方法和能力获得的个体差异。

健康教育(3 学分)

教师应该具备的健康知识(501),课程介绍基础的健康知识以及对教师必须掌握的要求。

教师职业的基础知识(至少 3 学分)从以下课程任选其一:

学习及社会的教育政策(300),当代公共教育的问题和趋势,课程研究议题包括:文化差异、通过教育实现公平平等、学校作为社会机构的存在形式、学生和教师的权力、教学专业化的性质和组织。美国教育史(412),美国社会中针对特定群体(如印第安人、黑人、穷人、移民)的教育机构的设置和功能效果。教育中的社会问题(500),当下社会中的各种社会问题对教育目标和教育实践活动的重大影响。数学专业学科知识(9 学分,由文理学院即 College of Letters and Science 开设)数学教学:数字和运算(130),通过课程学习学生需掌握关于儿童理解和掌握解决各种问题的策略的教学方法,课程内容集中于位置、模型的制作、标准和替代算法、分数、小数。数学教学:几何和测量(131),通过课程学习掌握问题解决策略和演绎推理,内容集中于几何形状和它们之间的关系、转换、测量以及几何与数字的关系。代数、概率、统计(132),包括比例关系、函数及其图像、预期值、数据展示,重点在于解决问题、建立模型、解决策略。

创造性戏剧(3 学分)

戏剧课程,教育中的戏剧艺术(362),介绍戏剧教育的理念、方法和实践,包括教学示范和教学实践。幼儿教育课程(3 学分,仅供幼儿教育和儿童教育专业选修 660),幼儿教育的基本原则、趋势、问题、评估、课程计划方案。环境教育课程(Environmental Education),此门课程供学生选择余地较大,只需根据兴趣或学习所需,从以下课程中选择一门即可,而可供选择的课程包括了大气与海洋科学、植物学、经济学、环境科学、地理学、景观设计、分子与环境、人口健康、土壤科学、动物学。

在完成了基本要求的课程之后,接下来五个学期的学习共计 57 个学分,所有的课程设置都用于培养提高未来教师的实际教学技能,这对其课堂教学技能的提高有着直接的影响,占到总学分比例的 47.5%。

第一学期(6—9 学分)

教育导论:从学前教育到中学教育(364),课程涉及探讨教育本质,作为教师在做决策时遇到的基本问题等,同时会对教育实践基地有实地的观察。幼儿教育(此处指出生至 11 岁的教育) 的关切和限制 (425)：此门课程开设对象仅为中小学教育专业 (Early Childhood-Middle Childhood Education，即 EC-MC)，课程帮助学生了解激励和约束教师工作的各方因素，以及作为教学实践基础的假设和理念。教育实习科目Ⅰ (340)，通过实习和相应的研讨会，有助于学生了解发现家庭、学校和社区之间教育、课程及结构的复杂关系，实习地点主要是学前学校、邻里社区中心和为不同种族学生提供的放学后教育场所。

第二学期 (15 学分)

阅读教学 (368)，本课程探讨阅读的心理语言学，在学校、家庭、社区和公共场所阅读的不同社会和文化背景，以及教师教授孩子阅读的策略。教学语言艺术 (369)，本课程着重于儿童从婴儿期到青春期早期的书面和口头语言发展，探讨读写教育认知的、社会的、文化的、政治的影响。儿童文学的教学 (422)，儿童文学课的教学策略和课程发展。教学策略 (506)，比较历史和现实在特殊教育、法律、哲学等方面的教育实践变革给教育模式的包容性带来的影响，同时关注合作学习的模式结构以及课程教学的改编以适应残疾人士获得普通大众教育。教育实习科目Ⅱ (367)，学生将在实习学习对班集体进行观察和督导，设计教学计划，并完成一定数量的课堂教学实践，包括相关课程的读写、语言艺术的把握、儿童文学等，每周有 45 分钟左右的实习研讨会。

第三学期 (9 学分)

数学教学 (370)：要求已经修完代号为 130 和 131 的数学学科课程，在研究中小学数学课堂课程的基础上了解学生习得数学概念和技能的过程，以及教授数学的方法。艺术课程及教学设计 (322)，研究中小学的数学课程，学生习得数学概念和技能的过程，以及相应的数学教学方法。教育实习科目Ⅱ (373) 这一次的实习在常规的观察和督导班集体的基础上，要求将所学的数学和艺术教育理论知识运用到课堂教学实践中。

第四学期 (15 学分)

社会科学教学 (371)，课程探讨今年来在社会研究领域的发展趋势，课程目的在于使教师建立社会研究课程及教学策略，以帮助儿童今后在这样一个民主、多元化、高科技的社会里成为积极活动的公民。自然科学教学 (372)，课程将教授学生学习自然课程的一般过程，以及如何布置教室从而为儿童提供探索自然知识的良好环境，如何评价儿童的学习成果。音乐课程及音乐教学 (354)，通过课程学习不仅习得对音乐的理解和音乐技巧，同时也要掌握如何在教学课程中融入音乐的元素。小学生的物理教学

（323），介绍中小学教师教育课程中物理教学的发展现状。教育实习 IV（440），在常规的观察和督导班集体的基础上，教授有关社会研究，科学，舞蹈/体育和音乐的课程。

第五学期（12 学分）

关于学前教育教学至中学教育教学的研讨会，（2 学分，463），帮助学生为接下来的全职实习教学制定计划。学生教学（10 学分，学前学生教学 465、小学生教学 464、中学生教学 498，从中选一即可），周一至周五在中小学的全职教学实习。

第四节 小学英语教师技能发展中的问题与对策

一、小学英语教师技能发展存在的问题

1. 小学英语教师原有技能基础薄弱

每个小学教师的教学技能都是源自学校阶段的学习，特别是新入职的教师，原有的技能直接影响教学效果和日后的技能发展。职前培养不理想导致教学技能的薄弱，给今后的技能发展带来一定的阻碍。技能的形成必须经过操作定向、操作模仿、操作整合、操作熟练四个阶段，需要大量的实践性训练才能形成。如果教育教学实践的课程比例少，教育教学实践训练时间短，会导致教师教学技能职前培养效果不理想。

高校任教教师的教学技能水平对学生的学习成长和发展具有直接的影响，任教教师言传身教的作用比直接的讲授更有意义，更有潜移默化的影响。高校任课教师的每一节课都可以演变成观摩教学，具有很强的示范性和指导意思。从某种意义上来说，高校任教教师的教学技能水平对学生教学技能培养有着直接的影响。但是综合性高校教育的侧重点并不在课堂教学活动，任教教师也不能将所有的精力投入于课堂教学中。在高校评聘制度中，教学技能向来不是一个很重要的标准。因此一定程度上影响了学生的教学技能培养。

2. 小学英语教师运用现代信息技术的意识和能力欠缺

随着社会的飞速发展，科学技术不断进步、互联网的全面普及，现代信息技术已经越来越多地对人们的生活方式、思维方式和行为方式产生重大影响，给各行各业带来了巨大变革。对教育领域来说，互联网带来了爆炸性增长的知识、丰富的学习资料、优质的教学资源以及全新的学习方式。新技术给教学带来了新的观念、新的机会、新的便利，但一部分教师欠缺这方面的意识和能力。一部分教龄较多的教师已经形成了自身固定的教学风格和教学方式，传统的教学观念使他们不能对变革和挑战产生迅速的

反应。对学生而言,网络的普及使得信息的获取空前便捷,他们可以通过电脑、手机等网络终端随时随地通过互联网终端查询资料、搜索信息,获取知识的途径大大拓宽。课堂不再是获取知识的唯一途径,教师也不再是权威。课堂方式的多样化、课程内容的丰富化、学生知识面的拓展要求小学英语教师必须掌握比以前更加广泛和丰富的知识,并且要保持不间断的学习以更新自己的知识体系。教学中为学生选取适合的英语学习资料、以适宜的方式呈现这些优质的英语学习资源,帮助解决学生提出的各种问题。近年来,新型课堂、在线教学、微课等也陆续进入小学英语课堂,如何更好的运用新的教学方式,对小学英语教师的信息技术运用能力来说,也是一个崭新的挑战。

3. 小学英语教师专业技能发展缺乏恰当的途径

小学英语教师专业技能发展需要多方面的规划和支持。英语教师团体需要信息共享,教师群体间沟通交流是否通畅会影响教师专业技能的发展提升。教师的专业技能提升过程是一个高度个体化的发展过程,但其形成和提升过程是与其所处的环境和周围的人的相互作用过程分不开的。教师群体间的相互影响与互助协作对其专业技能的提升能起到较大的促进作用,反之,则不利于教师的专业成长。学校内部教师群体建设薄弱,学科内部教研活动形式主义,教师保留教学经验拒绝分享等,都会导致研讨的兴趣和氛围的缺失,难以促进提高教师专业技能的发展。其次,专业技能发展需要科学的培训方式。教师的专业技能提升和发展并不是教师个体的事情,教师技能培训需要学校领导和教学主任的协同管理和全面规划。如果培训安排比较随意,缺乏针对性,没有提前制定任何计划,没有合理考虑教师的教学安排,就会导致工学矛盾问题。从而迫使教师被动地接受培训,缺乏长远的目标,影响了培训的质量。最后,教师专业技能发展需要合理的评价监督机制。教师专业技能的评价主要是指对教师教学行为、教学方法、教学资源利用情况及教学效果等方面进行的专业考评和判断。既包括学校领导和管理者对教师进行的专门正式的教学考评,也包括学校里教师相互之间的评议以及学生对教师态度等方面体现出来的对教师群体或个体非正式的评价。目前对教师专业技能的评价方式仍然倾向于传统的评价模式,反映了某一阶段教师的表现和成就。这种评价方式只是学校管理的模式,并不关注教师的专业成长,更不注重对教育教学方式的真正改变,忽视了对教育教学策略的探索研究,从本质上不利于激发教师专业技能的提升。

4. 小学英语教师自身因素对专业技能发展的阻碍

阻碍专业技能发展的因素多种,其中不能忽略的是教师本身的原因。首先教师对专业技能的认知上存在误区。某些小学英语教师认为教师教学专业技能是讲课的技术而已，教学专业技能的提高仅仅是对技能的培养和训练，只要通过不断地练习就能达到熟练化。其实教师的专业发展包括专业知识、专业技能和专业情意三部分，专业技能的发展和提升只是教师专业发展中的一项，这三部分的发展是相辅相成，互动生成提高的。单纯注重技能发展而忽略其他两方面，那么技能也不能持续提高进步。在真实的教学过程中，教师的技能水平与其所掌握的教学知识、对教学的认识水平和态度成正比关系的。教师技能提升的过程也是教师知识重新构建的过程，专业情意也会得到相应的发展。因此我们应当将教师专业技能放在专业能力发展的整体任务来看。其次，教学反思技能不足。尽管很多教师都能认识到自身教学反思技能的欠缺，也认为教学反思非常重要，但是由于教学管理任务重等原因，没有时间和精力真正在实际教学工作中去改善这一情况，因此无法发挥其应有的作用。同时教学反思的效果受制于教师自身综合素质。高质量的反思需要教师具备足够的理论知识、丰富的实践经验以及逻辑思考能力，若教师自身有所缺陷，也会导致教学反思的低效。

二、小学英语教师技能发展的对策

1. 加强教师技能职前培养，夯实技能基础

教师的技能是需要大量的练习才能形成的，高等师范教育需要提高教学技能课程在课程结构的比例，增加学分，引起师生的重视。教学可以说是一项复杂、多变、灵活性较强的工作，因此理论课程也应该包括教学技能的方方面面，为师范生未来开展教学活动提供完整、系统的理论支持。由于科技的不断进步，使得教学也更加的现代化，利用网络资源、媒体教学进行教学已经屡见不鲜，所以高校在培养师范生时，也应该与时俱进，增设信息教学技能课程，使培养的师范生与时代接轨。其次，延长教育实践的时间。在不影响常规训练的前提下，适当延长教育实习的时间，并配备双师型教师即集理论与教学技能、技巧于一身的小学教育教学实践性比较强的教师担任实习指导老师；或者聘请小学的名师作为实习指导的合作导师，高师院校和小学建立合作基地。聘请小学名师来高师院校讲授学科教学法，交流实践教学技能，同时能为学生去小学里代课、顶岗实习接受教育实践锻炼提供机会。最后，任教教师作为未来教师的教师，应该不断进行自我提高，积极热情充分准备地上好每一堂课，通过课堂教学，不仅要让学生学习到知识，更应该让学生领略教学技能的魅力，给师范生以榜样作用，培养他们未来从教的热情，形成正确的职业观。

2. 丰富技能培训内容，加强小学英语教师信息技术的知识和运用能力

随着信息化时代的到来,知识更新的速度越来越快,为了培养出顺应信息化时代发展要求的人才,必然要求教师对自己的专业知识和专业技能进行更新与扩展。因此,教师应加大对教师的课堂教学技能的培训,特别是对运用现代教育技术技能方面的丰富和完善。小学英语教师如何培养具备核心素养的人才,关键在于课堂教学。教师需要掌握的最基本技能是能使一堂枯燥无味的课变得趣味盎然,使每个学生都积极主动地参与到教学过程中来。在上课之前,教师应花更多的时间和精力进行教学设计,经过深思熟虑制定的教学计划会带来安全感、自信心以及教学激情。良好的导课技能可以吸引学生的注意力,教师可以采用悬念导入法、情境导入法、实验导入法、案例导入法等多种方法快速激发学生的好奇心、求知欲和学习兴趣,引发学生思考。教师可以在整个教学过程中运用提问技能,既能引发学生的注意或思考,增强师生间的交流与互动,活跃课堂气氛,又能通过提问达到获得反馈信息或调整课堂秩序等多种作用。

新课程改革要求教师首先要具有较高的信息素养,更要求将信息技术运用到课堂实践中去,与学科教学进行整合。因此,教师一方面要不断学习应用技术内容,一方面还要逐渐适应新的教育理念带来的教师角色的转变。这就要求学校加强教师的信息技术课程的培训,并将英语课程与信息应用课程相结合。主要体现为互联网使用与课件编制等模块,旨在培养小学英语教师信息素养的应用能力。通过信息技术的培训,教师的教学手段可以由静态的物质载体向多功能的动态多媒体转变;教学模式可以由课堂讲授式逐步向协同式学习转变,从而逐步确立信息时代教育的新意识,新观念。①

3. 全面规划小学英语教师技能发展，采取多元的方式

构建教师交流平台。学校可以构建教师与教师之间的交流平台以及教师与学生之间交流的两类平台。教师与教师之间进行交流,能够共享经验、共同攻克难关、相互评价建议,使交流教师双方都能收获。比如教研室、分享会、教师工作坊等。学校需要完善交流平台的制度、运作机制,切实保障交流的实施。教师与学生之间的交流可以随时在办公室进行,让教师知道学生的想法和需求,以供教师参考;教师也可以对学生的表现、学习效果进行评价反馈,向学生提出改进和努力的方向。在培训的组织和管理上,发挥校长和学校领导的作用,发挥本校骨干教师的作用,倡导教师自主学习,互帮互学,共同研讨;在培训资源的开发利用上,充分利用校内资源,与其他小学或高校

---

① 李婧婵. 教师专业发展理论视域下的高校教师技能培训研究[D]. 湖南师范大学. 硕士毕业论文,2011.
48—50.

建立合作伙伴关系,争取他们对培训的指导。学校可通过定期安排研究教学经验丰富教师的公开课,组织教师观摩学习,课后解说教学的各个环节,并配备专家从教学手段、方法、技能等多角度进行现场评课,然后采用小组讨论或协作式学习的形式进行相互的沟通交流,及时反馈意见,提出合理化建议,还可以采用模拟教学的形式进行实践,创设问题情境,不断培养教师发现问题、分析问题和解决问题的能力,从而帮助教师不断改进自己的教学方法、技能,不断提高自己的教育教学能力。

4. 加强小学英语教师教学反思技能的培养

教学反思要求教师以教学活动过程为对象,以体会、总结等形式对自身教学行为进行批判性的思考从而提高教学能力。如果教师能够在课后对自己的教学行为进行客观的评价,通过理性的思考,找到问题的症结所在并积极寻找应对措施,同时也用行之有效的方式进行总结和发扬,那么长此以往,教师的教学技能一定会有质的飞跃与提高。在自我反思的基础上,也可开展互动模式的研讨。在集体教研活动中,对参与的每位教师的教研问题进行深入探究,发表各自的见解和意见,也可对自身难以掌握的技能技巧与其他教师,特别是有经验的优秀教师展开讨论,不断吸收前辈的经验和建议,进一步改善教学行为,提升教学效果。通过这种良性的互动,不同技能水平的教师都得到相应的学习和提高。

案例分析

1. 小学英语课堂教学中提升学生思维品质可有几种途径?

2. 提升学生思维品质会运用到哪些教学技能?

在小学英语课堂教学中提升学生思维品质①

小学英语教师应充分挖掘教材资源,丰富文本内容,培养学生的思维品质。在小学英语课堂教学中,如何提升学生的思维品质呢?下面以《英语》(译林版)六年级下册 Unit7 Summer holiday plans 中 Story time 板块的教学为例,谈谈在小学英语课堂教学中如何提升学生的思维品质。

一、引导学生提出问题,激发他们的好奇心

学生的提问能力是最重要、最有价值的学习能力。在本节课的导入环节,授课教

① 李长健. 在小学英语课堂教学中提升学生思维品质[J]. 中小学英语教学与研究 2018.2:13—15.

师借助 Free talk，与学生共同谈论"What will you do this summer holidays? I'll go to..."的相关内容，进而引出："Before we go, we should make a plan. We'll learn to make plans from our friends, Mike, Yang Ling, Su Hai and Liu Tao. They are talking about their plans. Do you have any questions about them?"教师通过这个开放性问题，激发学生的好奇心，引导学生运用含有"will"的问句自主提问。下面是学生提出的问题：

S：Where will they go?

S：What will they do?

S：Who will go with Mike?

S：How long will they stay there?

S：When will they go?

S：How will they go there?

S：Will Mike go back to London?

S：Will Su Hai go to Beijing?

在小学英语课堂教学中，教师通常比较关注如何设计问题以及如何启发学生回答问题，很少有教师敢于或善于让学生提出问题，多数教师缺乏对学生问题意识的培养。在本节课的教学过程中，教师通过 Free talk 和一个开放性问题，引导学生运用本单元的目标语，围绕暑期计划的内容，开展自主提问。学生提出的问题都贴近他们的生活实际，是他们经历过的事情，也是他们感兴趣的问题。更为重要的是，教师以学生提出的问题为主线，为学生构建了知识体系。这样的设计能激发学生的好奇心，培养学生的自主提问能力，帮助他们逐渐形成问题意识，同时提高他们参与课堂活动的兴趣和信心。

二、适时追问，培养学生的逻辑思维

追问在小学英语课堂上越来越受到教师的重视。它是指在学生解答教师预设的问题后，教师根据学生的回答有针对性地进行"二次提问"或"多次提问"，再次或多次激活学生逻辑思维。

在本节课的教学过程中，授课教师设计 Watch and answer 的活动，让学生观看动画片段并回答问题：What will they do there? 学生回答说：

S：Yang Ling will visit her aunt and uncle.

S：Su Hai will go to Disneyland and Ocean Park.

S：Mike will visit his grandparents.

S：Liu Tao will take some photos.

接着,教师适时追问:What else will they do? 通过小组讨论,学生再次给出了他们的答案:

S：Maybe Mike will go to London Eye.

S：I think Yang Ling will go shopping with her friends in Beijing.

S：Maybe Yang Ling will visit the Great Wall with his aunt and uncle.

S：I think Liu Tao will eat a lot of nice food.

适时追问唤醒了学生的生活经验和知识储备,促使学生展开合理的想象,进一步丰富了文本内容,培养了他们的逻辑思维。

三、借助文本留白,培养学生的推理能力

目前的小学英语教材常常有意或无意地给教师和学生留下"空白",便于教师和学生在发掘和填补"空白"的过程中对文本进行再创造(朱媛,2012)。教师要积极引导学生留意文本中的"空白",充分发挥推理能力,推断出文本空白处可能出现的情况,演绎出精彩的"补白"

在本节课的复述环节,授课教师设计的活动是:Use the notes on the blackboard and also your imagination to talk about their plans. 要求学生根据板书和自己的推理,讨论四个孩子的暑假计划。同时,教师给出了相应的 Tips:You can use "I think ..." "Maybe ..." "I guess ..." "Perhaps ..."等句型"to make their plans more complete(使他们的暑假计划更加完整)"。教师给予学生充足的时间开展小组讨论。下面是四个小组在推理基础上形成的汇报。

Group 1：This summer holidays, Mike will go back to London. He will stay there for a month. I think he will eat a lot of nice food. Maybe he will take some photos and go shopping there. I think Mike will have a good time in London, because London is his hometown. It is a beautiful city.

Group 2：This summer holidays, Yang Ling will visit her uncle and aunt in Beijing. She will go by train. I think she will stay there for a week. I think she will eat a lot of nice food. She will like Beijing because it is big.

Group 3：This summer holidays, Su Hai will go to Hong Kong with her family. She will go to Disneyland and Ocean Park. I think she will take some photos there. She will go shopping with her friends. She will have a good time.

Group 4：This summer holidays, Liu Tao will go to Taipei with his parents. I guess he will go there by plane. He will take some photos. I think he will eat some nice food. Maybe he will go shopping. I think he will have a good time.

本课文本主要介绍了孩子们暑假将要去哪里和干什么,其他内容并没有完整地呈现出来,这就形成了"留白",给教师和学生留下许多可以推理的空间。在复述环节,教师要求学生依据板书内容,通过推理并采用一般将来时,推断出文本中没有涉及的、隐去的内容。比如,Mike 可能拍一些照片,吃很多美食;杨玲可能会待在北京一周;苏海也许会拍照,和朋友一起去购物;刘涛可能乘飞机去台北,等等。尽管文本没有提到这些内容,但是学生可以根据自己的生活实际进行合理的推理。这样的设计加强了学生对文本的理解,从文字层面的理解过渡到内涵层面的理解,使文本内容更加丰盈。

四、通过归纳总结,培养学生的概括能力

概括能力是进行归纳、总结、综合等活动时所表现出的一种抽象思维能力。在英语教学过程中,它是指学生用精练的语言把文本的精髓、主旨表达出来的能力(钱建源 2015)在小学英语教材中,每篇课文的结尾都会有一个 Summary 的板块,旨在引导学生自己回顾、归纳、总结本节课所学的重点内容,加深对所学知识的理解和记忆。本节课的教学过程中,授课教师设计了 Summary 环节,要求学生总结出：What do you learn from this class? 学生进行了如下归纳。

S：We learn some great cities and places in the world.

S．We learn how to ask about others' plans.

S：We learn how to make a plan for summer holidays.

S：...

这个教学环节引导学生概括、总结本节课所学内容,既提高了学习效果,又培养了他们的概括能力。

五、拓展教学内容,培养学生的发散思维

拓展教学内容是培养学生发散思维的平台。教师应根据自己的教学实际创造性地使用教材,创编贴近学生生活并融新旧知识于一体的阅读材料(黄茜,2014)。在本节课中,师生共同对本课学习内容进行总结后,授课教师抛出一个开放性问题,引导和鼓励学生进行发散思维并给出答案：

T：What other plans will you make for summer holidays?

S：I will go to Beijing with my parents.

S：I will visit my grandparents.

S：I will read an interesting book.

S：I will help my parents do housework.

S：I will play football with my friends.

S：I will learn talents and skills.

S：I will have dancing lessons.

发散思维是人类的一种高级思维形式。它要求学生根据已有的信息,从不同角度和不同方向给出不同的答案。在小学英语课堂教学中,教师要科学合理地设计问题,引导学生积极思考,有效培养学生的发散思维。目前,在小学英语课堂教学中,谈论的话题总是局限在文本的范围之内。比如,针对"Summer holidays plans"的话题,总是围于下列几个方面：Where will you go for the summer holidays? How will you go there? What will you do there? How long will you stay there?

须知,学习语言的目的是为了运用语言。为此,在本节课的最后,授课教师设计一个发散性的问题：What other plans will you make for summer holidays? 以此引发学生的积极思考,鼓励学生运用所学的一般将来时,进行发散思维,从而完成暑假计划的制订。这样的设计不能仅引导学生将所学知识运用到实际生活中,而且培养了学生的发散思维,实现了"用英语做事情"的目的。

学习小结

本章主要讨论小学英语教师应具备的重要素养：知识与技能。首先介绍了知识,教师知识和小学英语教师知识的内涵分别是什么,同时探讨了教师知识的构成要素和分类。对小学英语教师知识的发展的最主要两块内容：学科知识和实践性知识的发展进行了详细的介绍。其次介绍了教师技能的内涵,并呈现了当今不同国家对教师技能的要求和分类。对教师专业知识和技能的探讨,有助于更深入地理解小学英语教师应具备的这两种重要素养。

评价检测

一、简答题

1. 什么是小学英语教师知识?

2. 教师学科教学知识和教师实践性知识分别如何定义？

3. 什么是小学英语教师技能？

4. 中国课堂教学技能分类与英美国家课堂教学技能分类有何异同？

二、论述题

1. 了解了美国小学课程设置、课程方案和课程内容后,谈一谈你对当前所修小学英语教育课程的设置、方案和内容的看法？

2. 你认为当前教师知识和技能的发展遇到了哪些问题,应该如何解决？

三、讨论题

1. 搜索美国或英国师范生的专业课程,比较与中国的培养方式有何差别？

2. 教师知识和技能与教师专业发展的关系是什么？

第三章　小学英语教师身份认同

学习目标

学习目标

1. 能够了解小学英语教师的身份认同危机现状；
2. 能够了解小学英语教师身份认同的影响因素；
3. 能够了解小学英语教师的身份重建对策。

学习指导

本章建议课堂教学 4 个学时。

学习重点主要包括：小学英语教师核心素养的概念要义，英语教师身份认同的内涵，小学英语教师身份认同的影响因素，小学英语教师的身份如何重建等。

课堂教学以讲授为主，对话讨论为辅。

教材学习与教材之外的学习相结合，建议阅读相关领域的研究论文和著作，以提升理解。

问题引导

小张是一名入职三年的小学英语教师，目前对自己的小学英语教师身份产生了危机。一方面小张老师觉得自己的英语学科知识不够扎实，教学能力的提高也较为缓慢；另一方面，小张老师总感觉自己很难满足外在环境如学校、家长对她的期待等，她不时会陷入身份认同的危机中。你对小张老师的这种身份认同困境了解多少？你又有何建议呢？

第一节　小学英语教师的身份认同：内涵与危机

问题与讨论

小学英语教师的身份认同指的是什么？其危机又指什么？

长期以来，英语课程被看作"重要的工具课"，①基础教育英语教学的重点在于"使学生获得英语基础知识和为交际初步运用英语的能力"。② 进入 21 世纪后，这种课程理念发生了变化。《义务教育英语课程标准（2011 年版）》阐明了英语课程的"工具性和人文性双重性质"，③并对工具性和人文性的内涵作了具体界定。2017 年版的《普通高中英语课程标准》进一步指出，外语学习是"对学生语言能力，文化意识，思维品质和学习能力的综合培养，具有工具性和人文性融合统一的特点"。④

《义务教育英语课程标准》（教育部 2012）指出教师应面向全体学生，关注个体差异，采用听做、说唱、玩演、读写、视听等多种形式的教学活动，尽可能为学生创造在真实语境中运用语言的机会，帮助他们在体验、实践、参与、探究、合作过程中自主发现语言规律，逐步掌握语言知识和技能，不断调整情感状态，培养浓厚的英语学习兴趣，树立学好英语的自信心，养成良好的学习习惯，形成有效的学习策略，发展自主学习能力，为进一步的英语学习和未来发展打下基础。因此，小学英语教师的核心素养应该包括扎实的语言知识技能、充足的英语学科知识、过硬的英语教学能力和良好的人文素养，其中教学能力包括教学认知能力、教学设计能力、教学操作能力、教学评价能力和教学研究能力。具体如表 3-1 所示：

当前的英语教育改革正对照英语学科核心素养的课程标准及实施要求，在理念、内容、实施等方面进行着不断的调整。这在某种意义上改变着既有秩序的稳定性和确定性，而这种不确定性打破了教师们赖以生存的例行化与有序性的生态和环境，要求教师主动或被动地走出自己精心构筑的"舒适地带"。在这种变化下，一方面，教师会

① 中华人民共和国教育部. 关于加强中学外语教育的意见[J]. 人民教育，1982(10)：48.
② 中华人民共和国国家教育委员会. 九年义务教育全日制初级中学英语教学大纲（试用）[S]. 北京：人民教育出版社，1992.
③ 中华人民共和国教育部. 义务教育英语课程标准（2011 年版）[S]. 北京：北京师范大学出版社，2012.
④ 中华人民共和国教育部. 普通高中英语课程标准（实验）[S]. 北京：人民教育出版社，2017.

表 3-1　小学英语教师核心素养模块及其要义①

素养模块	要　义
语言知识技能	英语语音、形态、句法、语义和语用知识,英语听、说、读、写、译技能及综合运用能力,母语运用能力
英语学科知识	英语国家社会文化知识,英语语言学知识,二语习得知识,英语国家文学(儿童文学)知识
教学认知能力	教育方针政策的认知,普通教育学及心理学基本理论和知识的认知,现代教育技术的认知,英语教师职业内涵及职业专业化的认知,英语教学发展和改革的认知,英语教学方针及课程标准的认知,不同外语教学流派和方法的认知,不同外语教学策略的认知,英语课程教学资源的认知,英语测试的认知
教学设计能力	教学规划能力,教学资源的整合与自创能力,教学目标设计能力,教学活动设计能力,把握教学重点、难点及合理分配教学时间的能力,教学课件设计与制作能力,教具设计能力,学生课外英语学习的指导和管理能力,英语水平测评工具的设计能力
教学操作能力	英语表达及讲授能力,课堂管理及教学活动组织能力,因材施教和启发式教学能力,指导学生自主学习和组织学生合作学习的能力,课堂应变能力,课堂决策能力,板书能力,音乐能力,美术能力,组织游戏和表演及自身游戏和表演能力,教具制作和使用能力,教学监控能力,现代教育技术使用能力
教学评价能力	对学生学习过程与成果的整体评价能力,对学生智力类型,个性特点、学习风格的评价能力,对试卷设计、试题、评判及考试结果的分析能力,自我教学反思能力及同行互评教学的能力
教学研究能力	研究课题捕捉能力,研究过程设计能力,文献查阅能力,研究素材收集和分析能力,学术规范执行能力,将研究成果应用于教学实践的能力,合作开展教学研究能力,推广研究成果能力
人文素养	文化底蕴,职业道德,团队合作,职业理想

根据自身对身份的认知、经历、价值观和信念,在工作中扮演角色、履行规范职责,②另一方面,环境(学校、同事、家长、学生等)对教师理想的行为规范也有所期待。③ 当个人对身份的认知与环境对教师的期望身份不相符或当个人须同时承担多种身份、面临高工作压力时,就可能出现为难、困惑、矛盾、紧张、压抑等不良心理情绪,身份冲突由此发生。

① 张莉.社会认知视域下小学英语教师核心素养一体化培养探索[J].外语界,2017,(6):79—86.
② Warner, C. K. Constructions of Excellent Teaching: Identity Tensions in Pre-service English Teachers [J]. National Teacher Education Journal, 2016,9(1): 5-15.
③ Flores, M. A. & Day, C. Contexts Which Shape and Reshape New Teachers' Identities: A Multi-Perspective Study [J]. Teaching and Teacher Education, 2006,22(2): 219-232.

案例分析与研讨

"以前我上英语课,也没有什么方法,反正就是多给孩子们听,多跟孩子们读,然后就是多做题,成绩很漂亮。现在要根据新课标的精神,要创造各种情境,组织各种活动,一活动课堂就乱,一节课上下来,感觉孩子们都在玩,没学到什么。我觉得这课上得一点都没以前实在。我都觉得自己不像是个教英语的老师。"(××中心小学 A 教师)①

"我最怕去上一年级的英语课了。一年级一课才四幅图,四个单词,一首歌或者一个小韵文。就这么点东西要上一个半星期。新课程改革的标准要求教师具有开发教材和设计教材两种能力。可我水平有限啊,教材开发这种事对我来说太难了。害得我每次上课前都是上网百度。只好看看别人是怎么上的,模仿多,自创少。"(××中心小学 B 教师)②

一、小学英语教师"身份认同"的内涵

"身份"是一个复杂而模糊的词汇。在《现代汉语词典》里,它与地位和受人尊重程度相关。③ 在社会意义上,是"社会赋予个人、与职业及其他社会角色相联系,表明人的社会地位的类别标志"④,它是外在赋予的制度性身份;⑤在个人意义上,它是个体对"我是谁","我如何看待我自己"问题的理解。

一般而言,"身份认同"既包括个体对"我是谁"的理解,强调个体的独特性及自我反思的过程,又包括他人对"我是谁"的认识,关注个体与社会、文化的互动。⑥ 建构主义者认为,身份的形成是个人试图理解自己,同时也被他人或环境理解的一种持续的建构过程。因此,身份根本上属于"关系型"现象。⑦ 身份和认同在英文中是同一词汇,即"identity",也有国内学者译为"识别"和"归属"。它是一个大概念,与"一系列理论问题相关,诸如主体、语言、心理、意识形态、权力、阶级、性别、种族等",曾受到"新左

---

① ② 庞晟. 新课程背景下小学英语教师专业身份认同研究[D]. 苏州大学硕士毕业论文,2017.

③ 一指身处的地位;二指受人尊重的地位;三指物品的质量。引自《现代汉语词典》,商务印书馆 1996 年版.

④ 孙立平. 改革前后中国国家、民间统治精英及民众间互动关系的演变[A]. "华人社会之社会阶层研究讨论会"会议论文[C]. 中国香港,1993:12.

⑤ Gee. J. P. (2001). Identity as an Analytic Lens for Re-search in Education, A. W. G Secada. Review of Research in Education A. Washington D. C. AERA 200199a125.

⑥ 卢乃桂,王夫艳. 教育变革中的教师专业身份及其构建[J]. 教育研究,2009(12):20—23.

⑦ Beijaard, D., Meijer, P. C., & Verloop, N. Reconsidering Research on Teachers' Professional Identity [J]. Teaching and Teacher Education, 2004,20(2):107 - 128.

派、女权主义、后殖民主义的特别青睐"①,其基本含义是指个人对所属群体的角色及其特征的认可程度和接纳态度。

教师身份是一个教师对于他们身为教师的意义所在,是决定教师做些什么最基本的一部分,外在对教师角色的定义并不能强加成为教师的专业身份,必须经过个人的内化及个人与外部环境的互动。一方面,教师会根据自身对身份的认知、经历、价值观和信念在工作中扮演角色、履行规范职责,②另一方面,环境(学校、同事、家长、学生等)对教师理想的行为规范有所期待。③ 当个人对身份的认知与环境对教师的期望身份不相符或当个人须同时承担多种身份、面临高工作压力时,就可能出现为难、困惑、矛盾、紧张、压抑等不良心理情绪,身份冲突由此发生。

(一)外语教师身份认同的定义

英语是包括我国在内的非英语国家的主要外语,习惯上,我们把英语教师称作外语教师,即 EFL teachers。外语教师身份认同的概念界定体现出了本专业的特性,国内外有很多研究者对此给出了下述的多种定义,具体见表3-2。

表3-2 外语教师身份认同的定义

研究者	外语教师身份认同的界定
贝贾德等(Beijaard et al,2004)	外语教师身份认同在教学过程中伴随着个人知识的增加而逐渐构建。
瓦吉斯等(Varghese et al,2005)	外语教师的身份认同基于环境而构建,并通过语言和话语不断转换和变化,具有持续和协商的特点。
理查兹(Richards,2008)	外语教师身份认同指外语教师在教学过程中对所承担的社会和文化角色的确定和认同。教师学习是课堂交流互动过程中教师身份的再构建。
法瑞尔(Farrell,2011)	外语教师承担着教学管理者、专业教师和文化移入者等角色身份。

以上多种定义的存在说明目前人们对外语教师身份认同的理解不尽相同。但定义中"角色""协商""变化""建构""互动"等关键词揭示出了外语教师身份认同是一种个体心理概念化和社会化的方式,具有动态变化、矛盾斗争、环境塑造、互动关联和话语构建的特点,定义还反映出外语教师身份认同可能更易受到外语和外来文化的

---

① 陶家俊.身份认同导论[J].外国文学,2004(2):37—44.
② Warner, C. K. Constructions of Excellent Teaching: Identity Tensions in Pre-service English Teachers [J]. National Teacher Education Journal, 2016,9(1):5-15.
③ Flores, M. A. & Day, C. Contexts Which Shape and Reshape New Teachers' Identities: A Multi-Perspective Study [J]. Teaching and Teacher Education, 2006,22(2):219-232.

影响。

作为一个范畴，外语教师身份认同（EFL teacher identity）①指外语教师持有的教学信念及其对所承担的社会和文化角色的确定和认同。它影响外语教师的教学效果、专业发展及其对教育改革的态度，也是保障外语教学有效开展的关键要素。外语教师的身份认同基于个体价值观和经验以及他们所处的社会文化环境而构建，并不断转换和变化，具有持续性和可协商的特点。

（二）小学英语教师"身份认同"的内涵

小学英语教师的"身份认同"是指小学英语教师对英语、英语教学的信念，以及其对所承担的社会文化角色的确认和认同，它是小学英语教师专业化发展的心理基础，影响英语的教学效果和对教育改革的态度。

随着风险社会的到来，全球化、信息化、消费文化等日益深入地影响到人们固有的、相对稳定的生存方式和实践方式。作为社会机体中的一个分子，小学英语教师个体也不断遭遇着这种不确定性对其自身生存方式与实践方式的现实冲击与影响，并直接导致在不确定性的世界中经历与体验着自我价值感和意义感的丧失。

在当代社会中，人的认同危机是围绕"自我"产生的一种存在性焦虑，或者说是由于本体性安全受到威胁而导致自我的身份感（自我价值感和意义感）的丧失。②"身份认同"作为一个教师专业发展程度的重要标志，当发生危机时不仅会在教师个人心理上产生被排斥和疏离的情绪，而且还会造成其专业行为上的失范。

二、小学英语教师"身份认同"的危机表现

新课程改革过程中，从根本上要求小学英语教师对课程改革作出适应性的改变。这种改变给教师的行为方式、价值观念、情感态度、利益需求等各个方面都带来了严峻挑战和现实冲击，教师在重新界定其自身身份时往往会陷入"身份认同危机"之中。小学教师身份认同危机主要表现为教师个人语言的丧失或被殖民，方向感的模糊或偏离，教师教学个性与创造性的缺乏，日常教学实践的去意义化和表层化等方面。其实质是教师在课程改革中的主观意义建构没有得到彰显，以及教师对课程改革的不适应

---

① Ajayi, L. 2011. How ESL Teachers' Sociocultural Identities Mediate Their Teacher Role Identities in a Diverse Urban School Setting [J]. Urban Review: Issues and Ideas in Public Education43(12): 654 - 680.

② ［美］罗洛·梅. 人寻找自己［M］. 冯川，陈刚，译. 贵阳：贵州人民出版社，1991：41.

性表征,造成了教师自我价值感和意义感的丧失等。

(一)教师个人语言的逐步丧失

新课程改革为教师的自主创新提供了广阔的可能空间。教师要在改革中"成为自己",一个很重要的方面就是要"用自己的话"来表达"自己的思想",需要发出属于自己的声音。不管是在日常实践中谈论一些教育教学问题,还是通过叙事、反思等方式构建自我的专业身份,教师们总是习惯于"借用"一些自己不甚清楚的理论话语来解释,似乎不用这些概念名词就显得自己思考得不深入、不透彻;或者是担心说得不当而在众人面前显现自己的"不足",毕竟衡量自己是否够"专业"的标准,还是由外部的专家"说了算"。这样,教师个人自己的语言在不知不觉中就丧失掉了。这种相互矛盾的情形蕴含着教师自我的失落,致使教师陷入一种身份认同的危机之中。

更为糟糕的是,一些教师在繁多杂乱的专家理论话语中感到无所适从,导致自己不知道"该听谁的"。而出现这种状况的结果就是教师个人话语的丧失,因为教师自身缺乏对教育教学问题的独立认识、判断与思考,总是等待着他人给予某条"金科玉律"去被动实施。对很多教师而言,"不知道如何办"似乎已经成为了一种"常态",他们为了逃避"无家可归"的状态,宁愿放弃"成为自己"的本真存在方式,放弃个人语言,以获得安身立命之所。

(二)方向感的逐步偏离

任何教师的日常教学实践活动总是需要采取一定的价值立场和观念,进而依据价值观的基本框架来决定应该做什么、怎么做。一定的价值立场能够给予教师明确的方向感,知道此时站在何处,将要走向何处。没有方向或偏离方向的实践活动是盲目的,它会使教师失去前行的基本动力,陷入一种无所依靠的困境之中,"这就是我们称之为'认同危机'的处境,一种严重的无方向感的形式,人们常用不知他们是谁来表达它,但也可被看作是对他们站在何处的极端的不确定性"[①]。

随着经济全球化、社会信息化、文化多样化的深入发展,现代课程已从关注学科知识转向关注人的发展,强调培养"全面发展的人"。但在实践教学中,不少小学英语教师仍旧把语言知识学习作为英语学科的主导价值,知识与技能的教学仍旧处于英语教学活动的中心地位。这种知识本位的英语教学往往过分强调学科内容和知识点的传授,忽视了知识之间的内在联系,忽视了英语课程丰富的文化内涵和价值内涵对学生

---

① [加]查尔斯·泰勒.自我的根源:现代认同的形成[M].韩震等,译.南京:译林出版社,2001:37.

精神世界的启发。在课程改革下,小学英语教师以往熟悉的做法发生了根本变化,日常教育实践原有的价值基础受到了严重威胁和挑战,原来明确的方向感变得模糊不清了,这些都导致了教师的专业身份面临着认同危机的处境。"信念的变革是实现持久变革的基础"①,它触及到了个人持有的、潜藏在深处的核心价值观。事实上,在课程改革实践中并存着两种不同的教育价值观念,一种是改革倡导的教育价值观,另一种是传统的教育价值观,而教师们则在两种教育价值观的夹缝中艰难地、尴尬地生存,甚至是在混乱、无序中"无所适从",直至方向感的偏离。

(三) 教学个性与创造性的逐渐缺乏

为培养学生的综合语言运用能力,英语课程标准明确要求:"语言知识的呈现和学习都应从语言使用的角度出发,为提升学生'用英语做事情'的能力服务。教师要通过创设接近实际生活的各种语境,采用循序渐进的语言实践活动,以及各种强调过程与结果并重的教学途径和方法,如任务型语言教学途径等,培养学生用英语做事情的能力。"②但在实际教学中,上述教学理念还没有得到很好地落实,单纯的词汇、语法知识教学仍旧是小学英语教学的一条主线。以词汇教学为例,教师在教学中往往孤立地讲解词汇的意义和用法,要求学生听、读、记。在运用所学词汇组织语言实践活动时,也往往以脱离实际语境的机械操练为主,教学内容缺乏有效整合,教学活动之间缺少有意义的、逻辑性的连贯,导致语言知识之间缺少意义关联,难以产生结构化知识和意义。

造成这种状况的原因是多方面的。在课程改革过程中,一些教师认为自己是改革的忠实执行者,改革如何要求,他就如何执行,在行为上表现得十分顺从,至于如何改革、为何改革,似乎与他关系不大。在实践中,这类教师最为关心的就是"到底有没有用""怎么操作",他们往往会忽略了对所教语篇意义的解读和对文体结构的把握,缺乏对语言内在知识结构的提炼和整合,对创设主题语境的不够重视,缺乏对英语学习活动的整体设计。很显然,这种类型的教师仅仅是他的行为发出者,以教学行为的顺从代替了自我的教学思考。而顺从的教学行为本身变成了控制他自己的消极力量。他很难感受到自己的教学个性、自主性与创造性,只是一味地"趋同",原本个性的、丰富的自我便在机械地行为操作中逐渐"异化"了。

① [加]迈克尔·富兰. 教育变革新意义(第3版)[M]. 赵中建等,译. 北京:教育科学出版社,2005:47.
② 中华人民共和国教育部. 义务教育英语课程标准(2011年版)[S]. 北京:北京师范大学出版社,2012.

（四）日常教学实践的表层化

日常教学实践作为教师的一种生活方式与专业生存方式,是教师自我不断追寻生活意义以及生命价值的现实基础。但是,日常教学实践的重复性特征,以及教师在改革实践中的消极被动应付,往往造成教师陷入一种"无意义感""无力感"的身份认同危机之中。在改革实践中,一些教师奉行"上有政策,下有对策"的行动原则。在公开课、表演课等场合,他们会下功夫按照课改的精神来精心"打造"课堂教学,在"外人"面前表现出改革期待的形象;但在所谓的"日常课"中又退回到原有的"套路"之中。这其实是一种消极的自我"表演",在这过程中,教师往往很难取得自我价值感和自我意义感。以小学英语阅读教学为例,教师通常要求学生快速通读课文,弄清文章的主旨大意,然后再读课文,提取具体信息,了解文章细节。在这个过程中,教师的职责往往只是针对相关问题核对预先设定好的答案,忽略了对语篇主题和语篇意义的深层探究。这种教学看似是在帮助学生了解文章大意和细节,实则只是一种形式,是对阅读文本的表层化处理。

同时,频繁的课程改革方案,繁杂多样的新概念、新理念"新鲜出炉",在"新"工具理性的钳制下,学校与教师总是需要不断地采用新技术,导致"方法与技术折旧得太快,然而这些方法的意义和价值可能并未真正被理解或适切运用"[①]。于是,"应接不暇"的小学英语教师们干脆就采取"不予理睬""以不变应万变"的策略,认为改革是"换汤不换药",在消极等待中应付改革。可见,对于改革的被动应付将会带来日常教学实践的表层化和去意义化。

案例分析与研讨

"对于小学生,你只有吸引住他们,抓住其注意力,才能更好地传授知识。低年级的英语课堂会开展许多趣味游戏,但是如果一旦过于放开,那么则很容易顾此失彼,使学生忘却游戏的目的,而无法取得良好的学习效果;作为小学教师,必须要具备掌控课堂的能力,做到收放自如。但是作为我们这样的年轻教师,热情是有,缺乏教学经验,在实际课堂中没有有效的方法来掌控课堂,学校又不能提供外出学习机会,自己渴望提升,但是每天又忙于自己的教学中,如井底之蛙,严重缺乏教学自信。"

（引自 2017 年 9 月 22 日对大庆市让胡路区某小学英语教师的访谈记录）[②]

① 周淑卿.课程发展与教师专业[M].北京:九州出版社,2006:125.
② 熊建芳.小学英语教师专业发展问题研究——以大庆市为例[D].哈尔滨师范大学硕士毕业论文,2019.

从上述访谈案例中可以看出,新课程改革改变了小学英语教学中原有的教学模式和教学理念,这对小学英语教师工作造成了较大的影响,进而使教师对其专业身份认同产生了焦虑。教育政策的变化对于小学英语教师而言,无疑是一种新的挑战和对其身份认同的冲击。

第二节 小学英语教师身份认同的影响因素

教师身份认同研究进入教育领域始于20世纪80年代到90年代,并逐渐占据了人文主义取向的教师教育研究的中心位置。[①] 对教师而言,学习教学的经历不仅仅是教师知识的增长和技术的提升,更关系到作为"人"的个体教师是如何看待自身的教学工作与生活。

同样,小学英语教师身份认同与社会文化环境和教师个体的认知能力密切相关,以个体心理概念化加社会化形态而存在,具有动态变化、矛盾交集、环境塑造、互动关联和话语构建的本质特点。这些特点都反映出小学英语教师身份认同深受复杂而多元的因素影响,如教师自身英语语言水平和教学能力、教育背景和成长环境、英语教学信念、教师的职业道德和价值观等内部因素;传统文化和外来文化的冲击、教师教育课程的设置和教学方法、组织环境和学校工作环境、英语教育改革和学生需求等外部因素,都会对英语教师身份认同产生影响。总体而言,影响教师身份认同的因素主要包括来自宏观层面的国家教育政策、中观层面的学校组织文化和微观层面的教师个体知识与态度等。

一、宏观层面的国家教育政策

"政策上所设定的,以为能借以促成课程改革的教师专业角色,往往因缺乏教师的认可,流于一厢情愿的想法,而难以拓展。"[②]实质上,每次教育政策的调整与变化,都需要教师重新适应改革政策的规定性要求,在一定程度上打破了原有的生活与教学行为和方式。这就对教师身份认同提出了挑战。正如戴依(C. Day)指出,全世界大多数国家教师的教学活动都会受到以国家课程、国家考试、学校质量标准等为形式的政府

---

① Akkerman, S. F. & Meijer, P. C. A Dialogical Approach to Conceptualizing Teacher Identity [J]. Teaching and Teacher Education, 2011, 27(2): 308 – 319.

② 周淑卿. 课程发展与教师专业[M]. 北京:九州出版社,2006:79.

干预,这种持续的影响侵蚀了教师的自主,对教师个体的和集体的、专业的和个人的身份认同带来了挑战。

案例分析与研讨

新课改,你说我们该听谁的

理论观点众多,专家各执己见,一线教师感到无所适从。路老师是某学校非常好学的年轻教师,随着新课改在学校的展开,他以极大的热情投入到教改实践中,并购买了大量的有关书籍,只要有培训就参加,专家的教学活动更成为他虚心求教的良机。可让路老师感到困惑的是:现在越来越多的专家开始对新课改进行反思,且观点众多,各执己见,不少观点和新课改有较大冲突,在这种状况下应如何贯彻新课改? 路老师百思不得其解。一些才开始进行新课改实验的教师在听了专家的讲学后也是"一头雾水",他们和路老师一样疑虑重重。现在各地、各方面讲学的专家"五花八门",专家之间甚至相互对立,这让身处第一线的教师十分为难,面对专家学者不绝于耳的"解惑",教师心中的"惑"更多了,他们无奈道:"新课改,我们到底该怎么办?"

"我们那里请了许多专家来讲学,课标组专家来时讲的是一套,一些国家级专家来时讲的是一套,大专院校和研究所的教授、研究员来时讲的又是另一套。这些人都是大专家、大学者,你说我们该听谁的?"一位地市的教研员这样对记者说。

某地刚刚进入新课改两年,广大教师对新课改的理念、方法、内容等还处于学习、理解、探索阶段,但请来的专家在讲学时却大谈新课改存在的问题,这令教师及教研员不知所措。他们说:我们本来就不知新课改后该怎么上课,专家在这么一"反思",我们更不知该咋办了。[1]

教师出现身份认同危机的原因往往源于担心国家教育政策频繁的变化会使未来存在过多的不确定性。哈格瑞夫斯(A. Hargereaves)在研究教师工作中的社会和情感因素时曾指出,"教师自我的情感投入很容易受到教育政策变化的伤害。"[2]所以,教师往往希望能够继续待在"舒适地带",试图避免教育政策变化可能带来的不适应。

正如哈格瑞夫斯在研究教师工作中的社会和情感因素时指出,"教师自我的情感

---

[1] 李小伟. 新课改,你说我们该听谁的[N]. 中国教育报,2005-8-16(2).
[2] Hargereaves, A. Changing Teachers, Changing Times [M]. London:Falmer Press, 1994.

投入很容易受到教育政策变化的伤害。"①戴依同时指出,全世界大多数国家教师都遭受着以国家课程、国家考试、评定学校质量的标准等形式的政府干预,这种持续的影响侵蚀了教师的自主,挑战了教师个体的/集体的、专业的/个人的身份认同。他进一步指出,虽然每个国家在学校改革的内容、方向和速度上不一样,但是在"挑战教师已有的教学实践,产生不稳定感""增加教师工作负荷""没有关注到教师的身份认同,诸如动机、效能感、工作满意感和有效性"等方面却具有共同的影响。②

国家教育政策的改革一方面给教师提出了新的期望,要求并激发着教师重构身份认同的行动;作为对结构期望的回应,教师的自我重构行动既可能是一种顺应,又可能是一种抗拒或超越。从这个意义上说,教师的身份认同也许是一种沟通结构与个人互动的最佳桥梁。当教师在改革中发挥积极的能动作用,且其程度足以使结构的制约相形见绌时,教师会表现出积极而稳定的身份认同,成为改革的"先锋";当教师试图发挥积极的能动作用,但限于自身能力、经验等因素,而难以应付强大的结构制约时,教师会出现积极但不稳定的身份认同,成为改革的"适应者";当教师消极地应对改革,受制于结构的强大压力随遇而安时,教师就会形成消极而不稳定的身份认同,成为改革的"小卒子";当教师根本不愿按照结构要求做出改变,其能动作用表现为一种反方向的强烈抗拒时,教师就会形成消极而稳定的身份认同,成为改革中的"演员"。

二、中观层面的学校组织文化

文化的影响具有长期性与稳定性特征,它会使教师出于对自身价值观念的维护而对教育变革产生怀疑、否定甚至抵制。学校的组织文化不仅会影响教师的教学行为方式,更会影响教师的思维方式和教育价值观念。

教育改革前,原有的学校文化使得教师习惯于一套自己既定的行为方式,并试图规避可能出现的教育风险担当。而新型文化要使教师自主创造性得以实现,并力图在教育改革中把握住自我成长的机会。这种原有文化与新型文化的冲突会影响教师的自我身份认同与建构。

同时,在现行学校组织制度中,仍然存在着较为严重的科层文化,教师作为学校组织系统中的一员,不可避免地要受到这种科层文化的影响。在科层体制中,教师处于

① Hargereaves, A. Changing Teachers, Changing Times [M]. London: Falmer Press, 1994.
② Christopher Day. School Reform and Transitions in Teacher Professionalism and Identity [J]. International Journal of Educational Research, 2004,37(8): 677 - 692.

组织系统的低端,教师会感受到来自学校领导的强制性压力,不能与管理人员进行有效的沟通与交流,教师的合理需求难以有效表达等。这种文化形态会潜在地限制教师的身份认同,挤压教师个人自我表达的现实空间,使其难以获得归属认同和安全感。

教师的专业身份认同是个体能动性与社会情境之间相互影响的结果,要想获得或追求某种归属感,就必须积极地投入到自身的专业活动和发展中去。如果学校组织文化强调教师有更多的自主能动性,提高更多的机会帮助教师实践自己的专业目标,并且大部分变革不是从外部硬性地强加于教师的工作实践,那么教师就有可能会更加投入于学校组织发展之中。

哈格瑞夫斯曾分析过四种不同性质的教师文化,即个人主义文化、分化的文化、合作的文化以及硬造的合作。这些不同性质的教师文化对于课程变革有着非常不同的影响,也深刻影响着小学英语教师的身份认同。在当前学校的现实环境(即学校的科层官僚架构)中,教师在教学中仍然奉行"自给自足"性质的专业个人主义。在这种个人主义教师文化的影响下,教师同事之间难免出现人际关系紧张和不和谐,致使彼此间的专业合作不能有效达成。正如沃勒尔(W. Waller)所言,"学校作为整个社会环境的缩影,也存在着各种等级制度,导致了教师之间的相互竞争和敌视,从而使同事之间的关系趋于紧张,个人主义教师文化因此滋生蔓延。生活在个人主义文化氛围里,专业合作受到抑制和排斥。"①

三、微观层面的教师个体因素

小学英语教师的身份认同不是单一的。人们期望教师进行职业化的思考,表现出职业化的行为。社会的要求、他人的观念和期望也影响着教师个体职业认同的形成。但是,教师个体并不是简单地采用那些社会既定的职业特性(包括知识和态度),他们对教师职业特性的意义和价值的认识影响着他们自己应对这些特性的方式。虽然国家的教育政策、学校的组织文化对每个教师都产生情境限制,但教师在某种程度上仍然发展着其独特的教学文化。教师的专业身份认同实际上也容易受到个体自身的情感态度、教育价值观念、个人实践性知识、自身学科知识等的影响。

(一) 情绪因素对教师身份认同的影响

一些研究表明:积极情绪体验有助于实现教师自我的身份认同,进而促进教育变

---

① Waller, W. The Sociology of Teaching [M]. New York, London, Sydney: John Wiley & Sons, Inc., 1932: 325.

革的顺利实现。托马斯（Thomas）等人在研究中指出，教师对教育变革的认知和情感态度，与其身份认同、个人认同的关系密切。当面对充满模糊性和不确定性的教育变革时，教师的情绪反应就会影响到他们的风险担当、学习与发展以及身份认同的形成过程。① 麦卡洛克（McCulloch）曾指出，教师对改革的反应有四种：一是毫无反应，这可能是因为教师认为其工作已经符合改革的要求，也可能是漠视或拒绝新政策；二是虚应故事，只做些点缀式的调整，而不做实质的改变；三是只在既有的假设与认知框架内调整一些行事方法；四是改变原先持有的深层认知和假设。② 这些不同的反应类型折射出教师专业身份认同的不同表现程度，导致教师在教育变革中扮演着不同的自我形象，从而直接影响到课程变革的具体实施。

（二）教育价值观念对教师身份认同的影响

小学英语教师身份认同的核心在于价值认同。奥斯本（Osborn）等人在对英国小学长达八年的大规模研究中，发现教师对教育变革的新价值观仍持有紧张的态度，并且对变革不予合作。③ 张爽等人在对综合科教师的叙事研究中发现，在课程改革中传统的教育价值与改革所倡导的教育价值是同时存在的，教师们则处于"改革的优势话语"和"考试的隐蔽话语"两种相互冲突的教育价值观的夹缝之中，努力建构变革的个人意义，寻求一个适切的专业身份的建构。④ 正是由于教育价值观念因素的影响，导致教师身份认同必须面对改革的现实挑战。王蔷指出"英语学习是学生主动建构意义的过程，学生在理解与表达的语言实践活动中，通过感知、预测、获取、分析、概括、比较、评价、创新等思维活动，建构结构化知识，在分析问题和解决问题的过程中，发展思维品质，形成文化理解，学会学习，塑造正确的人生观和价值观，促进英语学科素养的形成与发展。"⑤教师应该转变观念，不断认识到自己在教学中的任务不仅仅是语言知识的传授，应逐步实现学科知识为本向学科育人为本的转变。

---

① Thomas G. ，Reio Jr. Emotions as Lens to Explore Teacher Identity and Change：A Commentary [J]. Teaching and Teacher Education，2005，(21)：985－993.

② McCulloch，G. ，Helsby G. & Knight，P. The Politics of Professionalism — Teachers and the Curriculum [M]. London：Continuum，2000：81.

③ Osborn，M. et al Teachers' Professional Perspectives：Continuity and Change [A]. Chawla-Duggan，R. and Pole，C. J. (eds.) Reshaping Education in the 1990s：Perspectives on Primary School [C]. London：Falmer Press，1996.

④ 张爽，林智中. 课程改革中教师专业身份的危机与重构[J]. 教育发展研究，2008，(2)：41—44.

⑤ 王蔷. 从综合语言运用能力到英语学科核心素养——高中英语课程改革的新挑战[J]. 英语教师，2015，(16)：6—7.

（三）个人实践性知识对教师身份认同的影响

教师个体的实践知识，即教师从实际经验中建构的个人实践知识，是其身份认同形成中一个极其重要的知识来源。实践性知识来自于教师真实的教学实践活动，是教师在具体英语教学情境里，凭借自己的经验主动积累起来的知识，它区别于普适性的理论知识，是富有创造性的个体综合性知识，它蕴含着教师个体生命的体验和意义，是教师个体内心真正信奉并能切实运用的知识。与外语教学密切相关的实践性知识是指教师在长期专注外语教学问题的过程中逐渐获得的一种专门能力，它融教师本人的信念、知识和技能于一体，具有个人特质和文化特征，教师本人也常常是日用而不知，因而具有难以言表、说不清道不明的特性。掌握这种实践性知识的人可以在教学中举重若轻，面对困难时从容不迫，游刃有余。[①]

此外，教师的社会背景也是其身份认同形成的重要知识来源，在教师身份认同形成中扮演着重要角色。教师的故事构建着他们身份认同的核心，同时，这些故事又是在社会化的影响下形成的。教师个人经验的发展受到以下因素的重要影响：（1）其生活的家庭；（2）其他重要的或相关的家庭；（3）学习年限；（4）非典型的教学体验；（5）政策背景、教学传统和文化；（6）潜移默化获得的理解。个体周围的事物、社会和他人对这个人的指望，都极大地影响他作为一个教师的身份认同。实际上，来源于教师个人实践的知识和来源于教师社会背景的知识是密切联系在一起的。教师身份认同的形成是教师个人和教师集体对教学认识的不断整合，从而形成有特色的教师实践性知识的过程，不同来源的知识彼此交织影响着教师身份认同的形成。

（四）自身英语学科知识对教师身份认同的影响

小学英语教师的学科知识是指英语教师应知晓并掌握英语国家社会文化知识，英语语言学知识，二语习得知识和英语国家文学（儿童文学）知识。英语教师应具有足够的语言能力：准确理解课文内容、提供正确的语言示范、课堂上持续流利地使用英语等，扮演着语言示范者的角色。不少小学英语教师经过多年的英语学习，掌握了足够的语法知识，具有娴熟的教学方法，但课堂有效性可能仍会受到语言水平的限制。这种语言受限感促使他们试图通过开展教学比赛、教研活动、进修等方式来不断提高语言能力。但在许多英语教师教育中，由于人们缺乏对语言损耗现象的认识，致使对"如何提高教师的英语语言能力"问题重视不够。而是否拥有知识话语权是影响小学英语

---

① 邹为诚. 把握外语教学的发展方向，提升外语教师的教学实践能力[J]. 中国外语，2019，(16)：10—11.

教师身份认同的一个重要因素。

案例分析与研讨

英语学科知识历来被视为小学英语教师工作的一个重要知识基础,所涉及的基本概念不仅是教师认知活动,而且也是教师教学活动的基础。教师需要深刻而全面地理解自己的学科领域,即所要教授的知识、知识内部概念之间的关系,以及学科知识与其他知识领域之间的关系。教师对学科知识的强烈认同,产生了"教师即学科专家"的观点。

实习生祈琪对教师身份的理解就非常典型地反映了这一观点。在访谈中,她认为,"作为一个老师,专业知识是最起码的东西",而一个好的英语老师则需要拥有"非常强的专业知识"。

"好老师首先最重要的是知识基础要足够丰厚……无论哪一科老师都要有非常强的专业知识,能有把握把学生的问题百分之八九十掌握住,并且给他们一个抽象的反馈。"

实习过程中,祈琪曾两次体验到因专业知识短路带来的尴尬,让她更加确信学科知识对教师身份的重要意义。一次是在指导教师方老师的课上,方老师让学生用形容词来描写人,一个学生突然问"猥琐"这个词英文该怎么说。方老师不知道,就问祈琪,祈琪也答不出来。学生说,"她能知道嘛?老师您都不知道呐!"在这个事件中,虽然祈琪只是个旁观者,但是学生辛辣的评价让祈琪感到自己作为教师将面临的挑战和难堪。另一次是在祈琪自己的课上,她设计了学生自主提问环节来进行阅读教学。她要求学生根据阅读文章进行提问,结果学生提了很多她意料之外的问题,她"不知道该怎么办""觉得自己发傻了",丢了面子,十分沮丧。这让祈琪愈发坚信,要让学生信服,首先要让学生"从知识上觉得你很厉害""从知识上给他压住";如果"老师的专业课基础不行,就是拿不出手"。①

实习生祈琪对教师身份的理解就非常典型地反映了这一观点。在上述的访谈中,她认为,"作为一个老师,专业知识是最起码的东西",而一个好老师则需要拥有"非常强的专业知识"。对实习生来说,知识和身份是相互嵌套、紧密关联的,对教师核心知

---

① 张玉荣,陈向明. 何以为师——实习生的知识转化与身份获得[J]. 教师教育研究,2014,(3):75—80.

识的认识在很大程度上决定了他们对教师身份的理解和认同。

总体而言,不断变化更迭的教育政策、不同形态的学校组织文化以及教师个体的学科知识、实践性知识、情感态度与价值观等因素会从内外两个向度对教师的身份认同产生深刻的影响。

第三节　小学英语教师的身份重建

2014 年我国教育部在《关于全面深化课程改革落实立德树人根本任务的意见》中首次提出"核心素养"这一概念,并将其置于"深化基础教育课程与课堂改革、落实立德树人目标"的基础地位。[①] 这一举措对我国基础英语教育改革具有重要的引领作用。教师是立教之本、兴教之源。小学英语教师的身份建构不仅是基础英语教育界改革探讨的重要问题,也是落实英语学科核心素养的关键所在。

在小学英语教师身份重建的历程中,旧有的传统的教育价值观与改革所倡导的教育价值观是并存的。这是两种不同的教育价值,传统的教育价值观与考试文化紧密相连,强调知识的传递与标准化测试的分数;而改革所提倡的教育价值观关注人的发展,强调长远的培养目标。小学英语教师们实际上处于两种教育价值观的夹缝中。在这种情况下,是追求变革所要求的理想身份,还是坚持考试话语所要求的专业身份? 教师们在双重话语的困境中逐步建立自己的专业身份。

课程改革中,小学英语教师的专业身份面临着挑战,关注教师的身份重建,将教师作为一个生命的个体,关注变革对于小学英语教师的个人意义,促使更多的小学英语教师获得专业身份的赋权是十分重要的。

一、宏观层面的国家教育政策

在政策制定层面,要充分利用当今大数据时代的优势,借助资源配置的灵活性,对我国的小学英语教育进行宏观布局、顶层设计,给我国小学英语教育一个合理的定位。其次,在教育管理层面,要充分理解我国小学英语教师所处环境的特殊性,避免机械复制西方的英语教育改革。同时,要积极转变领导者的角色,加大组织支持力度,防止教师感到沮丧并有被忽视的感觉。第三,在小学英语教师教育层面,应不断优化课程设

---

① 中华人民共和国教育部. 教育部关于全面深化课程改革落实立德树人根本任务的意见[Z]. 2014. http://www.moe.edu.cn/publicfiles/business/htmlfiles/moe/s7054/201404/167226.html.

置,关注英语教师的语言学习,降低语言损耗。国家教育政策或制度与小学英语教师个人的日常生活发生交互作用,其不仅是一种既定的、宏大的外在制度,而且是已经嵌入到小学英语教师的日常生活实践中的内在制度,因为"制度形式的固定性并不能脱离或外在于日常生活接触而独自存在,而是蕴含在那些日常接触本身之中。"①小学英语教师个人与国家教育政策之间需要保持一种积极有效的互动,充分发挥个体的主体性与能动性,在政策和制度面前保持一种内在的精神自由和理性的自主判断。充分利用国家政策和制度提供的"资源性优势"去追求变革与创新的可能,并重视对政策制度的"限制"后果的反省与批判。

(一)导向性的学科认同

泰勒(Taylor)在强调大学教师的身份认同时提出了学术认同(academic identity)这一概念,他认为:"学术认同是社会生活的必要条件,能给人一种归属感,一种个人意义感,一种连续性和一致性。"②小学英语教师也需要这种归属感和意义感,只不过他们的认同应该定位在学科层次。因为他们的教学与学科内涵不像传统的小学语文、数学教学有学科历史与底蕴,所以对课程标准尤其是新课程标准的认同建构势在必行。一方面,教育主管部门要继续解放思想,革新教育教学理念,高度重视小学英语教师的《课标》认同感问题,积极组织专家审议英语课程标准的适用性,以满足不同群体、不同地域的学生需求;另一方面,应切实为"英语教师提供《课标》实施过程中所需的人力、物力、财力和智力支持,确保小学英语课程的有效实施,推进小学英语学科向前发展"。③

(二)舆论性的社会认同

社会认同是强调社会作为一个统一抽象主体而提出的认同要求。它的主要代表是相关专家学者(与一些学生家长有交叉)。它探讨的主题:其一是要不要开设小学英语课,其二是什么样的人可以做小学英语专业教师。对于第一个主题:有专家认为"小学开设英语课要充分考虑国情"④,也有专家认为在学习外语的"临界期"还不明朗的情况下、在"幼儿和儿童中开设外语太值得考虑了"⑤,或认为英语教育"低龄化的概

① 安东尼·吉登斯. 社会的构成:结构化理论大纲[M]. 李康,李猛译. 北京:生活·读书·新知三联书店,1998:144.
② Taylor, G. Peter. Making Sense of Academic Life:Academics, Universities, and Change [M]. Open University Press,1999.
③ 黄泰铨. 小学英语符合国情最重要[N]. 光明日报,2001-04-12(B1).
④ 黄泰铨. 小学英语符合国情最重要[N]. 光明日报,2001-04-12(B1).
⑤ 赵世开. 外语学习的漫长道路[J]. 外国语,2002,(5):10—15.

念值得商榷"①。在第二个主题上,涉及的范围包括所有和小学英语教育相关的人,比如每一位学生家长,他们会埋怨说孩子学习兴趣逐渐降低,学校外语教学的软硬件条件跟不上,学校教师的教学方法不当,学校的教材不合理等等诸如此类的问题。这些问题的提出本身就是对小学英语教师的身份认同因素的反映。

二、中观层面的学校组织文化

(一)搭建实践与内省交互的学习平台

学校或相关教育机构应为小学英语教师搭建实践与内省交互的学习平台,将个人学习、同伴交流、专家引导、实践探索和行动研究等有机融入教师发展全过程。一方面,建立"双师型"教师队伍,通过他们将小学英语教学的职业场景和教学活动因时制宜、因地制宜地引入教师职前培养。另一方面,吸收"专家型"在职教师为"行业导师",通过他们将小学英语教师的完备素养和小学英语教学的概貌特征以"言传身教"的方式传递给学生教师。只有这样,学生教师才能通过"行动中的反思"形成"行动中的理论",在螺旋式发展过程中逐步理解英语课程的本质和内涵、教与学概念在特定小学英语课堂教学环境中的实际含义,认识如何运用学科知识和教学理论知识适应课堂教学实际需要,以及如何从正确的教育教学理念出发来分析、反思、归纳、解释教学行为,将自身拥有的英语学科知识、英语教学知识和教学实践经验交融沉淀为教师信念,从而构建完备的小学英语学科教学知识体系,形成出色的小学英语教学理解、决策和管理能力,获得持续的教师自主发展能力,最终实现灵活、开放的专业自我身份重建。

(二)创建学习共同体

"共同体"(community)概念最早由德国学者滕尼斯(Tonnies)提出,他认为共同体是以家庭为原型,建立在默认一致与和睦团结基础上的一种生活状态。②"学习共同体"(learning community)概念由美国教育家博耶尔(Boyer)首次提出:"学习共同体是朝着共同愿景努力的人所组成的组织"。③ 教师学习共同体是指来自不同学科背景的教师和学习者共同组成的团体,他们彼此间探讨学习和教学过程中存在的问题,分享跨学科的教学体验与教育资源,合作完成教学任务,发展为融洽协调、良性互动的人际

---

① 范宏稚. 当前小学英语教学的争议焦点与反思[J]. 课程·教材·教法,2007,(7):65—69.

② Tonnies F. 共同体与社会:纯粹社会学的基本概念[M]. 北京:北京大学出版社,2010.

③ 廖旭梅. 以学习共同体模式促进大学生自主学习——基于文华学院学习指导工作坊的探索[J]. 中国高教研究,2017,(1):91—94.

关系。① 将学校构建为一种学习共同体,其意旨主要在于为教师提供一种情感归依、实践参与和自我实现的社会空间,帮助教师产生一种"在家"的确定感和熟悉感,形成强烈的信任感和归属感。新课程改革对教师的高要求,使教师往往由于自己现有能力不足从而丧失自我意义感。此外,同行竞争、考试压力以及绩效评价的存在,学校的合作氛围非常淡薄。加之教师对合作文化认识的曲解,合作行为并没有成为教师教学活动的常态。因此,教师必须改变传统的工作方式,不断提升自己的能力以学会正确地思考自我、肯定自我以及调节自我,将原本各自为阵的工作状态转向与其他教师的亲密合作。学校层面则要积极地支持教师的合作行为,为教师搭建交流平台。当教师自学不能满足发展需要时,学校层面能有效地进行学习共同体的创设,帮助主动寻求教师群体的老师们,建立一些正式或非正式组织,即学习共同体。学习共同体中的交流学习涉及教师的知识结构、思维方式、能力水平、教学风格及教学策略等内容,教师们在这些方面呈现出的明显差异,可以使其发现自己的独特之处,帮助其确定自己的位置。

(三)创设积极的学校文化

优质、健康的学校文化应是一种合作性的学校文化。学校文化是通过学校全体师生共同努力建立起来的具有本校独特品格的文化传统,其核心是精神层面的学校文化。② 积极提倡学校的精神文化建设,其所蕴含的教育信念会潜移默化地影响教师的价值观念、情感、态度以及教学行为方式,以此赋予教师工作意义、情感体验与身份认同。③ 积极的学校文化能够超越科层文化的消极影响,不断营造合作型的教师专业化发展氛围,促使教师获得一种专业上和情感上的归属感和安全感,提高教师参与教育变革的积极性,进而实现教师自身的专业身份认同。受积极、健康的学校文化的感染与影响,教师会形成共同的教育信念与价值追求,会对自己所从事的工作心存幸福感,会产生高度的凝聚力,形成其对学校的深厚感情以及对自我的肯定。

(四)建立反思性学习环境

美国心理学家波斯纳(M. Posner)曾提出过一个教师成长公式:经验+反思=成

---

① 陈跃基.建立教师学习共同体,促进教师专业发展〔DB/OL〕.http://www.lajy.com/web/dispnews.asp?newsid=10618&classid=8.
② 顾明远.论学校文化建设〔J〕.西南师范大学学报(人文社会科学版),2006,(5):67—68.
③ 赵明仁,黄显华,袁晓峰.场域理论视角下影响教学反思的因素分析〔J〕.课程·教材·教法,2009,(6):81—86.

长。他认为，没有反思的经验是狭隘的经验，至多只能形成肤浅的知识，没有反思的经验也不会帮助教师获得好的发展。学校层面应在承认先前文化背景影响的基础上，使教师养成批判反思性的态度，并尽力向他者敞开自我。小学英语教师基于自身语言学习经历、教师教育经历、教学实践经历，在特定的教学环境中形成关于教和学的认识和信念，并以此来支配自身教学行为。内省式反思是提高英语教师专业能力的重要途径和有效方法，是英语教师教育的核心支柱。[①] 教师应内省支配自身教学行动的教师信念，形成清晰的自我意识，并进行适当的自我调整。小学英语教师反思的知识可以来自个人的直接经验，也可以是经过实践检验的他人思想输入。但是，无论何种知识都需融入小学英语教师个体积极主动的反思循环，才能得以内化与吸收。在当前教育转型期，需要超越科层主义文化的消极影响，不断营造合作型教师专业文化的氛围，促使教师获得专业归属感和安全感，使教师拥有个人自我表达的现实空间，提高小学英语教师参与教育变革的积极性，从而实现教师自身的身份认同。[②]

三、微观层面的教师个体因素

（一）明确"以人为本"的教师成长观

长期以来，我们都是从社会的、外在的角度，站在特定的利益和价值立场来分析理想和现实的教师形象，缺乏从教师主体和内部的视角来关注教师形象问题，导致传统的社会期待诸如道德楷模、知识权威等形象，与教师个体的自我认知产生了冲突。而"以人为本"的教师成长观把教师看成是完整的、发展的人。完整的人指教师的专业知识、专业技能、专业情感、人格完善等是有机统一的，这些因素都要共同发展；发展的人是指教师在主动地与学生互动过程中实现双方的共同成长。因而，应积极关注教师个体内在的教育价值观念所起的作用，意识到教师的专业知识、专业技能和情感等因素也需要有一个成长的过程和空间，能够提供教师与学生互动成长的机会。不断关注教师个体自我的重要地位，重视教师自我的生存状态，进而才能唤醒小学英语教师个体的专业发展意识，从个体层面主动进行教师身份的重建。

（二）积累教师个人实践性知识

实践性知识恰恰是教师自我本身产生的，对教师专业身份的认知离不开内蕴真正教师自我的实践性知识的积累。实践性知识来自于小学英语教师真实的实践活动，是

---

① 刘学惠. 外语教师教育研究综述[J]. 外语教学与研究, 2005, (3)：211—217.
② 张军凤. 教师的专业身份认同[J]. 教育发展研究, 2007, (4A)：39—41, 46.

教师在具体教学情境里通过不懈努力和辛苦劳动,凭借自己的经验主动积累起来的知识,它区别于普适性的理论知识,是一种活生生的、富有创造性的个体综合性知识,它蕴含着教师个体生命的意义和智慧,是教师个体内心真正信奉并能有效运用的知识。关注小学英语教师个人基于教育情境和生活史的实践性知识,强调教师个人的专业自主选择性,则正是对身份认同的建构与确认。

首先,日常教学生活是教师实践性知识生成的基础。教师在日常教学实践中,融合过去的经验与当前的情境,经过反思与行动所淬炼出来的知识体系,其本身具有多层次、即时、累积、不可预测等特质,如此才能解决真实情境中的教育问题。其次,教学反思是教师实践性知识生成的重要举措。例如,整理自己的经典案例、撰写发表小论文以及外出做公开课前的准备工作都是一次反思。反思是实践性知识转变的契机之一,也正是这一次次的反思中,教师们不断优化着自身的实践性知识以及提升着自己的反思能力。最后,构建教师学习共同体是教师实践性知识生成的重要途径。教师学习共同体的构建为教师的专业发展提供了资源情感的支持,搭建了实践反思的平台,促进了教师实践性知识的形成与发展。

案例分析与研讨
教师实践性知识产生路径研究——以长春市 S 小学一位英语教师为个案

1. 研究问题:通过对一位小学英语教师的个案研究,揭示在真实的教育教学场景下,该教师所体现出来的教师实践性知识。

2. 研究方法:采用访谈法、课堂观察法等研究方法,捕捉到隐藏在这位英语教师背后的、深层次的教师实践性知识,从而揭示其自身所拥有的教师实践性知识,并且为探索教师实践性知识的生成路径作好准备。

3. 研究对象:X 教师已有 15 年的教龄,无论在教学还是管理上都有着丰富的经验。同时,该教师是市级优秀教师,深受学生的喜爱,具有一定的代表性。

4. 研究过程和结论:

(1) 教师的教育信念

一般来说,教育信念的形成与教师本人的经历有着比较大的联系。教师的教育信念,具体表现为对如下问题的理解:教育的目的是什么?学生应该接受什么样的教育?什么是"好"的教育?"好"的教育应该如何实施和评价?如何看待教师职业?在问到老师"您认为教育的目的是什么?教师应该怎么做?"这个问题时,X 老师给出了这样的回答:"让学生成为一个有道德的人,让学生会学习、爱学习是我的希望和努力的方向。作为一名教师,首先要'学高为师、身正为范'。要教育好学生必须以身作则,丰富和完善自己,不断进行学习,给学生树立一个榜样,在言传身教中感染学生。同时,我认为必须要注意自身形象,为人师表嘛,时刻给学生以向上的正能量,包括自身的形象。"在教育信念上,X老师认为让学生学会做人,让学生学会学习是居于首位的。从与老师的交流中可以感受到,她非常注重对学生的道德教育。在实现英语教学目标的前提下,X老师更加关注对学生健全人格的培养以及学习兴趣的培养。

(2) 教师的自我知识

教师的自我知识主要指教师对于自身的特点、优缺点的认识,这种认识能够帮助教师扬长避短,形成适合自身的教学风格。此类知识主要体现在教师是否知道运用"自我"进行教学,是否了解自己的特点(性格、气质、能力等)和教学风格,扬长补短,适度发展;能否从错误中学习,并及时调整自己的态度和行为。X老师1998年大学毕业,就在同一年参加了工作。从那时起即担任小学英语教师的工作。"刚开始工作的时候,还没有完全实现角色的转变,一直以为自己还是个学生。年轻一点的小学教师还是很受学生的欢迎的,毕竟接触的都是孩子。我用心地去关心每一个学生,同样也得到了孩子们的认可。但是那时候感觉最困难的是上课。虽然在学校里学到了不少教育学知识,但当我真正地站在讲台上,面对着学生一张张鲜活的脸庞,什么原理、方法统统地丢到了脑后,脑子里只留下了教学任务。记得当时我想的最多的是'我要完成什么教学任务? 我要实现什么教学目标?'每节课都在传输知识,说是知识的搬运工一点也不夸张。""随着对教学内容的熟练掌握,我发现单纯的知识灌输并不能使学生快乐,自己教得也很累。加上区里、学校组织的学习,我开始对自身的教学方法进行了改进。具有新的教学理念,刻苦钻研如何把课上得生动而有趣,才能够抓住学生的兴趣,从而显现出独特的上课风格。"从以上资料可以看出,X教师对自我知识的积累是从师范生培养时代开始的,并且一直延续到现在。她对自己的优点和不足之处都有充分的认识。在教学生涯过程中,X老师逐渐地扬长避短,形成了独特的教学风格。

(3) 教师的人际知识

教师的人际知识主要是指教师对于学生的认识,主要包括对学生性格特点的认识,对学生优点缺点的认识,以及对学生学习方式方法的认识等。"作为一名班主任,我非常愿意亲近学生,研究学生的心理。我抓住一切机会展示自我的能力,在学生中树立了威望。我根据学生的特长和自身的特点,组建了自律、高效的班干部队伍,通过培养和锻炼,使班干部具备了良好工作能力。我经常与家长沟通,及时了解学生的生活情况和在家的学习情况,针对随时出现的问题进行帮扶和教育。我积极组织学生参加学校的各项活动,提高了学生的集体凝聚力。"X老师对于自己的学生如数家珍,对于学生的了解不仅仅局限在学习成绩上,对于学生的特长、优缺点,甚至家庭因素都有很好地掌握。这有利于教师进行因材施教。

(4)教师的情境知识

教师的教育情境知识对于其教育教学行为有着重要的影响,是教师实践性知识的重要内容之一。教育情境知识最集中的体现就是教育机智。某一天学校组织大扫除,班里的孩子们有说有笑地干得不亦乐乎。这个时候,笔者看见X老师走进了教室,环视着四周,一边查看大扫除的效果,一边吩咐两个学生把没打扫彻底的地方再收拾一下。"李博、张晓龙(化名),你俩去楼下换一桶水","马悦、李娟娟(化名),你俩把那边墙裙再擦一下"。X老师正在分配着劳动任务,这个时候,因为刚拖过地面,还有没干的积水,X老师一个不小心滑倒在地,啪的一声,摔了一大跤。几个靠的比较近的同学赶紧跑过去把老师扶了起来,从面部表情来看,X老师这一跤摔得似乎不太轻。"不要紧吧老师?""老师没事儿吧?"同学们关心地询问着。这时候听见陈天宇(化名)关心地问了一句:"老师,屁股摔死了吗?""什么,摔死了吗? 有这么表达关心的吗?"同学们炸了锅似地开始责备陈天宇。陈天宇也意识到自己说错了话,本来只是想问一问老师是否摔疼了屁股。正在陈天宇不知所措的时候,X老师放了一个屁,她感到非常难堪。谁料到,老师摸了摸陈天宇的头,乐呵呵地说了句:"没死,好好的,还喘气儿呢!"老师和同学们一起哈哈笑了起来,陈天宇也摸着自己的头笑了起来。在处理这个突发事件的时候,X老师但没有恼怒,反而充满了对于学生的理解与尊重,利用教育机智,很幽默地化解了学生和自己的尴尬,并且通过这种行为使得学生感觉到自己和老师之间的距离更亲近了。优秀的教师善于运用微妙的情感去与学生进行心与心的交流,实现情感的共鸣,从而创造一个其乐融融的师生关系和教学氛围。

(5)教师的策略性知识

策略性知识是指教师对于理论知识的理解,这种理解主要通过教师的教育教学行为体现出来。主要包括教师对以教学目标、教学内容、教学方法为代表的教育学理论的理解,也包括教师对学科教学知识的掌握,还包括在对教育学原理理解的基础上对其加以运用的具体策略。下面是老师刚参加工作后不久的一篇教学日志,从中可以管窥一下X老师所拥有的策略性知识。"今天听完第三节王老师的课后,紧接着是她的另一个班的英语课。王老师对我说,要不这一节课你来试试? 虽然我跃跃欲试,但后来我发现答应去上这节课是个错误。首先我的课前准备不充分,对于这节课的准备还是在一个星期之前,这么长时间以来就没有再看一看教案。其次,也是由于课前准备不足,这一节我的教学重点不突出,主要体现在词、句的把握上不到位,驾驭课堂也感觉有点力不从心,主要还是重点没有突出。再一个就是王老师提出的意见,讲课时声音倒是比较大,但是语气没有起伏,显得有点平淡。针对这一节课的教训,我总结出了以下的改进策略:第一,首先要明确一点,上课前一定要作好充分的准备,决不允许出现备课不到位这样的情况出现。第二,针对重点不突出的问题,主要原因在于对内容把握得不到位。既然意识到了重点词句,就需要让学生多多地进行练习,在提问策略上可以采用逐个叫学生回答问题或者采用让学生跟读等方法。"X老师虽然在教学中遇到了挫折,但是能够在遇到问题后积极地提出改进策略,这也恰恰反映了其策略性知识的建构过程。①

(三) 在叙事中反思自我

大多数研究都承认,教师身份认同的重构是可以通过说故事等叙事研究方式来实现的,教育叙事对教师个人已有经验的重新整理、个人实践性知识的建构具有重要作用。杰斯(Jansz)认为,教师身份认同的形成是教师个人和教师集体对教学认识的不断整合从而形成有特色的教师实践知识的过程,不同来源的知识彼此交互影响着身份认同的形成。② 制度化情境中的小学英语教师,其自我的反思性既是被动的,又是主动的。说它是被动的,是因为反思本身总是会受到某些制度规则的制约;说它是主动的,是因为在受制约的反思背后,总是可以发现一个自主的、按照自我的选择进行反思和行动的主体。小学英语教师的自我反思与其身份认同密切相连。没有反思,就没有自我,通过反思,能够使教师自我总是处于积极、自觉、敏感、主动的状态,能够敏锐捕捉教师专业的发展趋势,智慧性地把握、指引自己专业实践行为。教师叙事是教师反思能力的具体体现,叙事主要涉及教师的生活故事,每位小学英语教师都有属于自身的生活故事,生活故事内蕴着教师亲身的体验与经历,教师自我存在其中。小学英语教师在生活故事的叙述中会显示出他们对自我的理解和对

① 翁蔚. 教师实践性知识产生路径研究——以长春市 S 小学一位英语教师为个案[D]. 东北师范大学硕士毕业论文,2013.
② Jansz, J. Person, Self, and Moral Demands [M]. Leiden University:DSWO press. , 1991.

专业的思考,是自觉地对自己进行"我是谁"的现实追问。而且,教师自我反思和自我理解的价值观念以及各种变革的方案总是处于不断的流动状态,这种多样性和不确定性又需要不断地作出选择,小学英语教师的身份认同正是在此过程中得以不断建构。

(四)树立终身学习的信念

当代社会、经济、文化、知识和技术的急剧变化要求个体(特别是教师群体)要进行终身学习。个体只有不停地学习新知识和新技能,包括跨学科知识等,才能不断改变自我,建构自我,在不断变化的社会生活中获得确定性。在现实社会中,小学英语教师的非正式学习与个体身份认同之联系越来越亲密,业已成为其生活方式的主要特征之一。也就是说,教师的终身学习是一种关乎自我身份认同的学习,在很大程度上取决于个体对自我和自我认同的理解,而且这种理解通常是个体以整个生命为背景的理解。吉登斯(A. Giddens)把教师的学习分为"自我导向式"和"自我管理式"两种方式。由此看来,终身学习理念和反思理念也是紧密联系在一起的。终身学习是在内外合力的交织下,小学英语教师主动或被动地进行的一种自我探索,是其自我身份认同重建的一种重要方式。

学习小结

本章首先分析了小学英语教师的专业素养,外语教师的身份认同内涵,及两者之间的联系。其次指出小学英语教师身份认同与社会文化环境和教师个体的认知能力密切相关,具有动态变化、矛盾交集、环境塑造、互动关联等本质特点。影响教师身份认同的因素主要包括来自宏观层面的国家教育政策、中观层面的学校组织文化和微观层面的教师个体知识与态度等。最后指出通过在小学英语政策制定、导向性的学科认同、舆论性的社会认同等宏观层面的政策保障,创建学习共同体、创设积极的学校文化,建立反思性学习环境等中观层面的组织保障,明确"以人为本"的教师成长观,积累教师个人实践性知识,在叙事中反思自我,以及树立终身学习的信念等微观教师个体层面的跟进,共同对小学英语教师的身份进行重建。小学英语语教师身份认同不是个人行为,而是特定文化和政治共同参与构建的结果;教师身份认同来源并存在于所处的社会关系和文化环境中,通过内化将其融入自己的特质;小学英语教师在具体的教学实践活动中形成和发展其社会文化身份。

评价检测

一、简答题

1. 小学英语教师的核心素养有哪些？

2. 外语教师身份认同内涵指什么？

3. 导向性的学科认同指什么？

4. 学习共同体指什么？

5. 情感性的个人认同指什么？

二、论述题

1. 中观层面上，小学英语教师身份认同的影响因素有哪些？

2. 请结合个人教学实例，说明如何在日常教学叙事中反思自我？

三、讨论题

1. 你认为，小学英语教师身份认同上的最大困难是什么？应如何解决？

2. 英语学科核心素养的背景下，就个体层面而言，小学英语教师身份认同实现的途径有哪些？

第四章　反思性小学英语教学

学习目标

1. 理解反思性教学的内涵;
2. 了解反思性教学的特征;
3. 了解反思性教学的价值与功能;
4. 了解反思性小学英语教学的实施过程及步骤。

学习指导

1. 本章学习重点:反思性教学的内涵与特征、价值与功能以及反思性小学英语教学的实施过程及步骤。

2. 教学方式主要以教师课堂教授为主,学生合作讨论为辅。

3. 在课堂学习教材的基础上,在课下结合相关书籍和文献,从而提高对本章内容的理解。

问题导入

赵老师是某一小学的英语教师,在设计教案时,她发现自己对于教学重难点的设定常常流于形式。因此,学生理解很不到位。于是,赵老师开始反思自己的教学设计,也为此向多位经验丰富的老教师请教。通过学习,赵老师认为在教学过程中,教师要及时地反思自己的教学行为,明确地了解学生的需要,这样教师才能在上课的过程中有的放矢。通过反思性教学,教师可以从学生的角度出发,及时地调整自己的教学行为,从而最大程度地实现教学最优化。那么,什么是反思性教学? 反思性教学它有哪些特征和价值呢？以及作为一名教师，我们该如何去实施反思性教学呢？这些都值得我们进行探讨和学习。

第一节　反思性教学概述

反思性教学既是一种教学理论，也是教学主体借助行动研究不断探究与解决自身和教学目的以及教学工具等方面问题的方法，教师将"学会教学"与"学会学习"统一起来，努力提升教学实践的合理性，促使自己逐渐成为学者型教师。研究反思性教学要从理解"反思"这一概念开始。较早研究"反思"这一概念的是洛克(J. Locke)，洛克将"反思"视为对心灵的一种反观自照。① 在洛克研究"反思"这一概念后，较为系统地论述"反思"这一概念的学者逐渐多了起来。其中，杜威是研究这一概念最著名的学者之一。杜威认为"反思"是对经验进行重组或重构。杜威率先提出了教学要具有反思性，并提出了反思性思维的五个阶段(即思维五步)，这五个阶段分别为：(1)创设疑难的情境；(2)确定疑难所在；(3)提出解决疑难的假设；(4)推断哪个假设能够解决这个疑难；(5)验证假设。相应地，杜威把教学过程也分成了五个阶段(即教学五步)，这五个阶段分别为：情境、问题、假设、推论和验证。② "反思性教学"这一术语正式出现于 1983 年美国学者舍恩(D. A. Schon)发表的著作《反思实践者：专业人员在行动中如何思考》一书中，舍恩提出："反思性教学是教师从自己的教学经验中学习的过程。"舍恩将反思性实践划分为"行动中的反思(reflective in action)"和"对行动的反思(reflective on action)"。其中，舍恩更强调"行动中的反思(reflective in action)"。③ 自此，反思性教学在世界范围内的影响不断扩大，20 世纪 90 年代，英国语言教师教育专家华莱士(J. Wallace)将反思性教学这一概念正式引进外语教师教育领域，他在 1991 年出版的 *Training Foreign Language Teachers：A Reflective Approach* 中提出了基于教师专业发展的反思性实践模式，这一模式颠覆了传统的匠人学艺与应用科学模式下的外语

① 洛克. 人类理解论[M].北京：商务印书馆，1959：67—71.
② 杜威. 我们如何思维[A].引自罗伯特·哈钦斯. 西方名著入门(哲学)[C]. 北京：商务印书馆，1995：114—117.
③ Ganesan Shanmugavelu. The Role of Teachers in Reflective Teaching in the classroom [J]. International Journal of Education，2018(1)，31.

教师培训机制。① 1992 年英国教师教育者格里菲斯(M. Griffiths)和唐(S. Tann)提出了超越舍恩二分法的五种反思维度构架。他们认为反思的五个维度包括反思、修正、回顾、研究和理论的重构。格里菲斯和唐所构建的五种反思维度更为全面地提炼和扩展了舍恩的在行动中反思和对行动的反思的思想,从而使教师的反思行为更为具体化和可操作化。② 利伯曼(A. Lieberman)和米勒(L. Miller)于 1999 年提出:"反思性教学、反思性探究和反思性实践是教师获得专业知识的重要途径,这对培养合格的教师和促进学生的学习是非常重要的。"③ 2005 年亨特(D. Hunt)认为:"从实践中学习是获得概念的基本原则,但实践并不等同于实践学习的原因是个体可以更加有效地参与到反思过程中去。"④ 泽切勒(K. M. Zeicher)和利斯坦(D. P. Liston)于 2014 年提出:"教学是一门艺术,对于那些能够以一种更有价值的方式来反思自己的课堂活动并使之更有效的人来说,他需要感受和思考。而进行反思性地感受和思考能使教学更具价值和意义。因此,优秀的反思型教师需要采取探索倾听的方式,吸收他们对于方法论的理解和判断。"⑤

一、反思性教学的内涵

在国外,反思性教学的概念由美国学者舍恩正式提出。1983 年舍恩在其著作《反思实践者:专业人员在行动中如何思考》中提出:"反思性教学是教师从自己的教学经验中不断学习的过程,它不是简单地对教学改革贴上成功或者失败的标签,而是教师对自己的实践行动进行有意识的思考,并将这种思考回馈于行动。"⑥ 布鲁巴赫(J. W. Brubacher)认为:"反思性教学可以从时间维度上进行定义,分别是:对实践的反思(reflection on practice)、在实践中反思(reflection in practice)、为实践而反思(reflection

① Wallace J. M. Training Foreign Language Teachers:a reflective approach [M]. Cambridge University Press,1991.

② 转引自刘晓华. 反思性教学与教师专业发展的研究[D].华东师范大学,2005.

③ Lieberman A. and Miller, L. Teachers Transforming Their World and Their Work[M]. New York: Teacher College Press. Little, J. Inside Teacher Community: Representations of Classroom practice [J]. Teacher College Record, 1999,105 (6):913 - 945.

④ Hunt, David. A Model for Analyzing the Training of Training Agents[J]. Merrill Palmer Quarterly, 2005(12):137 - 155.

⑤ 转引自:Madiha Zahid. Effect of Reflective Teaching Practices on the Performance of Prospective Teachers. [J]. TOJET:The Turkish Online Journal of Education Technology, 2019(1):33.

⑥ Schon, D. A. The Reflective Practitioner:How Professionals Think in Action[M]. New York:Basic Books, 1983:128.

for practice)。"①对实践的反思意味着反思发生在实践之后,在实践中反思是指反思发生在实践的过程中,为实践而反思意味着反思具有超前性,其目的是为了指导未来的行动。舒尔曼(L. Schulman)提出:"好的教学很难定义和描述,总是存在着发现和改进教学的空间,教师必须利用他们不断增长的'知识库'来发现在教学过程中出现的问题,通过对实践的反思和在实践中反思不断解决这些问题。"②贝利(K. M. Bailey)将反思性教学定义为:"反思性教学作为一种立场(stance)、一种心态(mind)、一种质疑态度(questioning attitude)是极具价值的,它创造了一个促进专业对话的环境,并有助于阐明我们的思维。"③泰拉布(H. Tairab)认为:"反思性教学是在教学实践期间发生的重构,从这个意义上说,某些行动和态度需要及时调整。但是,也存在一些自发的行动难以进行表达和解释。"泰拉布的观点进一步补充了杜威最初提出的关于"反思"的概念。④雷福德(C. R. Rayford)将反思性教学定义为:"反思性教学实践是指在学习专业知识的同时,由学科专业人士进行指导,以自己的方式思考自己的经验。"⑤克莱默(M. Kramer)从教师专业发展的角度对反思性教学进行定义,他认为:"反思性教学实践对教师专业发展具有积极作用,初任教师需要反复的计划、积极的行动和深思熟虑的反思过程来改进教学。它是一个集体学习的过程,需要不断调整和改善,合作反思有助于促进教师专业发展。"⑥

在国内,熊川武在前人研究成果的基础之上提出:"反思性教学是教学主体借助行动研究,不断探究与解决教师自身和教学目的以及教学工具等方面的问题,将"学会教学"和"学会学习"相结合,努力提升教学实践的合理性,努力使自己成为学者型教师的过程"。⑦刘学惠认为:"反思性是以问题解决为导向的教师思维方式,就其过程而言,

---

① Brubacher J. W. et al. , Becoming a Reflective Educator, How to Build a Culture of Inquiry in the Schools [M]. Corwin Press, INC. , 1994, 15.

② Schulman, L. Knowledge and Teaching: Foundations of the New Reform[J]. Harvard Educational Review, 1987,57(1):1-21.

③ Bailey, K. M. Reflective Teaching: Situating Our Stories[J]. Asian Journal of English Language Teaching, 1997(7):1-19.

④ Tairab, H. H. The Role of Reflection in Facilitating Pre-service Primary School Teachers' Professional Growth[J]. Journal of Faculty of Education, 2003, 18(20): 1-21.

⑤ Rayford, C. R. Reflective Practice: The Teacher in the Mirror[D]. University of Nevada, Las Vegas, USA, 2010: 28.

⑥ Kramer, M. (2018). Promoting Teachers' Agency: Reflective Practice as Transformative Disposition [J]. Reflective Practice, Vol:19: 211-224.

⑦ 熊川武. 论反思性教学[J]. 教育研究,2002(07):12—17.

教师的反省思维体现于对教学问题的觉察和界定、对解决策略的设计和实施、对问题解决结果的自我评价。"[1]赵昌木认为教学反思是反思性教学的主要表现,他认为:"反思性教学是教师从自己的经历、学生的反馈、同事的评价和理论文献的解读中对自己的信念、知识、教学实践及其背景进行审视。"[2]申继亮在其专著《教学反思与行动研究——教师发展之路》中提出:"教师的职后教育应以培养教师反思能力为中心,并鼓励教师开展行动研究,提高自身的素质。"[3]因此,他重点论述了如何把握教学反思与行动研究的关系、掌握研究的过程与实践。这为以后教师反思性教学的开展提供了理论指导。钟启泉提出:"教师系统反思自身教学实践并从自身经验中学到的知识,就是'实践性知识'(practical knowledge)。这种'实践性知识'具有同研究者的'理论性知识'(theoretical knowledge)相对的性质,它是教师所固有的实践性话语与思维方式的产物,构成了教师素质的核心。[4]胡萨从现象学的视野出发,提出"反思是一种意识行为,反思意味着一种对自身意识的敏感和觉察,它是一种有预期的构成性意识。教师反思作为一种反思意识,总是能够伴随、激发和指引着教师的教育教学实践,正是这种主动的、积极的反思意识使得教师在独特、具体的教育情境中,表现出一种对教育机会的敏感和自觉。"[5]

基于以上国内外学者的定义,反思性教学的内涵主要包括以下几点内容:

1. 反思性教学的目的在于改进教学实践。教师需对自己的实践行动进行有意识的思考,并将这种思考回馈于行动。教师通过对实践的反思(reflection on practice)和在实践中反思(reflection in practice)不断解决教学实践中产生的问题,并探究自己的实践,从而指导未来行动。

2. 反思性教学确立了教师、研究者的双重身份。教师在认真从事教学活动的同时还应该把自己看成是一名研究者,对自己的教学行为做出分析和评价;对问题给予注意;对经验加以总结,使之形成理性的认识。自觉进行教学研究是教师自我成长的一条必经之路。

3. 反思性教学不仅是教师的个体行为,更是一种群体性的研究活动。"尽管从课堂本身来看,反思性教学是由某个教师单独执教完成,但是,从课前准备到课后分析这

① 刘学惠. 建立以反思性教学为核心的英语教师发展机制[J]. 课程·教材·教法,2004(12):72—77.
② 赵昌木. 教师在批判性教学反思中成长[J]. 教育理论与实践,2004(5):43—45.
③ 申继亮. 教学反思与行动研究——教师发展之路[M]. 北京:北京师范大学出版社,2006:3.
④ 钟启泉. 教学实践与教师专业发展[J]. 全球教育展望,2007(10):8—14.
⑤ 胡萨. 反思:作为一种意识——关于教师反思的现象学理解[J]. 教育研究,2010,31(01):95—99.

个完整的过程来看，它是行动研究小组借助群体反思开展的研究性活动，而经验性教学中的反思通常是教师个体的行为。"①

4. 反思性教学是一个螺旋式上升的过程。首先，教师在教学过程中不可避免地会碰到许许多多的问题和困难；其次，根据出现的问题和困难，教师要拟定反思计划，为进一步进行反思做好准备，并开展行动。最后，教师需要对行动进行分析和评价。在这样一个螺旋式上升的过程中，教师通过动态地反思与行动对教学实践进行灵活的调整，从而不断提高教学实践水平。

5. 反思性教学的核心是教师的自我发展。华莱士(J. M. Wallace)将教师培训发展的三大模式归纳为：技艺模式(the Craft Model)、应用科学模式(the Applied Science Model)和反思模式(the Reflective Model)。华莱士指出："与传统的技艺模式和应用科学模式相比，反思模式是发挥教师主体地位的模式，其核心是教师的自我发展。这一模式重在体验与反思教育行为，因为教育归根结底是人格活动，而人格活动带有主观意志，是具体的、多样的和动态的。因而，反思模式将成为当代外语教师自身发展趋势的主流。"②

二、反思性教学的特征

1. 反思性教学具有阶段性。斯坦利(C. Stanley)提出："反思性教学的发展可以表现为一系列阶段：(1)教师参与反思；(2)教师进行反思性思考；(3)教师使用反思；(4)教师需要持续不断地进行反思；(5)教师作出反思性实践。这些阶段并不是代表着教师参与反思所遵循的顺序，而是构成特定阶段的时间瞬间和特定经历。这些阶段也并不是严格按照线性规定的，在特定的时间点，在特定的个体和情境下，教师可能会发现自己处于任何一个阶段。"③因此，作为教师在实施反思性教学时应该更加灵活，要及时地根据不同条件和情况作出相应地调整。

2. 反思性教学具有主动性。反思性教学的主动性具有两方面的涵义：一方面，应用反思性教学能够有效地提高教师的自主意识，促进教师对教学活动的主动探讨与研

① 熊川武. 论反思性教学[J]. 教育研究，2002(07)：12—17.

② Wallace J. M. Training Foreign Language Teachers: A Reflective Approach [M]. Cambridge University Press，1991：23.

③ Bailey, M. & Curtis, A. & Nunan, D. Pursuing Professional Development The Self As Source[M]. 外语教学与研究出版社，2009(07)：39.

究;另一方面,教师展开和实施反思性教学必须建立在自身积极主动的基础之上。只有教师不断提高对于探讨教学活动的主动性,才能不断地进行主动研究与学习。

3. 反思性教学具有调节性。反省性教学具有信息反馈的特点,即对教学实际过程进行回顾和审视,以获得各种信息,作为反思的基础。反思性教学要求教师在教学过程中不断地去获取关于自身实践中各种因素变化的有关信息,审视和检查自身实践活动的效果。教师对自己的实践活动进行回顾和反思,就必须把注意力同时集中在两个方面:一是教学活动本身,二是学生。①

4. 反思性教学具有合作性。钟启泉提出:"集体是拥有教育力的。集体的教育力并不是作为集体形态本身自发产生的,它需要集体所有成员,在面向共同目标而形成的互动中才能产生,每一个教师作为'反思性实践家'所追求的,既不是压倒对方的论战,也不是学术理论的建构,而是提升教师自身的专业素养和职业能力,并且获得一种话语权:表达个性化实践的创造和对于实践的多视角见解与多样化实践的话语;推进不同教育风格教师的经验交流与分享,构筑合作探讨教学实践的共同体。"②

5. 反思性教学具有层次性。范梅南(V. Manen)指出:"反思性教学具有三个层次。分别是:(1)技术性层面;(2)实践性层面;(3)批判性层面;在技术性层次上教师要注重教育学知识是否达到教育目标,并根据有效性、经济性、效益性对自身行为进行评估,焦点在教师自己。在实践性层次上教师要将专业知识融入实践中,质疑和澄清最终目标及其依据,注重结果的合理性。在批判性层次上教师要关注更广泛的问题,包括道德、社会和伦理以及其他直接的或间接的与课堂教学相关的规范性标准。"③

问题与讨论

(1) 你认为该案例更多体现的是"在行动中的反思(reflective in action)"还是"对行动的反思(reflective on action)"呢? 可以结合案例的具体内容讨论并说一说原因。

(2) 该案例体现了反思性教学的哪些重要特征? 可以结合反思性教学的特征进行简要阐述。

---

① 高翔,王蔷. 反思性教学:促进外语教师自身发展的有效途径[J]. 外语教学,2003(02):87—90.
② 钟启泉. "课堂互动"研究:意蕴与课题[J]. 教育研究,2010,31(10):73—80.
③ Van Manen, M. Linking Ways of Knowing with Ways of Being Practical [J]. Curriculum Inquiry, 1977 (6): 205 - 228.

案例分析

"意外"生成的精彩①

英语语言的丰富性使得课堂教学具有生成的多种可能性。教师要做到心中有(教)案,行中无(教)案,不断捕捉、判断和重组课堂教学中出现的各种信息,随时把握课堂动态生成的切入点,让课堂焕发生命的活力。我在教学 PEP 小学英语五年级(下)Unit 2 *My favorite season* 时,就深刻地体会到了这一点。

该课要求学生能听、说、读、写 winter, fall, summer, spring, season 等词汇,并能运用简单句型表达对季节的喜好。我在完成呈现、领读生词和一系列的趣味操练后,为了让学生能围绕季节话题运用所学的词句,我向学生提问:"What color is winter?"许多学生举起了手。其中一位学生响亮地回答:"Winter is white.""A good answer!"我点头称赞,并暗自得意,心想:果然不出我所料,冬天经常下雪,学生眼中的冬天自然是白色的,接下来就可以顺势引出我为本课设计的一首歌谣(chant)了。这首歌谣如下:

Winter, winter, white and cold.

Summer, summer, red and hot.

Fall, fall, golden and cool.

Spring, spring, green and warm.

这首歌谣概括了四季的特点,是我的得意之作。此时让学生吟诵,既可以复习和巩固所学的词汇,又可以调节课堂气氛。正当我要执行自认为相当完美的教学设计时,一个声音突然打断了我的思路。"Miss Lin, winter is green and warm in Kunming. 我从课外书上看到,昆明四季如春呢!"一位小男孩理直气壮地说道。我一下愣了,同一季节在不同地方其气候的确有所不同,这也是本单元文化知识部分(Good to know)中的主要内容。我原本准备在第2、3课时的教学中再穿插渗透,在本课的教学设计中并没有考虑到这点,没想到这小孩子倒真是见多识广。我不由得向他竖起了大拇指说:"That's right. You are really smart!"因为本课教学内容多,我不想在这一点上花费太多时间,于是说:"But today, let's talk about the seasons in Lishui. What color is the winter in Lishui?"我想通过这几句话,把学生引回到我原先的教学思路上,即引出我设计的那首歌谣。

正在这时,一位挺文静的小女孩举起手。看着她跃跃欲试的表情,我心想:这孩子

---

① 林肖慧."意外"生成的精彩[J].《中小学外语教学》(小学篇),2005(08):19—20.

平时在英语课上一直表现不错,每次回答问题都能合我的心意,让她来说是最好不过了。于是,我便微笑地示意她来回答。"Winter is pink."她的话音刚落,课堂顿时炸开了锅——学生们有议论的,有笑的,有惊讶的……我更是措手不及。"Winter is pink?"怎么可能? 但我带着心中的疑惑,微笑着问她:"Why?"她答道:"In winter, my curtain is pink, my bed is pink, and my slippers are pink, too."一到冬天,我妈妈就把家里的被套、桌布和椅套都换成了粉红色。所以我说:"Winter is pink in my home."我顿时恍然大悟,家居的色彩不也是随季节的变化而变化的吗? 多么有创意的回答啊! 冬天为什么不可以是粉红的?"Wonderful!"我从心底发出由衷的赞叹。

这下课堂里可热闹了,更多只小手迫不及待地高高举起。"Winter is gray. The sky is gray in winter.""Winter is red. I often get red Christmas cards.""Winter is colorful. We can wear colorful coats in winter."学生的思维是如此的活跃,如此的感性! 其想象力和语言创造力更让我无比吃惊。整堂课在师生互动的即兴创造中充满了活力。这些意外的回答虽然打乱了我原先的教学设计和节奏,但更多不曾预约的精彩却不期而至。

当下课的铃声响起时,学生和我都感到意犹未尽。原来孩子眼中的季节是这样的多姿多彩。我欣喜地对学生说:"Let's make a seasons' book after class. Please draw the seasons as you see them and write some sentences under each picture. OK?""OK!"全班学生兴奋地回答。

回到办公室,我的心情久久不能平静。翻开这课的教案,我思考片刻后提起笔,在教后感一栏中不由写下了这样一句话——捕捉瞬息之变,促成别样精彩!

教学过程是一个动态的过程,教学方法又处在一个变量的地位。虽然教师在备课时都根据教学目标、任务、内容和学生的实际情况设计了某种教学程序或具体教学方案,但是在教学过程中还存在各种可能发生的变化。教师必须根据教学过程的动态特点随时调整教学方法。同时,教师在备课时也要尽量预计在教学活动中可能出现的新情况,准备应变的方法,以便灵活地把握课堂教学的进程。由此,我深刻地反思了平时的教学情况。教师提出问题后,总是期望学生按照自己的设想去回答,并努力引导学生说出预定的答案,学生在课堂上实际扮演了配合教师执行教案的角色,让"死"的教案去禁锢"活"的学生,遏制了学生在课堂上语言和思维的活力,使原本鲜活、灵动和充满情趣的英语课变得机械、呆板和程式化。所以,教师在课前更应该为"生成"而"预设",要充分估计学生在学习过程中可能出现的问题,并为这些可能出现的情况留有适当的空间;而在课堂教学中,教师则应"顺学而导",抓住契机,让"生成"将学生的思考引向深入,更好地完成预设的目标。

虽然在本课的教学中,我始终未能按计划引出原教学设计所准备的歌谣,也未能引导学生用英语对四季进行描绘、巩固和小结,但一个开放性的问题——"What color is winter?"却引发了学生更加深入的思考。在学生出乎意料的回答中,他们描绘自己眼中的冬季时所运用的词汇和句型远比歌谣本身丰富多彩。所以,笔者认为,当教师预设的教学环节与学生的意愿和实际教学环境相悖时,应及时更改、修正甚至舍弃原有的教学计划和教案。因为学生在课堂活动中的兴趣、情绪、意见和观点,甚至看似错误的回答都有可能是完善教学过程生成的动态资源,教学环节的推进应适应随时变化的学情。值得庆幸的是,在本课教学中,我及时把握了这些实时生成的课堂资源,不仅顺利完成了教学任务,而且使之成为了师生交流的亮点。

三、反思性教学的价值

1. 创造性地解决问题

反思性教学是一种规范性教学,其解决问题的方法通常具有创造性。这与仅仅凭借个人经验的反思有诸多不同之处。经验性教学的反思往往会因为个体的认知偏差,从而将原本正确的反思为错误的,或将原来错误的反思为正确的。但是,反思性教学不但没有排斥经验性教学的反思,相反地将其改造并加以利用,从而更好地解决实际的教学问题。熊川武提出:"反思性教学的创造性主要表现在两个方面:一是反思性教学不是经验性教学后的简单回想,而是一种可重复实验的具有研究意义的反思。二是反思性教学用科学和人文相统一的方式解决了教学实践过程中的一系列问题,因此,参与反思性教学的教师获得了创造性思考并获得了创造性地解决问题的机会。"[①]

2. 促进师生共同发展

"反思性教学不仅是对教师日常行为的反思,更是对作为一名教师的教学行为进行决策和实施,以真正达到改善教学行为的目的,教师从经验中获取知识,从而促进学生的发展。"[②]教师通过反思更能胜任工作,因为通过反思,教师培养了批判性思维和

---

① 熊川武. 反思性教学的理论与实践[J]. 上海教育科研,2002(06):4—9.
② Trujillo, S. M. Reflective Inquiry on Strategic Reading Instruction[D]. Universidad de Antioquia, Medellín, Colombia, 2015:29.

解决问题的技能,这对学生有效的语言教育起着至关重要的作用。因此,反思性教学不仅能够促进教师的发展,同时也能够促进学生的发展。

3. 提升教学实践的合理性

"反思性教学的使命是追求教学实践的合理性。教学实践的合理性是合理性的下位概念。教学中教师之所以要进行反思,其主要目的是为了改进教学,促使教学实践朝着更加合理的方向发展。教学目的可以通过教学实践实现主要包括两层意思:一是教学主体对教学目的抱有较大的期待值。二是教学主体自觉接受教学目的的引导,审时度势,合理利用教学工具,为实现教学目的不断努力。"[①]"当人们努力追求合理性,并确证观念与行动,以形成对现象的新的理解时,就要激励教师进行反思性教学"。[②]

4. 赋予教师新的角色定位

反思性教学赋予了教师新的角色定位。教师从原来的"知识传授者"的角色定位逐渐被提高到了"教学活动研究者"这一角色定位。这一新的角色定位,有效地改变了教师被动地接受专家指导、被动地适应教学理念的情况。在新的角色定位下,教师通过积极地参与教育教学研究活动,在活动中不断地发现问题、研究问题、解决问题,进而有效地改善了教师的社会形象和社会地位。因此,新的角色定位,提高了教师的专业地位和专业化程度。正如谢夫勒(I. Scheffler)指出:"如果教师要放弃历史赋予他们的保守和技术的角色观念,如果他们想成为反思性教师而不是技术性教师,那么他们必须力求建立一种关于工作的宽阔的愿景,而不仅仅是对其自身的实践进行内视。"[③]

为了更好地通过反思性教学转变教师的角色,提高教师的专业地位。以下两点内容是非常重要的:

其一是将主体性和主体间性结合起来。哈贝马斯(J. Habermas)在《交往行动理论——行动的合理性和社会合理性》中提出:"欲将主体性和主体间性相结合,教师必须做到和学生进行平等对话。平等对话不仅需要理想的言说情境而且需要教师的合理性言说。其必要条件有两个:一是合理的表达要能够经得起客观评价。二是遵循一种合理的规范,针对批判者,按照行动要求的观点解释现存情况,从而为自己的行动进

---

① 熊川武. 论反思性教学[J]. 教育研究,2002(07):12—17.

② Villar L. M. Teaching:Reflective, in T. Husen et al., The International Encyclopdia of Education[M]. 1994:6215.

③ Scheffler, I. University Scholarship and the Education of Teachers[J]. Teachers College Record, 1968,7(1):25.

行辩护。"①

其二是将心比心,消解"中心"。熊川武指出:"在教学过程中,特定的教学人员越是能够站在别人的立场上来看待问题,就越有可能理解他人。教学人员的将心比心主要发生在三个维度:一是认知维度,二是权利维度,三是伦理维度。消解'中心'是指教学人员不能在观念上或是教学实践上不合理地以自我为中心,只注意中心发展,而不注意周边发展,只发展部分人而不发展全体。"②此外,熊川武提出:"消解'中心'主要关注两点:一是关注边缘人,即调动教学过程中被压抑或是被遗忘的人的积极性,使他们也能得到较好的发展。二是师生共同发展,即教学既要着眼于发挥学生的积极性,让学生充分发展;又要注意教师自觉性的发挥,通过自身各方面的发展来促进学生的发展,从而消解'中心'。"③

问题与讨论

(1) 教师在磨课的过程中是否进行了反思?请结合以下案例进行简要阐述。

(2) 以下案例体现了反思性教学的哪些价值?

案例分析

一次磨课经历引发的对教与学的思考④

一、引言

近日笔者参与了一位教师的公开课磨课,该教师教学的内容是译林版《英语》六年级下册 Unit 7 Summer Holiday Plans 的故事板块。故事主要讲了同学们在讨论暑假计划,在互相询问的过程中呈现 where、how long、what 等疑问词引导的一般将来时的特殊疑问句和一般疑问句。教学目标定位为:学生能正确理解、朗读故事;学生能初步了解询问计划的"Where/When/How long/What will you . . . ? Will you . . . ?"等特殊疑问句及一般疑问句;学生能理解词汇 go back to、stay、Taipei、Disneyland 和 Ocean Park;学生能通过学习课文,感受假期旅游的魅力。

---

① 哈贝马斯. 交往行动理论——行动的合理性和社会合理性[M]. 重庆:重庆出版社,1994:31—40,35—44.

② 熊川武. 论反思性教学[J]. 教育研究,2002(07):12—17.

③ 熊川武. 论反思性教学[J]. 教育研究,2002(07):12—17.

④ 潘枝琴. 一次磨课经历引发的对教与学的思考[J].《中小学外语教学》(小学篇),2017(07):28—33.

本单元是在上个单元学习一般将来时陈述句基础上的推进。对小学六年级学生来说,有了上个单元的基础,再学习本单元的语法知识没有难度。同时,本单元的学习一般是在临近暑假时,学生对暑假计划的话题有话可说。

二、视角问题分析和修改建议

1. 第一次试教

第一次试教时,教师通过读前、读中和读后三个基本环节,引导学生进行听、说、读、写,理解故事。

(1)教学过程

Step 1:Pre-reading

教师首先通过课件呈现不同城市的景点,介绍自己曾经旅游过的地方;接着呈现日历,引出马上到来的暑假;之后向学生提出问题:"I will go to Beijing for the summer holiday. Where will you go for the summer holiday?"学生用:"I will ..."回答。师生交流后,教师自然引出课题。

Step 2:While-reading

在这个环节中,教师设计了看插图说人物、听录音找地点以及朗读对话并划出人物活动三个任务,目的是让学生理清故事人物,将人物与其要去的地点进行匹配,并找出人物在目的地具体活动。在交流目的地的具体活动时,教师引导学生关注对话细节。比如,谈到 Mike 时,教师提出两个问题:"Why does Mike say 'go back to London'? How long will Mike stay there?"谈到 Yang Ling 时,教师提问:"How will Yang Ling go to Beijing?"谈到 Su Hai 和 Liu Tao 时,教师提问:"Who will Su Hai/ Liu Tao go with?"在师生互动过程中,教师逐步完善板书(见表 4-1)。最后,学生听录音跟读课文,并根据板书复述课文,巩固故事内容。

表 4-1　**Unit 7 Summer Holiday Plans**

Who	Where	How	How long	What
Mike	London	/	a month	visit his grandparents
Yang Ling	Beijing	by train	/	visit her aunt and uncle
Su Hai	Hong Kong	/	/	go to Disneyland and Ocean Park
Liu Tao	Taipei	/	/	take photos

Step 3:Post-reading

在这个环节中,教师设计了同桌活动,让学生互相询问对方的暑假计划,初步运用本课的核心句型。教师提供了如下对话框架:

A:Where will you go for the summer holiday? / What will you do there? / How long will you stay there? / How will you go there?

B:I will ...

调查后学生进行汇报,教师提供了如下语言框架:

_____ will go to _____ in the summer holiday. He/She will stay there for _____. He/She will go there by _____. He/She will _____.

Step 4:Homework

教师布置了两项作业:一是流利朗读课文;二是写一写自己的暑假计划或同桌的暑假计划。

(2) 听课反思

从上面的教学过程中可以看出,在任务引领下,学生由面到点梳理故事内容,并根据教师出示的核心句型,尝试运用所学语言。整个过程从输入到输出,结构完整,过程顺畅,但是仔细分析学生的表现会发现以下一些问题:

① 缺少阅读兴趣。在本节课中,教师以任务型活动的形式带领学生学习故事,但是在读前环节,教师没有激发学生去了解他人暑假计划的兴趣;在读中环节,教师也没有将故事内容和学生已有的生活经历进行联系,更没有创设机会让学生主动表达和交流,学生的学习兴趣无从谈起。

② 脱离真实生活。本节课上,学生交流的计划是真的吗? 学生说的话是真话吗? 比如,课堂开始的互动阶段,教师询问学生暑准备去哪里,读后环节要求学生互相调查暑假计划,这些活动看似结合了学生的生活实际,但是学习这个单元时,很多学生实际上还没具体规划,即使有了打算,具体在某个旅游景点待几天、游哪些项目、怎么去景点等可能都没有与父母沟通,因而学生课堂中的回答都是虚假、被动的配合,缺少真实性。

③ 没有思维发展。课堂中的几个主要活动,如看插图说人物、听录音找地点、朗读对话并找出人物在目的地的活动等,都是基于文本表面信息的分析。而学生围绕故事主题进行分析、归纳和提炼等高阶思维活动并没有体现。阅读最终的目的不应停留在字词的识别方面,而应该培养一个好的阅读者,发展阅读能力和思维能力,那才是阅读的真正价值所在。

（3）改进建议

笔者与授课教师围绕教材进行了探讨，指出首先要以学生已有能力为出发点，在学习过程中让学生获得新的挑战和新的信息，提升综合语言运用能力，并提出以下建议：

① 激发阅读兴趣。激发阅读兴趣。阅读是读者与作者通过文本进行交流互动的过程。学生有了阅读的兴趣，才能真正投入到活动中去，产生问题并解决问题。一些教师解读教材时，没有在教材和学生之间架起桥梁，习惯于以居高临下的方式教给学生。在这样的教学方式中，学生处于被动的地位，当然也无法和教材、教师积极互动。暑假是学生感兴趣的话题，故事中的地点也是大多数学生感兴趣的地方，教师可以充分运用这两个兴趣点，深入解读故事，创设交流机会，让学生主动表达，主动发现，真正投入到故事学习中去。

② 对接学生生活。本课话题是暑假计划，教师在上本节课前可以事先让学生和家长沟通，询问今年暑假要不要出游；如果没有出游计划，希望将来某个暑假去哪里，以此让每个学生预先了解自己要去的地方和可能要去的地方，让故事话题和学生实际生活有效衔接。

③ 转变教学理念。教师设计的活动要从提升学生素养的角度出发，避免形式化的学习活动。本课故事内容是围绕一般将来时的特殊疑问句和一般疑问句展开的情景对话，教师可以根据学生的实际能力，引导学生在真实的询问和猜测中对暑期旅游计划进行新的意义建构或者信息整理，体现语言的运用和真实的思考，促进学生的思维发展，提升学生的语言能力。

2. 第二次施教

教师在课前首先做了一个关于暑假出游计划的小调查。

（1）教学过程

Step 1：Pre-reading

教师引出旅游话题后，出示班内学生暑假出游计划的统计图表，数据显示25人有出游打算和具体旅游地点，还有15人没有具体的计划。教师根据表格进行总结：Some of you have summer holiday plans. Some of you don't. I think maybe you will go somewhere this summer holiday. Today let's talk about summer holiday plans.

对比第一次试教，补充统计图表的目的是让学生在学习本课之前，对单元话题有所了解，对故事内容产生兴趣，同时教师对学生的实际情况也有所了解。

Step 2：While-reading

首先，教师保留了第一次试教时看图说人物、听录音找地点以及朗读对话并划出人物活动这三个任务。但是在三个任务的实施过程中，教师分别做了补充。比如，在听录音找地点活动中，学生将人物和出游地点进行匹配后，教师随机请去过这四个地方的学生补充所见所闻。如果没有学生去过，则由教师进行补充介绍。再如，在朗读对话并找出人物活动的任务中，学生交流人物的具体活动后，教师适时追问："What else will he/she do there?"同时引导学生用："Will he/she . . .?"进行猜测，教师则根据学生的回答适时进行评价。接着，学生再读课文，教师提出问题："We know where they will go and what they will do. What else do you about their plans?"学生在阅读中发现和提炼了关于计划的其他信息，比如 how long、how、who 等疑问词引导的信息。在问答中学生对计划的要素有了初步认识。最后教师引导学生跟读课文，并提醒学生注意人物在谈及暑期计划时激动、愉快的心情。

本环节中，教学活动没有局限于教材内容，而是通过对四个地方的补充介绍，激发学生的学习兴趣，并以此为基础，引导学生与教材、生活经验进行互动，让学生猜测人物可能的活动，充实教材内容，同时引导学生发现计划的相关要素，体现对学生思维能力和语言能力的培养。

Step 3：Post-reading

学生参考板书复述课文，复述时可以补充合理的猜测，让每个人物的计划尽量完整、充实。复述后，教师让学生分组讨论以下问题：如果想了解他人的计划，除了板书上的关键信息外，你还可以补充什么问题？学生分组讨论后有如下补充："When will he/she go? What's the weather like there? Where will he/she live? What should he/she take?"

相对于第一次试教，这样的拓展设计使学生复述的内容更加完整，对计划要素的整理也突破了教材内容，结合了学生的本课阅读成果、已有的生活经验和新的思考，培养了学生的表达能力和归纳整理能力。

Step 4：Homework

教师布置了两项作业：一是流利朗读课文；二是围绕自己的暑假旅游目的地或想出游的地点，以关键词的形式做一个旅游攻略，比如"Where：Beijing；When：In August"等，下节课接受同学的提问，以检测自己设计的旅游攻略是否完整。这样的教学设计从故事本身走向了学生的实际生活。

（2）听课反思

整节课中，在教师的引导下，学生走进教材，然后走出教材，走向生活。但是对于教学中的个别问题，还可以作进一步改进。

① 对学生的了解程度不够。教师在第二次试教过程中，基于学生的学习兴趣和生活实际对教学活动进行了改进，但是对学生的了解还不够。在第二次试教的读中环节，教师通过看图说人物、听录音找地点以及朗读对话并划出人物活动这三项任务引导学生提炼信息，之后再次阅读对话以发现其他信息，目的是通过示范和引导展开阅读活动。小学六年级学生有能力阅读本故事，而教师的设计思路还是先扶后放，让学生跟着教师的教学思路走，回避学生能直接读到的内容。在故事教学中，一定的指导是必要的，但是需要根据学生的实际能力和故事的难度进行相应的调整和创新。教师的指导应该是启发学生发现新的问题，而不是找到已知问题。

② 缺少价值引领。本课话题是暑假计划，故事内容也是围绕计划展开的对话。教师在课前进行了调查，发现一部分学生暑期没有出游计划。课堂上，师生在谈论别人的出游计划情况下，教师还要思考如何拉近教材和所有学生的距离，通过活动引导学生形成正确的价值观。

（3）改进建议

针对上述问题，提出了以下一些建议：

① 突出学生主体。本课主题与学生的生活紧密联系，学生也有一定的经验和知识技能基础，因而可以充分发挥学生的主观能动性。比如，你想了解同学的暑假计划时会问什么问题？这些问题能不能帮助你得到所有的信息？本课故事中，哪些是你忽略的信息？以此引导学生自己去发现问题、分析问题并归纳问题，让课堂成为学生学习和收获的地方。

② 突出价值引领。英语故事除了培养学生的思维能力、语言能力外，还要注重提升学生的人文素养。在本课的学习中，对于那些没有出游计划的学生，在师生对话中可以进行无痕教育：如果没有出游打算，可以怎样制订计划，过好暑假。

3. 第三次教学

（1）教学过程

Step 1：Pre-reading

在第二次试教的基础上，教师有意识地对有出游计划的学生提出了一些具体的细节问题，并在最后总结：You can't answer all the questions, because you don't have a good summer holiday plan. 这样,在引出课题的同时将学生的好奇心转向故事内容。

Step 2：While-reading

这个环节的活动调整侧重于让学生提出问题,解决问题,丰富故事内容;同时充分运用板书,补充人物计划,提升学生的语言能力和思维能力。

教师首先出示教材插图,该插图清晰地展示了人物及其出游特点。在导入环节教师铺垫的基础上,学生尝试自主提出问题。教师以三个问题进行串联:"Who is talking about summer holiday plans? What information can you get from the pictures? What do you want to know about their plans?"

接着,学生第一次完整阅读故事并回答问题:"What do you know about their plans?"学生在独立阅读后进行交流,教师板书人物信息(见图 4-1)。学生再次阅读故事并回答问题:"How do you get this information?"教师引导学生发现故事中的关键问题。最后学生观察板书并思考:故事中人物的暑期计划是否完整? 对于每个人的计划,可以补充哪些问题? 学生尝试提问并回答。在观察对比的过程中,学生对计划的要素更加清晰。

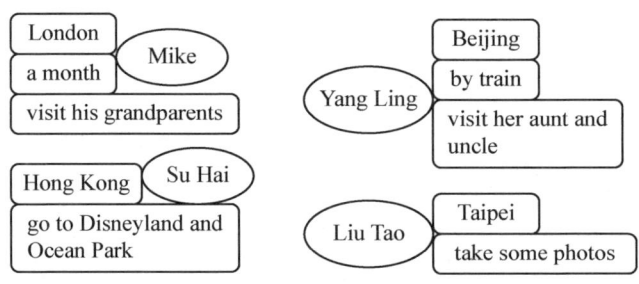

图 4-1 板书人物信息

当学生讨论好四个任务计划后,教师要求学生选择其中一个人物介绍其计划。比如针对 Mike 的计划,师生示范如下:

T：Where will Mike go for the summer holiday?

S：He will go back to London.

T：How long will he stay there?

S：He will stay there for a month.

T：What will he do there?

S：He will visit his grandparents. Maybe he will visit his friends，too.

学生模仿以上对话介绍其他任务暑假计划。

Step 3：Post-reading

这个环节的修改侧重于情感的提升,通过师生对话让学生感受到,即使没有出游计划,同样也可以过好暑假。教师在课堂结尾提出新的问题:"We know their plans and know how to make a plan. But if you don't go anywhere, how will you spend your holiday?"学生的回答各不相同:"I'll read some books. I'll see some films. I'll help my parents. I'll do some sports..."教师最后总结评价:"If we have a good plan, we can also have a meaningful summer holiday."

Step 4：Homework

作业的内容同第二次试教。但是教师在布置作业时,强调了今年暑假没有出游计划的同学可以先做个出游攻略给父母参考,并提示学生制定计划时要考虑经济性和家庭所有成员的喜好。

（2）听课反思

这次教学从学生的生活实际和能力出发,激发学生深入阅读的兴趣,在建构和丰富故事内容的同时推动学生思维能力和语言能力的发展。读后活动也向学生渗透了暑假要过得有意义的价值观。所有交流内容都紧扣单元话题和核心语言展开。

三、磨课启示

这次磨课过程是由教到学的改进历程,也是不断了解学生需求的历程。

1. **激发阅读兴趣**。真正的兴趣可以让学生主动学习。学习故事时,有的故事内容学生本来就喜欢阅读,而有的故事内容并不能吸引学生,此时更需要教师仔细解读教材,找到学生知识能力、生活经验的薄弱点,激发学生对故事的好奇心和挑战的欲望。

2. **分析学生能力**。学习应使学生在已有知识经验和学习能力的基础上,在活动中接受新的挑战,获得新的信息,在语言能力、思维能力和学习能力等方面得到新的发展。

3. **联系学生生活**。故事来源于生活。在解读教材时,教师要挖掘故事内容与学生现实生活的联系,引导学生进行互动,丰富和充实故事内容,在讲故事的过程中说真话和解决真问题。

4. **促进品格形成**。学生品格培养和语言学习是相辅相成的。以本课案例为例,教师除了挖掘教材中蕴含的情感态度外,还要考虑学生个体的共性和特殊性,照顾到大部分学生的心理感受。通过故事学习帮助学生形成正确的人生观和价值观。

第二节 反思性教学的实施

实施有效的反思性教学,须引导教师树立正确的价值观,只有在正确价值观的指导下,教师才能够对自身的教学进行反思。反思型教师应坚持以学生为本,努力发展学生的核心素养,追求价值关怀,促进学生全面发展。只有在正确价值观的引导下,实施反思性教学才会更具意义和价值。

一、实施过程中可能出现的问题

反思性教学为教师专业发展提供了可能,但在实际实施的过程中,反思性教学也会出现很多问题,其出现的具体问题主要表现在以下几个方面。

其一,教师对于"反思"这一概念理解不当。"由于反思性教学存在一定'揭短'和'纠偏'的意味,这就使得一些意志品质较为薄弱的教师产生一定的畏惧感。"[①]在实际教学过程中,许多教师认为只要进行反思就是对其自身教学的一种否定。出现这种情况的原因主要有以下两个方面:一方面是教师自身的教育理论知识还不够扎实;另一方面是因为教师的反思行为多为应付检查或完成任务,没有将反思真正落实到位。

其二,教师反思意识淡薄,缺乏积极主动性。在实际教学过程中,一方面,由于教师会受到应试教育体制和绩效评价体系的影响,教师往往偏重于教学技能的提高,而忽视了自身理论的学习。另一方面,大多数学校对教师的考评还是以学生成绩为主,教师的反思就会受到学生成绩的影响,在学生成绩较好时,教师压力相对较小,很少进行反思;在学生成绩不好时,教师压力相对较大,反思较多,但其反思内容也多集中于为什么会导致学生成绩的滑落。因此,教师的反思意识较为被动,不够积极主动。

其三,实施反思性教学的途径较为单一。反思性教学的实施途径应该是多样化的,例如团队合作反思、个体自我反思、撰写反思日记、教育笔记、教学案例分析等。但是,在实际教学过程中,很多教师的反思基本上局限于个体自我反思中的反思日记,很少进行团队合作反思。个体的反思固然十分重要,但仅局限于此,必然导致反思方式

---

① 林培锦. 反思性教学实施的问题与思考[J]. 教育理论与实践,2007(18):58—60.

的单一化和固定化。

其四,反思性教学实施的氛围不够浓厚。任何一种教学模式都需要良好的氛围来支撑,反思性教学也不例外,只有在良好的氛围下,才更有利于教学的实施和进展。但是,在现实中,往往反思性教学的实施氛围不够理想。教师和教师之间没有形成一定的合力,不利于反思性教学的顺利实施和开展。反思性教学理念具有一定的开放性,它需要教师之间、教师与学生之间进行充分交流和学习,从而营造出促进反思性教学的良好氛围。

其五,反思性教学评价标准仍需完善。考尔德希德(J. Calerhead)提出:"尽管形形色色的反思性教学方法和方案与日俱增,但它的一个被普遍认同的特征使反思性教学理论难以用于实践,这反过来影响了对理论深化和促进教师反思的许多问题的认识。"①其中,反思性教学评价标准的建立问题便是困扰人们接纳反思性教学的一个重要问题。

二、实施策略及过程

(一)实施策略

1. 培养教学反思的品质。"教师在教学实践中要树立正确的教学反思价值取向,培养开放的教学反思心态,养成教学反思的合作精神。首先,教师要充分认识到教学不是简单的传授知识的过程,而是一项具有挑战和创意的工程。其次,教师要培养问题意识和开放的心态。"②"教学过程中难免会遇到让自己困惑不解的问题,因此,把这些问题写出来也会加深自己对自身教学能力的认识,正确认识自己在某些问题上的缺陷,了解自己在哪些知识的理解上还存在不足,促使自己不断地学习和提高。"③

2. 树立榜样,激发动机。首先,想要进一步鼓励教师做出反思活动,就要帮助教师建立外部动机。例如,为教师树立反思性教学模式取得优秀效果的榜样,用榜样的力量来带动教师做出相应的行动。其次,要调动教师自身的内在动机。例如,学校可以组织教师参与教师培训、校本研修、鼓励教师进行理论知识学习等。只有将外部动机和内部动机更有效地结合起来,教师才能更好地展开反思性教学。

---

① Calderhead J. et al. ，Conceputalizing Reflection in Teacher Development[M]. The Falmer Press，1993：3.

② 刘佳龙,叶昕,聂丽. 反思性教学理念实际应用的问题与对策[J]. 教学与管理,2005(06):110—112.

③ 彭志洪,林跃武. 教学反思:教师专业发展的必由之路[J]. 教育学术月刊,2011(06):67—68.

3. 多种反思方式相结合，形成对话式反思模式。"反思性教学是一个复杂的过程，采用固化的反思方式将导致反思的单一化。因此，在教师进行反思时，尽量避免教师反思的单一化，多提倡与其他教师进行交流的反思模式。教师自身的反思体现的是教师与自我的对话；教师与他人交流的反思，体现的是教师与他人的对话；阅读文献的自我反思，体现的是教师与经典理论的对话。因此，教师在进行教学反思时，应采取多种反思方式相结合，实现教师与自我对话、他人对话和理论对话相结合的反思方式。"①

4. 营造良好的学校文化环境，建构反思空间。"教师是生活在学校这样一个社会背景中，学校的政策、组织与管理机制会在很大程度上影响教师的反思能力及专业发展需要。一个良好的环境支持及组织风尚会有助于反思性教学的健康发展。"②因此，学校管理者要为教师营造出反思、进取、开放的空间，加大力度创造一个促进教师反思的学校文化环境，保证教师有效地进行反思。

5. 建立反思性教学评价标准的基本原则。③

(1) 发展性原则：对于反思性教学评价来说，其评价的目的在于促进师生共同发展。一方面，通过评价可以了解教师和学生具备的优势和存在问题，另一方面，通过评价可以使教师对照评价标准不断反省教学实践，提升教学实践的合理性。

(2) 双向性原则：在建立反思性教学评价标准时，必须考虑教师和学生两个方面，尤其要克服教学评价中只注重教师而忽视学生的现象，在建立反思性教学评价标准时，要把反思的意识和习惯作为评价学生的一项重要指标。相对应地，在教师方面，要把教师是否对学生进行元认知开发与元认知能力的培养作为一项评价指标。

(3) 合理性原则：首先，应充分考虑到实践合理性是整体的合理性，在建立评价标准时要全面考虑反思性教学中教学主体合理性、教学目的合理性和教学工具合理性。其次，教学实践合理性是客观合理性和主观合理性的统一，在建立评价标准时既要考虑量化标准，又要注重质化标准。最后，教学实践合理性涵括价值和情感，在建立评价标准时，既要注重对教学绩效进行评价，又要对教学的伦理道德层面进行评价。

(4) 开放性原则：在价值判断意义上，反思性教学评价标准不可能涵盖所有教学行为，特别是"对实践的反思(reflection on practice)"和"为实践反思(reflection for

---

① 林培锦. 反思性教学实施的问题与思考[J]. 教育理论与实践，2007(18)：58—60.
② 刘学惠. 建立以反思性教学为核心的英语教师发展机制[J]. 课程·教材·教法，2004(12)：72—77.
③ 杨四耕. 略论反思性教学评价标准的建立[J]. 中国教育学刊，2001(04)：43—46.

action)"。因此,反思性教学评价标准必须是开放性的,具有一定弹性,并允许教师和学生参与评价,让他们"自己评价自己并让别人理解自己",允许评价者与被评价者的主观因素融入其中。

(二) 实施过程

高翔 & 王蔷提出了反思性教学实施的一系列过程。"反思的过程是教师独立地、自觉地调节和管理自己教学实践活动的过程。首先,教师对自己教学行为的反思是建立在自身的积极性和主动性的基础之上,教师要主动地关注学生,关心学生的学习情感和学习过程,根据学生的学习结果主动地调整自己的教学行为。其次,反思性教学的实施关键在于调控整个教学过程。为了能使教学活动顺利进行,教师要根据教学任务和要求结合教学实际,在课前作出科学的计划,在课中有效地运用各种教学手段,排除干扰,在课后及时进行反馈和评价、找出问题、分析原因、达到教学目的。最后,反思性教学最终目的是教师职业能力的实现。教师在教学实践活动中要不断地总结经验,积累新的知识,不断修正和调控自己的教学行为从而达到超越自己,不断发展的目的。"①

华莱士在其《*Training Foreign Language Teacher's a Reflective Approach*》一书中提出了外语教师专业化教育和发展的反思性教学的实施过程。华莱士用如图 4-2 描述了反思性教学的具体实施过程:

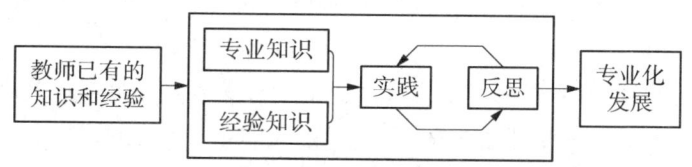

图 4-2　反思性教学的实施过程

"在这一过程中,教学反思是建立在教师已有的知识和经验基础上,这些专业知识(received knowledge)和经验知识(experiential knowledge)是教学实践和反思的核心和理论基础,也是教师自我发展的动力。实践与反思循环周期(reflective cycle)是一个对专业知识和经验知识不断反思的实践过程。通过不断地反思和实践这一循环的过程,以达到理想的专业化职业能力(professional competence)的形成。"②

---

① 高翔,王蔷. 反思性教学:促进外语教师自身发展的有效途径[J]. 外语教学,2003(02):87—90.
② 高翔,王蔷. 反思性教学:促进外语教师自身发展的有效途径[J]. 外语教学,2003(02):87—90.

问题与讨论

请结合反思性教学的具体实施过程及步骤,试分析在实施反思性教学前和实施反思性教学后,教师的哪些方面发生了变化? 反思性教学是如何影响这些方面的? 反思性教学是否促进了小学英语教师专业发展?

案例分析与探讨

反思性教学如何促进小学英语教师专业发展①

1 研究问题

本文研究的主要问题是:

1. 反思性教学使教师的教学认识和行为发生了什么变化?

2. 反思性教学使教师自主发展的意识及能力发生了什么变化?

3. 什么是有效和可行的反思性教学的活动方式?

2 研究对象

本文的研究是以 N 市两所小学英语教研组的部分中青年教师为主,其中有四名为重点观察对象。这四名教师的教龄分别为:教师 A(15 年)、教师 B(5 年)、教师 C(3年)、教师 D(1 年)

3 研究工具与方法

主要包括问卷法、访谈法、课堂录像、工作日记等方式收集相关数据。

4 现状分析

在对教师们进行初步观察和深入交谈后,初步确认了小学英语教学中存在的问题,并以此作为第一轮教学反思和探究的目标。其基本情况如下:

表4-3 小学英语教学的问题与反思

教师教龄(年)	教学困惑或问题	反思与探究的内容
教师 A(15 年)	知识点讲解和培养学生语言能力的问题	如何处理好语言知识的讲解和语言能力的提高
教师 B(5 年)	活动设置不够合理的问题	如何较为合理地设置好活动
教师 C(3 年)	教师讲解多,学生发言少的问题	如何形成有效的课堂师生互动
教师 D(1 年)	教师和学生之间关系问题	如何更好地处理好师生关系

① 刘学惠. 建立以反思性教学为核心的英语教师发展机制[J]. 课程·教材·教法,2004(12):72—77.

5 具体活动展开

5.1 临床视导

原本用于师范生教育实习的临床视导被赋予了新的内涵和思路,并应用到在职教师的专业发展活动中;反思支持者(可以是同事或者合作伙伴)听课并录音(像),分析行为及其动因和后果。新型临床视导突出"非指导性"的特征。视导者避免对教师行为先做判断或直接提供改进举措。而是搭建一种"支架"引起教师反思,设法让其本人判断和选择,从而达到自我监控和自主决策的目的。下面是笔者在一次听课后与教师B回看和分析录像时的谈话记录(F=反思支持者,B=教师B)。

F:你看这段活动中学生的表现怎样?

B:学生好像听不懂我想表达的意思,甚至连我的原话都没有听懂。

F:你想表达的目的是什么?

B:我是想检测一下他们是否掌握了本节课的重点句型和词组。

F:学生看上去是知道这些单词的,但是,他们为什么说不出来呢?

B:我也不太清楚。

F:你的目的已经很明确了,那是不是表达方式太过复杂了。

B:(恍然大悟)是的,确实不太符合小学生的认知水平,也没有必要。

这次视导启发了教师B对自己教学行为的反思,该教师一直以来的疑惑是如何更合理地安排活动,以确保活动的顺利展开。在临床视导的过程中,教师B充分认识到了自己教学活动无法顺利开展的原因是目的明确,但表达不够到位。这对教师B后来的教学产生了重要的影响。

5.2 谈话与讨论

反思支持者和教师之间、教师和教师之间的经常性的交谈和讨论是我们使用最多的教学反思方式,同时也是构成临床视导的一部分。交谈对反思支持者而言,提供了了解教师教学困惑的渠道;更重要的是可以为教师提供理清思路的机会,以下是笔者和教师D之间的谈话。(F=反思支持者,B=教师B)。

F:请你谈一谈你认为最值得反思的问题?

D:我觉得还是教师和学生之间的关系问题。我是他们的班主任,又是他们的英语老师。在我的英语课上我必须很严肃,如果对他们太友好,他们又会觉得我失去了威信,班级管理很难做;但是,在英语课上如果太严肃,他们也好像不敢说话了。

F:所以,如何在树立教师威信和学生和谐相处之间找到平衡是一个值得我们探究的问题。

在以上的交谈中，笔者并没有直接给教师 D 相关的意见，而只是让教师 D 道出了心中的烦恼和暗示教师 D 寻找解决对策，然而从交谈后开始，教师 D 已经开始了相关的反思。

几周后，笔者又与教师 D 进行了相关谈话。

D：我最近尝试了一些新的做法，与学生的关系融洽多了。

F：是吗？你是怎么做的？

D：我让他们写英文日记，他们既练习了英文，也与我进行了交流。当面与我用中文交流，可能不太敢这么做。但用英文我觉得学生好像更愿意交流了。

5.3　集体议课

开展反思性教学后，教师之间相互听课、评课的次数逐渐增多，而且方式也有所改变。听完课后，听课者不立即评价课的得失，而是让上课教师详细回述了这堂课的步骤、发生过的行动和事件。回顾行动和事件是反思性教学的初步形式，但十分重要，因为教师往往对课堂的真实情况并不是十分了解。回顾行动和事件本身，其实就是审视其起因、掂量其后果的重要过程。以下是对教师 C 一堂课的集体评议。（C＝教师 C，T＝听课教师）。

C：在这堂课中，我认为整体把握的不错，但是仍然存在着课堂安静时间过长的情况，有时候学生表现的不积极，我会认为学生没有听懂，我会越解释越多。因此，就会出现我一直以来就存在的问题——教师讲解过多，学生发言太少。

T1：你认为怎样才能有效改变这种情况？

C：还是要多引导学生进行思考，多提一些有价值性的问题。

T2：我觉得整堂课下来，学生和学生之间的互动太少了，教师和学生之间的互动可以适当地减少，多增加一些学生和学生之间的互动。

T3：在提问时，是否可以增加一些生活化的东西，从而促进学生的理解？

集体议课是一种多角度的开展反思性教育的方式，它有效地增加了反思的维度，不同地教师从各个方面提出不同的"声音"，从而更好地促进了反思性教学的开展。

5.4　教师日记

教师 A 是教龄最长的一位教师，他将自己的教学日志交给笔者，并与笔者进行了探讨。教师 A 定期记录教学日记，记录教学中的有意义实践和自己的所想所惑，长期以来，教师 A 一直的疑惑就是如何处理好语言知识的讲解和语言能力的提高，针对这一点,教师 A 希望通过日记的方式能够有所收获。

6. 评价成效

上述活动进行了一个学期以后,笔者对反思活动的效果做出了评价;对反思活动形式的有效性、可行性进行了调查。以上述四位教师为例,分析他们在经过反思活动后出现的认识上和行为上的变化。

参加者及其反思的问题	认识上的变化	行为上的变化
教师 A:如何处理好语言知识的讲解和语言能力的提高	1. 生词应该在语境中呈现而不是孤立地呈现 2. 过多讲解语言知识没有必要 3. 引导学生自己发现语言的规则	1. 在语言形式活动上的时间减少 2. 就语言内容开展的活动量有所增加 3. 在意义活动和形式活动中都有更多的学生参与
教师 B:如何较为合理地设置好活动	1. 教学的每一步都应该有明确的目的 2. 对学生可能出现的困难有所估计	1. 教学步骤合理性增加,由易到难、从识别到产出 2. 任务难度有所控制和变化
教师 C:如何形成有效的课堂师生互动	1. 双向互动对语言学习非常重要 2. 有意识地让学生多参与到课堂中来 3. 更加耐心地鼓励学生	1. 更多地给予学生正面反馈和评价 2. 适当地把控好等待时间
教师 D:如何更好地处理好师生关系	1. 要找到师生关系的平衡点 2. 树立教师威信的同时处理好与学生的关系	1. 师生交流方式的多元化 2. 多了解学生的一些兴趣爱好,寻找师生间的共同话题

从调查的结果中,笔者发现四位教师的认识和行为均发生了一定的改变。当笔者问到:"各位老师们,你们认为哪些方式对于促进反思和提高教学最为有效?"的时候,四位教师们一致认为:临床视导和交流谈话的方式最为有效。反思性教学的确促进了青年教师和一些有经验的成熟型教师的成长和进步。从结果中我们可以得出:

1. 有目的性地开展教师反思性教学活动能够促进教师的专业发展。

2. 探究式的、非指导性的、基于课堂证据的交谈是教学反思的有效形式。

3. 教师日记、教学日志等成为了有效的教学反思工具。

4. 健康持续的反思性教学活动的展开需要有组织性的氛围和行政保障。

5. 反思性教学活动的展开不仅需要树立起教师威信,更需要和谐、融洽的师生关系。

学习小结

本章主要探讨了促进小学英语教师专业发展的一种重要对策——反思性教学。本章共两节。第一节主要介绍了反思性教学的内涵、特征及其价值。第二节针对如何实施反思性教学、实施过程中可能出现的问题及其解决策略进行了详细的介绍。反思性教学作为一种能够促进教师专业发展的对策将会越来越引起教师们的关注,并成为教师教育研究所关注的核心问题之一。

评价检测

一、简答题

1. 简述反思性教学的内涵?

2. 反思性教学有哪些主要特征?

3. 实施反思性教学有哪些主要步骤?

4. 在实施反思性教学的过程中会产生哪些问题?

5. 针对反思性教学实施过程中产生的问题,你会采用什么策略?

二、讨论题

1. 你在平时的教学或实习过程中,是否运用过反思性教学? 你认为它对于促进小学英语教师专业发展有什么作用?

2. 结合一节小学英语课,谈一谈在实施反思性教学后,对你有什么启示?

三、实践应用题

请结合自身的学习或实习经验,选择一个小学英语教学中的问题,进行反思探究并写出相应的解决策略。

第五章 基于教学日志的小学英语教师专业发展

学习目标

1. 能够了解教学日志的内涵及其特征；
2. 能够了解教学日志的内容和类型；
3. 能够了解教学日志的价值与功能；
4. 能够了解目前小学英语教学日志撰写存在的问题及对策。

学习指导

本章建议课堂教学 2 个学时。

学习重点主要包括：教学日志的内涵及其特征，内容和类型，教学日志的价值与功能，小学英语教学日志撰写存在的问题及对策。

课堂教学以讲授为主，对话讨论为辅。

教材学习与教材之外的学习相结合，建议阅读相关领域的研究论文和著作，以提升理解。

问题引导

王萍是一位新入职的小学英语老师，每天在完成大量教学任务与班级管理的工作后，会定期书写教学日志。她在工作中会遇到令人头疼的学生、棘手的事情、不解的困惑，教学日志似乎成了她的一个宣泄口。但在写教学日志时，她又陷入了纠结，究竟教学日志该记哪些方面的内容？是否在日志中应真实地袒露自己？是否需要和其他老师交流日志的内容？

你认为王萍老师该如何写教学日志？你有什么建议？

第一节　教学日志概述

在教师专业发展中，写日志是一种常见的手段。教师利用写作来描述和探索自己的教学实践，反思教学生活中的问题，通常以笔记本、电子文档，甚至录音的形式被记录保存。这有利于教师对教学情境的回顾反思，也能成为一种信息收集和分享的方法。教师专业能力的发展除了教师自身教学经验的积累，还要对教学活动深入分析和理解。也就是说教师在专业发展的道路上并不是被动卷入式的，而是自身积极主动地寻求发展。

"教师发展的本质是发展的自主性，是教师不断超越自我、不断实现自我的过程，更是教师作为主体自觉、主动、能动、可持续的建构过程。这意味着教师要从自身的教育实践活动中寻求自我成长的源泉与动力。"①贝利（Bailey K. M）等人写道："写作，即反思和分析的开始。"②因此，撰写教学日志是教师群体自主探究教学活动，主动获得专业发展的一种重要途径。苏霍姆林斯基建议"每位教师都写教学日志，它是进行思考和创造的源泉，是一笔巨大的财富。每一位勤于思考的教师都有他自己的体系、自己的教育学修养。"③

问题与讨论

你认为什么是教学日志？它和我们平时的日记有何不同？教学日志有何具体形式和特征？你觉得教学日志里是任何内容都可以写的吗？

一、教学日志的内涵

"'日志'（Journal）一词源于法语，指一个人一天中可能完成的行程，是对经验和观察的记录。后被延用于教育领域，意为学习者或教育者记录一天学习、生活（或一周、一个月）及专业发展。"④布鲁克菲尔德（Brookfield）认为："研究日志（又称教师日志、工

---

① 姜勇. 论教师专业发展的后现代转向[J]. 比较教育研究，2005，(5)：67—70.

② Bailey, K. M, Curtis, A. & Nunan, D. Pursuing Professional Development：The Self as Source [M]. Boston：Heinle & Heinle, 2009：52.

③ 苏霍姆林斯基. 给教师的建议[M]. 北京：教育科学出版社，1984：123.

④ Leona, A. E. & Marie, A. G. Journal Writing in Practice：From Vision to Reality, New Direction for Adult and Continuing Education，No. 85，2001：85.

作日志或教学日志)是一种教师对生活事件定期的记录,它有意识地、生动地表现了教师自己。它不仅仅是罗列生活事件的清单,而是通过聚焦这些事件,更多地了解自己的假定。"①但教学日志内容不仅局限在教师对教学事件的记录,还可以包括教师在教学情境中的情感态度、困惑、教学理念、批判反思等,是教师主动对教学活动中有反思和研究价值的经验进行持续且真实地记录,并对其进行分析和理解,不断更新教学理念,增长教学技能,提高自身专业的方法和手段。同时,撰写教学日志是把教师的内在思想、情感、价值观等重要因素显性化的过程,也是教育研究的重要数据来源。

结合以上总结,教学日志是教师对教学情境过程的记录和描述,是一种连续、真实地记录教育经验的方法,是教师反思教学、提高技能、促进专业发展的手段。并且,日志也将教师的内在因素显性化,不仅是一种记录手段,也是教育研究数据的一种来源。虽然叫作"日志",但并不意味着教师需要每日记录,不同教师的记录习惯和日志用途并不相同,因此频率也会不同。对一些教师来说,如果他们被强制每天撰写教学日志不仅会感到压力,也会影响教学日志的质量。日志可以每天书写,也可隔天、每周、一个教学目标后书写。日志在教学领域的对应英语单词为 journal,在一些研究著作中也用 diary 或 log 表示。

journal 与 diary、log 有什么不同?

虽然很多研究文章对 journal,diary,log 的划分上并不明确,但也有研究者对三种表达进行了意义上的区分。"Holly(1984)认为 log 是真实信息的客观记录,diary 是对发生的事情的一种主观描述,journal 则是两者的混合,既有主观性又有客观性。Michael(2000)把 diary 叫作教学日记,是指个人紧接当场教学过程而做的即时记录;journal 称为教学日志,是几个合作或一个教师小组紧接当场教学过程而做的即时记录,并且 diary 是隐私的,而 journal 是公开的,log 则是教学过程记录,是教学行动的当场记录,最具真实性。"②日志(journal)作为一种写作方式它不像日记 diary 强调一种持续自发的、隐私性的个人写作,也不是 log 记录对特殊事件的客观描述,日志(journal)包含个人对事件的情感、思考和实践意义的分析等。所以,日志不应局限于记录,而需注重实践背后的分析。如果教师只把日志作为记录手段,而缺少深入思考,这样的日志是缺乏实践效果的。但也有一些研究者把 diary 和 journal 交替使用,通常在教师专业发展研究中运用的研究方法"日志研究"被翻译为 diary study,而教学日志翻译为

---

① 布鲁克菲尔德著,张伟译. 批判反思型教师 ABC [M]. 北京:中国轻工业出版社,2002:90.

② 夏敏,唐雄英. 外语教学日记研究综述[J]. 四川教育学院学报,2008(05):82—85.

teaching journal。日志研究也被广泛运用于外语教学研究和教育行动研究上。事实上，diary 和 journal 确有交叉之处，很难清楚地将其区分开来。

二、教学日志的特征

日志为教师们提供了话语的场所，是教师自我对话和他人交流的一个重要载体。教学日志不同于其他记录形式，有其独特的特征。

（一）从语言风格上来看，主要体现在：

1. 运用生活语言，不受格式限制。由于教学日志的读者是受限的，通常是教师自己或同事，不需要为语言形式做出评价，所以不需要华丽的辞藻和修饰，语言可以口语化。因此，教师能自由地表达自己想法和情感，与读者产生亲切的交流。凯莫瑞（Cameron）曾建议教师撰写日志时，不拘于格式，可采用"意识流"的书写方法，让教师有更大的创造性。教学日志的价值之一就在于创造内容，以具体形式要求教学日志反而限制了教师的表达和内容的丰富性。

2. 通常为本人事件，第一人称叙述。教学日志的内容多为教师本人经历的教育活动，以第一人称叙述，记录本人的想法、经历、困惑等。以第一人称书写有助于教师进行自我对话，对教学事件进行思考与分析。当然也存在教师旁听其他教师课堂或报告，记录其重点内容，但最终还是回到"我"在此次听课或报告中的收获及思考。

（二）从书写人教师来看，主要体现在：

1. 积极主动性。除去部分学校要求教师按时完成一定的教学日志量，教学日志应是教师本人在内在需求驱动下，积极主动、带有目的性撰写的，以提高教学反思和分析能力，提升教师专业素养。当今教育环境需要的也是具有主动精神、反思意识和分析能力的教师。积极主动性也是教学日志区别于其他教学报告、上课小结的一大特征。

2. 持续规律性。教学日志的撰写应及时且有规律性，不应过于密集增添教师负担，也不应跨度过大，错失重要教学事件和教师成长过程。因教学日志对教师专业提升效果需较长时间才有显现，因此教师在记录中的一大挑战就是坚持，而教师工作在期中、期末或某些特殊时期增加，易出现暂时搁置日志书写的情况，导致教学日志中途的间断或停止，缺失了教师成长过程中的重要阶段，不利于教师本人回顾反思和教育研究者纵向研究。教师应克服困难，通过缩减书写内容，挑选有价值事件，做到持续、规律地记录。

（三）从教学日志内容来看，主要体现在：

1. 侧重性。教师除了教学，还兼有其他日常工作，但个人时间精力有限，不允许教师进行详细的记录和分析。所以教学日志的内容并不是记录所有教学事件,做到面面俱到,而是结合实际情况,选择教学过程中有反思和分析价值的内容进行记录,可以少而精,切忌流水账。

2. 批判性。教学日志不仅是教学活动的记录,还是教师批判性地审视自身教学活动的手段。贝利(Bailey)称教学日志的一大特点为内省性,通过分析所经历的教学事件,找到事件的价值,提出假设,改进教育实践,以提高专业素养,获得专业成长[①]。缺少批判性的日志如同故事书,只有描述事件,而没有深入揭示事件。

3. 隐私性。教学日志可以作为教师的负面情绪或抱怨的宣泄口,其第一读者应为教师自己,再根据教师需求,本人决定公开程度。保护好教学日志的隐私性,是教师个体能否真实自由地表达自己的关键。在日志研究中,研究者也会在征求教师本人同意之后进行教育研究,在公开化日志时,删除隐私性内容。当然如果是教师合作日记,就不需要进行删减。随着日志的公开程度递增,教学日志的语言和内容侧重都会发生改变。

三、教学日志的内容与类型

(一) 教学日志的内容

最有代表性的关于教学日志的作品之一是阿佩尔(Appel)在 1995 年出版的关于自己在德国中学教英语的前六年写下的教学日志的回顾和评价。这本书分为三大部分:生存、改变、程序化。他写道:"根据我脑海里的指导性问题和概念,筛选个人主观的证据。与此同时,当面对这些证据时,这些概念自身也会被筛选和修饰。"[②]阿佩尔的经验总结反映了新教师可能会经历的一个过程,如何从新手教师走向专家型教师。

教学日志的内容不受限制,有可能受到学校要求、自身风格、隐私程度、教学生活事件等因素影响。霍(Ho, B.)和理查德(Richard)总结了教学日志的五大主题:**1. 教学理论 2. 课堂中的思路与方法 3. 自我评价 4. 自我意识 5. 问题与困惑**。具体内容如下表[③]:

---

① Bailey, K. M, Curtis, A. & Nunan, D. Pursuing Professional Development:The Self as Source [M]. Boston:Heinle&Heinle, 2009:59.

② Appel, J. Diary of a Language Teacher [M]. Oxford:Heinemamn English Language Teaching, 1995:61.

③ Ho, B. & Richards, J. C. Reflective Thinking Through Teacher Journal Writing:Myths and Realities [J] Prospect, 1993(3):7 - 24.

表 5-1 教学日志的结构与内容

教学理论	教与学的理论	1. 教育信念——例：好的教师由什么组成。 2. 专家观点——例：引用克拉申的观点。 3. 事件的缘由——例：用某一理论解释教师行为。 4. 个人观点——例：表达对课堂观察价值的看法。
	理论的实际运用	1. 如何运用理论——例：尝试运用在报告中学过的提问策略。 2. 理论与实践的矛盾点——例：描述一个理论与实际课堂不符的例子。 3. 理论的发展——例：课堂经验对教师理念的转变。
课堂的思路与手段	教学中的方法及手段	1. 教学方法或过程——例：教师传授阅读技巧的方法或在听力课上使用的教学流程。 2. 课程内容——例：对语法课内容的描述。
	教师个人知识	1. 教育知识——例：课堂任务要求所需的知识。 2. 经验——例：指出教学如何变得更加以学生为中心。 3. 学生信息——例：指出学生没有机会在课堂外练习英语。
	学校环境	1. 教学与学校环境的关系——例：行政约束或学校政策影响教学。
自我评价	评价课堂	1. 课堂的积极评价——例：点评这节课进行得很好，因为所有的学生都很积极。 2. 课堂的消极评价——例：指出该课没有到达教学目标。
	诊断问题	1. 学生的问题——例：学生在语法上遇到的困难。 2. 课堂互动——例：由于学生之间存在互动问题，原定的分组安排未能奏效。 3. 教师问题——例：教师没有时间和精力改作业。
	问题的解决方案	1. 上课的替代方法——例：以不同的方式开场。 2. 决定行动计划——例：决定更频繁地运用角色扮演。 3. 从导师寻找方法——例：询问克服苦难的方法。
自我意识	自身教师认知	1. 自我风格——例：描述自身感觉更舒服的风格，如教师为中心的风格。 2. 评论自身语言水平——例：评价自己语言不够流利。
	个人成长认识	1. 信心是如何成长的——例：描述教师不再像从前那样受一些问题的困扰。
	个人目标	1. 自我发展——例：确定未来工作的某些方面。
问题与困惑	寻求理由	1. 寻求理由——例：问为什么计划好的课程并不比没有计划的课程更成功。
	寻求建议	1. 关于什么应该被做的问题——例：问是否教师应该花更长的时间在语法教学上。 2. 询问信息——例：问什么是好的提问技巧。 3. 问怎么做——例：问怎么鼓舞学生。

　　虽然教学日志的内容多样，但并不是要包含全部。尤其是教师已经发现问题时，在做日志研究和行动研究中，记录内容应该是带着目的性的。在初始阶段，教学日志

的主要内容应为描述教学活动中的各种现象，找到值得思考研究的问题。在具体行动实施阶段，教学日志的内容应聚焦实施行动后的效果和反思。发现存在的问题，为进一步行动作出调整。

案例分析与研讨

思考与讨论：根据霍和理查德的分类，该 5 位新手教师的教学日志的内容分别属于哪一分类？你认为新手教师和老教师的日志内容会有哪些不同的侧重点？

以下为 5 位初入职的小学英语教师(T1,T2,T3,T4,T5)教学日志片段①：

T1 教学日志片段：

"下节课我要听写这部分单词!"结果，听写单词变成了我班学生最头疼的事。我觉得首先必须记住学过的单词，否则就没法学别的东西。特别是小学生，就更应该为以后的学习打好基础。但是谁能告诉我怎么才能让这些小孩记住这点单词呢?! 每次开始一个新的单元我都会花费很多时间带他们读单词，强调他们重视新单词的学习。但是我的努力好像都白费了。我批完今天课堂听写的卷子，发现只有两份全对的! 可能那种比较长的单词，像 interesting, wonderful 什么的对他们来讲可能有点难，但是就像 short, strict, late, then 这样简单的词，怎么还会出现错误! 我到底应该怎么办? 难道让我给小学的学生讲词汇学吗?!

T2 教学日志片段：

上周末我带着小侄子去看电影了，是他最喜欢的冰河世纪，大陆漂移男主角还是那只可爱的小松鼠。"Look at this, Diego. ""Daddy, I'm worried about you. ""I don't believe it!""It's amazing!"。听着电影里的这些台词，我有了一个灵感在我的英语教学中，能够做到寓教于乐该有多好! 于是，我决定尝试一下我的新方法"看电影学英语"。可能用这种方法，就不会有人再在英语课上犯困或是闹腾了吧。于是，我下载了一些电影并从中剪辑出适合我学生的片段，把这些材料用于我的电影教学法。我把这些电影片段放给学生看，然后从中挑出一些简单的单词和短句领他们读。我觉得这种方法能够提高学生的听力和口语，对他们学好英语会有帮助的。

---

① 解图.教师专业发展：初入职小学英语教师反思性教学日志案例分析[D].青岛大学硕士毕业论文，2013：51—52.

T3 教学日志片段：

　　今天读到一篇上月写的日志，其中谈到我想改变我的一个问题学生。我做到了。在这一个月的时间里，我一周找他谈话几次。起初，这个小男孩不向我敞开心扉，但是后来他逐渐意识到我可以做他的朋友。他跟我讲了他的一些爱好、他的朋友和家人，还有一些学英语方面的问题。渐渐地他的学生成绩提高了不少，我很欣慰。上周小测验，他得了 86 分，比上次提高了 10 几分。每次他遇到我，都会给我一个大大的笑脸，看着他的笑我才意识到自己为什么要当一名教师。

T4 教学日志片段：

　　已经在这个学校工作半个月了，但我还是没能找到一个当英语老师的感觉。虽然在大学期间有过当家教的经历，但当一个正式的老师并非易事。我得面对各种事，备课，课堂管理，与校领导和学生家长沟通，完全是一团乱！只能每天上床睡觉之前写段日志，把我的坏情绪跟我的"大棕熊"（记录教学日志的本子）倾诉一下。晚安。

T5 教学日志片段：

　　那天是下午的一节四年级课，好像是个大热天。我提前想着第三单元已经进行完了，又正赶上期中考试将近，想给学生复习下前面学过的内容。当我走进教室的时候，发现很多学生汗流浃背，正拿着英语书当扇子扇。起初我想强调一下纪律，好让学生们静下心来准备上课。但是又一想，强迫他们不准扇了，学生们一定也不会把心放到学习上来。于是，我就想到了第四章里面有些关于天气的词 hot、cold、warm，还有 cool。我好借此机会教一些这些词岂不是很好！于是我对学生们说"同学们，静一下！This is weather report．It's hot in Yantai．"学生们没有完全听懂整句的英文，但他们意识到这是在说关于烟台的什么事，立马兴趣就来了。我没有立马解释句子的意思，只是拿起了我的课本当扇子扇，用很夸张的动作。一个调皮的男生兴奋地说："快看老师！她也在扇风，她也热！她也热！"接着我就在黑板上写下了我要讲的单词和句子，然后指着外面的太阳对学生说："跟我一起读！Hot，hot，It's hot in Yantai．"学生们明白了我的意思，他们大声地跟读，注意力自然地转移到了课堂上来。我点了一名穿体恤衫的男生，说道"It's hot today．Put on your T-shirt．"因为我们在第三单元学过这个句型了，所以学生们很快明白了我的意思。然后我举出了几个例句，"It's cool today，put on your sweat；

It's cold today, put on your jacket."就这样,我给学生们讨论了天气的词,还复习了关于衣服的词,达到了一箭双雕的效果。今天的课上,感觉自己教得很灵活,我为自己而骄傲。

教学日志内容又可分为两大部分:描述性内容和反思性内容。描述性内容包括上课内容、教学方法、学生情况等直接描述文字,不评估事件和给出理由。反思性内容是基于各种教学活动和事件分析、批判,超越描述客观事件的内容。新教师在没有专业引导下,日志内容往往倾向于描述性。但从教学日志促进教师专业发展上,教学日志不能仅包含事物的描述,批判反思性内容也十分重要。巴特利特(Bartlett)认为教师必须超越教学的技术细节,思考改善教学技巧,将教学置于更广阔的文化和社会背景中,才能成为一个具有批判性反思的教师①。日志中的反思部分是教师作为专业人员,对专业技能主动要求成长的重要组成部分。

日志反思的内容决定了教师反思的层次。哈贝马斯(Habermas)基于认知兴趣理论(theory of cognitive interest),提出分析认知的三个维度:1.经验分析:通过理论知识来探索教育。2.诠释现象学:一般实践的基本理由性和正当性。3.批判性理论:自我理解,前瞻性学习和批判性意识②。范梅南(Van Manen)在此基础上提出了反思的三个层次,分别是技术理性,实践理性和批判理性。技术理性指教师注重教育学知识是否达到教育目标,根据有效性、经济性、效益性对自身行为进行评估,焦点在教师自己,属于层次较低的反思;实践理性指教师将专业知识融入实践,质疑和澄清最终目标及其依据,注重结果的合理性,反思水平高于技术理性;批判理性则关注更广泛的问题,包括道德、社会和伦理标准在内的多种语境因素,是反思的最高水平③。

案例分析与研讨④

思考与讨论:王老师的三篇教学反思日志的内容分别属于哪一主题? 试判断

① Bartlett, L. Teacher Development Through Reflective Teaching [M]. Cambridge: Cambridge University Press, 1995: 102.

② Van Manen, M. Linking Ways of Knowing with Ways of Being Practical [J]. Curriculum Inquiry, 1977 (6): 205-228.

③ Van Manen, M. Linking Ways of Knowing with Ways of Being Practical [J]. Curriculum Inquiry, 1977 (6): 205-228.

④ 刘旭东,孟春国.英语教师教学反思内容与反思水平的发展研究[J].中小学外语教学(中学篇),2010 (12):1—6.

王老师的三则日志分别处于反思的哪一个层次？从中体现了该教师的哪方面变化？

以下三篇为王老师的反思日志：

第一篇日记如实记录了整节课的教学情况，但对学生学习"as … as"结构时易犯的两个错误未作任何分析：

> 今天是开学第一天。我们学习了第四册第一课的对话，重点学习"as … as"结构。我采用了直接导入的方式，先介绍"as … as"的用法，然后举了几个例句。学生开口表达时，大部分出现了这样那样的错误，尤其是句子的谓语动词容易被忘记，还有一个错误就是行为动词作句子谓语时，学生不会用它的否定式，仍然把 not 置于"as … as"前。

三周后的一篇日记中王老师对一节课的教学效果进行了得失判断，从日记中我们能看出她在不断调整自己的教学方法：

> ……在讲解 how many 与 how much 的区别时，我给出了几个例句让学生分析比较，然后还是由他们归纳两者的相同与不同之处。学生基本都能掌握，从作业中能看出来。我想：让学生自己在分析、归纳的基础上学习新内容，他们会更容易掌握的。

第十二周的一篇反思日记，王老师对"互动"的理解从课堂内师生话语互动提升到课堂外的人际交往：

> 再说师生互动，上次我说的互动仅仅是指课堂上师生之间的话语互动这一形式。经过一周的反思，我渐渐发现互动有不同的内涵。除了课堂话语互动，课后师生间的交往不也是互动吗？前者教语言，后者则育感情。课堂外师生间的人际交往可以帮助老师更好地了解学生的思想、兴趣、爱好等，进而更好地塑造他们，同时也在帮助学生走近老师。就拿周一的那个学生来说吧，经过几天我们之间推心置腹的交流，他现在的表现真令我高兴。

(二) 教学日志的类型

1. 根据教学日志的记录载体

(1) 纸质日志。教师可以在学校规定的日志本或自己准备的笔记本中,记录教学中的事件、感受、想法。纸质日志的优点在于方便保存,可随时回顾,增减内容。

(2) 网络日志。随着网络的发展,出现了网络日志,代表性的就是新浪教育博客,越来越多的教师愿意在网络上分享自己的教学日志。它的特点是基本完全公开化,读者范围广,教师可以匿名和大家分享,是隐秘性和公开性并存的一种记录方式。

(3) 语音日志。为了节省记录时间,方便随时记录,出现了语音日志。语音日志依赖于录音设备,其优点是教师可以随时记录,如下班回家路途中,这能大大节省记录的时间。但语音日志不利于教师回顾,挑选内容花费时间更长,不利于增减内容、作出评价和修改。

2. 根据教学日志的记录形式

(1) 点评式。教师可在自己的教案本或笔记本,直接对自己实际教学情况进行简要地批注、评述,其优点是简洁、方便,适合在课前和课中,即时捕捉稍纵即逝的灵感,是一种常见的教学日志形式。

(2) 提纲式。教师通过提纲简明扼要地列出教学内容、教学方法的实施情况,以及课堂中学生和自身表现情况。这能比较直观精炼地总结教学实践,较为全面、系统地评价教学得失,是教师课后撰写日志的重要形式之一。

(3) 随笔式。教师根据上课情况,针对某一个或几个问题、事件记录感受和进行思考,日志内容可抒情、叙事、评价等,揭示教师的思维方式和内心想法,文章篇幅短小,语言更贴近生活。

(4) 专题式。根据教学中最突出的一点或几点问题,如:教学设计、课堂组织、班级管理等,进行深入系统地分析,反思教学情境背后的教学理念,从而改进教学行为,专题式教学日志通常呈周期性,持续较长一段时间。

3. 根据教育日志的产生时间

"反思性数据仅指在执行教学任务过程中从课程收集的数据,而回顾性数据是指在教学活动结束后收集的数据。但当教学执行过程中同时出现反思,会打断正常的教学过程。跟反思对比起来,回顾则具有更广的时间范围,可以是一个教学任务(例如一节课)结束后的即时回顾,也可以是多年后的总结回顾(教学自传)。霍桑菲尔德(Hosenfeld)把反思的数据收集过程分为三类:同时性反思(在教学活动中发生)、即时性回顾(在教学活动结束后即刻发生)、延迟性回顾(教学活动结束几小时或更长时间后发生）。"①

图5-1 反思的数据收集过程

事实上，教师写教学日志时间受到各种实际因素的影响，大多数的老师都在即时性回顾和延迟性回顾之间。无论是出自本身记录的习惯，还是学校教学任务的要求，在教学任务结束后写教学日志对教师专业发展都具有重要意义。

4. 根据教学日志的私密程度

通常个人教学日志的读者受限，具有隐私性，教师能在日志中完全"暴露"自己真实的想法和情感，包括教师的担忧、困扰、暴躁等，这是外部观察和访谈中无法获得的，也是教学日志的重要价值之一。教学日志最初是教师个人对教学情境的私人记录，但它也可以成为一种公开性文件。根据公开程度的不同，贝利将其分为7个水平②：

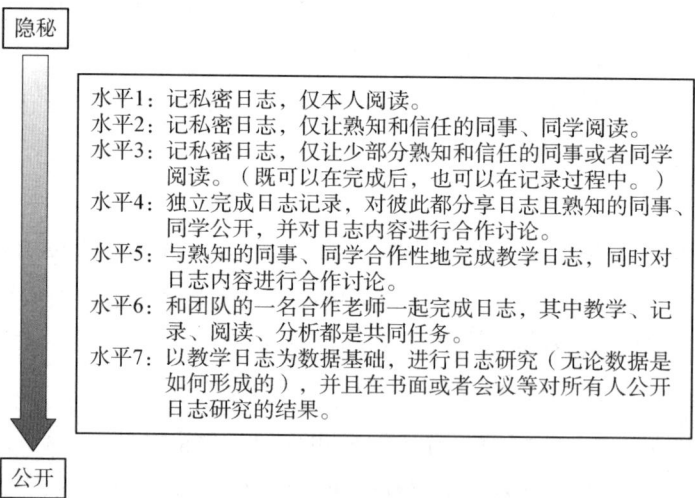

图5-2 教学日志的公开水平

① Bailey, K. M, Curtis, A. & Nunan, D. Pursuing Professional Development: The Self as Source [M]. Boston: Heinle&Heinle, 2009: 56.

② Bailey, K. M, Curtis, A. & Nunan, D. Pursuing Professional Development: The Self as Source [M]. Boston: Heinle&Heinle, 2009: 58.

七种水平的公开程度逐渐递增,在水平 7 中,日志完全成为公开文件,它的阅读对象不再受限于教师团体,还可能是教育研究者或其他会议听众,这时候的日志不再具有隐私性,日志研究在国内较少的原因是研究者收集教学日志较为困难。但从教师专业发展的角度,完全隐私的日志只有教师本人进行分析反思,其专业知识有限,对问题和事件的看法都较为主观。随着日志公开程度的递增,教师可以听到不同的教育从业者的声音,打开解决问题的思路,更快提升自己的专业知识与技能。同时,帮助其他教育从业者更好理解自己的课堂,反思自己的教育行为,学习和尝试新的教学技巧和理念。但这不意味着,教师必须公开自己的教学日志,日志是否公开的权力完全属于教师个人。

5. 根据教学日志的参与者

(1)个人教学日志由教师个人独立完成,主要集中教师的个人经验智慧,分析和反思教学事件由教师本人完成,日志具有高度隐私性。其优点和缺点都在教学日志的隐私性上,一方面使得教学日志的内容更加真实,内容广泛;另一方面使得日志的解释分析仅局限于个人智慧。

(2)合作教学日志指当教师个人完成日志后,和一个或几个教师一起分享并讨论,以交流经验、共同商讨教学中存在的问题。完成合作日志时大家会定期阅读彼此的教学日志,作出评价回应,集体讨论日志中有价值的经验和问题。合作日志为教师提供了提问的场所,能吸取他人的智慧。且合作教师固定,通常是教学中的同伴,不易造成不适,日志仍具有一定隐私性,教师可自由表达自己的苦恼。教师也能通过观察他人的教学经验,得到启示。但合作日志的内容偏向于提问与回答,而非教学的情境分析和反思,使得日志内容偏向于提问、解惑,不够全面展现教学其他方面。此外,合作日志伴随回复和讨论,更加耗费时间,有时会造成教师的负担。

(3)小组互动日志是教学日志撰写的一种新方式,通过几个教师组成一个专业发展共同体,日志成为了"一份书面文件,它以日志的形式记录了同伴之间的积极对话,将反思实践的理念与社会互动融合在了一起"①。小组成员可以选择回答上面日志的内容,也可以选择另起话题,有利于反思探究,促进问题的解决。日志将会在小组成员之间流通。小组互动日志的成员拥有平等的沟通权,通过日志分享成员间能获得支持

---

① Cole, R. , Raffier, M. C. & Schleicher, R. L. Research and Practice in English Language Teacher Education ‖ Interactive Group Journals: Learning as a Dialogue among Learners [J]. Tesol Quarterly, 1998,32(3): 556 - 568.

与鼓励,形成学习共同体的概念。

第二节　教学日志的功能与研究步骤

问题与讨论

王萍老师在记了一段时间日志之后,发现记日志对自己的专业提升并不明显。每天记录的内容也只是一些教学琐事,所以对教学日志是否能提高教师专业发展提出了质疑。你认为记日志对教师专业发展有哪些帮助? 是否有助于专业技能的提升?

一、教学日志的功能

教学日志能促进教师专业发展,这是毋庸置疑的,在国内外许多研究中都进行了证实。霍(Ho B.)和理查德(Richard)曾对 32 名教师做过一项研究调查,其中 71% 的教师认为记教学日志对专业发展很有帮助,25% 的教师认为有一定的帮助,仅仅 4% 的教师表示并不喜欢写日志[①]。最重要的原因之一是教学日志促进了教师主动进行教学反思,美国学者波斯纳(Posner)曾提出了著名的理论:教师成长＝经验＋反思。教师通过定期地回顾和反思教学情境,提高对教学事件、自我认知和情感的洞察力。"我经常来回读一读在过去的一周发生了些什么。我能够注意到一些关于我教学的事件,例如,有用的和无用的教训。我每星期至少做四次记录,这看起来能使我专注于教学实践中的关键问题。"[②]

(一) 从教师个体来看: 教学日志的主要功能可以分为四个方面:

1. 表达困扰、寻找解决方案。教师在日常教学活动及班级管理中会遇到各种各样的困扰。在写作过程中,教师通过反思和解析这些问题或困扰,找到对它们新的理解。同时记日志给了教师一个展示和检查问题的空间,可以和教师同伴横向比较日志,发现自己的长短处和特点,也可以纵向比较,进行假设和思考,推测可替代性解决方案,产生新的教学实践思想,并进行实验性尝试。以下为某教师在开完家长会之后的总结和反思:

---

① Ho, B. & Richards, J. C. Reflective Thinking Through Teacher Journal Writing: Myths and Realities [J] Prospect, 1993(3): 7 - 24.

② [美]阿哈,霍利,卡斯滕. 教师行动研究——教师发现之旅[M]. 黄宇,陈晓霞,闫宝华等译. 北京: 中国轻工业出版社,2002: 236.

"整体来说,本次家长会我准备得很充分,时间安排也很合理,可以画上圆满的句号。虽说家长会结束了,但后续工作依然很多,比如怎样吸粉、圈粉,使之成为铁粉,比如怎样提高学生成绩等,都需要切实有效的措施和办法,我需要找寻一个对我们班学生有用的方式,提高他们的总成绩。"①

　　2. 发泄情绪,是教师安全的宣泄口。教学日志的隐私性,允许教师安全地发泄自己的各种好的坏的情绪。由于职业特点,教师需要每天处理很多突发性事件,并且教师职业承担着社会较高的期许,这在给教师带来责任感的同时也带来了压力。日志可以作为教师的避风港,在那里他们可以自由表达看法、发泄愤怒、表现恐惧和承认错误。这样能避免教师把情绪带给自己的学生、同事或者家庭。例如一位教师在日志中记录了一次学生的期中复习情况,并做出了简要判断:

　　"明天就要期中考试了,初一、初二的学生待我进了课堂后,都要求把时间让给他们自己复习。我想也是这样:让他们自己复习,不懂的就问。一节课下来,没有一个学生问问题,他们好像看得很认真。究竟效果如何,学生心里最有数。其实,因为考试,我比他们更累、更急。"②

　　3. 阐明原因,发现教学模式。在日志中教师能阐明自己的教育观点,在教学实践中发现原因,选择有效的方法,总结经验,以此得到专业提升。通过纵向研读教学日志,教师也能发现在教学过程中存在的固有模式。墨菲奥德怀尔(Murphy O'Dwyer)称之为"循环规律"(recurring regularities)③。这种规律可能意味着该教师需要做出创新,也可能证实教学实践的成功。

　　4. 反思课堂,提升专业性。写日志也让教师在上完课的激情褪去后,重新看待自己的课堂,与自己的课堂产生一种有益距离,范莱尔(Van Lier)称之为疏远策略。教师自

① 李敏慧. 家长会总结[DB/OL]. http://blog. sina. com. cn/s/blog_ca2a88fc0102yvwq. html,2019 - 11 - 17/2020 - 3 - 20.

② 刘旭东,孟春国. 英语教师教学反思内容与反思水平的发展研究[J]. 中小学外语教学(中学篇),2010 (12):1—6.

③ Murphy-O'Dwyer, L. Diary Studies as a Method for Evaluating Teacher Training [M]. Lancaster Practical Papers in English Language Education,1985:97.

身在写作中分析和反思教学实践,总结经验教训,验证教学理念,有助于自身教学能力的提升。若是教师间互相交换日志,可以借助别人的视角和经验来分析自己的教学实践,形成良好的教师共同体,有助于共同成长和进步。新教师能从老教师的经验中获得问题的解决方法,老教师也能从新教师身上学到新的教学实践。例如在反思日记中一位老师提到:

> "现在的学生跟以前不一样,要求高了,老师不能光是站在讲台上讲(传授者),得想办法设计活动(组织者),调动学生的积极性(促学者)。……今天上课,任务一布置下去就意识到有问题,活动设计得不好。下次课得改变一下形式(反思者)。……我个人很喜欢结合教学做些研究,对比试验、行动研究、个案研究都做过(研究者)。当然,级别都不高,属于自娱自乐。"[①]

(二) 从教师群体的发展和管理方面来看,日志的功能还在于:

1. 促进教师经验的传播、分享与交流,提升教师整体专业素质。由于日志将隐性的教师知识和情感变成显性的日志内容,可以和众多读者分享。教师的个体经验为其他同行提供了借鉴,为他人提供了案例,也实现个人智慧和集体智慧相互碰撞,在交流中提升更多实践方面的技巧,例如教师博客、教学日志集,把教学日志的读者极大地扩大,为教师间的交流提供了平台。拓展了教师获得经验信息的渠道,为教师整体素质的提高提供帮助。

2. 为教师回顾反思和教育研究提供素材。教师专业的发展离不开教学经验的积累和教学情境的反思。同时,教师不仅需要有较高的教育教学专业水平,还应该发展自身教育研究能力。通过对教育日志的纵向回顾,教师可以从中获得灵感与素材,发现自己的成长轨迹和存在的问题。在日志中发现教育工作中存在的一点或几点问题,思考如何合理有效地解决这些问题,并采取教育实践验证假想。整个过程体现了教师不仅是一个教育者,同时也是一个研究者。

3. 把隐性变成显性,帮助教学管理者和教育研究人员及时发现问题。部分教学管理者会要求教师定期完成一定量的教学日志,作为工作绩效的一部分。这样的目的是能及时监督教师进行定期记录,督促教师的自我批判与反思。当教师没有完成教学

---

① 张利杰. 英语阅读教学叙事分析及教师信念与行为解构[J]. 中小学外语教学(中学篇),2019(11):22.

日志时,管理者便知道该教师近期在教学反思上存在懈怠,可及时督促。从旁观者角度看教师行为,很难看出其背后的理念、观点、情绪等隐性因素。而日志作为一种载体,把隐性观测不到的内容变成显性可见的内容。普罗果夫(Progoff)把教学日志称作经验反馈。教育研究者可以通过阅读教学日志,从横向或纵向中,发现教育教学中存在的问题,进行教育研究。这使科研人员的研究更加贴合教师实际需求,具有理论和实践指导意义。日志也为教育研究者提供了重要数据,事实上也被广泛运用于反思性教学、行动研究、日志研究中。

二、教学日志研究步骤

自从 19 世纪 70 年代以来,教学日志就成为了教育研究者进行行动研究和日志研究的重要数据来源。这些教学日志可以是正式性的或非正式性的,也可以是新教师或有经验教师的。贝利(Bailey)和奥克斯纳(Ochsner)对日志研究的定义为:

> "在二语学习或教学中的日志研究是以第一人称记录的一系列二语学或教的经验研究。记录者可能是教师,也可能是学习者。但日志研究的显著特点是日志具有内省性,也就是日志记录者在记自己的教学或者学习情况时,进行了第一手的自我剖析,所以日志的内容涉及情感因素、语言学习策略、社会影响等外部观察者无法观测到的因素。"[①]

二语习得领域中的日志研究(也称日记研究)被认为是第一人称案例研究。"格罗特雅恩(Grotjahn)认为日记研究是典型的预实验或非实验研究。研究的基础在文字或录音的量化的数据上,主要通过解释分析进行。"[②]贝利和奥克斯纳总结了进行日志研究的具体步骤:[③]

下图把教学日志的研究步骤系统清晰地展现出来。第一步需要了解教师的学习

① Bailey, K. M. & Ochsner, R. A Methodological Review of the Diary Studies: Windmill Tilting or Social Science? [C]//In K. M. Bailey, M. H. Long, & S. Peck (Eds.), Second Language Acquisition Studies. Rowley, MA: Newbury House, 1983: 188–198.

② Bailey, K. M, Curtis, A. & Nunan, D. Pursuing Professional Development: The Self as Source [M]. Boston: Heinle&Heinle, 2009: 55.

③ Bailey, K. M, Curtis, A. & Nunan, D. Pursuing Professional Development: The Self as Source [M]. Boston: Heinle&Heinle, 2009: 56.

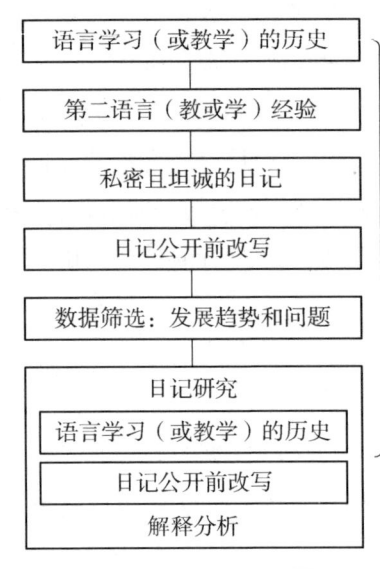

语言学习（或教学）的历史	1. 记录者提供他/她本人的语言学习或教学的背景。
第二语言（教或学）经验	2. 记录者系统地记录目前语言学习或教学中事件、细节和感想。
私密且坦诚的日记	
日记公开前改写	3. 本人修改日记，以便于公开。如需，可在过程中阐明原因。
数据筛选：发展趋势和问题	4. 记录者分析日记内容，挑选教学模式和重要事件。（也可能是研究者）
日记研究 语言学习（或教学）的历史 日记公开前改写 解释分析	5. 在最终的日记研究中，重要的语言学习或教学经验会被分析和讨论。这时可能加入教育学观点。

图 5-3 教学日志的研究步骤

或教学背景,这有助于更好地了解教师成长的历程和教学日志的内容。第二步就是教学日志的记录收集过程。为保持日志的真实性和有效性,教师可以安全地展示自己的情绪和评价,也方便研究者对有效信息进行针对性分析,最初的教学日志还需要进行修改,删减去不必要的内容和个人隐私性事件。接着进行整理,把日志中教师的发展趋势和问题进行归类。最后对发现的趋势变化进行解释,或对所存在的几个问题进行分析和讨论。但研究日志不要操之过急,很多研究表明,长期记录的日志中更能反映出存在的发展趋势和问题,应当在大量数据产生之后,进行解释分析。

如果只是简单地记录教学实践,而不回顾与分析这些数据,便失去了撰写的意义。记录者分析的是自己的日志,我们把这个过程称为直接分析(direct analysis)。在一些著作中,研究者研究的是一线教师的日志,这样非本人的日志研究称为非直接分析(indirect analysis)。

案例分析与研讨①

思考与讨论：你能从以下三则日志中发现该教师教学中有什么问题吗？问题在

---

① 孙晓慧,罗少茜. 如何在行动研究中记录和分析教学日志[J].《中小学外语教学》中学篇,2014(7)：25—29.

最后解决了吗？该老师是如何解决这个问题的？为什么？

在行动研究中分析教学日志

以下三则日志选自孙晓慧和罗少茜对一位小学英语教师行动研究的不同阶段的日志记录：

[例1]

Sept. 27th

今天，我利用一节课的时间让学生做了《活动手册》的 Lesson 4、Lesson 5 和 Lesson 6。由于需要赶课，所以又匆匆忙忙地让学生做了一张 A4 纸大小的卷子。《活动手册》的题型并不难，学生在做《活动手册》时，听讲状况较好。在《活动手册》中有一道认读句子并与情景图片相连的题目，由于学生刚刚开始尝试认读英语单词和句子，所以有不少学生在做这道题时跟不上，需要老师带着做，此外有些跟不上的学生开始东张西望……学生在做那张 A4 纸大小的卷子时，问题较多。首先对于题目要求，学生就听得不够仔细。老师交代"圈出"听到的词或句前的序号，有些学生不明白，圈的是单词或句型，还有的学生一点都不理解，把所有序号都圈上了。我想这与老师交代得不够仔细及举例不够有关系，但同时也折射出学生没有完全集中精神听老师的要求，即还未养成良好的听讲习惯。

（注：为了使读者更清晰地理解案例中的教学日志，选文作者对教学日志原稿进行了适当校正。下同。）

[例2]

……进行"Who's wearing red today?"活动时，老师请孩子们不必举手，……随意站起来说，老师课堂一度很混乱。但当老师拍手组织课堂，让学生安静时，班里总有几个学生能够立即关注，并与老师呼应，于是全班一下子安静下来。

（2013 年 3 月 28 日教学日志片段）

……老师只要拍手组织课堂，两个班的孩子基本上能马上与老师呼应，按照要求安静下来。

（2013 年 4 月 14 日教学日志片段）

研究者孙晓慧和罗少茜对例 1 进行了如下解读：

从例 1 中我们可以看出，该教师撰写教学日志的目的非常清晰，即描述现象、聚焦问题。该教师在教学日志中首先描述了学生在完成《活动手册》时的表现，例如"有不少学生在做这道题时跟不上……有些跟不上的学生开始东张西望……有些学生不明白……还有的学生一点都不理解……"。随后，该教师反思了不同程度学生的表现，进而聚焦了自己在行动研究中要解决的问题，即小学生还未养成良好的听讲习惯。

对例 2 进行了两级编码分析：

表 5-2　初级编码示例

归类	原始数据	初级编码		
名称		学生能够立即关注	学生能够与教师呼应	学生能够安静下来
教师拍手组织课堂	进行"Who's wearing red today?"活动时，老师请孩子们不必举手，……随意站起来说，老师课堂一度很混乱。但当老师拍手组织课堂，让学生安静时，班里总有几个学生能够立即关注，并与老师呼应，于是全班一下子安静下来。(TJ1-130328)	✓	✓	✓
	……老师只要拍手组织课堂，两个班的孩子基本上能马上与老师呼应，按照要求安静下来。(TJ2-130414)		✓	✓

表 5-3　二级编码

初级编码	二级编码
学生能够立即关注	通过教师拍手组织课堂，学生养成倾听老师的习惯。
学生能够与教师呼应	
学生能够安静下来	

第三节　小学英语教师的日志撰写：存在的问题及对策

一、日志撰写中存在的问题

教学日志是教师反思和分析教学的重要载体，提高教师群体专业发展的重要途径，也是教育研究者收集数据的重要来源，但在实践过程中需要教师有强大的毅力和掌握一定的方法，所以教学日志的记录中仍存在诸多问题。在"日记研究在英语教师专业发展中的作用"的调查中，"有51％的教师不写教学日记，49％的教师从未读过日记研究方面的文章"①。教学日记在教师中的使用并不乐观，而造成这种局面的原因有以下几点：

1. 撰写日志需要耗费时间与精力。虽然近些年来国家提出中小学教师减负政策，但目前中小学教师除了备课、上课、课后辅导等教学工作，还有各种管理、培训任务，很多教师在下班后仍有大量与工作相关的事件要处理，留给主动反思和分析课堂的时间很少。一些教师在坚持记日志几星期或几个月后，由于种种原因，便搁置或中断了记录，错过了成长的重要时间段。

2. 由于日志的隐密性，教师不愿分享、公开自己的日志内容。事物都具有两面性，日志的隐密性一方面使教师可以自由地表达，感慨教学、发泄情绪、抱怨管理等，语言也比较随意，没有固定格式。而另一方面使得教师不愿意将自己的日志向他人公开。然而，日志作为专业提升的重要手段，和"读者"进行交流，对教师的发展具有巨大帮助，有利于教师群体专业能力的提升。教师在公开教学日志前，在不影响其真实性的条件下，可以删减隐私性数据，这不影响教学情境的分析反思和日记研究。

3. 教师撰写日志时缺乏专业引导，反思程度不深刻。教学日志的反思内容和深刻程度对教师专业的发展起着重要作用。在申继亮教授等人对北京8所小学65名教师做的问卷调查中，发现60％的教师在写反思性日志时觉得缺乏理论知识，32.3％的教师认为需要专家指导，并且有32.3％的人找不到反思点②。这反映了教师群体在撰写日志时缺少分析和反思的方法，找不到写作的切入点，无从下笔。如果日志内容仅仅是教学事件和教学生活的描述，缺少深刻的反思，日志便成了"故事书"。

4. 教师撰写日志缺少内在动力的支持。教学日志的一大特点是教师自身有意识

---

① 杨党玲，李彤.日记研究在英语教师专业发展中的作用[J].陕西师范大学学报，2003(32)：80—82.
② 申继亮，张彩云，张志祯.小学教师关于反思日记的认识[J].教育学报，2006(2)：91.

地、生动地对教学情境进行记录、分析、解释，来验证自己的假设。而现实中，部分教师并没有发现日志的价值与功能，认为对自己专业发展和教学没有起到任何帮助，就不愿意花时间和精力去记录。在缺少内在动力的情况下，撰写教学日志对教师个人来说无疑增加了负担，完成的数量和质量都无从保证。

5. 日志内容重复单调，缺乏新鲜事物和新的视角。教师的工作虽然具有创新性和伴随很多突发性事件，但在教学方法和教学模式上，很难在短时间内发生颠覆性变化，尤其是老教师在教学和管理上已经存在固有模式。许多教师在记日志一段时间之后，都会发现日志的内容出现了重复或类似，内容也枯燥起来，主要是受到自身经验和知识的束缚。

二、针对以上问题，提出的解决策略

(一) 明确撰写教学日志的意义，找到适合自己的日志撰写时间和频率

首先，明晰撰写教学日志的意义。看不到事情的价值和意义，多数人都难以坚持，写日志也如此。乔·麦克多诺(Jo McDonough)指出："通过撰写日记来记录和反思教学不一定是适合每个人的一种方法。"①例如他的同事曾经就抱怨毫无目的的记录，即使回顾一遍也没有任何惊喜，对自己的教学没有任何帮助。但从教学日志的价值和功能来看，撰写教学日志对教师个人发展和教学研究都具有重要的意义。记日志除了给予老师一个情绪的宣泄口，还能让教师对自己的教学行为进行进一步的探索，从而产生更加深刻的理解，这是在培训或教师讨论中收获不到的。其次，清楚知道自己愿意在撰写日志上花费的时间，并坚持定期记录。在单次时长上如果你仅愿意每次花5分钟撰写日记，那么就要筛选出你觉得最重要的部分。在频率上，日志可以是每日、每个教学模块、每周后记录，找到适合自己的写作频率，对教师能否坚持撰写日志具有重要意义。

贝利(Bailey)在《追求专业发展：以自我为源》中提出了以下日志记录的时长和确定频率的建议：

"如果你作为一名老师，想要写日志，但不确定写作的频率，你可以在一个月内尝试以下三种方法，看哪一种方法更加适合你：

1. 在前两周，每周结束时写一个每周总结。（延迟性回顾）

----

① McDonough, J. A Teacher Looks at Teachers' Diaries [J]. *ELT Journal*, 1994: 48, 57 - 65.

2. 如果时间允许，在接下一周的每天至少花 5 至 10 分钟写教学日志，且必须在你上完课之后立马完成。（这个过程接近于即时性反思）

3. 这个月的最后一周，每天花至少 30 分钟写教学日志。

在这个月最后，对比这三个过程，感受哪一种记日志频率更适合自己，对自己帮助最大。体会在这三个过程中体验和结果的相似处和不同处。无论你花多长的时间和频率记日志，都需要有规律地完成一段较长时间，这样在回顾时能更好进行纵向的对比。"①

万事开头难，要找到适合自己的记录节奏，注重质量而不是数量。在刚开始记录日志时，有些教师会觉得不舒服，因为教学日志作为一种特殊的文体，需要记录分析自己的教学行为、目标达成情况、存在的问题等等，在一定程度上自我剖析、自我批判。小学英语教师一般承担的课时较多，有些小学教师既是任课老师，又是班主任，还要承担早自习的监督，如果再强行要求教师高频率、长时段的记录，不仅会造成教师自身的压力，而且保证不了日志内容的质量。教师可以在前期坚持一段时间书写之后，或者参照以上建议找到适合自己的书写频率和时长。

（二）确定教学日志的读者，坚持日志内容的真实性

除去网络公开日志和出版的教学日志集，日志的读者主要有三种：教师本人、其他教师、教学监管者。对于仅限于教师本人阅读回顾的日志，由于日志内容、风格不受限制，不必因他人的评价而修改想法，这是最具有隐私性和真实性的。教师可以把日志本放在安全的地方，例如锁住的柜子、文件柜、公文包里，日志完全属于教师的私有物，任何人不得未经允许地阅读。日志也可以和其他教师分享，用来对比教学、讨论问题、进一步反思。由于日志对象不同，日志的内容侧重点也会发生变化，和其他教师分享的日志也被称作对话式日志（dialogical journal），教师能在日志中提出自己存在的问题，期待得到其他教师的解答，日志和评语存在更多对话。此时日志成为了教师间交流讨论的场所。对话式日志在同伴互助和教师共同体环境中使用更加频繁。在良好的教师成长环境中，教师地位平等，互相尊重，日志记录者仍能自由地表达自己。有些情况下，监管者也会查阅教师日志，得到教师教学生活及教学发展的反馈，这是平时教学巡视中看不到的部分。此时的日志内容更偏向于教学实施、教学心境、个人成长、学校课程管理等方面。但该日志不应跟任何奖评挂钩，增加教师心理负担，影响内容真

① Bailey, K. M, Curtis, A. & Nunan, D. Pursuing Professional Development：The Self as Source ［M］. Boston：Heinle&Heinle，2009：57.

实性。

即使是原本完全私密的日志，为了学习研究，也可以成为公开化日志。教师自身或研究者在呈现日志前可做出一定的修改，删除隐私性内容。一些研究也指出教学日志内容主观性强，缺乏信度和效度。所以更要求教师在记日志时做到诚实，保留真实的数据，这有利于教师自身的回顾和教育研究。

（三）为教师提供专业引导，增加日志中反思的比例

虽然日志可以成为教师情感的一个宣泄口，但最重要的一部分还是教师对自身教学活动的分析和反思。仅仅记录教学事件，缺乏对事件的系统分析和深入思考，教师便无法看清事件背后的原因，发现教学问题的本质。同时，教师缺少理论知识、主动性不高、没有超越现象看本质的能力等都会对日志反思的深刻性产生影响。学校应为教师提供专业培训，提升教师对教学日志的理解。教师也应多阅读专业书籍，提升反思能力。

教师在写日志时，应遵循问题性和探索性原则，对教学事件中的一两件事件进行深入详细的记录与分析。理查德（Richard）和洛克哈特（Lockhart）提供了一些撰写教学日志时可供参考的问题[①]：

1. 关于教学的问题：

（1）你的教学目标是什么？

（2）你是否达成了这些教学目标？

（3）你用到了哪些教学材料？是否有效？

（4）你运用了哪些教学方法？

（5）你的教学管理策略是什么？

（6）这是一节教师主导的课程吗？

（7）课程中出现了哪些师生互动？

（8）是否发生了突发性事件？

（9）你对这节课有什么问题吗？

（10）你做了和平时不同的教学活动吗？

（11）你在课堂中做了哪些决定？

（12）实际教学和教学计划一致吗？如果不一致，原因是什么？这种变化是好还

---

① Richard, J. C. & Lockhart, C. Reflective Teaching [M]. Cambridge: Cambridge University Press, 1994: 16 - 17.

是坏？

  (13) 这节课主要的成就是什么？

  (14) 这节课的成功之处在哪里？

  (15) 这节课的失败之处在哪里？

  (16) 如果再教一遍，你会教的不一样吗？

  (17) 你的教学观是否在课程中有所体现？

  (18) 你发现了自己教学中的新内容吗？

  (19) 你觉得自己的教学需要有什么变化？

  2. 关于学生的问题：

  (1) 你和班级所有学生都互动了吗？

  (2) 学生在课上活跃吗？

  (3) 你怎么回应不同学生的需求？

  (4) 课程对学生是否有挑战性？

  (5) 你觉得学生从课程中真正学到了什么？

  (6) 学生最喜欢课程的哪个环节？

  (7) 学生哪个环节回应最弱？

  3. 关于自身作为一个教师的问题

  (1) 我关于语言教学的灵感来源于哪里？

  (2) 我处于专业发展的哪一步？

  (3) 我是如何发展成为一名语言教师的？

  (4) 我作为语言教师的优势在哪里？

  (5) 我目前的短板在哪里？

  (6) 我目前的教学存在矛盾点吗？

  (7) 学生哪个环节回应最弱？

（四）日志内容做到观点反思与实际事例并行。

  日志的内容可以是课堂环节的具体例子、和学生间的互动、教学环节和实施情况等，在分析这些具体例子上，再加上自己的感悟和反思。部分教师只记录教学事件，而没有超越事件之外的思考，仅仅做了一个记录者，还不是思考者。这样的教学日志，也只是琐事的堆积，缺少思想观念的成长。而仅有感悟和反思，缺少具体事例的支撑，内容显得空洞，易于和实践情境脱节，不利于之后回顾和研究。观点和事例的结合，才能使教学日志做到"有血有肉"。

（五）建立良好的教师共同体，团队互助、共享，建立系统的教学日志库。

在良好的教师共同体中，教师能安全、主动地分享困惑，表达自己的情感。教师间交换日志可以成为互相经验共享、思想交流的手段之一。在交换日志中，教师互相听取建议、开拓解决问题的视野，获得精神上的支持，促进教师学习和掌握更多专业知识。新教师在这个过程中，能从经验丰富的教师身上获得帮助，加快成长速度。经验较多的教师也能从新教师身上学习新的教学理念与方法。在交流日志中，将同类型的日志进行归类，不仅可以在其他教师遇到同类问题时即时得到帮助，也能反映出教育教学中普遍存在的难题，运用集体智慧寻求解决方案。

在分享日志中，阅读者通常要给出回应，以此和撰写日志的教师互动交流，日志的回答可以从以下几个方面展开：

1. 阅读者个人情感的流露或表达类似的经历。日志内容会涉及教师的困惑、存在的焦虑、职业中面临的瓶颈，尤其是新教师时期，面临复杂的教学情境，会感觉不知所措。阅读日志者可以表达一些鼓励性、支持性的话语，减轻教师的焦虑，和教师产生共鸣，在此基础上交流看法。例如：我完全能理解你的想法，我也遇到过这样的事件。我认为可能和…因素有关，我也想知道如何解决，你有什么想法呢？

2. 直接对日志中写到的问题进行回答。教师也会在日志中提出目前存在的问题，希望阅读者能进行回答，帮助解决这些问题。通过日志交流，教师集体智慧得到体现。例如，回答如何设置阅读课的问题：我十分赞同在阅读课中发展学生的高阶思维。我通常是选择设置和学生经历有关的开放性问题，鼓励学生发现文字背后的逻辑和原因，发展批判性思维。

3. 对日志内容进行综合评价。阅读者整体评价教学日志的内容，可以是教学日志前后的成长变化、教学方法的运用情况、阅读者的收获体会等。例如，可以写道：从日志中我看到了教学方法上的进步，教学活动设计更加合理。

4. 对日志内容进行提问。阅读者不仅可以回答问题，还可以针对日志内容进行提问，表达自己的疑惑，再和撰写者进一步交流，从中得到学习。例如：我觉得你对这次教学突发事件处理的很好，你是怎么想到这个办法的，有什么原因呢？

5. 给予撰写人探索性建议。由于教师的经验和教学环境不同，对于日志中的问题，阅读者不一定有类似经历，但可以提出一些具有探索性的建议，提供日志撰写人一种新的视角。例如：对于日志中提到的问题，建议可以尝试下……的方法，因为……，也许会有帮助。

（六）丰富教师教学生活，提供专业培训和观摩其他教师教学的机会。

教师通过参加学校组织的各类活动，丰富教学生活，为教学日志的内容提供新"血液"，写作素材更加多面。教育管理部门和学校还要安排好教师的培训，提升教师的专业素养。教师也可通过观摩其他教师的课堂，与自己的教学活动和设计进行比较，激发教师的自我反思，由此丰富教学日志内容，增添日志的多样性。

学习小结

本章首先介绍了教学日志的内涵、基本特征、内容及其类型，之后描述了教学日志的功能与研究步骤。教学日志不仅是教师对教学活动的经验进行连续、真实地记录，还是研究教学情境和教师发展的一种方法，是教师反思教学、更新技能、促进专业发展的一种手段。其次，它能把教师教学生活中不可观测到的隐性内容变成显性内容，对教师本人、整个教学团队的发展和学校管理都具有重要意义。最后，在文章结尾分析了目前小学英语教学日志执行情况不佳的几个原因，通过分析提出了几点参考性改进建议。

评价检测

一、简答题

1. 教学日志的内涵是什么？

2. 教学日志具有哪些特征？

3. 教学日志可以包含哪些内容？

4. 教学日志的类型有哪些？

5. 教学日志有哪些功能？

6. 简答日志研究的步骤。

二、讨论题

1. 教学日志与教师课后总结有什么不同？如果要你选择一个人分享你的教学日志，你会选择什么样的人（身份、性格、专业水平）？

2. 你是否记过教学日志？你觉得在记日志时会遇到什么困难？有什么解决方法吗？

三、实践应用题

根据自己的教学经历，请和同学分享一篇你的教学日志或一次教学体验。

第六章　基于同伴观摩的小学英语教师专业发展

学完本章后,你应该能够:

1. 理解同伴观摩的内涵,了解同伴观摩的特征;

2. 了解同伴观摩的类型、价值与功能;

3. 了解同伴观摩的实施过程及步骤;

4. 有效设计针对小学英语教学实践的同伴观摩方案。

学习指导

本章建议课堂教学 2 个学时。

学习重点主要包括:理解同伴观摩的内涵与特征;了解同伴观摩的类型、价值与功能;了解同伴观摩的过程与步骤;了解同伴观摩的实施对策。

课堂教学以讲授为主,对话讨论为辅。

教材学习与教材之外的学习相结合,建议阅读相关领域的研究论文和著作,在课后和同学合作实践以提升理解。

问题导入

孙艳老师是刚入职不久的小学英语教师,经常跟着英语组同事们观摩各年级的英语课。她观察到有的教师在上课时对同事们的到来表现得很拘束,甚至有教师事先对学生进行了演练,整堂课犹如表演。因此,前来观摩的教师们仅仅欣赏了一堂精心排练过的公开课,对日常教学的借鉴意义十分有限。在课后的点评会议中,英语组教师们依次对所听的课进行评价,指出上课教师哪里做得不恰当、应该怎么做,气氛非常压抑。孙艳老师对这样的听课活动感到焦虑和恐惧,她担心自己将来面对前来听课的教师会表现得战战兢兢而犯错,也害怕点评过程中同事们的批评会打击自己的教学信心。为了改变这样的听课现状,她决定和同事开展同伴观摩。那什么是同伴观摩呢?小学英语教师如何有效地实施同伴观摩呢?

第一节 同伴观摩概述

同伴观摩是一种起源于观察学习理论的训练技术,通常涉及特定领域中的新手从业者,如医学领域将同伴观摩作为"改进个人实践和成为高级医学教育工作者的一种手段"。[①] 第二次世界大战结束后,随着高等教育在世界范围迅猛发展,同伴观摩被引入教育领域,主要被高校用作"决定晋升或裁员的关键依据,以提升教职员的工作质量"。[②]

20 世纪 70 年代以来,除了用作对教师的绩效评估以外,同伴观摩作为教师专业发展的手段逐渐得到学者们的认可。研究者们在各层级学校小范围地实践和验证同伴观摩的价值和功能。比如 1985 年,阿纳多卢大学两名写作教授开始使用同伴观摩作为改善其教学实践的一种方法——两位教授为了寻求同事的支持以解决课堂上面临的具体实践问题,以学生的身份进入彼此的课堂学习,还对部分课程进行了录像,以补充反思性对话,最终得出了"同伴观摩可以改善教学实践"[③]的结论。1988 年至 1989 年,马萨诸塞州的一名教育学监暂停了对终身教师的评估,以便通过同伴观摩来集中精力辅导这些教师,"兼顾了改进性反馈与总结性评估来改善教学质量。"[④]

20 世纪 90 年代,美国高等教育协会(the American Association for Higher Education,AAHE)发起了全国性的同伴观摩项目,[⑤]以帮助教师在获取更佳的观摩、

---

① Sullivan, P. B., Buckle, A. &Nicky, G. Peer observation of teaching as a faculty development tool [J]. BMC Medical Education,2012(12):26.

② Rorschach, E. & Whitney, R. Relearning to Teach:Peer Observation as a Means of Professional Development for Teachers[J]. English Education,1986(3):170.

③ Rorschach, E. & Whitney, R. Relearning to Teach:Peer Observation as a Means of Professional Development for Teachers[J]. English Education,1986(3):163.

④ Strother, B. Peer Coaching for Teachers:Opening Classroom Doors[J]. Phi Delta Kappan,1989(10):824-827.

⑤ Wajnryb, R. Classroom Observation Tasks Paperback[M]. Cambridge:Cambridge University Press,1992:135-148.

分析、领会能力的同时更充分地理解自己的教学。该项目推动了同伴观摩在美国乃至世界更大范围的推广。自 20 世纪 90 年代中期以来,同伴观摩已在英国的大学得到了广泛应用,每所学校都采用了许多不同的方法,大多数与主流教学活动有关,例如"小组教学、讲座和实践会议,其他学习活动包括远程学习,在线学习,项目工作和基于问题的学习等"。①

20 世纪末,随着同伴观摩的广泛实践,学者们开始归纳它的主要实施模型,较有代表性的成果是科什(J. Cosh)在 1999 年提出的同伴观摩的评估模型、发展模型和同行互评模型,并由戈斯林(D. Gosling)在 2002 年进一步完善。② 科什还倡导继续建立反思性同伴观摩模型,认为"它可以提供来自同伴的一系列支持性反馈,推动教师持续地参与反馈、计划等实际行动。"③

一、同伴观摩的内涵

在国外,布鲁克菲尔德(S. Brookfield)于 1995 年将同伴观摩定义为"教师观摩同事的工作(课堂教学、大纲设计、作业布置等)并提供反馈,观摩教师和被观摩教师双方在其中通过批判性反思获得专业发展的互惠过程。"④贝尔(M. Bell)于 2001 年提出"同伴观摩是一种合作的发展活动,专业人员在相互观察的同时提供支持,彼此教授、解释和讨论所观摩到的内容,理解和反思活动的程序、行动和反馈,并在课堂中尝试教学方面的新想法。"⑤ 2005 年,皮尔(D. Peel)将自己作为新讲师的同伴观摩教学经验描述为一个"涉及技术知识、课堂动态、个人成长和变化的多方面过程。"⑥

在国内,钟玲(2006)认为同伴观摩是指"同一部门的同行教师,自发性地、有针对性地进行相互观摩,教师之间处于平等合作关系,由观摩者就某一方面的问题提供观察到的客观信息,并和被观摩的教师进行交流和讨论,旨在实现教师持续主动地进行

① Blackmore, J. A Critical Evaluation of Peer Review via Teaching Observation Within Higher Education [J]. International Journal of Educational Management, 2005: 218 - 232.

② Gosling, D. Models of Peer Observation of Teaching[EB/OL]. [2020 - 07 - 14]. https://www. researchgate. net/publication/267687499_Models_of_Peer_Observation_of_Teaching.

③ Cosh, J. Peer observation: A Reflective Model[J]. Elt Journal, 1999(1): 22 - 27.

④ Brookfield, S. Becoming a Critically Reflective Teacher[M]. San Francisco: Jossey Bass, 2017: 136.

⑤ Bell, M. Supported Reflective Practice: A Programme of Peer Observation and Feedback for Academic Teaching Development[J]. The International Journal for Academic Development, 2001: 29 - 39.

⑥ Peel, D. Peer Observation as a Transformatory Tool? [J]. Teaching in Higher Education, 2005(4): 489 - 504.

合作并共同发展的教学研究活动。"①钱洁雯（2008）将同伴观摩视为"合作式的教师专业发展途径之一"，认为"同伴观摩和通常说的同行教师间为了相互学习、共同达到专业进步而互相听课很接近。"②

基于以上国内外学者的定义，本章主要聚焦于教师专业发展，认为同伴观摩是由两个或两个以上的教师自愿参与，以坦率、关注的态度出现在其中一位教师的课堂内，抱着专业发展的目的观摩和倾听课堂的活动。

问题与讨论

请根据同伴观摩的基本内涵比较同伴观摩与传统课堂观摩有何区别，并完成表6-1。

表6-1 同伴观摩与传统课堂观摩

	同伴观摩	传统课堂观摩
观摩目的		
参与主体的地位		
操作流程		

1. 同伴观摩的参与主体是学校教师。根据贝利（M. Bailey）的观点："同伴观摩是教师为了有效地研究和解决教育的某方面问题而主动结成相对固定的对子（或小组），有针对性地对同伴的教学进行观摩，然后由观摩者就某方面的问题提供所观察到的客观信息，并和被观摩者进行交流和讨论的一种教学活动。"③作为参与主体，教师在观摩者和被观摩者的角色交替中不断实践，彼此分享知识，改进教学的方法和策略。

2. 同伴观摩的目的在于促进教师的专业发展。"将同伴观摩用作专业发展的工具比用作评估教师的手段更能对参与教师产生积极作用。"④教师在观摩其他教师的课堂时，其目的不是为了评价这节课上得如何，也不是将这节课作为优秀教师的衡量

---

① 钟玲. 论教师专业发展取向的同伴观摩课[J]. 当代教育科学，2006(16)：45—47.

② 钱洁雯. 采用同伴观摩的方法促进外语教师的专业发展[J]. 江西师范大学学报（哲学社会科学版），2008(02)：158—160.

③ Bailey, M. K., Curtis, A. & Nunan, D. Pursuing Professional Development: the Self as Source [M]. Beijing: Foreign Language Teaching and Research Press, 2009: 157.

④ Lomas, L. & Nicholls, G. Enhancing Teaching Quality Through Peer Review of Teaching[J]. Quality in Higher Education, 2005(2): 137 - 149.

标准,而是将同事作为一个共同分析与讨论的研究伙伴,通过互相观摩和问题探讨逐渐提升各自的教学能力,从而达到教师专业发展的目的。皮尔曾说"如果教师将同伴观摩用作发展目的并相互提供建设性的反馈,它便是教师专业发展的一个有效和强大的发展工具"。[1] 可以说,同伴观摩是一种"为教师所有"(of teachers)、"为教师所参与"(by teachers),及"为教师所享"(for teachers)的过程。[2]

3. 同伴观摩是基于合作发展理论的。合作发展理论认为,教师的自我发展不是相互孤立、各自为营的发展,而是基于同伴之间的共同提高的发展,即"教师为了自身发展,使自己成为更卓越的教师而与他人合作"。[3] 同伴观摩将平时鲜有自主专业互动的教师聚集在一起,"鼓励他们对教学进行公开辩论和探讨",[4]"促进彼此之间的合作,分享教学观念,改进教学技术和方法"。[5]

4. 同伴观摩是教师进行反思性实践的体现。在与同伴交流切磋的过程中,教师将同伴收集到的观摩数据作为批判性反思的依据以指导接下来的教学实践。也就是说,参与教师由"以往依照感性、直觉或惯例的层次提升到利用反思和批判性思考指导自身教学行为的层次"。[6]

5. 同伴观摩是一种相对长久、持续的专业发展手段。与传统观摩课不同的是,同伴观摩是教师之间长期的相互合作。随着社会的发展,科技的进步,势必对教师提出新的要求,教师也随之产生新的专业发展需要。因此,教师专业发展是一个持续不断的过程。同伴观摩作为促进教师专业发展的手段之一,势必伴随教师完整的教学生涯,需要教师的长期坚持。

讨论与思考

小王老师是一位刚从师范大学毕业入职的小学英语教师,在实践的过程中发现

① Peel, D. Peer Observation as a Transformatory Tool? [J]. Teaching in Higher Education, 2005(4): 489 - 504.

② Pierce, D. & Hunsaker, T. Professional Development for the Teacher, of the Teacher, and by the Teacher[J]. Education, 1996: 101 - 105.

③ Edge, J. Continuing Cooperative Development: A Discourse Frameworkfor Individuals as Colleagues [M]. AnnArbor: University of Michigan Press, 2002: 3.

④ Donnelly, R. Perceived Impact of Peer Observation of Teaching in Higher Education[J]. International Journal of Teaching and Learning in Higher Education, 2007(2): 117 - 129.

⑤ Richards, J. & Charles, L. Professional Development for Language Teachers: Strategies for Teacher Learning[J]. Elt Journal, 2005(3): 308 - 309.

⑥ 钟玲. 论教师专业发展取向的同伴观摩课[J]. 当代教育科学, 2006(16): 45—47.

自己的教学水平有限,于是找到与自己同一批入职的小张老师,希望与对方合作,以提高彼此的教学水平。小王老师认为小张老师虽然是语文教师,但和自己的年龄和资历相仿,有什么问题更乐于和小张老师交流。在取得了小张老师的同意之后,两个人开始互相听课,课后共同讨论课堂中需要改进的地方。一学期下来,两个人的教学能力都有了提高。请问小王老师和小张老师所使用的方法是同伴观摩吗?为什么?

二、同伴观摩的特征

总的来说,专业发展取向的教师同伴观摩具有平等性、互惠性、协作性和反思性四个基本特征。

1. 平等性

戈斯林指出:"在同伴观摩的过程中,参与方不是'给予者'(giver)或'接收者'(taker),这类观点需要转变——同伴观摩的各方参与者在该过程中是平等和互惠互利的。"[①]同伴观摩的教师们处于同一层级,可以在年龄、职位、资历有差异,但需保证他们拥有一致的开放、信任、合作的倾向。同伴观摩的成员组合灵活,不局限于同一学科,也不被定性为"老带新"或"新新"教师合作。最关键的是参与主体在同伴观摩过程中地位平等,自愿选择,追求共同进步,不存在主次之分,并抵制"按资排辈"。例如,"一位经验丰富的教师、一位中级教师和一位新手教师三名教师组成了一个同伴观摩小组。尽管这些教师各自的教龄有长有短,但他们的交流和合作都是平等的。"[②]

2. 互惠性

互惠是同伴观摩成功的关键,它意味着每位参与教师都能从合作中获得一定的技能、知识、态度和价值观的提升。"当同伴以平等的方式互相观摩时,保证了建设性教学变革所需的新方法的积极实施,并刺激了对教学的学习和研究。"[③]在同伴观摩中,教师轮流担任观摩教师和授课教师的角色,不仅定期会面、谈论彼此的教学经验,还在

---

① Gosling, D. Models of Peer Observation of Teaching[EB/OL]. [2020 - 07 - 14]. https://www.researchgate. net/publication/267687499_Models_of_Peer_Observation_of_Teaching.

② Stillwell, C. The collaborative Development of Teacher Training Skills[J]. ELT Journal, 2009(4): 353 - 362.

③ Millis, J. Three Practical Strategies for Peer Consultation[J]. New Directions for Teaching & Learning, 2002(79): 19 - 28.

互相支持的环境中系统地修改自己的教学内容并批判性地反思教学经验。作为回报，他们有机会看到彼此的教学行为如何影响学生的课堂学习，思考可以做什么来提高他们的教学技能并互相讨论。同伴观摩的互惠性指引教师们以更利于合作的方式行事，留取一定的专业生活记录，并在一次次活动的计划与开展中取得教学水平的提高。因此，同伴观摩兼顾到双方教师的进步，使任何一方都能在开展过程中得到在教育理念、专业知识、专业能力等方面的提升。

3. 协作性

基于专业发展的同伴观摩是一个协作学习的社会过程，离不开参与者的相互合作和互动。需要强调的是，这种协作学习是非竞争性的，它围绕问题和经验展开，在"支持性环境中进行"，[①]教师相互尊重；这种协作学习是开放性的，专注于发现和解决问题，包容一定的不确定和矛盾；这种协作学习是自主的，当参与者自发参与到和同伴的对话、交流和互动中去时，他们将意识到自己可以通过设定开展目标、制定活动计划以及在结束时评估所学来控制进程，不断激发和维持发展的动力。因此，同伴观摩的协作性为参与教师带来了正向的、互相支持的影响。

4. 反思性

皮尔认为，"同伴观摩特别关注围绕批判性反思（critical reflection）、反思性实践（reflective practice）、反思性对话（reflective dialogue）和转化学习（transformative learning）的辩论。"[②]同伴观摩的批判性反思涉及对教学过程背后的思考，即"教师在开展同伴观摩时需要综合运用知识来对教学实践进行批判性的反思，而不是简单评价教学本身。"[③]教师在观摩后的反思意味着对教学实践的自我反省，加深了对同伴观摩中所获取的经验的理解，其目的是提高教师对教学的认识和满足学生不断变化的需求。教师与同伴以平等的方式合作将提高反思能力，"促进反思性实践的进步，帮助他们深化对教学行为背后的内在含义的思考。"[④]

---

① Schuck，S.，Aubusson，P. & Buchanan，J. Enhancing teacher education practice through professional learning conversations[J]. European Journal of Teacher Education，2008(2)：215 - 227.

② Peel，D. Peer Observation as a Transformatory Tool？［J］. Teaching in Higher Education，2005(4)：489 - 504.

③ Hennessy-Fletcher，L. & Orsmond，P. Reflective Practices Within Peer Observation[J]. Studies in Higher Education，2005(2)：213 - 224.

④ Kuru-Gonen，S. I. A Study on Reflective Reciprocal Peer Coaching for Pre-service Teachers：Change in Reflectivity[J]. Journal of Education & Training Studies，2016(7)：211 - 255.

三、同伴观摩的类型

戈斯林根据科什对同伴观摩的分类,在 2002 年完善了三种同伴观摩模型,分别是评估模型、发展模型和同行互评模型,表 6-2 是这三种模型的对比。

问题与讨论

以下三种同伴观摩哪一种更符合本章对同伴观摩的定义? 假如现在你是被观摩的教师,请思考你更喜欢哪种同伴观摩? 当你转变为观摩教师的身份,你的选择是否随之产生了变化?

表 6-2 三种同伴观摩模型对比①

特征	评估模型	发展模型	同行互评模型
观摩者 & 被观摩者	资深教师观摩其他教师	教研员观摩教师、专家型教师观摩非专家型教师	教师互相观摩
观摩双方关系	不平等:权力差距	不平等:专业精通水平差距	平等/互助
目的	将对教师表现的评价作为晋升、转正的依据,以保证教育质量	展现/提高教学能力、评价	参与教学讨论、自我反思以及互相反思
成果	评估报告	报告/行动计划、通过/未通过证书	广泛分析、讨论所得的教学方法和经验
证据	权威评定	专家诊断	参与教师共享的观念
机密性	管理者、观摩者和被观摩者之间	检测者、观摩者和被观摩者之间	观摩者和被观摩者处于共享的学习环境中
评价形式	通过/未通过、成绩、质量评估、值得/不值得	如何提升、通过/未通过	建设性的、不带有评价性质的反馈
观摩内容	教学表现	教学表现、课堂、教材	教学表现、课堂、教材
获益者	学校机构	被观摩者	观摩者与被观摩者
成功条件	嵌入式的管理过程	有效的发展核心	教学的反馈和讨论
风险	导致教师之间孤立、缺乏合作、遭受反对	教师不享有自主权、缺乏影响力	教师自满、保守主义、不够聚焦

---

① Gosling, D. Models of Peer Observation of Teaching[EB/OL]. [2020-07-14]. https://www.researchgate.net/publication/267687499_Models_of_Peer_Observation_of_Teaching.

四、同伴观摩的价值与功能

1. 增进教师的教学自信

为了教师的专业发展，培养教师的教学自信非常重要。同伴观摩"有助于帮助教师转变教育观念、改进教学实践，从而培养对教学的了解和信心。"①较传统的专家评教侧重于寻找和纠正不良做法而言，同伴观摩将重点放在鼓励和传播良好的教学做法上，给予被观摩教师积极的肯定，带来成功的体验，提升了教师从业的效能感。观摩教师所提供的宝贵反馈有助于证实上课教师的课堂是否运行良好，肯定教师努力的方向，让他们更有信心继续走下去。

2. 改善教师的教和学生的学

同伴观摩有助于鼓励教师之间进行交流和互动，并提供了实施各种教学方法的机会，可以"提升参与教师对良好教学实践本质的共同理解，减少孤立感，促进教师的学习和反思，从而朝着改善教学的方向发展。"②有学者将同伴观摩对教师教学方面的价值归纳为"提高教学质量和技能，对教学方法充满信心，寻求新想法以提高教学效率，分享教学方法和做法，确保继续致力于教学和学习。"③同伴观摩不仅有助于提高教师个人的教学技能，还能够帮助教师合作改进教学的其他方面，例如教师们可以共同探讨某一单元的教学目标、编写单元大纲和单元测试题、共享课件资源等。

关于学生的学习方面，学生能够亲眼见证教师们在相互观摩、相互配合的过程中所付出的努力，甚至"一些上课纪律较差的学生在观摩教师的陪伴下注意力更加集中"。④同伴观摩表明"教师通过额外的努力增加了对学生学习体验的认识，其改善教学所带来的成果最终将使学生受益，得到了学校的管理人员和学生家长的赞成。"⑤

3. 提供了同事合作、共同进步的专业发展思路

参与同伴观摩的教师深知与合作教师互助的价值，因此"他们乐于和同事们结成

---

① Bell, A. & Mladenovic, R. The Benefits of Peer Observation of Teaching for Tutor Development [J]. Higher Education, 2008(6): 736.

② Byrne, J., Brown, H. & Challen, D. Peer Development as an Alternative to Peer Observation: A Tool to Enhance Professional Development[J]. International Journal for Academic Development, 2010(3): 215-228.

③ Bell, A. & Mladenovic, R. The Benefits of Peer Observation of Teaching for Tutor Development [J]. Higher Education, 2008(6): 737.

④ Nelson-Frederick-Einwaechter, Jr. Peer Observation: A Pilot Study [D]. Chestertown: Washington College, 1992: 32.

⑤ Eri, R. Peer Observation of Teaching: Reflections of an Early Career Academic[J]. Universal Journal of Educational Research, 2014(9): 625-631.

平等合作的同伴关系,相互支持,朝着共同目标努力。"①这样的同伴观摩打破了教师各自"关起门上课"的局面,促进教师之间建立起面向发展的合作关系,搭建起一个分享教学经验的论坛。观摩教师的建设性反馈能够帮助上课教师察觉到自己忽略的问题,并在观摩之后的反思和行动中加以改进。同伴间的教学观摩鼓励教师们探究日常教学中发现的共性和个性问题,讨论和传播各种良好做法,教师同事之间的合作能力得到了锻炼和提高。

在开展同伴观摩的过程中,参与教师需要互换观摩教师和上课教师的角色,更能了解对方的体会,站在对方的角度看问题。教师间的合作关系和对彼此的信任在这个过程中不断得到加固,推动构建温暖、真实、互惠、有效的教师专业合作和发展环境。

4. 作为教学反思的源泉和专业发展的持续性动力

同伴观摩在参与者之间建立信任,允许诚实和公开地交流,鼓励了反思性教学,能够充当观摩和被观摩双方的"反思源泉"。② 具体来说,上课教师在收到来自同伴观摩的反馈之后,会进行针对性的回顾和反思,得出解决性的策略,为改进下一次课堂教学做好准备;观摩教师则在观摩课堂的同时引发对自己教学的反思。对习惯于在教室前面上课的教师们来说,坐在教室后排观摩为他们提供了一个迷人的视角,使他们有机会"(1)反思同事的教学风格;(2)分享观点、想法和教学经验;(3)坐下来思考在相同情况下自己会做什么。"③

同伴观摩帮助教师突破被动接受的层面,让他们将所得知识与自身经验相结合,在实践中检验并内化,在实现创造性的超越之后开始新一轮实践,从而形成专业发展的良性循环。因此,本书倡导将同伴观摩作为教师教学反思的源泉和专业发展的持续性动力。

5. 成为教师行动研究的一部分

同伴观摩不是一项独立的活动,而是一项正在进行的活动,它可以成为教师行动研究的一部分。有学者认为这样的同伴观摩应分为以下四个阶段:"第一阶段,教师在观摩后通过分析同伴观摩的结果或反思性写作来决定如何改善他们的教学;第二阶

① Schuck, S., Aubusson, P. & Buchanan, J. Enhancing Teacher Education Practice Through Professional Learning Conversations[J]. European Journal of Teacher Education, 2008(2): 215 - 227.

② Richards, Jack C. Beyond Training[M]. Beijing: Foreign Language Teaching and Research Press, 2000: 144.

③ Bell A, Mladenovic, R. The Benefits of Peer Observation of Teaching for Tutor Development[J]. Higher Education, 2008(6): 735 - 752.

段,告知观摩教师计划,并共同制定观摩时间表,匹配接下来的观摩重点,考虑观摩计划的实施;第三阶段是开展课堂观摩;第四阶段又回到反思结果,可以是上课教师个人反思也可以与观摩教师合作完成反思。教师重复这四个阶段的循环,直到对教学行为的有效性感到满意为止。"[1]

案例探讨[2](有改动)

以下是两位小学英语教师(甲任教四年级;乙任教五年级)开展同伴观摩活动的记录选段,包括他们分别作为授课教师的反思日记与作为观摩教师的反馈,请据此思考:

1. 这些片段体现了同伴观摩的哪些特征?

2. 每个片段中两位教师的关注点各是什么?

3. 纵向比较他们第一次和最新一次中的言论,是否取得了进步?若有,体现了同伴观摩的哪些价值与功能?

4. 横向比较授课教师和观摩教师的角色,你是否更倾向于担任其中一种?为何?

表6-3 授课教师与观摩教师比较(一)

授课教师:甲	观摩教师:乙
"今天我播放了自己剪辑的英文视频。我担心时间问题,因为处理资料的技术对我来说并不是那么容易。但是什么意外也没发生,所以我能够按照原定计划进行。由于后来学生赶时间休息,我只能做最后一个活动。" (选自教师甲的第一份反思日记)	"视频演示部分很好。画面色彩丰富,尺寸也不错。但是忘了加过渡片段。此外,我注意到学生来不及摘录黑板上的笔记。我认为你的声音有点小,但是总体来说上课的时机还不错。" (选自首次观摩后会议教师乙的反馈)
"今天我尝试使用了实物教学,没有想到这堂课会这么有趣!在课堂上利用实物做些小游戏,让学生记住一些英语实例确实是可行的。从理论上讲,我知道实物教具很有用。认真地准备以便在实践中使用并见证它们对学生的真实影响,促使我更加留意对教具的选择。" (选自教师甲的最新反思日记)	"你的照片选得非常有意思,展示教师本人的照片足以引起学生们的注意。但是当你开始创建语境时,一些学生觉得有点无聊。为什么不提供五年级学生更容易理解的句子并匹配一个非常简单的语境呢?我认为这样可以改善学生们的体验。" (选自最新观摩后会议教师乙的反馈)

[1] Nelson-Frederick-Einwaechter, Jr. Peer Observation:A Pilot Study[D]. Chestertown:Washington College, 1992:33-34.

[2] Kuru-Gonen, S. I. A Study on Reflective Reciprocal Peer Coaching for Pre-service Teachers:Change in Reflectivity[J]. Journal of Education & Training Studies, 2016(7):218-221.

表6-4　授课教师与观摩教师比较(二)

授课教师:乙	观摩教师:甲
"我的活动失败了,因为学生对这个主题不感兴趣。我明白了首要规则是找出有趣的话题以吸引学生的注意力。说实话,我觉得我的活动都很好,但是还需要引起学生足够的兴趣,让他们有话可说。" (选自教师乙的第一份反思日记)	"如果我是你,我将很难处理讨论环节,因为每个人都在忙着说些什么。而你在课堂管理方面做得很好。这些学生的确需要更多地参与讨论。他们以前没有接触过这类话题,这是主要问题。如果他们有兴趣,他们会在其中发言。当然,学生的英语使用得不是很好,但我认为这算得上是个好的开始。" (选自首次观摩后会议教师甲的反馈)
"在今天的写作课上,我考虑过教学生如何写 Mother's Day 的祝福卡片。我考虑了学生的概况,然后放弃了这个想法。班级里有的学生父母离异,有些很少见母亲的面。我不想让这些学生沮丧,让他们回想起曾经的回忆,这太不顾及他们的感受了。所以我把主题改为给家人的祝福卡片。" (选自教师乙的最新反思日记)	"有几个学生总是自顾自的,不跟其他同学互动,你有注意到吗?这些学生几乎被无视,看上去很迷茫。这不公平。我想我们作为教师应该为这些学生做些事情,让他们尽可能多地参与到课堂活动中来。" (选自最新观摩后会议教师甲的反馈)

第二节　同伴观摩的实施

同伴观摩需要在与同事的合作和帮助之下开展。以下将从实施原则、实施过程和主要步骤来介绍如何实施同伴观摩。

一、实施原则
在开展同伴观摩活动之前,教师必须首先了解以下原则。

1. 明确性原则

明确性原则指开展同伴观摩活动之前,教师有必要了解实施同伴观摩并不提倡对教学能力进行终结性评价,它是一个不断完善和改进教学的过程。参与教师需要首先对同伴观摩的活动有清晰、正确、整体性的认识,包括同伴观摩的概念、目的、流程等,从而制定明确的开展计划并实施。

2. 自主性原则

自主性原则指教师在同伴观摩活动中拥有一定自主权力,包括自主参与同伴观摩、自主结成同伴关系和自主制定同伴观摩计划三方面。

3.支持性原则

支持性原则指教师开展同伴观摩的过程需要来自各方面的支持,包括同伴彼此的配合、行政力量的支持、学生和家长的理解等。在这样的环境中,教师才能得到必要的技能训练和时间、空间的保障,最终得以顺利行使专业发展的自主权。

二、实施过程和步骤

本章将同伴观摩过程分为观摩前、观摩中、观摩后三个阶段,观摩教师和授课教师在各阶段的角色如图 6-1 所示。

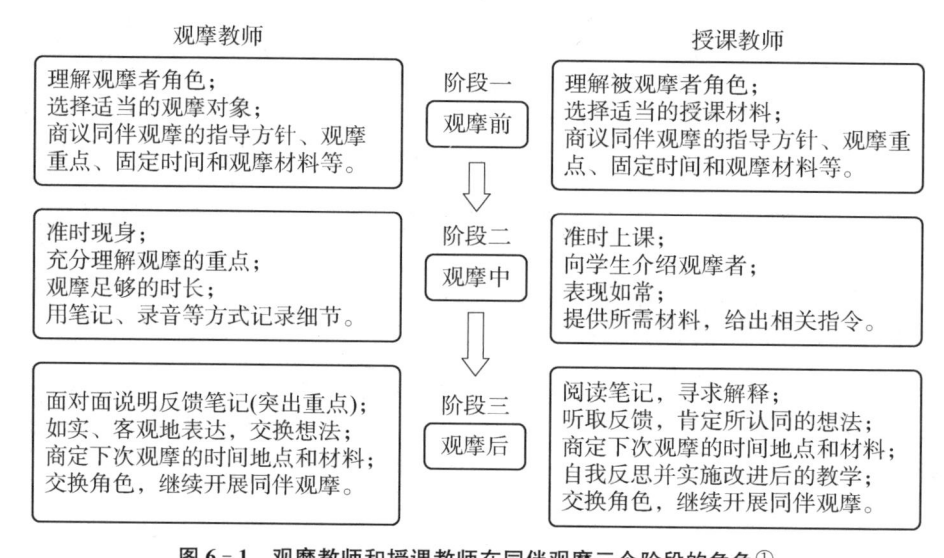

图 6-1 观摩教师和授课教师在同伴观摩三个阶段的角色①

步骤一:达成同伴关系

开展同伴观摩活动必须确保具有主动参与意愿的教师之间结成了平等、合作的同伴关系。关于同伴的选择方式,教师按照自己的意愿自主选择比行政指定更合适。同伴观摩并不制约人数,但为了保证后续活动开展的效率和每位成员观摩和被观摩的机会充足,2—3 位教师结成同伴关系进行观摩为佳。

---

① Eri, R. Peer observation of teaching: reflections of an early career academic[J]. Universal Journal of Educational Research, 2014(9): 627.

步骤二：举行观摩前的交流会议/讨论

同伴观摩的要素应在观摩前讨论商定。戈斯林指出"观摩前会议需涵盖以下内容：确认具体观摩和学习目标、会议时间表、教学内容、如何进行观摩、观摩和反馈的时间和地点、任何潜在的困难或关注领域等。这次会议的一项重要职能是建立信任，处理任一当事方的焦虑。"[①]本章建议尽可能提前一周召开观摩前会议，其主要议程包括但不限于明确同伴观摩的角色和顺序、观摩时间和地点以及观摩重点。

首先，教师需要讨论决定本次同伴观摩中的角色和上课顺序。同伴观摩需要上课教师（被观摩者）和观摩教师（观摩者）两种角色参与。如果是两位教师结对同伴观摩，可以轮流交换观摩教师和上课教师的角色；如果是三位及以上教师成组观摩，可以参照下图来安排各自观摩与被观摩的顺序。

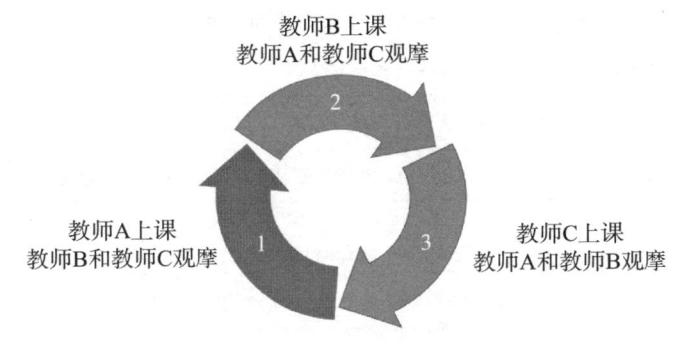

图 6-2 成组同伴观摩顺序示意图（以 3 人为例）[②]

值得注意的是，同伴观摩不是漫无目的地观摩，而是有重点地观摩。同伴观摩是以双方的专业发展为目的，那么活动开展有必要考虑双方教师的需要，留出一定的专业发展空间。在会议上拟定双方的"约定"不失为一种好方法——它可以在观摩之前确定观摩期间需要关注的领域，以便于之后使用这套"约定"作为教学和观摩的指导。上课教师可以在约定中告知同伴观察和收集哪些方面的信息，如教师对活动时间的分配、学生在任务中的表现、师生问答的类型和次数等等；前往观摩的教师帮助上课教师收集真实课堂的数据，学习上课教师的做法，也可以在约定中思考自己想要探究的问

---

① Gosling，D. Guidelines for Peer Observation of Learning and Teaching［EB/OL］．［2020－06－02］．https：//dera.ioe.ac.uk/13069/.

② Santos，L. M. D. Foreign Language Teachers' Professional Development through Peer Observation Programme［J］．English Language Teaching，2016(10)：39－46.

题并向上课教师提出一定要求。总之,双方提出的要求越具体,之后所获得的反馈信息将越具有针对性。为了说明这一点,提供以下两位参与同伴观摩的教师为对方拟定的观摩指南(约定)①供参考:

表 6-5 教师观摩约定一

	当你将要来观摩我的课——致上课教师
1	请让我了解你的需要,如果有什么规则,也请提前告知。
2	请对我说明可能会出现哪些影响你和学生们的情况。
3	请向大家介绍我的到来,提及我是谁时请不要影射我是你们的"客人"。
4	请建议我如何更好地收集数据而不使学生们感到不适或不安全,告知学生他们没有在"接受考查"。
5	请避免没有事先告知就邀请我马上参与课堂观摩,我需要预留时间。
6	请不要当着全班学生的面问及我的观点和反馈。
7	请不要因为我的到来而改变你的行为或者教学风格,尽量保持如同往常的自然表现。
8	请明确告知我需要收集哪些方面的信息,如有必要,请事先给我准备好的观察工具。

表 6-6 教师观摩约定二

	当你将要来观摩我的课——致观摩教师
1	请提前进入教室并向大家进行一个简短的自我介绍。
2	假如你已经有所安排,请不要在完成前告诉我你打算观摩什么。
3	请在教室后排就坐,离开学生们的直接视野。
4	观摩时请和学生们遵守相同的规则,尊重他们的观点和想法。
5	请在必要时才与学生们进行互动,不要过多打扰或干预学生们的学习过程。
6	请在观摩时抱有开阔的心胸,不要太计较小错误或者不足之处。
7	请根据我提出的具体问题给我反馈,而不是直接告知我应该怎么做或者不应该怎么做(除非我问起)。本次我的问题是……
8	请在观摩期间关闭手机的提示音,若有重要来电请到教室外面接听。

---

① Bailey, M. K., Curtis, A. & Nunan, D. Pursuing professional development: the self as source [M]. Beijing: Foreign Language Teaching and Research Press, 2009: 163-164.

教师作为观摩者和被观摩者,就同伴观摩中期望或力图避免哪些行为有着清晰的想法。当教师即将参与同伴观摩时,和同伴在观摩前的交流会议上共同拟定这样的约定对观摩活动的顺利开展是很有帮助的。

问题与讨论

你是否认同以上的两份观摩约定?请设计你心目中的教师同伴观摩约定,给(1)你将要观摩的人;(2)将要来到你的课堂观摩你的人。假如与同学或者同事们合作,请比较你们各自设计的约定有何异同。

步骤三:开展课堂观摩

观摩过程中,考虑到前文提及的上课教师和观摩教师的"约定"遵循的一组标准,观摩教师被要求坐在教室的后排,调整好位置和角度。除非上课教师允许,观摩教师应尽量避免参与课堂活动以减少对上课学生和课堂的打扰。在上课教师开展正常教学工作的同时,观摩教师担负着重要的信息收集任务。值得注意的是,"同伴观摩要求观摩教师采用一定的方式来描述教学情况,而不是评价上课教师所实施的教学。"[1]观摩教师可以使用多种多样的手段,如"1.定时采样——观察者记录在课程中以指定的时间间隔显示的特定行为;2.编码形式——使用课堂行为编码类别,每当在课堂中出现一种行为时,观摩者就会将其归类到相应的类别;3.描述性叙述(广义)——试图总结课程中发生的主要事件的书面叙述;4.描述性叙述(狭义)——专注于课堂特定方面的书面叙述。"[2]需要指出的是,在使用后两种手段进行书面记录时,应当区分"观察所得"、"推断"和"观点"这三个相关概念。表6-7是对它们的普遍定义[3]:

---

[1] Fanselow, J. "Let's see": Contrasting Conversations about Teaching[J]. TESOL Quarterly, 1988(1): 11.

[2] Richards, J. & Charles, L. Teacher Development Through Peer Observation[J]. Tesol Journal, 1992(2): 7–10.

[3] Bailey, M. K., Curtis, A. & Nunan, D. Pursuing Professional Development: the Self as Source[M]. Beijing: Foreign Language Teaching and Research Press, 2009: 165.

表 6-7　课堂观摩书面记录要点

观察所得 （observations）	留意和记录事实和事件；观察行为导致的数据；基于观察所得的评价。
推断 （inferences）	基于已知的决定或结论；源于推理得出的想法；给予事实或证据的决定；结论或演绎。
观点 （opinions）	不一定基于确定事实或知识，但看起来真实有效的观念；对人、行为、想法的价值所做的评价或印象。

可以说它们是依据从客观到主观的顺序排列的三个概念，在同伴观摩的实施过程中对它们进行区分非常重要，因为它们将影响到观摩后的反馈。"'观察所得'是本质上的事实，比如在同一节课中就某个学生在 20 分钟内的举手次数，两三个观察者的记录是一致的。'推断'则是另一回事，除非教师呼吁学生将自己的需要可视化，观察者是无法得知学生的真实动机的。比如先前那位 20 分钟内举了十二、三次手的学生，观察者甲推断学生对这个话题非常熟悉而有想法，因此热衷于参与到讨论之中；而观察者乙可能会推断为学生是感到疑惑而有很多问题想要提出。至于'观点'，通常包含了一种主观评价式的态度，不同主体易得出独立（甚至相反）的结论，比如上述场景中，观察者甲的观点可能为'上课教师是在无视这个学生，并且应当多给这位学生发言机会'；观察者乙的观点则可能为'上课教师将发言的机会分配得更加平均的做法是正确的'。"①

问题与讨论

以下是一位观摩教师的笔记，请辨别它们分别是观察所得、推断还是观点？

例 1：

A. 这个班级人际氛围很好。

B. 该学生提问和回应时看起来很适从。

C. 课堂前 20 分钟，每个学生都至少进行了一次自发性发言。

例 2：

A. 该教师看起来似乎正采取听说法进行训练。

B. 该教师对学生每一个口语错误都采取了直接纠错、并向学生示范了正确形式。

C. 该教师对学生的口语错误处理得太过无情了。

---

① Bailey，M. K.，Curtis，A. & Nunan，D. Pursuing Professional Development：the Self as Source［M］. Beijing：Foreign Language Teaching and Research Press，2009：166.

步骤四：召开观摩后的反馈会议

经过一轮课堂观摩以后，参与教师应召开反馈会议。我们建议将会议设置在观摩活动结束后当天或者第二天。这样安排的原因是为上课教师留出时间回顾和反思课堂，比较自己的预期和实施有何出入，提出自己的困惑之处；便于观摩教师及时对收集的原始信息进行归纳和整理，思考如何将观摩所得如实、客观地反馈给上课教师。一般来说，不建议长时间推迟交流会议，因为教师们有大量日常工作需要完成，除非留有整节课的课堂录像，否则在多日以后教师可能无法顺利回忆起当时的事件或者不慎遗漏重要的细节。

这场会议的目的不在于让一位教师向另一位教师学习，也不是观摩教师对上课教师的表现好坏进行评价，而是营造一个交互式的研讨环境，倡导从事实出发，有理有据地开展讨论，主要议题如表6-8：

表6-8　课堂观摩主要议题

履行合约	观摩教师提供书面或口头的反馈报告，根据上课教师的提问，在符合观摩前会议所拟定的合约要求的前提下进行描述性回答；上课教师积极发问并对观摩教师的反馈做出回应。
交流学习成果	双方教师对真实课堂的实践经验进行总结归纳，交流想法。
完善观摩计划	观摩后会议既是一次教学观摩的结束，也是下一次同伴观摩活动的开始。双方教师需要依据事先商定的顺序交换角色，敲定下次观摩的时间、地点、上课内容等。

三、小学英语教师同伴观摩可能遇到的问题

同伴观摩作为一种促进外语教师专业发展的方法，值得小学英语教师尝试采用，但以下问题可能会阻碍同伴观摩的成功实施：

1. 受传统课堂观摩观念的负面影响

在学校中，教师普遍抵触传统的课堂观摩，究其原因在于教师们对课堂观摩的观念还停留在"监督性或评价性观摩"①，认为课堂观摩就是公开自己的教学来接受领导和同事的评价。在许多学校中，观摩课仍被当作教学比赛和职称评定的一种方式，上课教师需要被评判、被监督甚至被评分。这无疑给教师带来了许多心理压力，易引起紧张不安的情绪。长此以往，教师们逐渐对传统的课堂观摩产生了抵触情绪，更乐衷

---

① 钱洁雯. 采用同伴观摩的方法促进外语教师的专业发展[J]. 江西师范大学学报（哲学社会科学版），2008(02)：158—160.

于关起门来自己上课，没有外来教师前来观摩也就没有人来评价或质疑他们的教学方式。这使得许多教师对同伴观摩产生负面联想、心存疑虑或延续以前的做法，不利于同伴观摩在教师之间的推广。

2. 忽视同伴地位的平等性

研究表明，大部分教师认同"同伴观摩能够促进教师专业发展，提升教师教学能力"[1]，他们具有同伴观摩的意识，支持开展同伴观摩活动，但是难以落实到具体的行动上。甚至很多时候，即使教师之间开始了合作，同伴观摩也难以继续。这种现象主要是由教师在互相观摩时不平等的地位导致的。同伴观摩必然涉及人与人之间的交往，平等是教师长久合作的基础。戈斯林在谈论同伴观摩面临的风险时便提到了"同伴之间没有进行平等的知识共享"。[2] 新手教师和老教师之间的观摩便是一类典型的例子，新教师和老教师之间通常以师徒结对的形式进行观摩，并在观摩结束后由老教师对新手教师进行指导。在这种合作关系中，新老教师之间的地位是不平等的——老教师总是在一味地单方面付出，此时的同伴观摩不具备"互惠性"特征。长此以往产生的"偏利共生"效应令老教师逐渐失去继续参与的动力。

3. 教师缺乏同伴观摩的相关技能

教师是参与同伴观摩活动的主体，同伴观摩的技能是他们将合作理念转化为实践的桥梁。只有教师具备了良好的观摩能力，才能有效开展同伴观摩活动。但长期以来，组织和安排教师观摩的任务往往由管理层和教研员下达，教师在专业生活中自主开展同伴观摩的能力相当匮乏。对于观摩能力较差的教师而言，他们处于比较被动的地位，在观摩活动中经常保持沉默，更多是在疲于应付，观摩的作用得不到体现。可见，教师同伴观摩的技能对教师参加观摩活动的积极性以及他们能否享有同伴观摩参与主体的地位都有很大影响。

4. 教师缺乏同伴观摩的时间和精力

目前，小学英语一线教师工作繁重，每周有大量课时，并且作业要全批全改。除了正常的英语教学以外，还要轮值管理早自习、学生的午餐，参与各项会议和培训。小学英语教师在专业发展方面没有得到充足的时间保证，这对教师之间的同伴观摩提出了

① Santos，L. M. D. Foreign Language Teachers' Professional Development through Peer Observation Programme[J]. English Language Teaching，2016(10)：39－46.

② Gosling，D. Models of Peer Observation of Teaching[EB/OL]. [2020－07－14]. https://www. researchgate. net/publication/267687499_Models_of_Peer_Observation_of_Teaching.

很大的挑战。

5. 违背教师作为参与主体的自主性

虽然学校组织的观摩活动比自愿自发的、专业发展取向的同伴观摩更为正式、有组织性，但是加入行政人员的干预，会在一定程度上削弱参与者的能力，剥夺教师自己组织和安排同伴观摩的权利。依靠外在力量强制的、形式化的同伴观摩更多是在对教师进行灌输，教师之间并没有实现真正意义上的合作，只是循规蹈矩、应付参与。这样的同伴观摩违背了自主性原则，仅仅停留在形式上，徒有虚名，难以获得实际的效果。

四、促进小学英语教师同伴观摩的对策

针对以上问题，为了顺利地实施同伴观摩，需从以下几方面入手加以改善：

1. 教师的同伴观摩意识是顺利开展的前提

教师是否具备同伴观摩意识是教师是否愿意开展同伴观摩的前提。只有教师自愿和同伴结对，协同合作、共同进步，教师同伴观摩才能促进教师的专业发展。教师可以通过以下两方面做法树立正确的同伴观摩意识：

第一，加强对同伴观摩理论和实践的研究。若教师没有深刻理解同伴观摩的理念，会从一开始就难以与同事达成同伴关系，因而无法顺利实施接下来的步骤。因此，教师应努力创造机会，加深对同伴观摩的思考和研究，在深刻理解的基础上巩固对同伴观摩的认同感。

第二，树立集体发展的愿景。传统的教师文化更加重视个体教师的自主学习和发展，将教师的教学、研究和发展视作教师个人的事情。这种观念破坏了同伴观摩的合作关系，激化了教师之间的竞争。有时关系不错的两位教师也会因为无法相互信任导致不愿意公开和交流教学问题。"当被观摩教师接受和欢迎观摩教师的反馈时，同伴观摩才能成为教师强大的学习体验。"[①]但如果观摩教师不被信任，将阻碍活动开展。因此，教师们需树立起共同发展的愿景，拥有开放合作的胸怀。

2. 保证参与教师地位平等是同伴观摩开展的关键

根据平等性原则，无论参与教师在学校中资历深浅，职称高低，教师在同伴观摩的过程中应该表现出对同伴的尊重，达成同伴关系的教师在进行同伴观摩的活动时，应享有平等的地位，不分主次，通过彼此之间的合作来达到互惠共赢。为了保证参与双

---

① Gosling, D. Using Habermas to Evaluate Two Approaches to Negotiated Assessment[J]. Assessment & Evaluation in Higher Education, 2000(3): 293 - 304.

方平等的地位,"观摩教师和被观摩教师应共同把握同伴观摩的进程,共同享有同伴观摩的成果"①,如双方可以在观摩前阶段共同制定参与的基本规则和观摩重点,在观摩后共同享有观摩报告以及同伴观摩产生的其他成果的所有权。

3. 学校的支持是同伴观摩开展的保障

教师的专业发展是学校提高教学质量的关键,学校有必要为教师开展同伴观摩、实现专业发展提供支持和保障。

第一,在技术上提供培训。当前学校的在职教师都接受过高等教育,具有较高的知识水平,但缺少相应的同伴观摩技巧。学校有必要组织教师同伴观摩的专题培训,以强化教师的观摩技能。对教师的培训包括:如何选择同伴并组成同伴观摩小组,如何有效地组织和开展同伴观摩活动,如何选择最能准确反映观摩重点的研究工具,如何提供和接受同伴的反馈等。此外,学校还可以组织教师参与朋辈拓展活动,培养教师之间的信任,提升他们的协作能力。

第二,在时间上给予保证。学校可以将部分教研时间设定为开展教师同伴观摩的固定时间。同时,学校应适当减轻教师的工作负担,为教师留出专业发展的时间以便合理安排好各项事务,将同伴观摩提上日程。

第三,对教师的自主专业发展权利予以支持。学校应秉持"以人为本"的理念,给予教师通过同伴观摩的方式追求专业发展的自主权,减少相关的行政干预。教师掌握了自主权,意识到自己是观摩活动的主体,对于观摩活动的积极性也将随之提高。

4. 参与教师需要不断提高自身素质

就教师本身来说,想要顺利地组织与开展同伴观摩活动,除了接受学校组织的培训以外,需要不断提高自身各方面的素质。

第一,教师要注重提升自身思维品质。教师应善于思考,保持开放的心态和乐观的精神,虚心学习同伴的长处。在进行同伴观摩活动的时候,要注意反思教学与观摩的过程和成果,提高活动的参与质量。

其次,教师要注重提升自身的沟通素养。在进行观摩的过程中,教师们会进行一定的讨论活动,出现意见分歧是非常常见的,教师对于意见分歧的处理态度反映了自身的素养。因此,双方教师需要平等交流,学会倾听同伴陈述的内容,学会如实、客观地反馈。

---

① Shortland, S. Peer Observation: A Tool for Staff Development or Compliance? [J]. Journal of Further & Higher Education, 2004(2): 219 - 228.

最后,教师应提升参与同伴观摩的积极性。同伴观摩是一项实践性活动,教师在观摩前阶段应当对可能涉及到的问题进行思考,观摩结束后可以发表对于整体观摩活动的改进建议。当教师积极主动地行使自己作为参与主体的权利,真正投入同伴观摩中时,才能发挥同伴观摩的各项价值和功能,令双方教师从中获益。

案例分析与探讨(有改动)

在接受了同伴观摩短期培训以后,孙艳老师与六年级英语组的小王老师达成了开展同伴观摩共同进步的共识,以下是她们的研究记录,请据此思考:

1. 仔细阅读观摩记录,请用不同符号标出观摩笔记中的观察所得、推断和观点。
2. 同伴观摩为什么需要召开观摩前的交流会议和观摩后的反馈会议?
3. 小学英语教师在实施同伴观摩的过程中应该注意什么?

通过提问培养学生思维能力的实践[①]

一、研究问题

通过提问来培养学生思维品质的教学策略有哪些?

二、研究对象

教师	教龄	学历	专业	任教年级
小王老师	1	本科	英语师范	六年级
孙艳老师	1	本科	小学教育	三年级

三、研究工具与方法

主要包括访谈、课堂观察等方法以及录音笔、课堂观察表等工具。

四、研究方案

制定计划:在研究开始前阶段,两位教师结成平等合作的同伴观摩伙伴关系以便互相观摩,相互约定具体观摩的目标、会议时间表、教学内容、观摩和反馈的时间和地点等。

实施计划:通过同伴观摩,在听课过程中记录课堂情况。同时,根据课堂观察结果分析对学生思维品质的培养效果。

分析与反思:在观摩后及时反馈并反思教学,进一步提出通过提问培养学生思维

---

① 郑璐. 通过提问培养学生思维能力的实践[J]. 中小学外语教学:小学版,2018(08):25—30.

品质的教学策略。

五、研究过程（篇幅原因，仅展示一轮观摩的过程）

孙艳老师和小王老师在同伴观摩的过程中听取对方的英语课，以下是她们的同伴观摩记录。

1. 观摩前——观摩前讨论会议要点

上课内容：人教版《英语》6A Unit 6 How Do You Feel? Part A，Let's Talk

上课教师：小王老师

观摩教师：孙艳老师

观摩时间：下周五

观摩地点：小王老师任教的 603 班教室

观摩工具：观摩表格、纸笔、录音设备等

交换"约定"：

	致观摩教师(孙艳老师)：本节课我想尝试着重培养学生的思维发展。因此请留意以下几点并在观摩后给我反馈。
1	请提前进入教室并向大家进行一个简短的自我介绍。
2	请不要在完成前告诉我你打算观摩什么。
3	请在教室后排就坐，离开学生们的直接视野。
4	请在观摩期间关闭手机的提示音，若有重要来电请到教室外面接听。
5	请在观摩后反馈： (1) 我的提问是否有效； (2) 学生的反应是否体现了思维的积极参与； (3) 课堂环节的安排是否合理，并提供相关数据说明。

	致上课教师(小王老师)：
1	请向大家介绍我的到来，提及我是谁时请不要影射我是你们的"客人"。
2	请不要因为我的到来而改变你的行为或者教学风格，尽量保持常规状态，保持如同往常的自然表现。
3	请明确告知我收集哪些方面的信息，并事先给我准备好的观察工具。

孙艳老师期待在观摩中思考的问题（根据约定，未告知小王老师）：

➢ 小王老师是怎样指导学生完成教学任务的？

➢ 小王老师怎样丰富教学内容？

➢ 小王老师怎样运用不同的教学策略和教学材料来满足不同层次学生的学习需求？

➢ 小王老师怎样设计和组织教学活动？

➢ 小王老师怎样激发学生的学习参与意识？

➢ 小王老师怎样观察学生反应并做出即时决策？

➢ 小王老师怎样对待学生的学习错误？

➢ 小王老师怎样设计问题并启发学生积极思考？

➢ 小王老师对教材为何这样处理？换成自己该如何处理？

➢ 小王老师是怎样把复杂问题转化为简单问题的？自己应怎样对那些"突发状况"灵活处理？

2. 观摩中——本次观摩采用了定量和定性的观察工具。

❖ 热身环节中教师首先布置了三项学习任务：一是学生观看一段动画视频，说出其中与感觉(feeling)相关的词汇，引出本节课的话题情境"feeling"；二是教师与学生谈论话题"What makes you happy?"；三是让学生猜测"What makes our teacher happy?"教师给出答案后，学生继续谈论"What makes you happy?"这一话题，本环节师生教学对话片段如下：

T：What makes you feel happy?

S1：Eating hamburgers makes me feel happy.

S2：My little puppy makes me feel happy.

S3：Watching TV makes me feel happy.

T：Where do you usually watch TV?

S3：At home.

T：Nobody asks me?

S：What makes you feel happy?

T：Playing football with my friends at school makes me feel happy.

观摩笔记：围绕课前热身任务进行了真实的交流与沟通，学生表达了自己的真实想法，感知了目标句型"How do you feel?"以及单词"afraid""angry""sad"和"happy"，并在此基础上学习疑问词"what""where""who"的用法以及句型"What makes you happy?"我觉得韩老师最后的输出是有意为学生示范一个较为完整的句子。

❖ 在Let's Try板块的教学中，教师在进行对话教学前让学生思考"What makes

Sam happy?"由此开展 Let's Try 板块中的听力练习,以下是师生部分对话:

T：Who is he? Can you tell me what makes him feel happy?

Ss：He's Sam. Eating some food makes him feel happy.

T：What is Sam doing? Where is Sam?

Ss：...

观摩笔记:在以上教学环节中,教师通过问题"Can you tell me what makes him feel happy?"启发学生对 Let's Try 板块的思考,并通过听力练习验证了学生们的思考,之后再次用"what"和"where"引导的疑问句追问。小王老师和学生们的问答活动激活了学生的思维,不仅帮助学生初步学习了这两个疑问词的用法,还为学习后续的对话做好了准备。

❖ Let's Talk 板块的教学中,为了帮助学生理解对话文本内容,教师先通过提问创设如下情景:"Sam and Sarah are watching a film at home. Are they happy?"学生给出各自的猜测后,教师让学生观看 Let's Talk 板块的视频,并指导学生围绕对话文本展开讨论。本环节师生围绕 Let's Talk 板块的视频内容展开对话,片段如下:

T：What will they do? Where is Sam?

Ss：...

T：How do they feel?

Ss：They feel happy.

T：Who is angry in the cartoon?

S1：The cat is angry in the cartoon.

T：Can you tell me who makes him feel so angry?

S2：The mice. The cat is angry with the mice.

T：Why is the cat angry with the mice?

S3：Because the mice are bad. They hurt people.

T：How do they hurt people?

Ss：They take people's food.

观摩笔记:这里的提问应该是通过提供问题支架,帮助学生从细节入手来理解对话文本。其中有可以直接从图片中获取答案的问题,如"What will they do? Where is Sam?"以及需要学生进一步思考的问题,如"Why is the cat angry with the mice?""How do they hurt people?"由此引导学生根据上下文找到问题的答案。注重依据对话文本的逻辑脉络,问题由浅入深,不仅活跃了学生的思维,而且帮助学生循序渐进地理解了对话内容。学生依据对话内容回答有关对话情节的问题,思维在此过程中得到激活。

❖ 教师出示教材的文本配图,如"mouse""cat""angry""afraid""food""happy""cheese""hurt""people""police""officer""bad""chase""catch"等,以问答的方式引领学生解读和理解文本图片信息,猜测文本内容。师生对话片段如下:

T：And we have some words here. Some are in the cartoon; some are not in the cartoon. Read and tick. Which one do you think maybe in the cartoon?

S：The mice.

T：Who is angry in the cartoon?

S：The cat is angry in the cartoon.

T：Can you tell me who makes him so angry?

S：The mice make the cat feel angry.

T：The cat is angry with the mice. Why is the cat angry with the mice?

S1：Because the mice hurt people.

S2：Because the mice steal food.

观摩笔记:教师出示了与单词相应的配图,便于学生领会单词的意思,加深印象。在学习完它们的音、形、义后,接着又引导学生猜测哪些词语可能在动画视频中出现。教师使用了具体的细节追问"What are the mice doing?""Who is angry in the cartoon?""Who makes him so angry?""Why is the cat angry with the mice?"不仅有助于激活学生已有的知识,还能让学生留意推断的依据,完善表达的逻辑。

❖ 在本节课的教学中,教师用课件呈现学生熟悉且喜爱的动画《熊出没》,并以问答的方式,由易到难,开展对话活动。接下来,教师引导学生小组合作互相问答:

T：We know somethings about this cartoon. Can you ask Mr Qiang a question?

S1：How does Mr Qiang feel?

S2：He is afraid.

S3：Why is Mr Qiang afraid?

S4：Because the bears are chasing him.

观摩笔记:整个拓展活动围绕学生熟悉且喜爱的动画展开讨论。在学生理解动画内容后,教师引导他们运用本节课所学的核心句型自主提问"How does Mr Qiang feel?""Why is Mr Qiang afraid?"由此让学生谈论动画人物的情感,做到了学以致用。教师针对学生的回答提出更多启发性的问题,发散学生的思维。学生有了文本对话内容的输入,再通过师生间的问答和生生间的自主提问,以及教师的适时启发提问,不仅有话想说,还有话能说。师生间的交流越来越轻松、和谐,学生的语言输出越来越丰富多彩,课堂气氛也变得更加活跃、温馨。

❖ 为了便于孙艳老师对课堂的观察和记录,小王老师事先设计了以下两个表格,交由孙艳老师在观摩时填写。

教师提问表

问题	问题类型		回应		回答	
	事实性问题	推断性问题	被邀请	主动	关键词	详细叙述
1	#		#			#
2		#	#			#
3		#		#	#	
4	#		#			#
5	#		#			#
6		#	#			#
7	#		#			#
8		#	#			#
9	#			#		#
10		#		#	#	
11	#		#			#
12		#		#		#

课堂观摩表

课堂观摩表		
关注点	副关注点	描述
课堂组织	课堂逻辑顺序	热身——Let's Try——Let's Talk——拓展与运用,设置合理。
	与先前教学的衔接	没有观测到复习上节课知识的环节。
	课堂进度和时间安排	任务和候答时间充足,下课前进行了 summary 和作业布置,时间把控恰当。

关注点	副关注点	描述
学生参与	鼓励学生参与	使用配图引发学生对文本的不同猜测,有话可说。
	注意力情况	整体专注,在播放完视频后有短时间的注意力分散情况,后排学生更为明显。
	整节课中与学生的互动	教师追问较多;从表格来看,学生主动回答所占比例仅占1/3。

3. 观摩后的反馈会议

(1)会议时间:周五当天最后一节自修课

(2)发言记录(选段):

"本节课我设计的几次观看动画环节学生的反响很好,气氛很轻松活跃,他们说得比平时更多了。令我困惑的是学生们没有在我的反馈引导之下说出更多更长的回答,但我之前多次有意完整地示范输出过。另外就是想知道孙老师观察到的培养学生思维方面的成效如何呢?"

——选自小王老师(上课教师)的课后发言

"尽管大部分回答都比较短,我想这可能需要更长时间的训练,尤其是意识方面,学生习惯以后就会注意表述的完整性了。培养学生思维方面的话,王老师整节课的提问我都尽量记下来了,加上录音的补充(展示转录文本和观摩笔记),我发现你做得很好的一点就是每个有深度的问题都让'话音落地'了! 因为一个问题的提出往往需要时间和空间,只有留给学生充足的时间和空间,学生才能发现问题和提出问题。王老师在实施过程给予了学生足够的思考时间和空间。教师耐心等候学生的延时反馈,不仅有利于学生概括与总结,而且也能满足学生的表达欲望,使课堂生成新的教学资源,启发学生新的思考与探究。尤其是解决一个问题之后,你的追问,比如就是短短一个'why'的问题,也有意地留给学生对已解决问题进行总结、反思甚至质疑的时间和机会,这样就帮助学生去充分发挥主观能动性,让他们养成下一次回答之前避免不假思索,而是要留心依据的思考习惯。从学生们的回答来看,既有简单的也有出乎意料的,整体呈现丰富的层次。据此,我认为这些问题的确促进了学生的自主学习,加深了他们的思考。"

——选自孙艳老师(观摩教师)的反馈

(3)小王老师的反思总结:

反思表	
姓名:王芳 上课日期:12月21日	教学内容:PEP 6A Unit 6 How Do You Feel? 观摩教师:孙艳老师

指导:
◇ 反思鼓励自我评价和成长,以提升学生参与,创建更好的学习环境。
◇ 接下来是上课教师需要回答的问题,请填写完毕后交给观摩同伴。

1. 本节课您展示了哪些教学长处?
发挥了我擅长的搜集相关教学视频的长处,本节课时间和进度把控得比较好。

2. 假如您有机会再上一次,您将会对本节课作出怎样的调整?
需要继续发展学生的创造性思维,不要被课文提供的观点限制住; 学生在表达时引导他们说长说完整。

3. 您期待收到怎样的反馈和支持作为本次同伴观摩的结果?
希望孙老师按照我们观摩前会议拟定的约定,提供给我根据相关观摩重点收集的数据,并据此反馈给我有关提问、学生思维培养、课堂安排的具体说明,提供给我一份简单的书面报告。

（4）下次观摩的计划安排

上课教师：孙艳老师

观摩教师：小王老师

上课内容：PEP 4A Unit 5 Dinner's Ready Part A Let's Talk

观摩时间：下周四

观摩地点：孙艳老师任教的301班教室

观摩工具：观摩表格、纸笔、录音设备等

拟定"约定"：

	致观摩教师(小王老师):本节课我想尝试着让学生在课堂中获得真实的情感体验,在活动中作为主体参与交流、互动,在亲自体验后有感而发。因此请留意以下几点并在观摩后给我反馈。
1	请提前进入教室并向大家进行一个简短的自我介绍。
2	请在观摩期间关闭手机的提示音,若有重要来电请到教室外面接听。
3	请在教室后排就坐,离开学生们的直接视野。
4	请在观摩中重点关注: (1) 我的背景铺垫、活动设计、理念呈现; (2) 留意学生在体验过程中的情感态度表现。
5	请在观摩后就观摩重点提供相关数据说明。

致上课教师(孙艳老师):	
1	请向大家介绍我的到来。
2	请事先给我准备好的观察工具。
3	请保证如常、自然地表现。

六、研究启示

1. 依托任务提问,激活学生思维。

教师根据本节课教学目标和重难点,依托课堂教学的活动任务,在课前热身、新授和拓展运用三个环节设置丰富的课堂提问,能够促进学生的思考,发展学生的思维能力。

2. 利用图片提问,启发学生思维。

在进入对话文本学习之前,教师巧妙运用图片信息设计相应问题,通过配图激发学生的好奇心,使其猜测文本内容,从而培养学生独立思考的能力,激发学生的思维。

3. 循序渐进追问,提升学生思维。

教师在课堂教学中尽可能基于真实的情景开展循序渐进的层层追问,帮助学生在课堂中实现"在思维中感知""在思维中体验""在思维中生成"。

4. 联系生活提问,发散学生思维。

拓展活动围绕学生熟悉且喜爱的话题展开讨论,通过师生间的问答、生生间的自主提问,以及教师的适时启发提问,让学生的思维不断发散,输出变得丰富多彩。这便是立足生活的课堂设问带来的高效成果。

5. 巧用延时反馈,深化学生思维。

教师耐心等候学生的延时反馈,不仅有利于学生概括与总结,还满足了他们的表达欲望,使课堂生成新的教学资源,启发学生新的思考与探究,能够充分发挥他们的主观能动性,促进主动思维,从而深化学生的思维。

学习小结

本章首先阐释了同伴观摩的内涵,指出它是由两个或两个以上的教师自愿参与,以坦率、关注的态度出现在其中一位教师的课堂内,抱着专业发展的目的观摩和倾听课堂的活动。其次,分析了同伴观摩的四个基本特征:平等性、互惠性、协作性和反思性。其三,阐释了同伴观摩的评估模型、发展模型和同行互评模型。其四,同伴观摩的价值,主要包括:增进教师的教学自信、改善教师的教和学生的学、提供了同侪合作和共同进步的专业发展思路、作为教学反思的源泉和专业发展的持续性动力、成为教师行动研究的一部分。其五,阐释了同伴观摩的过程以及四个步骤:达成同伴关系、举行观摩前的交流会议/讨论、开展课堂观摩、召开观摩后的反馈会议。其六,阐释了同伴观摩中可能遇到的问题以及可行的解决对策。

评价检测

一、简答题

1. 同伴观摩的内涵是什么?

2. 同伴观摩的主要特征有哪些?

3. 同伴观摩的类型有哪些?

4. 同伴观摩的功能主要有哪些?

5. 同伴观摩的主要步骤有哪些?

二、讨论题

1. 教师开展同伴观摩的主要困难有哪些?

2. 克服这些困难的对策有哪些?

三、实践应用题

1. 访谈几位教师关于他或她对同伴观摩作为一种教师专业发展方式的看法。然后询问他或她更倾向于担任观摩者还是被观摩者的角色。比较新教师和老教师的看法是否有区别? 若有,区别是什么?

2. 请邀请一位教师或者同学,进行一次同伴观摩。在课前商讨好你们的约定,并在观摩之后谈谈你们的感受和收获(注意区分观摩笔记中的"观察所得""推断"和"观点")。

第七章 基于行动研究的小学英语教师专业发展

学习目标

学习目标

学完本章后,你应该能够:

1. 理解行动研究的内涵,了解行动研究的特征;

2. 了解行动研究的价值与功能;

3. 了解行动研究的实施过程及步骤;

4. 有效设计针对小学英语教学实践的行动研究方案。

学习指导

本章建议课堂教学 2 个学时。

学习重点主要包括:理解行动研究的内涵与特征;了解行动研究的目的与功能;了解行动研究的过程与步骤;了解行动研究的模式;了解行动研究的实施对策。

课堂教学以讲授为主,对话讨论为辅。

教材学习与教材之外的学习相结合,建议阅读相关领域的研究论文和著作,以提升理解。

问题导入

孙老师担任某小学英语教师已经快一年了,学校倡导小组合作学习,为响应学校办学理念,她在课堂教学中也尝试小组合作学习,但是她发现自己班级内的小组合作学习经常流于形式,效率很低,而且学生们似乎也不太愿意参与小组合作学习,她为此专门向多位有经验的老教师请教,也在班级内尝试运用这些老教师的对策,但是效果依然不佳。孙老师在发现老教师们的建议并不能有效解决问题之后,她决定自己开展研究来解决这一问题,她所采用的研究方法是行动研究。那什么是行动研究呢? 以及如何实施行动研究呢?

第一节　行动研究概述

教育行动研究起始于教师、学校管理者等在教育实践中所遇到的问题,提供给他们一系列的研究工具与方法,他们能够运用诸如研究日志、课堂观察、访谈、拍照、录音和录像等工具和方法来探究这些问题。作为一种情境化的问题解决方法,行动研究最早可追溯到 20 世纪 20 年代杜威的著作。特别是 20 世纪 40 年代以来,由于勒温(K. Lewin)所做的杰出工作,极大地推动了行动研究的发展,勒温将行动研究视为解决研究者所处时代主要社会问题的重要方法。1949 年柯利(S. Coley)和来自哥伦比亚大学师范学院的其他教师一起,将行动研究引入教育领域,行动研究开始被应用于教育研究的诸多方面。二十世纪 60 年代的英国,行动研究成为一种课程开发的重要形式。20 世纪 70 年代,斯腾豪斯和埃利奥特(L. Stenhouse & J. Elliott)进一步发展了这种研究方法,他们扩大了行动研究的概念。特别是斯腾豪斯所提出"教师作为研究者"的理念,使教师逐渐被视为专业人员,像大学研究人员一样,教师也获得了进行专业研究的权利,教师不再仅仅被视为"技术工人",而是成为可以改变实践、创造知识的研究者。格罗维斯和凯米斯(E. Groves & S. Kemmis)进一步发展了行动研究,将其与特定情境中的教育发展所面对的文化的、社会政治的以及经济条件联接起来。

一、行动研究的内涵

行动研究是一种主要由实践者从事的研究,其目的在于解决实践中遇到的问题,通过研究社会情境中的问题从而理解和改进行动或实践。著名学者埃利奥特的行动研究概念被广泛引用:"行动研究被界定为对社会情境的研究,目的在于改进发生在情境之中的行动。"[①]埃利奥特的概念有两个关键词:其一是情境,行动研究发生在特定情境之中;其二是改进,行动研究不是一种解释性或分析性研究,其目的在于改进或提升。

著名语言教育学者纽南(D. Nunan)将行动研究定义为"一个由实践者承担的系

---

① Elliott, J. Action Research for Educational Change [M]. Buckingham: Open University Press, 1996: 69.

统性的反思性的探究,目的在于解决问题、改进实践或提升理解。"①纽南的概念更突显了行动研究的反思性。凯米斯则将行动研究视为"一种合作性的自我反思性探究,主要由社会情境中的实践者承担,目的不仅仅在于提升和改进实践,而且需要提升对实践发生的社会情境的理解,更为重要的是提升社会或教育实践的理性和公正性。"②在这个定义中,行动研究被界定为一种主要由社会(包括教育)情境中的实践者承担的探究形式,主要有三项目的:改进实践、理解情境、促进社会公正。

基于以上不同学者的定义,本章主要聚焦教育情境,认为行动研究是由教育实践者承担的一种基于合作的、系统性的反思性探究,有效地联结了教育理论与实践,其目的在于改进教育实践,提升对教育情境的理解,促进教育实践的合理性与公正性。

问题与讨论

行动研究与其他研究方法诸如实验研究、案例研究等的区别在哪里?

1. 行动研究将教育实践者置于研究的中心。在行动研究中,教育实践者成为教育变革、增长知识和理解自身的中心。这不同于许多传统的研究方法,行动研究是一种由教育实践者所承担的行为,其目的在于提升他们自身或同事的教育实践,从而验证某种教育假设,或者作为一种实施整个学校教育改进的方法。米尔斯(G. E. Mills)说,行动研究是"一种由教师、校长、学校顾问或其他利益相关者在他们的教学、学习或管理情境中所采取的有系统的探究,目的在于收集如下相关信息:特定学校如何运行、教师如何教学以及学生如何学习。"③

2. 行动研究的目的在于理解和改进。行动研究是行动与研究的结合。行动研究不仅仅理解和分析实践,而且需要改进实践。行动研究是实践取向的,其核心要素是主动行动,而非被动观察,它需要实践者参与反思性行动,目的在于改进实践。行动研究包括行动和研究之间持续的循环,能够赋予教师权力在他们的课堂中自主行动,并且能够改进实践。行动研究支持教师们发展技能,从而能够进行系统地探究他们的实

① Nunan, D. Research Methods in Language Learning [M]. Cambridge:Cambridge University Press, 1992:229.

② Kemmis, S. Action Research [A]. Husen, T. and Postlethwaite, T. International Encyclopedia of Education:Research and Studies, Vol. 1 [C]. Oxford:Pergamon. 1985:44-45.

③ Mills, G. E. Action Research:A Guide for the Teacher Researcher [M]. Upper Saddle River, NJ: Pearson, 2007:5.

践。行动研究是提升和改进教师自身专业技能的非常现实的方式。

3. 行动研究通常被视为"课堂研究"。行动研究是从幼儿园到高中教师能够利用的进行研究和持续了解学生需求的重要工具，通过行动研究可以进一步探究让课堂教学变得更好的方法，能够基于反思性实践找到促进自身专业成长的更多机会。行动研究是教师引导的课堂研究，寻求提升教师对课堂教与学的理解，并且改善课堂实践。行动研究主要由教师实施，目的在于获得深刻理解并通过反思性实践正面影响学生的学习结果，从而有助于整体改进自身的教育实践。教师通过对当前实践的谨慎的自我评价与反思，不断解决教学当中所遭遇的各种问题。从实践的角度看，行动研究聚焦于一种如何去做的方法，并且假定每个教师都是自主的、有能力的且投身于终身的专业发展之中。

4. 行动研究是一种反思性实践。行动研究不仅仅改进实践，必定包含反思与反省，是一种反思性实践。行动研究是一种促进知识增长的有新见解的投入性的行动，而非仅仅是一种成功的实践。行动研究者会同时关注如下三方面：如何改进实践、如何转变他们的工作情境、如何从在更广泛的社会中理解他们的实践。这就既需要教师对行动的反思（reflection-on-action），又需要教师的行动中的反思（reflection-in-action），需要二者的结合。

5. 行动研究是一种系统性探究。行动研究是一个过程，实践者试图科学地研究他们遭遇的问题，目的在于引导、改正和评估他们自身的决定和行动。教师运用行动研究的目的在于获得一种教学与学习过程中的积极的变化，行动研究需要运用一套特定的程序和结构，彭斯（A. Burns）指出，"行动研究是一种重要的研究方法，它是一种由实践者实施的自我反思性的、系统性的和批判性的研究，同时实践者也往往是研究共同体的一份子。"[①]行动研究支持教师们形成系统探究自身教学实践的技能。

麦克林（J. McLean）将行动研究定义为"一种过程，系统性地评估教育决策的结果，不断调整实践使其发挥最佳效果。行动研究可以被视为一种教师探究，凸显教师作为知识的创造者所发挥的作用，可以被宽泛地称为"教师研究""课堂研究"或"实践者研究"。[②] 巴赛（M. Bassey）指出："行动研究是教师在其公共场景中为改善实践所

---

① Burns, A. Doing Action Research in English Language Teaching. A Guide to Practitioners [M]. New York, NY: Routledge. 2010: 6.

② Mc Lean, J. Improving Education Through Action Research a Guide for Administrators and Teachers [M]. London: Sage. 1995: 3 - 4.

进行的研究。为了达到这个目的,首先必须要理解正发生了什么,并且进行评估,然后将这种改进和评估引入新情境。行动研究者正在运用系统性的和批判性的探究,目的在于改善教育情境。"①

讨论与思考

王老师是一位小学英语老师,她在某次教学过程中发现许多学生对她设计的话题不感兴趣,她立即暂停授课,询问学生对哪些话题感兴趣,然后围绕着学生所提出的话题展开讨论并不断改进课堂话题设计,请问王老师所采用的方法是行动研究吗?

二、从行动研究到合作性行动研究

合作或合作性工作在行动研究过程中发挥了重要作用:行动研究一直被界定为一种研究方法,它基于一种师生之间或教师与同事之间所构建的合作性的问题解决关系,目的在于解决问题和生产新知识。在这一定义中值得注意的是,研究的实施被视为一种合作性实践,这提升了研究过程中人际力量的价值。行动研究就是通过合作来发展知识,促进理解,更好地改善教育实践。只有超越个体的行动研究,走向合作的行动研究,才能构建新的理论与实践发展,确保教师的专业发展成为一种持续的质疑、反思和共同参与的经验。这一趋势让教师作为研究者和合作小组的成员担当更为主动的角色。

凯米斯等(S. Kemmis)指出"只有当合作之时,才是真正的行动研究,尽管重要的是需要意识到小组的行动研究是通过批判性地检测每位小组成员的行动。"②当行动研究与合作性的工作相连接时,参与的教师才有更多的机会。彭斯(A. Burns)也断定,"合作性的行动研究过程强化了对教师实践的研究结果能够以一种更为详实和批判性的方式反馈给教育系统。"③合作性工作对教师的专业发展非常有用。所以,合作性行动研究就是推动教师参与团队,允许他们不断反思他们的教育实践。推动教师合作有两点是非常重要的:

① Bassey, M. Case Research in Educational Settings [M]. Buckingham: Open University Press. 1999: 18.
② Kemmis, S. , and McTaggart, R. The Action Research Planner [M]. Geelong: Deakin University Press. 1988: 5.
③ Burns, A. Doing Action Research in English Language Teaching. A Guide to Practitioners. [M] New York, NY: Routledge. 2010: 13.

其一,提升教师的宽容能力。合作不仅仅意味着共享和同一,而且还应该具有灵活性与弹性,应当包含着一个可能的视角的丰富性或复杂性,此丰富性或复杂性能够被容纳。这就需要教师具备宽容能力。我们需要把合作建立在更加富有弹性的和更少的同质化的假设之上。富有灵活性和弹性的合作能够让背景各异、观念多样的人相互理解,亲密地、和谐地进行合作。合作既不需要每次都达成一致,也不需要每次都消除差异。

现代社会中宽容精神的缺失是与实践理性的丧失密切相关的。科技理性的兴盛使实践变为一种纯技术化的简单应用,荒疏了人类实践的自我判断力。所以宽容并不仅仅是一种态度和情感,更重要的是一种实践理性思维。教师需基于自己独特的境遇对合作伙伴的观点进行权衡、反思,并做出理智判断。所以教师除了需要秉持平等和耐心的态度之外,还需秉持一种关系思维。

其二,提升教师的反思能力。反思能力是教师合作能力的支柱,交际能力与宽容能力的有效发挥都离不开反思能力的支撑。无论欧盟、美国还是新加坡的教师素养框架都强调了教师反思能力的重要性。范梅南(M. Van Manen)把反思分为三个水平,其中第二和第三水平的反思是教师合作所需要的,即:水平二,实用行动水平,它能够对系统和理论进行整合,教师开始分析教育目标背后的假设,支持教育目标的信念,并对教学行为所导致的教育后果进行考忖;水平三,批判反思水平,能够整合道德与伦理的标准,教师以开放的意识,将道德和伦理标准整合到关于实践行为的论述中。舍恩(D. A. Schon)则将反思分为对行动的反思和行动中的反思,教师合作中的反思则更强调行动中的反思。在合作过程中,教师需要在认真倾听合作伙伴的观点,特别是不同观点的基础之上,不断反思自己的见解和前见,意识到自己见解的视域性和有限性,需要在与合作伙伴的对话中,通过视域融合,不断形成新的理解。

三、行动研究的特征

为了真正理解行动研究的本质,还需要仔细考察行动研究的特征。行动研究可以从多角度来理解。总体而言,行动研究可归类为质的研究范式,开展研究所运用的方法是非常多样化的。行动研究有四个基本特征[①]:参与和合作;持续的螺旋式自我循

---

① Cordeiro, L., Baldini Soares, C, & Rittenmeyer, L. Unscrambling Method and Methodology in Action Research Traditions: Theoretical Conceptualization of Praxis and Emancipation [J]. Qualitative Research. 17(4),2016: 395-407.

环,包括计划、行动、观察和反思;知识生产;实践转变。

1. 参与和合作

参与与合作是行动研究的一个重要特征,行动研究宣称要主动发起变革,通过干预措施正向地影响教育结果。行动研究支持由内及外的变革,而不是相反,行动研究在不同层面都是参与性的。教育行动研究虽然主要由教师承担,但是这绝不意味着仅由一位教师或其他人员承担,教师需要与其他同事、学生以及来自大学的理论工作者合作。合作一方面让自身的研究更有说服力,他人可以成为自己研究成功的重要见证者;另一方面,可以在研究遭遇困难时得到外在力量的帮助,这也是非常重要的,因为任何研究都充满了不确定性和未知性,特别是由于教师在教育理论以及研究方法等方面存在诸多不足,尤其需要得到外来专家的指导。

2. 持续的螺旋式循环,包括计划、行动、观察和反思

尽管行动研究模式多样化,但是研究设计的螺旋式循环是研究项目中的不可或缺的一环。正如勒温概括的那样,行动研究是一个过程,至少包含四个阶段:反思、计划、行动和观察。行动研究与学校改进的方法是一致的,都是过程取向,富兰(M. Fullan)指出,学校改进不是一蹴而就的,它是一个长期的过程。正如学校改进的过程性一样,行动研究也是一个有机的探究过程。这一行动研究的特点鼓励研究者们持续地反思和评价数据,目的是为了界定和重新界定研究方法。这些循环的目的是为了更加精确地阐明研究问题,也就是说,从一般走向具体。行动研究包含行动和反思之间的持续的循环,赋予教师在他们的课堂中更加自主地行动并且持续改善他们的教学实践。

3. 知识生产

行动研究的过程是一个生产知识和转变实践的过程。行动研究方法中有两个关键的原则,即基于情境性问题构建实践结果和发展新的理解形式,也就是说在理论知识构建和行动之间具有一致性。一般而言,为了转变实践,行动研究需要构建新知识,但是需要注意的是行动研究所构建的知识是情境性知识(local knowledge)而非那种放之四海而皆准的通用性知识(global knowledge)

4. 实践转变

总体而言,甚至从勒温提出行动研究这一概念开始,针对实践的行动就是这一方法的核心。勒温指出缺乏实践结果的知识构建是不充分的,仅仅出版一部著作或发表几篇文章的研究是不充分的。从这一立场出发,行动研究所产生的理解都是来源于行动,而且是为了行动。改进实践是行动研究的根本目的之一。

概念辨析：行动研究的"是"与"不是" [①]

行动研究是：

1. 一个过程，能够通过变革改进教育实践；

2. 教育者们一起合作改进他们自身的教育实践；

3. 形成教学反思；

4. 合作性的，也就是说，教育者们与其他的教育者们一起商谈与合作，共同构建赋权关系；

5. 构建教育者的自我批判性共同体；

6. 一个系统性的学习过程；

7. 一个需要"检验"我们教育观的过程；

8. 开放性的；

9. 坚持撰写有关自身教学的个人日志；

10. 一个政治性的过程；

11. 对工作情境的批判性反思；

12. 强调对个体或特殊性的关注；

13. 一个循环，包括计划、行动、观察和反思；

14. 以小组合作的方式工作。

但是行动研究不是：

1. 教师们在思考他们教学时所做的常规的事情，它更具有系统性和合作性；

2. 简单的问题解决，它包含问题探究，寻求我们通常所提出的有关教育实践的问题背后的问题；

3. 为其他人进行的研究，行动研究是由特定的教育者针对自身的工作所实行的研究，它需要在其他实践者的帮助下完成；

4. 有等级的，教育者们在一种平等的关系中共同工作，影响力的大小与行动研究项目中的作用相关；

5. 一种实施预先确定的教育问题的答案的方法，行动研究探究、发现和努力创造

---

① Freddy J. & Desiree S. A. Improving Teachers' Pedagogical and Instructional Practice Through Action Research: Potential and Problems [J]. Educational Action Research, 2018(2)：46.

情境性的具体方法；

6. 结论性的，行动研究的结果既非正确又非错误而是试探性的解决方法，这些方法基于观察和其他收集的数据，为了识别优势和不足，需要不断的自我监控和评价；

7. 一时的风尚，好的教学总是意味着对教学过程以及对学生学习效果的系统性检测。

四、行动研究的目的与功能

行动研究主要关注激励教师在他们的课堂中和常规工作中成为终生学习者。行动研究的主要目的就在于改进教育实践，它被频繁地使用来确保教师的专业发展。

1. 提升教与学的质量

行动研究是对社会情境的研究，目的在于提升情境之内的行动质量。埃利奥特强调了行动研究的一个重要目的，就在于提升教与学过程的质量，以及教师和学生工作与学习的条件。行动研究支持教师通过运用反思和探究等方式来应对各种挑战。教师的行动研究经验已经表明：研究过程中所得到的支持和机会有助于教师成功和取得成效。教师作为研究者，能够有效处理专业发展中的问题。他们既在实践中展现了巨大的变化也形成了自身的行动理论。行动研究有助于教师揭示教学过程的复杂性。不仅仅作为研究者的教师，甚至其他的教师，乃至于课程设计者都能从教师研究者获益。

2. 成为反思性实践者

行动研究也有助于教师的反思。一个反思型的教师不是接受并容忍问题，而是想竭力寻求解决办法并努力改进它。行动研究主要有如下目的：让实践者（教师/教师教育者）理解他们的实践；让实践者（教师/教师教育者）更加客观地评估实践；赋权教师通过检验他们的创新观点来改进教学实践；它是实践的，而且与教师工作的实践情境密切相关；它是有弹性和适应性的，在实施过程中允许变化，为了更加支持现场的实验和创新可以牺牲对课堂教学的部分控制。

3. 提供了一个伦理性的、有效的和可靠的非线性的探究框架

教师能够运用它来影响并改进自己的教学实践。从这种意义上讲，教师的专业发展不断演变，从可能合适或不合适的教师培训到对自己的教学实践和学生的学习经验的日常评价。参与行动研究能够在某种程度上形成我们的思维定式，能够让我们对自身教学实践中的各个方面进行不断反思，不但需要反思我们的教学实践本身，而且需要反思这些实践是否有益于学习环境。

4. 对职前教师也很有益处

尽管行动研究主要由在职教师使用,但是研究也表明在职前教师培养项目中运用行动研究也很有益处:这些益处包括:

(1) 让未来的教师尽早了解教与学过程的复杂性。行动研究可以让职前教师了解教与学过程是情境性的,是复杂的,不存在最好的教学方法,教学必须立足于课堂情境。

(2) 促进对课堂内部实践的深度理解。行动研究可以让职前教师深度理解课堂内部的实践,课堂是一个微型社会,是受多种因素影响的。

(3) 为职前教师创造形成"自我监控"的习惯。如果职前教师真正有探究经验,如果他们的学习经验是基于他们的实践,那么他们就会"学得最好"。行动研究可以培养职前教师的行动中的反思意识。

案例探讨①

1. 磨课是否是行动研究?为什么?

2. 为什么磨课能促进教师的专业发展?

3. 如何有效实施磨课?

一、教学内容分析

本课为人教版《英语》五年级下册第五单元 Have a Great Trip 中的第三课时,为复习课。本课时的教学内容由三个板块组成:Let's Read 板块是由 Betty 的三篇小日记组成的文段;Let's Talk 板块为 Bill 在思维导图的提示下,介绍自己的假期旅行;Let's Write 板块为再次阅读 Let's Read 板块中的第一篇日记,并根据提问写出几个意思连贯的句子。

教材中的三篇小日记旨在培养学生提取信息的能力。通过前期调研发现,学生提取信息的能力较强,需要培养的是高阶思维能力,而日记的形式与本单元 Trip 话题的联系并不紧密,并且介绍假期旅行的任务框架与训练提取信息的能力也并不对应;相反,本单元 Let's Check 板块中的两个练习 Listen and Number 和"Read, Circle and Underline"与 Let's Talk 板块中的思维导图相对应。Let's Write 板块的练习是让学生结合 Let's Read 板块的内容进行书写,是对教学内容的拓展。

---

① 田亚娟. 一次培养学生思维能力的磨课经历[J]. 中小学外语教学(小学篇),2017(5):45—47.

二、教学内容调整

根据以上分析对教材内容作了如下调整：将教学内容分为三个部分。第一部分改为由 Yaoyao、Mary 和 Betty 三人的三篇旅行游记组成的文段，要求学生通过阅读文段，找出旅行的时间、目的地、所做的事情以及感受等关键信息。三篇游记文体相同，格式也有许多相似之处，如第一句都表明了旅行的时间、地点以及和谁同行；第二句开始描述旅行的见闻，包括去了哪里、做了什么、吃了什么、喝了什么等；最后一句都表明了作者对此次旅行的感受。第二部分通过主线人物 Bill 在思维导图的提示下介绍自己是怎样度过假期的，帮助学生复习和巩固本单元的主要词汇和句型。范文结构如下：第一句整体描述了对去年暑假旅行的感受；第二句话说明与父母一同去的地方；第三、四句描述当时的活动；最后一句描述当时的心情。范文结构为后续学生描写自己的假期旅行奠定了基础。第三部分改为学生模仿思维导图描述自己的某次旅行。

三、磨课经历

[第一轮备课]

第一轮备课时重点聚焦于一些能挑战学生思维的活动，以训练和培养学生的思维能力，因而将本节课的教学目标定位为：学生能够读懂相关的旅行日记，并能概括大意和提取关信息，并完成相应练习；能仿照阅读文本，在问题的提示下介绍自己或他人的某次旅游经历，并能按提示或要求独立书写几个意义连贯的句子。

本节课首先设计了"找不同"游戏，即在四个单词或词组中找出不同类的一个，如"drank cold drinks""ate ice-cream""summer vacation""went to the beach"。这样的游戏旨在复习和巩固动词短语的过去式，让学生观察并找出不同类的词组，从而充分理解词汇意义，同时培养学生观察和辨别的能力。在阅读本课文本的环节，让学生观察图片并回答问题：What did they do? 继而默读三篇日记，找出文段主旨。之后设计了通过阅读并标记关键词来完成习题以及让学生绘制思维导图的活动，同时培养学生观察和辨别的能力。设计以上活动的目的是为了训练学生在文本中抓住关键信息的能力。

原本以为以上教学设计和教学活动能够训练学生的思维能力，但是说课之后，专家给出了如下建议：

1. 在课堂上，不能只关注学生是否能够读懂文本，是否能够做对习题，也不能只关注语言知识结构，而是更要看到"人"以及人物的情感态度，如文本中描述去朋友家里做客时"We bought some presents."的句子体现了拜访礼仪。教师可以引导学生了解带礼物去拜访他人这一礼仪。

2. 每一节课都应在文本上下足工夫，深挖教材文本，找到教材与学生生活相关联的点，从而深入分析教材、分析学生。比如，第一段中除了文本中提及的活动外，还可以引导学生说一说"What else can we do in the park?"，以此帮助学生回顾自己在公园里的活动。专家的指点让我认识到：一节课最重要的就是对文本的理解，只有充分理解了文本的主题、情境、功能、内容和语言，才能真正地理解文本，才能更好地基于文本与学生进行真实的交流。要想有效地培养学生的思维，教师就要对文本进行深入分析。而分析文本和解读文本正是对教师思维能力的挑战。

[第二轮备课]

在说课之后，经过专家的点评，我再次对教学文本进行了深入分析，对原教学设计作了较多修正，侧重通过精心设计的提问，引发学生的思考，进而训练和培养学生的思维能力。在引入文本时，教师提出问题："What do you want to know about their trips?"旨在引导学生提出有关三位主人公游记内容的问题，一方面激发学生学习文本的兴趣，另一方面培养学生的预测与想象能力。在讲解 sea food、sunrise、Dongpomeat 时，教师提问："Where can we eat sea food in Beijing? In what other places can we watch the sunrise? What do you think of Dongpo meat?"借助这三个问题帮助学生联系个人生活经验，从自己的长时记忆中检索与该主题相关的信息，从而培养学生的记忆和检索能力。在学生了解了文本内容之后，教师提问："Whose trip do you like best? Why?"旨在帮助学生结合自己的实践经验谈一谈喜欢哪段旅行、为什么喜欢，从而培养学生论证观点的能力。针对文本中三个不同的地点，即海边、山上以及城市，教师再次提问："What kind of places do you want to visit? Why?"引导学生发表自己的观点，旨在帮助学生结合个人生活经验，说明喜欢的理由，培养学生论证观点的能力。在磨课的过程中，我的备课思路也越来越清晰，文本分析和学情分析的能力也有所提升，同时也明白了应该设计怎样的问题来训练和培养学生的思维能力。

[第三轮备课]

正式授课后本节课得到了专家中肯的点评。专家认为本节课的知识层面建构比较清晰。能用开放性的问题引发学生思考。比如，教师通过问题"What kind of places do you want to visit? Why?"引导学生联系自己的生活实际，触发了学生的情感，打开了学生的思路。专家建议将这个问题前置，这样一开始就与学生的生活密切联系起来，可以激发学生学习的兴趣和表达的欲望。

针对本节课的教学设计，专家给出了进一步的改进意见：课堂上虽然看似给学生比较大的空间,但学生说出来的内容还是千篇一律,比较雷同;看似提炼的主线清晰,但只是提炼到知识的层面,没有提炼到结构的层面;课堂环节有些断层,应采用简洁的方式将学生自然带入文本。

专家还建议应进一步分析文本,明确学生学完文本后应该学到什么、梳理出什么、感悟到什么。比如,通过视频感受祖国大好河山的美好,强调旅行的意义,从当地食物、著名景点的角度去思考,解决为什么选择这个地方的问题,从而激发学生说的欲望,让学生明白旅行可以放松身心、认识朋友,带来心灵的放松和享受。同时,教师不应拘泥于文本的语言,而要将学生带到语言学习的情境中,整合知识,将语言学习与情感、意义、语境更好地有机结合,将主线理清,从而形成更好的建构过程,提高课堂的生成性,增加课堂的生命力和活力。

正式讲课后,我结合几次磨课和试讲的情况,对教学设计做了进一步的改进。比如:在上课伊始就提出问题:Summer vacation is coming. Do you have any plan for your summer vacation? Where do you want to go? 这个话题既与旅行有关,又与即将到来的暑假生活有关,能够充分调动学生的积极性,并能活跃课堂气氛。

四、反思与感悟

数次的磨课和试讲使我深刻认识到:教师在设计教学时不能以自己的思维替代学生的思维。训练学生思维能力的过程也是对教师思维能力的挑战。为了更有效地训练学生的思维能力,教师首先要了解学生的思维水平,设计适合其思维能力的学习活动,从而在让学生掌握目标语言的同时,发展和提高思维能力。

第二节　行动研究的实施

行动研究可以由实践者单独实施或者在其他同事、朋友以及学术专家的帮助下实施。行动研究将会运用访谈、观察、实验、案例研究以及调查等诸如此类的研究工具。行动研究具有很强的弹性,质的和量的方法都可以使用。然而,重要的是需要指出,因为行动研究的参与性和回应性,质的方法对研究者获得、理解和交流特定主题的知识更有益。

一、行动研究的过程

作为一项研究,行动研究包含了研究的基本成分:问题或困惑;与问题或困惑直接相关的数据收集以及对于数据的某种形式的分析或解释。行动研究包含系统性地改变我们自身实践的（作为对某些议题、问题或困惑的回应）某些方面，收集相关数据，解释并分析这些数据，行动研究通常包含一系列的小规模的调查，然后计划下一步的干预，重新开始研究过程。

凯米斯和麦克塔加特(S. Kemmis & R. McTaggart)指出行动研究作为一种探究，包括四个主要阶段："计划、行动、观察和反思"。[1] 行动研究包括四个螺旋式上升的过程：包括调查在内的计划阶段；采取行动；行动结果的观察；以及对结果分析与反思。克雷斯维尔(J. Creswell)将行动研究描述为一个"动态的富有弹性的过程，包括如下步骤：决定行动研究是否是最好的可以运用的设计、澄清研究问题、确定可以帮助解决问题的资源、澄清必要的信息、实施数据收集、分析数据、形成行动计划、实施计划并且反思"[2]。

范利尔(L. Van Lier)用如下图表描述了行动研究的过程[3]：

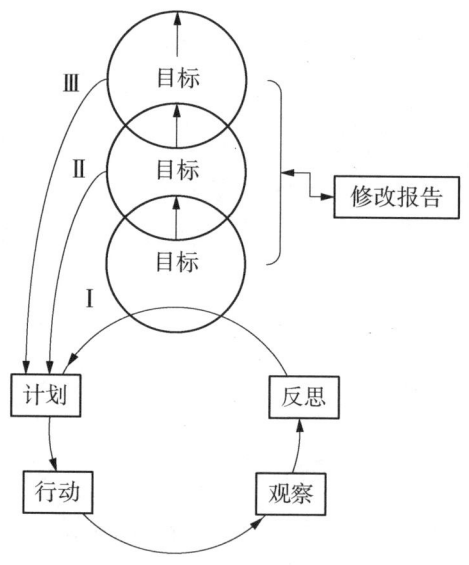

图 7 - 1　行动研究的过程

① Kemmis, S., and McTaggart, R. The Action Research Planner [M]. Geelong：Deakin University Press. 1988：16.

② Creswell, J. Qualitative Inquiry and Research Design：Choosing Among Five Approaches [M]. Thousand Oaks, CA：SAGE. 2007：609 - 612.

③ Van Lier, L. Action Research [J]. Sintagma, 1994(6)：31 - 37.

具体而言,行动研究包括如下步骤:

行动研究一般包括三个循环,每一循环一般包含四个阶段:

1. 计划阶段主要包括如下三个步骤:

(1)意识到某个问题或困惑:实践者主要通过观察或者调查等方法发现自身实践中的某个问题或困惑。

(2)为了获得研究问题的基础数据而采取某种初步调查:为了界定问题,实践者需要问卷、访谈、测试等方法获得基础数据,作为开启研究的基础,并进一步分析问题产生的原因。

(3)形成干预策略:这一步是计划阶段的关键一步,实践者需要根据基础数据以及初步的原因分析,吸取有价值的理论基础,并在与同事或者有关专家充分研讨的基础之上提出初步干预策略。

2. 行动阶段主要是初步策略的实施,每一轮的行动时间根据研究问题或需要确定。

3. 观察阶段主要是利用课堂观察量表记录学生的学习结果,行动阶段与观察阶段是融为一体的。

4. 反思阶段主要通过对观察阶段所获得的数据进行反思,并且结合访谈了解数据背后的原因,在反思的基础之上改善干预策略,并且计划实施下一个循环。

问题与讨论

请选择一个行动研究的案例,用小组合作的形式完成如下表格中的内容:

第一轮	
1. 问题	
2. 初步调查	
3. 反思/形成假设	
4. 计划干预和实施干预	
5. 监控/收集数据	
6. 观察结果	
第二轮开始	
7. 反思	
8. 计划干预和实施干预	

二、为解决教师自身专业发展中的问题,行动研究可采取如下步骤:

行动研究既可以帮助教师解决课堂实践中遇到的问题,也可以解决自身专业发展中遇到的问题,主要有如下步骤:

1. 确定教师专业发展中所遇到的问题:在行动研究的第一步,需要采用访谈的方法来了解教师和学校管理人员对于教师专业发展中的问题的看法。

2. 收集数据,明晰教师专业发展的水平:在这一阶段,主要通过观课来理解教师的课堂实践,以及通过运用评价量表来评价学生的学习情况。

3. 向教师提供有关反馈:在合适的时间与教师进行一对一的面对面的访谈,研究者会把行动方案介绍给每位教师,并向他们解释一些动态的影响因素。在教师们理解了这些因素之后,研究者在第一阶段所获得的数据的分析结果会与教师们分享。

4. 对于反馈的反思性思考:教师们被要求表达对于结果的看法。研究者根据他们的观察结果和教师们的观点与教师讨论结果。研究者把反思性思考的步骤(评价、反思和解决)介绍给教师们,并且告诉教师们如何根据这些步骤准备行动计划。教师们被要求准备他们的行动计划,但是教师们希望他们能够单独准备这些计划。教师们一般会被给予几天的准备时间,然后再约定一个合适的时间来讨论他们的行动方案。当他们再次被访谈时,研究者会根据反思性步骤检测教师们是否完成了行动方案。研究者们会向教师们解释下一步他们应该如何去行动。

5. 通过干预策略提升教师的专业发展水平:给予教师们一个月左右的时间根据他们准备的行动方案来教学。

6. 重新确定教师的专业发展水平,决定干预策略是否有效。一般来说,一个月之后实施这一步。同时也会让学生们参与评价教师的教学实践。

三、行动研究的模式

行动研究存在多种模式,能够被应用到不同的情境中,目前占主导地位的是"缺陷模式",这一模式认为行动研究的主要目的就在于解决问题,开始于问题的发现,结束于问题的解决。这一模式的主要代表人物为埃利奥特。埃利奥特将行动研究视为一个过程,这一过程通过不断发展教师改善自身教育实践的能力,从而促进自身的专业发展。这种模式的第一步可以通过阐述一个已存在的问题或改善一个情境而开启。埃利奥特谨慎地提出,教师必须选择一个具有可行性的问题,然后进入调研阶段,主要包含资料收集和分析,这一过程能够形成情境化的假设。下一步包含构建一个详细的但是富有弹性的行动计划,将会包含对一些伦理议题的规范要求、阐明干预策略并且同时采取行动、表明所需要的支持干预策略的资源、通过仔细监控实施后的预期和非预期效果从而形成行动研究的步骤,最后,实施下一个行动,重新开始新一轮循环。

除了"缺陷模式"之外,还有一种重要的模式——发展模式。这一模式的代表人物是霍普金斯(D. Hopkins),他认为行动研究不应仅仅被视为一种"缺陷模式",仅仅回应问题或者需要提升,而是应该被视为一种持续的发展模式,一种更主动性而非被动性的方法。行动研究作为一种课堂研究,应该置于学校及其教育目标的更广泛的联接之中。在他看来,我们需要有意识地努力整合教师研究和学校发展。教师研究的原始目的就是将教师从各种预先规定的研究设计中解放出来。霍普金斯的立场很明确,那就是课堂研究应该成为一种工具,将教师从那些限制和控制教师的官僚化的结构中解放出来。霍普金斯不赞同大多数的行动研究模式,他认为这些模式太过于规范化。他也并非完全否定其他模式,他认可其他模式的价值。然而,他认为这些模式的规定太过于具体化,这些规范性框架可能会让教师陷入困境,让他们过分依赖这些框架结构,最终将阻碍独立行动。

霍普金斯提出了一些教师们在研究中能够运用的方法和工具,作为对这些方法和工具的先导,他提出了课堂行动研究的标准,概括了教师实施行动研究需要遵循的基本原则。他指出,行动研究的过程开始于"形成一个焦点",这是一个程序,教师由此决定下一步的研究内容,这个焦点未必是一个问题,它可能来自于教师的兴趣或某种新观点,可能来自于教师对实践的反思。他建议到,研究话题的选择应该具有如下特性:可行的、可控的、与实践有关的、能够合作完成的并且与学校的整体发展目标一致。

教师研究者已经运用和能够运用的行动研究模式是多样的。然而,尽管模式各有不同,但是这些模式都赞同,行动研究需要一个螺旋式的和非线性的过程,教师应该基于不断出现的新发现修正和提升他们的实践。

四、行动研究可能遇到的问题

在考查行动研究的问题或局限时,关键的议题不是行动研究是否能够发挥作用而是是否可以真正有效发挥作用。尽管研究已经表明,行动研究能够发挥作用,但是这取决于每个教师研究者和学校能否采用它并且使其持续下去,让其能够发挥效用。当进行行动研究时,需要思考和应对在研究过程的不同阶段会出现的挑战:行动研究所需要的时间、学生的需求和考量、来自于学校领导、同事和家长的支持。具体如下：

1. 行动研究的理想性。与传统的研究比较而言，行动研究具有更多的理想性。这可能是说起来容易做起来难，因为正如富兰所说，真正的改进表征了一系列的个体和集体的经验，这些经验就有自我矛盾性和不确定性。这种类型的改变——意味着在一种未知的，有时是不可能知道的情境中，个体的或群体的行动导致一种可持续的目标——难以启动。霍普金斯等（D. Hopkins et al.）指出，变革是一个过程，个体需要改变他们的思维和行动方式，这就是大多数变革失败的原因。那些研究者在评测自身的实践时，必须逐渐看到某些利益攸关的事情，他们必须愿意冒某种风险，敢于向同事或他人展现自己，他们甚至必须愿意承担发生改变的风险，并采取新的行动。

2. 教师的研究能力不被认可或缺乏研究时间。上面所阐释的仅仅是部分阻碍行动研究成功的局限，即使能够克服这些因素，还有其他一些因素需要考虑，如教师们不被认可或给予时间去做研究。富兰意识到教师和学生有时没有机会成为改革的主体，在一些学校，教师和学生是缺乏权力的。更进一步说，即使教师有选择权，他们可能没有能力、信心、专业或时间去实施行动研究来改进自身的实践。

3. 可持续性可能是行动研究所面对的重大挑战之一。因为缺乏动机与资源甚至死亡等原因很容易让行动研究的过程被终止或作出重大让步。实际上，在学校情境中行动研究面临诸多降低可持续性的因素，诸如机会的成本、重复性实践等。

4. 方法所存在的争议。有关行动研究作为一种探究方法的合法性的争论阻止一些人参与行动研究。一直有人在怀疑教师是否有能力成为研究者。

五、如何让行动研究成功

1. 具有强烈的革新和改进的意愿是行动研究的一个必要的先决条件。

尽管在实施过程中教师们可以提升行动研究的实施条件，也愿意让自己的实践被自己和他人严格检测，但是教师们必须首先有动机去进行行动研究。诺夫可（S. Noffke）提出了可提升教师参与行动研究动机的三个方面。这些动机存在于不同的层面上。首先，是个体的层面，教师参与行动研究的动机是为了更好地理解他们的教学实践和可能获得如何改善实践的知识与技能。其次，在专业水平上，教师参与行动研究的动机是基于如下事实，他们研究的结果是可以与同事通过研讨、会议、座谈以及发表等方式分享的知识。再次，在社会层面上，教师参与行动研究的动机来自于能够有助于促进社会的良善、平等以及公正。因此,动机的层次能够被归类为:个体的、机构的和社会的;然而,它们之间并非相互排斥,教师们可能被某些层次的动机或者所有层次的动机所激励。

研究发现,教师参与行动研究的动机多半是外在动机,未必是由教师自身主动发起。外在动机的来源可能包括:获得基金资助、课程评估需要等。人们因此可以推断,外在动机是行动研究发生的一个重要条件。

2. 在起始阶段,确保选择适当的研究话题和问题是行动研究成功的根本。

一个合适的课堂研究问题应该是:

从小问题开始;

有意义的、有挑战性的、能够促进个人和专业发展的;

信息丰富的、深刻的而且对学生有益的;

有助于行动的;

真实的而且是为特定情境独创的;

具体的有弹性的,同时允许探究,导致产生各种可能的开放性问题。

3. 适切的合作环境的创设是行动研究成功的一个重要保障。

行动研究需要基本条件,包括:信任、建立能够相互评判的关系、能够维持这种关系、维持这一进程所需要的适应力和毅力。这些条件创设了一种环境,支持变革、共享学习和支持冒险。促进行动研究的一个核心条件就是创设一种环境,教师可以获取多种机会来参与多个层次的技能发展,而且鼓励教师的专业发展。行动研究的各个层面都需要教师与同事和其他一些研究参与者合作,所以教师研究者创设信任、相互支持以及愉悦的人际关系是非常重要的。

4. 行动需要与反思结合

行动研究作为一种方法,提供教师机会构建和养成一种善于反思和合作的习性。行动研究能够让教师的技能和习性同时成长。在行动研究的帮助下,教师能够不断总结理论与实践,发现更好地将理论付诸于实践的方法,明晰成功的和不成功的研究,提升和改进实践。在行动研究中,反思性思维是非常重要的。行动研究的实践者需要形成系统的反思,并且养成习惯。行动研究是教师反思性实践的一部分或者说一种拓展,教师专业发展中的反思性循环是指在专业行动中对接受的知识和经验知识持续的反思过程。行动研究的基础是反思理性。行动研究的过程从行动和反思的关系方面进行分析。

行动研究将教师和学生视为研究过程中最重要的参与者。行动研究的主要特征就是它必须处理实践问题,而且需要带来一种实践结果。行动研究对反思性教师而言具有吸引力,这是因为两个主要原因:其一,它能产生具体和迅速的结果,与教师自身的教学情境直接相关。其二,这样一种研究的发现可能主要是具体的,也就是说,它并不宣称研究结果具有普遍的应用,所以与那些传统的研究方法比较起来,这种研究方法能够赋予行动者更大的自由。

5. 运用三角论证来确立研究的公正性

行动研究的一个重要的构成是收集和分析数据。为了收集数据,教师应该持开放性态度,运用不同形式的数据,提升他们研究发现的效度。在行动研究中,普遍接受的是,研究者不应该依赖任何单一数据来源,不管是访谈、观察或测量。相反,教师研究者应该选择不同类型的工具,收集数量型的、描述型的、叙述型的甚至于非书面形式的数据。数据收集的材料可能包括诸如教师评价、学生笔记、田野日志、录像、调查以及其他许多形式。埃利奥特主张运用三角论证来确立研究的公正性而非严格地确立效度和信度。埃利奥特强调研究过程中应遵循伦理规范。为了提升收集的数据的效度和信度,行动研究经常运用三角论证。三角论证是一个验证过程,通过融合三种不同的观点和信息来提高效度。三角论证包括从不同的参与者和信息源以及不同的阶段收集信息。三角论证提供了机会来辨析每一种数据来源的不足,同时又能够利用其他数据的优势来弥补其不足。

案例分析与研讨: 小学英语教师如何实施行动研究

1. 一个完整的行动研究包括哪些成分?

2. 行动研究中的初步干预策略是如何提出的?

3. 行动研究为什么需要前测或现状分析?

互动式小学生英语深度阅读能力的提升研究①

1. 研究问题

本研究试图解决以下两个问题:

(1)课堂互动是否能有效提升小学生英语深度阅读能力?

————————

① 无锡市春城实验小学王越撰写,张光陆指导。

（2）若能有效提升，具体的互动策略有哪些？

2. 研究对象

本研究以无锡市 C 小学五年级 3 班的 47 位学生为研究对象。C 小学是一所开办才 7 年的年轻学校，学校的英语教师团队偏年轻化，教学经验普遍不足，学生的英语水平整体不高，尤其是高年级学生的英语阅读能力非常薄弱。但该校一直秉承着"培育阳光健美的世界公民"的育人目标，以"幸福童年，结伴成长"为办学理念，始终坚持把英语教育列为学校工作的重点来发展，为笔者开展该课题研究提供很大的便利和支持。

本人在 C 小学从事英语一线教学工作仅四年时间。作为一名教龄 4 年的青年教师，本人自觉自己的英语教学经验和能力的不足，因此在该课题研究前，认真翻阅相关专业书籍、教育期刊，虚心向学校里的前辈们请教课堂教学的方法。该班学生共有 47 人，其中 20 名男生，27 名女生，从上学期期末的英语成绩看，在年级中属于中下等水平。

3. 研究方法

（1）问卷调查法

笔者于行动研究前、后，对五(3)班的 47 名学生就英语深度阅读、课堂互动的情况进行两次同样的问卷调查。笔者设计了 16 个问题(略)，包括学生的阅读兴趣、阅读准备、阅读技能和习惯、以及阅读收获这四个维度，每个维度分别有 4 题。

（2）测试法

笔者设计了两套小学五年级英语深度阅读能力测试卷(略)，分别用于行动研究前、后两次测试。每套试卷满分 100 分，各有 A、B 两篇阅读理解。每篇题型、分值都相同，包括 3 道客观题和 2 道主观题，每小题 10 分。

（3）访谈法

为了更直观地了解班级学生的英语深度阅读和课堂互动情况，以及行动研究开展过程中学生们对阅读教学变化的感受，笔者设计了四次访谈问题(略)，分别在行动研究前、过程中和研究结束后对学生进行访谈。

（4）课堂观察法

笔者在该班进行了为期一学期的深度阅读教学，笔者制定了小学生英语深度阅读能力培养的课堂观察框架(如下表)作为观察衡量标准。为保证课堂观察的真实性和准确性，笔者还邀请两位同事对自己的阅读课堂进行跟踪观察和评判。

表 7 - 1　小学生英语深度阅读能力的观察量表

能力维度	不具备	初步具备	深度具备
文本内容预测能力			
语篇分析理解能力			
词句推理判断能力			
文本概括复述能力			
提问质疑能力			
阅读评价能力			
阅读创新表达能力			

4. 研究现状分析

笔者针对该班学生的英语深度阅读现状采取了阅读能力测试、问卷调查和学生访谈这三种研究方法,并进行有效的数据分析,为行动研究的开展做好准备。

(1) 班级学生英语深度阅读能力的测试

在行动研究前,笔者发放前测试卷 47 份,并回收 47 份,回收率 100%,全部为效试卷。前测试卷包括两篇英语阅读理解,共 10 题,每题 10 分,总分 100。

表 7 - 2　行动研究前学生深度阅读能力测试卷的描述性统计

	N	均值	标准差	极小值	极大值
细节理解题	47	14.681	5.044	10	20
推理判断题	47	12.128	4.633	0	20
主旨大意题	47	12.34	4.761	0	20
观点评价题	47	5.66	3.807	0	14
创新表达题	47	3.426	3.208	0	12
总计	47	48.234	18.681	22	86

笔者运用 SPSS 数据分析软件进行描述性统计,从上表的测试结果来看,前测试卷满分 100,该班学生的平均分为 48.234,远远低于及格线 60 分,说明该班的总体成绩偏低,班级学生的英语深度阅读能力非常薄弱。在五类题型中,学生得分最高的是细节理解题,均值为 14.681,说明学生在阅读文本中定位信息、查找信息的能力相对较好;而学生得分最低的是创新表达题,均值只有 3.426,说明绝大部分学生根本没有养成创新性思维能力;其次是观点评价题,均值也只有 5.66,说明学生的批判性思维

能力非常薄弱。由此可见,该班学生的深度阅读能力整体偏低,大部分学生只能浅层阅读,局限于在文章中找寻答案,不能自主地深入分析概括、推理、归纳迁移文本,更不能质疑和创新文本。

（2）班级学生英语深度阅读情况的问卷调查

在行动研究前,笔者发放并回收问卷47份,回收率100%,全部为有效问卷。

表7-3　行动研究前学生调查问卷的描述性统计

	N	均值	标准差	极小值	极大值
阅读兴趣	47	2.574	0.671	1.50	4.00
阅读准备	47	1.814	0.770	1.00	3.75
阅读习惯	47	1.755	0.868	1.00	3.75
阅读收获	47	2.404	0.673	2.00	4.00
总体	47	2.137	0.730	1.31	3.88

笔者运用 SPSS 数据分析软件进行分析,问卷采用4分量表形式调查,1表示完全符合,4表示完全不符合,学生的得分越高则说明学生阅读情况与题目描述的符合度越高,其中题项均值为2.5分。从上表的统计结果上看,对前测得分进行描述性的统计,学生的总体均值得分为2.137,明显低于题项均分的2.5分,说明前测的总体得分中等偏下,班级学生的英语深度阅读能力还是很薄弱的。其中得分最低的是学生的阅读习惯,均值只有1.755,其次是学生的阅读准备,均值为1.814。

（3）班级学生关于英语深度阅读课堂教学情况的访谈

访谈时,笔者分别抽取了班级里成绩优异、成绩中等、成绩落后的部分学生。访谈发现,该班学生之间英语阅读能力和课堂参与积极性的差距都较大,说明教师的英语阅读教学还是以"填鸭式"教学为主,没有从全体学生的学习角度出发设计教学环节,因而现有的英语课堂阅读教学不利于学生的自主探究和合作学习,也不能推动学生对文本的深度解读,阻碍该班学生英语深度阅读能力的发展。

综合以上该班学生深度阅读的测试成绩、问卷调查情况和访谈结果,表明该班绝大部分学生的英语阅读还是处于在文章中找寻答案的浅层阅读状态,学生的英语阅读兴趣和阅读成就感整体偏低、阅读动力严重不足、阅读习惯普遍比较差,同时目前的课堂互动、阅读教学模式都极大地阻碍了学生英语深度阅读能力的发展,因此笔者打算通过行动研究去努力改变这一现状。

5. **初步干预策略**

本研究针对本班英语阅读教学中存在的一些问题,在行动研究的基础上,提出初步的干预策略,为后面三轮行动研究的展开提供基础。

(1) 巧设问题链,培养预测、分析和推理能力

(2) 搭建思维导图,培养知识归纳迁移能力

(3) 创建小组合作,培养文本质疑和创新能力

(4) 采用多元形成性评价,培养批判性思维能力

6. **研究步骤**

本次研究对象是无锡 C 小学五(3)班的学生。本次行动研究的时间是从 2019 年 2 月开始,到 2019 年 6 月底结束,历时一学期,共有三轮,每轮耗时一个多月的时间。为了确保行动研究的客观性,笔者邀请了两名备课组的同事全程跟踪观察,并完成课堂观察表。三轮行动研究涉及译林版英语五年级下册八个单元的"Story time""Cartoon time"板块的阅读教学内容。总体安排如下:

第一轮研究过程:起始型(2019 年 2 月 16 日—2019 年 3 月 31 日)

第二轮研究过程:改进型(2019 年 4 月 1 日—2019 年 5 月 31 日)

第三轮研究过程:改进型(2019 年 6 月 1 日—2019 年 6 月 30 日)

研究结束后:反思与访谈阶段(2019 年 7 月 1 日—2019 年 7 月 10 日)

7. **研究过程**

7.1　第一轮行动研究

(1) 具体实施

本轮就以第一单元 Cinderella 的 Story time 部分的阅读教学过程为例进行分析。为了讲授本课内容,笔者做了充足的准备:参考教参、下载网上的资源、设计具有高阶思维的任务等,编写教案,反复修改教案等等。以下为典型案例:

T：Can you imagine the ending of the story?

S1：Cinderella and the prince will have a baby.

T：Great! Maybe they'll have a baby boy. And the boy will be a prince too.

S2：Cinderella can live in the castle with the prince.

T：Yeah! She'll leave her bad sisters and have a good time.

【课堂观察】此时,大部分学生的思维已经局限在灰姑娘和王子身上,他们认为结局只会是灰姑娘跟王子幸福地生活在一起。

T：We know Cinderella's sisters are bad. So can you imagine their ending?

S3：They are very angry.

T：Good ending! What will they say?

S3：They will shout angrily, "Cinderella，where are you?"（学生生动表演）

S4：Cinderella's sisters are very sad and want to say sorry to Cinderella.

T：Oh，why?

S4：Because they have to clean their clothes and clean their house. Cinderella can't help them.（学生打破常规的创新性回答,让笔者有些惊喜,笔者给予了大大的表扬。）

T：Good idea! Maybe they will miss Cinderella and be good sisters. What about the fairy?

S5：Cinderella gives many presents to the fairy because the fairy helps Cinderella.

T：Oh，Maybe Cinderella thanks the fairy. She's so kind.

在阅读后的环节,笔者设计了更深层次的学习任务:小组合作,让学生合理续编故事结尾。几分钟的讨论后,只有两三个学生举手发言。笔者正面评价学生的观点,鼓励学生大胆说,不纠结学生的语法错误,引导学生努力用英语表达,努力说出自己的观点。在学生思维停滞的情况下,笔者及时提供问题支架,多角度设问学生,发散学生的思维,促进学生批判性思维和创造性思维的发展。

（2）研究小结与反思

根据课堂观察和对学生的访谈,笔者进行了反思：

一是阅读教学要关注全体学生,积极调整教学问题、任务设计,给中等生、学困生更多的互动机会,让他们也能积极地参与深度阅读。

二是科学分组,组内形成互帮互助的学习气氛,组外能良性竞争,促进全体学生共同进步。笔者发现本次行动研究中最大的问题应该还是小组合作落实不到位。小组合作中,学生组内进行合作时,还是优秀的学生占主导,其他学生处于盲从或沉默状态;组外展示观点时,还是那些优秀的学生展示自己的观点,小组合作流于形式,组员间不能产生观点的碰撞,对每个学生的长远发展都帮助不大。

7.2 第二轮行动研究

（1）具体实施

根据第一轮行动研究中出现的问题,笔者在反思的基础上,对第二轮研究方案进

行了改进,侧重对小组合作进行修正:

在实施前,笔者做了一些准备工作,主要有科学组建小组、培训组内成员、反复思考设计培养学生深度阅读能力的任务。笔者遵循学生自由组合与教师协调相结合原则,采用"1+2+1"的组建方式,即1名优等生,2名中等生和1名学困生。同时笔者对小组进行有效的培训,让组内成员实现明确的分工。

关于小组合作培训,笔者主要教授了组内如何合理分工,每个分工需要负责哪些具体任务;组内如何讨论、表达意见,当交流出现争论时组长该如何引导,最终形成小组决议,进行小组间的展示评比等。当然,这些培训并不能帮助学生立马进入小组合作的角色,需要在实践中不断摸索。

本轮就以第五单元 Helping our parents 的 Story time 部分的深度阅读教学中的"小组合作过程"为例进行详细描述分析。

Task1:Try to imagine

T:Please work in groups to think about the question from Group 4. Tim isn't helping his parents. Why? I'll give you 5 minutes. You can imagine.

【设计意图】笔者考虑到第四小组提出的一个质疑"Tim isn't helping his parents. Why?"还没有解决,于是临时添加5分钟的小组讨论时间。这种开放性问题,鼓励学生发挥想象,小组内成员从不同角度出发,努力用英语逻辑清晰地阐释自己的观点。当组员出现表达错误时,组内可以及时进行纠正,出现不会的单词时,资料员也可以及时查字典或者问老师。小组合作期间,我在旁边默默倾听每组的讨论,如果小组出现问题,及时给予帮助。这一环节有效地培养了学生的合作能力和批判性思维能力。

【小组合作观察】结合记录员的记录,我整理了第一组的讨论过程。

Leader(组长):Tim is eating and watching TV in the living room. Why isn't Tim helping his parents?

S1:Because he is young. He can't do the housework.

S2:S1, you're right. The kitchen is very small too. There are many people in the kitchen.

Leader(组长):Yeah! Tim is too young. And the kitchen is too small. So his parents don't need his help. What about you, S3?

S3:I think Tim have to 陪伴 Jim.(此时,由于组内每个学生都不会,因此由资料员翻看英语词典查阅"陪伴:accompany"及相关用法,等我走过去时他还向笔者进行了求证,笔者给予了他们肯定与赞赏。)

S3(修正后):I think Tim has to accompany Jim, because Jim is the guest. Tim should take care of him.

Leader(组长):Good idea! I think so. Maybe Jim is talking about the cartoon with Tim. So Tim can't help his parents do the housework.

【课堂观察】本环节的小组讨论话题是根据课堂上师生、生生互动中生成,临时添加的话题。从以上小组合作的互动中看,我能明显感觉到学生之间观点的相互影响、相互碰撞。优等生的组织能力、英文归纳总结能力明显有所进步。并且以前中等生和学困生会因为个别单词不会说,而不敢开口用英语表达自己的观点,现在他们却慢慢开始变得自信,哪怕语法、单词说错,在同伴的指点下也能顺利用英语表达自己对文本的观点和评价,促进自身深度阅读能力的发展。

(2)研究小结与反思

通过第二轮行动研究,基于课堂观察和对学生的访谈,笔者进行了反思:本次行动研究跟上一次的相比,每位学生都在不断进步,生生互动较为深入,一定程度上促进了学生深度阅读能力的发展。通过访谈好、中、差三类学生的典型代表,以及从他们的自评、互评结果来看,笔者发现他们都感受到了自身的进步,都更加敢于用英语表达自己的观点,都学会对阅读文本进行推断、预测、分析、概括和评价。其中优秀的学生认为,自己能够做好组织协调工作,带动组内互动,提高自己的组织、总结概括、归纳能力;中等的学生认为,自己在小组中处于承接作用,需要负责对他们来说有点挑战的任务,比如:英文记录、上台汇报,甚至有的时候也会轮换成为组长,因此他们不得不深入参与到阅读讨论中去;学困生虽然基础薄弱,但他们认为改变了以往自己英语课上被忽视的状态,在组内一直受到其他三名学生的热烈关注,每个人都要对小组贡献观点、智慧,自己哪怕用英文说不出来,先用中文回答,其他组员也会给他们英文翻译出来,把他们教会。在这样轻松、和谐、平等、互助的小组合作关系中,每位学生都获得学英语的自信,激发深度阅读的热情,提高阅读效率。

但是本次行动研究最大的问题是最终的阅读拓展环节,学生的生成和输出太少。学生在教师的支架指导下,以小组合作的形式,集思广益,能够完成阅读中的各项任务。但是到了阅读后环节,各自需要深层次地输出,如写作、续编故事表达时,学生还是过分依赖教师提供的支架,小组的合作也不能有效促进学生独立地对文本进行重构和再加工。

7.3 第三轮行动研究

（1）具体实施

根据第二轮行动研究中出现的问题，笔者在反思的基础上，对第三轮研究方案进行了改进，增补了一个教学策略：优化阅读教学任务，重构转换文本，培养语言综合运用和创新能力。

本轮就以第八单元 Birthdays 的 Story time 部分的阅读教学中和阅读教学后为例进行分析。本轮研究强调引导学生深入挖掘文本，产生思维迁移，重构转换所学文本的语言知识，形成资料库，帮助学生创造性地输出。

T：Please finish your own birthday cards and then make a report in groups. I'll give you 15 minutes.

【设计意图】阅读的拓展环节，笔者分发空白的"My birthday card"，学生可以参考黑板上的资源卡片，独立填写自己的生日信息卡片。填完之后小组进行讨论，以采访的形式相互询问。学生由于有了资源卡片，每个人的输出都变得各不相同，学生们在组内还重构语言，进行语言的深加工，尝试模仿采访的情境进行对话，体现了学生的创新性思维的发展。以下节选的是第五组的汇报情况。

Group Leader：Good morning, my dear friends. Can I ask some questions about your birthdays?

S1/S2/S3：Sure!

Group Leader：When's your birthday, S1?

S1：It's on the 18th of June.

Group Leader：What do you do on your birthday, S1?

S1：In the morning, I have some noodles for breakfast. In the afternoon, I watch a film with my parents. In the evening, I have a big dinner with my big family. Then I eat a birthday cake and make wishes. I have a good time on my birthday.

Group Leader：Wow! You have a great birthday! What about you, S2?

S2：My birthday is on the day of Children's Day.

Group Leader：Really? On the 1st of June?

S2：Yes! I usually have a birthday party at home. I play games with my friends. Then we sing the happy birthday song and eat the birthday cake. We have a good time.

Group Leader：Yeah! I eat a cake on my birthday too. How about you, S3? When's your birthday? And what do you do on your birthday?

S3：My birthday is on the 12th of May. I help my parents do the housework. I clean the table and sweep the floor in the morning. In the afternoon，I make a card for my parents，because they give me a lot. In the evening，I have a big dinner with my family. I have a lot of fun on my birthday.

Group Leader：Oh, your birthday is very good. I'll learn from you. Thank you!

【课堂观察】最后一环节学生完成自己的生日信息卡片,在黑板上资源卡片的帮助下,学生创造性地写出自己的活动,笔者观察到学生写得都各不相同。接着小组以采访的形式进行相互问答,生成符合真实情境的对话,这一过程中,学生笑声不断,语言表达也更为流畅。

8. 研究结果与分析

8.1 课堂互动有效提升了学生的深度阅读能力

三轮行动研究后,笔者通过对比分析班级学生英语深度阅读能力测试的前后成绩、学生调查问卷前后测的数据,以及研究前后学生访谈的结果,试图解决本文的研究问题即互动式小学英语深度阅读教学策略能否培养小学生的英语深度阅读能力。

8.1.1 互动式深度阅读教学有效提高小学生英语阅读的成绩

经过三轮行动研究后,笔者再次对五3班学生进行英语深度阅读能力测试,其中前后测的试卷在分值、题量和题型上都相同,难度相近,共有10题,满分100分,细节理解题20分(第1、6题),推理判断题20分(第2、7题),主旨大意题20分(第3、8题),观点评价题20分(第4、9题),创新表达题20分(第5、10题)。笔者主要从以下两个方面对前后测的成绩进行对比分析。

首先,笔者利用配对样本t检验来研究该班学生英语深度阅读能力前后测数据的差异性。从表7-4可以看出：总共有6组配对数据,均呈现出显著差异性($p<0.05$),说明三轮行动研究后,班级学生每类题型以及总分的前后测得分都有了显著的差异。

具体来看,班级学生总分的前后测之间呈现0.01水平的显著性($t=-10.129$, $p=0.000$),其中学生后测平均分为61.91,已经达到及格线,且明显高于前测平均分48.23,提高了13.68分;细节理解题的前后测之间呈现0.01水平的显著性($t=-3.971$,$p=0.000$),其中学生细节理解题的后测平均分为17.23,明显高于前测平均分14.68,提高了2.55分;推理判断题的前后测之间呈现0.01水平的显著性($t=-3.526$,

表 7 - 4　前后测配对样本 T 检验

		N	均值	标准差	提高分值	t	P
细节理解题	前测	47	14.68	5.04	2.55	−3.971	0.000**
	后测	47	17.23	4.52			
推理判断题	前测	47	12.13	4.63	2.13	−3.526	0.001**
	后测	47	14.26	5			
主旨大意题	前测	47	12.34	4.76	2.13	−3.526	0.001**
	后测	47	14.47	5.03			
观点评价题	前测	47	5.66	3.81	3.06	−8.354	0.000**
	后测	47	8.72	3.57			
创新表达题	前测	47	3.43	3.21	3.81	−9.671	0.000**
	后测	47	7.23	3.83			
总计	前测	47	48.23	18.68	13.68	−10.129	0.000**
	后测	47	61.91	16.79			

p=0.001),其中学生推理判断题的后测平均分为 14.26,明显高于前测平均分 12.13,提高了 2.13 分;主旨大意题的前后测之间呈现 0.01 水平的显著性(t=−3.526,p=0.001),其中学生主旨大意题的后测平均分为 14.47,明显高于前测平均分 12.34,提高了 2.13 分;观点评价题的前后测之间呈现 0.01 水平的显著性(t=−8.354,p=0.000),其中学生观点评价题的后测平均分为 8.72,明显高于前测平均分 5.66,提高了 3.06 分;创新表达题的前后测之间呈现 0.01 水平的显著性(t=−9.671,p=0.000),其中学生创新表达题后测的平均分为 7.23,明显高于前测平均分 3.43,提高了 3.81 分。

由此可见,经过三轮行动研究后,班级学生在英语深度阅读五类题型方面都有了不同程度的大幅度提高,其中提高最多的就是创新表达题,其次是观点评价题。这两大题型都是主观开放题,需要学生深度解读文本,深入地进行文本分析、预测、推理、归纳和迁移,同时还要求学生联系已有的知识经验对作者观点或文章主旨进行合理评价或提出自己创新性的观点,这些都有效地体现出学生的英语深度阅读能力。

8.1.2　互动式深度阅读教学有效改善小学生英语阅读的情意

笔者经过三轮行动研究后对五 3 班的 47 名学生就英语深度阅读的状态进行再次的问卷调查,还是运用同样的调查问卷,问卷采用 4 分量表形式调查,1 表示完全符合,4 表示完全不符合,学生的得分越高说明符合度越高。笔者运用 SPSS 数据分析软件进行前后测的数据对比和分析。

表 7–5 前后测配对样本 T 检验

		N	均值	标准差	提高分值	t	P
阅读兴趣	前测	47	2.57	0.67	1.12	−18.242	0.000**
	后测	47	3.69	0.40			
阅读准备	前测	47	1.81	0.77	1.56	−20.896	0.000**
	后测	47	3.37	0.68			
阅读习惯	前测	47	1.76	0.87	1.94	−17.895	0.000**
	后测	47	3.69	0.47			
阅读收获	前测	47	2.40	0.67	1.37	−15.837	0.000**
	后测	47	3.78	0.45			
总体	前测	47	2.14	0.73	1.50	−19.538	0.000**
	后测	47	3.63	0.48			

笔者利用配对样本 t 检验来研究该班学生英语阅读情况的问卷调查前后测数据的差异性。从表 7–5 可以看出:共有 5 组配对数据,均呈现出显著差异性(p<0.05),说明三轮行动研究后,班级学生在阅读兴趣、阅读准备、阅读习惯、阅读收获以及总体阅读情况方面都有了显著的差异。

具体来看,班级学生总体的前后测之间呈现 0.01 水平的显著性(t=−19.538,p=0.000),其中学生后测平均值为 3.63,明显高于前测平均值 2.14,提高了 1.5;阅读兴趣的前后测之间呈现 0.01 水平的显著性(t=−18.242,p=0.000),其中学生阅读兴趣的后测平均值为 3.69,明显高于前测平均值 2.57,提高了 1.12;阅读准备的前后测之间呈现 0.01 水平的显著性(t=−20.896,p=0.000),其中学生阅读准备的后测平均值为 3.37,明显高于前测平均值 1.81,提高了 1.56 分;阅读习惯的前后测之间呈现 0.01 水平的显著性(t=−17.895,p=0.000),其中学生阅读习惯的后测平均值为 3.69,明显高于前测平均值 1.76,提高了 1.94;阅读收获的前后测之间呈现 0.01 水平的显著性(t=−15.837,p=0.000),其中学生阅读收获的后测平均值为 3.78,明显高于后测平均分 2.4,提高了 1.37。

由此可见,经过一学期的行动研究后,学生在阅读兴趣、阅读准备、阅读习惯和阅读收获方面都有了不同程度的提升,其中提高最为明显的就是阅读习惯方面。这就表明互动式小学英语深度阅读教学策略确实有利于改善小学生英语阅读的状态,在有效的师生互动、小组合作中激发了学生英语深度阅读的兴趣,增强英语阅读的信心,培养学生良好的合作互动能力和英语深度阅读习惯,提高阅读教学效率,进而提升小学生英语深度阅读的能力。

8.2 提升小学生英语深度阅读能力的互动策略

8.2.1 巧设问题,深度启发学生思考

教师要充分发挥小学生学习的主体地位,以学生的"学习"为中心,适时提供支架指导,布置能够让小学生感兴趣、引发好奇心和深度思考的问题,从而帮助他们深度解读文本,培养小学生英语深度阅读的能力。教师可以巧设问题的梯度,让不同英语阅读水平的学生都能参与课堂互动,全面提升学生的思维品质;通过布置讨论性、开放性的问题,帮助学生更深刻地、批判性地看待问题,促进学生批判性思维和创新性思维的发展。阅读前,教师可以通过由易到难、层层推进的问题链,启发学生进行深度思考,引导学生产生阅读的兴趣和好奇心。阅读中,教师可以基于语篇,设计面向全体学生、能够激活学生思维的问题链,帮助学生能够从部分到整体深入地了解整个文本内容,而不是获取碎片化的信息。同时,教师还可以设计多维度的问题,帮助学生由浅入深地理解文本的脉络和逻辑关系,让每位学生都能参与课堂,回答问题。

8.2.2 巧用思维导图,深度发散学生思维

教师可以利用思维导图,指导小学生掌握英语深度阅读的策略,发散学生的思维,将散落在文本中零碎的核心语言知识点聚焦整合在一起,帮助学生进行有效的思维迁移,从而提升学生思维品质的发展。《英语课程标准》提到为了有效提升学生的思维品质和语言表达能力,教师可以在阅读和写作活动中采用图表的方式,帮助学生理解文本、组织语言和表达观点。在思维导图的支持下,教师可以有效地帮助学生搞清情节之间的逻辑关系、深度记忆文本并顺利地归纳迁移知识,从而培养学生的思维品质、促进学生英语语言表达的系统性和逻辑性。

8.2.3 创建小组合作,深度引领学生互动

阅读前,教师可以遵循学生自由组合、教师协调相结合的原则,保证组内异质、组间同质的标准,先对全班进行科学合理分组。教师还要引导组内学生进行明确分工、积极合作,共同完成阅读任务。阅读中,教师要为学生的合作互动搭建好必要的脚手架。为了促进学生的小组合作,教师可以设计一些有效的活动任务。有效的小组活动

主要需要经历四个阶段,即:联系新旧知识;引导学生了解和掌握新知识;通过小组合作,合理建构新知识;小组之间互相交流学习成果,并进行进一步、更深层次的讨论和学习。同时,在合作学习中,组员之间频繁的沟通互动更是有利于激活组员们的语言系统,促进学生对文本产生更深的理解,提高学生的思维品质和英语语言表达能力。

8.2.4 重构阅读文本,深度开发学生潜能

从教学方法来看,文本重构主要是基于小学生已有知识水平和自身知识迁移的需要,对阅读中所获得的文本信息进行重组、转换和再利用,从而提升小学生综合运用语言知识的能力。在重构文本的过程中,强调小学生要能够深度挖掘文本的内涵、理解文本内在的文化背景和逻辑关系,进而对文本的内容、结构能进行有效的重构、创新和再利用,从而实现阅读的文化育人功能,发展学生的思维品质和文化品格,并且创造性地深度开发小学生的英语口语表达和写作的潜能。为了推动阅读后拓展任务的有效开展,教师要在文本情境下,有目的地整合教学任务,精选学生感兴趣的、有利于学生深入理解文本的任务。其中,有效的阅读教学任务可以包括:分析文本的语言结构、识别作者的事实与观点、探寻文本的逻辑关系、归纳文章主旨、评价文本观点等。同时,在小学阶段学生的英语语言知识、口语表达和写作能力普遍比较薄弱的情况下,教师要提供必要的支架指导,加强阅读中学生的信息输入,为后面学生的创造性输出作好准备。

8.2.5 优化评价机制,深度推动学生反思

在小学英语阅读教学中,教师要确立"以评促学"的深度阅读评价机制,即教师在课堂上的评价能够有效地激发学生阅读的兴趣和信心,推动学生积极反思自己的阅读行为,从而改善自己的阅读方法、提升自身英语深度阅读的能力。

教师可以采用形成性的质性评价,将学生的思维可视化,对学生语言输出任务的完成情况进行全面、过程性的评价。同时,教师还要善于抓住评价的契机,对学生的思维活动进行充分的准备和把控,引导学生积极反思。对于学生简单的信息理解活动,教师的最佳的评价方式是当场及时反馈。针对小学生的心理特点,教师在评价中还可以用手势、表情和带动全班鼓掌等方式给予学生正面积极的反馈。教师应该给学生和自己留出一定的时间和空间,确保学生的观点建立在充分思考的基础上,同时保证教师的反馈也能建立在积极、全面、客观的基础上,从而促进学生批判性思维、创新性思维能力的发展。

学习小结

本章首先阐释了行动研究的内涵,指出行动研究是由教育实践者承担的一种基于合作的系统性的反思性探究,有效地联接了教育理论与实践,其目的在于改进教育实践,提升对教育情境的理解,促进教育实践的合理性与公正性。其次,分析了行动研究的四个基本特征:参与和合作;持续的螺旋式自我循环,包括计划、行动、观察和反思;知识生产;实践转变。其三,阐释了行动研究的目的与功能,主要包括:提升教与学的质量、成为反思性实践者、提供了一个伦理性的、有效的和可靠的非线性的探究框架、对职前教师也很有益处。其四,阐释了行动研究的过程,一般是三循环,每一循环包括四个步骤:计划、行动、观察和反思。其五,阐释了行动研究中可能遇到的困难以及可行的解决对策。

评价检测

一、简答题

1. 行动研究的内涵?

2. 行动研究的主要特征有哪些?

3. 行动研究的主要步骤有哪些?

4. 行动研究的功能主要有哪些?

5. 如何确保行动研究能够成功?

二、讨论题

1. 教师开展行动研究的主要困难有哪些?克服这些困难的对策有哪些?

2. 如何形成行动研究的初步干预策略?

三、实践应用题

请结合自身的学习或实习经验,选择一个小学英语教学中的问题,设计一份行动研究方案。

第八章　基于案例研究的小学英语教师专业发展

📎 **学习目标**

1. 理解案例研究的内涵，了解案例研究的特征；
2. 了解案例研究的价值与功能；
3. 了解案例研究的实施过程及步骤；
4. 有效设计针对小学英语教学实践的案例研究方案。

📎 **学习指导**

本章建议课堂教学 2 个学时。

学习重点包括：理解案例研究的内涵与特征，了解案例研究的类型与价值，了解如何开展案例研究。

课堂教学以讲授为主，对话讨论为辅。

教材学习与教材之外的学习相结合，建议阅读相关领域的论文和著作，以提升理解。

📎 **问题导入**

徐阳老师性格活泼、思维活跃，教学形式多样。在担任某小学五年级一班英语教师的一年间，他将英语学习的 APP 与日常教学相结合，尤其是对配音软件的合理运用，不仅激发了学生对英语学习的热情，而且从整体上提升了五年级一班学生的口语水平。最近，徐阳老师的班级新转来一名学生张明明。张明明的父母是外来务工人员，平时工作繁忙，与张明明的交流比较少。上课期间，徐阳老师明显发现：张明明对配音视频里一些经典片段没有兴趣,也不像其他的同学一样会发表自己的观点。关于课后的配音作业,张明明积极性也很低,他经常不交作业或敷衍了事。慢慢地,徐阳老师发现张明明在他的英语课堂上越来越沉默,在大家热烈讨论某部电影片段时,张明明总是显得格格不入。徐阳老师非常忧心,他很想知道张明明消极的原因,从而能帮助张明明更快地适应当前英语课堂,融入班级。徐阳老师决定对张明明消极的原因展开研究,他进行的是案例研究。那么,什么是案例研究呢?如何实施案例研究呢?

第一节　案例研究概述

案例研究是系统的质性调查研究,它在自然情境中对特定现象的事例进行深入研究。这种方法自古以来就被用于不同领域的教育和培训中。公元前年的苏美尔人用案例研究的方法教授历史课程,古埃及人期望学生了解所发生的事件并从中吸取经验教训,希伯来人通过短篇故事教授学生课程知识。在古希腊,史诗、勇士和传奇的英雄主义通过口头或书面的形式传递给学生,并指导学生就这些故事进行讨论。同样地,波斯人、阿拉伯人和土耳其人都曾在教育中采用了案例研究的方法。①

在现代,案例起源于医学,特指一份典型而有价值的病例。案例研究法最初作为法律和商业课程的教学工具而使用。1870 年,哈佛大学法学院院长兰德尔(C. C Langdell)开始在法律教育中推广案例教学法,指导学生参与分析和讨论案例,通过讨论分析案例,加深学生对法律知识和法律规则的理解,这是在教学中使用案例的开始。该方法在教学实践中不断完善成熟,逐渐发展成为一种固定的教学方法。到 20 世纪初,美国几乎所有著名的法律学院都开始使用案例教学,案例教学被认为是一种行之有效的方法。1919 年,案例教学又被哈佛大学商学院的院长德海姆在商学院内大力推广。自此,这种以真实生活情境中的问题为中心,在教学中通过案例引导学生展开讨论的教学方法在美国蔓延开来,案例方法几乎成为美国所有的专业和职业教育中的一种主要方法,尤其是在教师培训和相关教育学科课程的教学过程中,将讲授案例作为一种教学方法也盛极一时。

在教师专业发展领域,美国学者李·舒尔曼(L. Shulman)结合自己多年的教育实践与经验,对案例教学法进行了深入的理论与实践探究。他在自己的教师教育课程中

---

① Zafer, C. & Ismail, H. A. , et al. A Theoretical Perspective on the Case Study Method[J]. Journal of Education & Learning, 2017, 7(1): 96 – 102.

进行试验,和师范生一起讨论分析案例,也要求学生撰写自己的案例,他还定期开展案例研讨会,大家互相评论各自的案例报告。舒尔曼甚至认为:"教师教育就是为教师提供机会学习具体的案例并且学会如何将教育教学的规则运用到具体案例中的活动。"①舒尔曼对案例教学法的热情激励和带动了许多志同道合的学者们,其中最著名的是他的妻子朱迪思·舒尔曼(J. Shulman)。在远西实验室(FWL),朱迪思和她的同事们也不断探索和实践着案例教学法,且留下了累累硕果。这些举动将案例研究引入教育研究领域,对后世教师教育的改革和发展有着不可取代的独特价值。

问题与讨论

案例教学和案例研究有区别吗? 如果有,区别在哪里?

一、案例研究的内涵

随着案例研究广泛应用于各个领域,不同学者对案例研究也有不同的看法与见解。殷(RK. Yin)认为案例研究是一种实证研究,它深入研究现实环境中正在发生的现象,并且需要多种渠道搜集数据、交叉分析,是一种包罗万象的研究方法。② 波士顿大学政治学院副教授约翰·格尔林(J. Gerring)认为案例研究必须包含以下几个因素:(1)案例研究是整体的全面的研究方法,是对某一个体或现象全面的研究;(2)案例研究的数据收集基于自然主义,即一个现实生活的背景;(3)案例研究基于多重数据来源。(4)案例研究既包括定性的研究,也包括定量的研究。③ 英国学者比尔·吉勒姆(B. Gillham)认为案例研究是现实世界的人类活动,它存在于此时此地,与情境密切联系,很难明确的区分界限。④ 综合以上学者的解释,不难看出案例研究定义的共同点是:案例研究具有情境性,案例研究的实施需要多种数据的支持。

在教育学领域,美国教育学家舒尔曼对案例研究的发展有着不可替代的重要作用。舒尔曼首次提出了"案例知识"这一概念,以及规则知识和将规则应用到案例中的方法知识,他认为案例知识是教学知识基础的一个关键部分,他对案例概念进行了开

---

① 舒尔曼. 实践智慧:论教学、学习与学会教学[M]. 上海:华东师范大学出版社,2014:14.

② 罗伯特·K. 殷. 案例研究:设计与方法[M]. 周海涛,史少杰译. 重庆:重庆大学出版社, 2017:22.

③ Gerring, J. Case Study Research:Principles and Practices[M]. New York:Cambridge University Press, 2007:17.

④ Gillham, B. Case Study Research Methods (Real World Research)[M]. New York:Continuum, 2000:1.

拓性的诠释。舒尔曼提出,"一个被恰当理解的案例,绝非仅仅是对事实或一个偶然事件的报道。把某种东西称作案例是提出了一个理论主张——认为是一个'某事的案例',或是认为它是一个更大范围内的实例"。[①] 舒尔曼举例说明了什么是案例:一个教师听完同事的一堂课后,与该同事一起分析这堂课,这就是一个指导的案例。他将案例知识定义为"对事件进行具体的恰当组织并详细描述的知识。尽管案例本身是对某些事件或一系列事件的报道,然而是它们所表征的知识使它们成为案例。"[②]可见案例与理论是紧密相连的;案例本身又是实践的一部分,这样教师就能充分结合实践与理论,从而促进教师的专业发展。舒尔曼还认为:没有理论知识就没有案例知识。"某人脸上出现红疹不能称为病例,除非观察者援用了疾病的理论知识,才可称为病例。"[③]案例研究关注某一个体或团体的纵向发展,一个案例必须可以被解释、说明,其研究结果可能不具备普遍意义,但仍有其价值。

著名语言教育学者纽南(Nunan)则认为,案例研究是"在行动中的实例"。[④] 换言之,案例研究是指研究者从正在研究的对象和现象中选择出来的一个实例,调查和研究这一实例在该情境中的发展过程。纽南的概念中强调情境和边界,即案例研究在一定的情境中产生,且研究范围有所限制,尽管案例研究的情境界限有时会比较模糊,但案例研究中案例范围的情境如社会群体、时间段、地理位置等都会对研究对象产生影响。纽南提到案例研究是"在行动中的实例",那么案例研究和行动研究有什么区别和联系呢? 有学者认为"行动研究'关心的通常是特定班级或学校所特有的问题,具有个案研究的性质'从这个意义上说,行动研究与案例研究互为一体,一项行动研究就是一个研究案例,行动研究的过程就是案例研究的过程,开展行动研究就要重视案例研究。"[⑤]总之,案例研究是第二语言习得研究中的一种常见类型,最近也越来越多的被应用于教师专业发展中。

基于以上不同学者的解释,本章首先需要明确的是:案例是指含有问题或疑难情境在内的真实发生的典型性实践。案例研究是指于一定的教育情境,对某个人、某个

---

① 舒尔曼. 实践智慧:论教学、学习与学会教学[M]. 上海:华东师范大学出版社,2014:141—142.

② 同上.

③ 同上.

④ Bailey,M. & Nunan,D. Pursuing Professional Development:the Self as Source[M]. Boston:Heinle & Heinle,2011:76.

⑤ 蔡守龙. 走向教育案例研究——兼论新一轮课程改革实验区的教育科研[J]. 教育理论与实践,2003(07):52—55.

团体或机构运用多种手段进行较为长期的跟踪研究中,弄清研究问题的现状、原因乃至如何进行干预的研究方法。

二、案例研究的类型

案例研究有许多类型:按照案例数目的多寡,可以分为单一案例研究、多案例研究;按照研究的目的,可以分为探索性案例研究、描述性案例研究、解释性案例研究。如果将这两种分类结合起来,建立一个 2×3 的矩阵模型,则可以得到 6 种不同的案例研究的类型,其分类如表 8-1:

表 8-1　案例研究的不同类型①

	探索性	描述性	解释性
单一案例研究	探索性单一案例研究	描述性单一案例研究	解释性单一案例研究
多案例研究	探索性多案例研究	描述性多案例研究	解释性多案例研究

单一案例研究指运用一个案例进行研究,多案例即指对两个或两个以上的案例进行研究。单一案例研究与多案例研究除了数量的不同,其本质上并没有不同。但从研究的目的来看,探索性案例研究、描述性案例研究与解释性案例研究却有明显差别:

探索性案例研究(exploratory case study)的研究目的是确认用于后续研究的研究问题或步骤,但后续研究不一定是案例研究。"探索性案例研究指研究者未确定研究问题和研究假设之前,凭借研究者的经验与直觉到现场了解情况收集数据,据此来确定研究问题和理论假设。"②

描述性案例研究(descriptive case study)的研究的目的是描述现实生活中的某种现象,即"案例"。描述性案例研究是通过对某个人、某个团体、某焦点事件及过程进行深度描述,以客观事实为依据收集多种数据,进而形成理论观点。

解释性案例研究(explanation case study)的研究的目的是解释情境产生的原因和过程,比如一系列事件如何以及为什么不会再出现。解释性案例研究旨在对案例背后的因果关系进行分析和解释。

除此之外,在学习案例研究时,你还可能碰到以下术语:

---

① 王金红.案例研究法及其相关学术规范[J].同济大学学报(社会科学版),2007(03):87—95+124.
② 同上.

案例(case)案例研究的主要对象——一般为一个具体的实体(比如,一个人、组织、机构、项目、社区、过程、决定等)。

针对小学英语教师来说,案例研究的对象一般有以下几种:

(1) 情绪异常的学生:如具有暴力倾向;

(2) 行为偏差的学生:如内向、外向;

(3) 学生成绩低劣的学生:如成绩不及格;

(4) 生理上异常的学生:如多动症;

(5) 表现尤为突出的学生:如品学兼优的学生;

(6) 犯了错误的学生:如考试作弊。

案例素材(case materials)[1]是用以构建案例的第一手资料,可以是由原作者编写也可以是第三方编写。案例素材的常见形式有日记、私人信函、学生作业样本、录像带、观察日记等等。

案例报告(case reports)[2]是某人根据自己的经历、活动和理解撰写而成,以第一人称叙述的报告。只有当案例作者是其叙述事件的当事人时,我们所阅读的才算是案例报告。

教学案例(teaching cases)[3]是依据教学目的、根据收集的素材而改写、编辑的案例报告。主要指教学过程中发生的真实而典型的教学事件,往往包含了某种疑难情境或教学问题。教学案例既包含着对事件过程的具体叙述,也包括了案例开发者的分析和思考。

案例故事(case stories)[4]是以一种富有趣味的方式所描述的一系列相关事件。案例故事虽然不能为其他情境中的适用性提供证据,但案例故事通常都具有趣味性和启发性的特点。

案例书(casebooks)[5]是基于特定教育目的,由案例报告,案例研究选择、组织和整理的教学案例的集合。

田野调查(field work)[6]一种常见的案例研究收集模式,是指在所研究案例的真实

---

① 朱迪恩·H·舒尔曼. 教师教育中的案例教学法[M]. 郅庭瑾,袁振国译. 上海:华东师范大学出版社,2007:18—19.

② 同上.

③ 同上.

④ Bailey, M. & Nunan, D. Pursuing Professional Development: the Self as Source. [M]. Boston: Heinle & Heinle, 2011:74-95.

⑤ 同上.

⑥ 同上.

情境中综合运用访谈、文件资料和直接观察等方法收集数据。

三、从案例到案例研究

现实的教学生活中,教师们遭遇最频繁的是千奇百怪的教学故事或各种类型的教学案例,比如你发现转校生小王很难适应新的班级生活。那么如何将你的教学故事变成一项案例研究? 首先,不妨想一想让你感到困惑的教学情境——也许基于你在教学日志中写过的案例。思考一下你的教学的背景是什么(主题,物理环境,材料等)? 学生是谁(年龄,性别,母语,目标等)? 事件的哪些方面令人困惑,是什么烦扰你? 换句话说,发生了什么? 你对此有共鸣吗? 结果如何? 情节如何结束? 回答这些问题并做好笔记,你就已经开始进行案例研究了。接着,向有同理心的同事或朋友讲出你的故事。提前告诉他请安静聆听,在你讲完之前不要打断你的讲话。如果你将讲述的故事、困惑、迷思和友人对你的建议录音,无论对于讲故事的你还是对听者都非常有帮助。

现在试着将你的故事变成案例。如果你觉得需要帮助,不妨听听你的录音。当你对你的报告很满意时,不妨反思检查一下它是否符合舒尔曼提出的案例的要素和特征。如果你和同事一起工作,那么读读你同事的案例也会很有帮助。

最后,可以和你信任的两到三个同事讨论你的案例。作为作者,想想看这些经历是如何影响你的:是你积极参与你的案例讨论时? 还是当你的同事讨论你安静聆听时?

阅读、写作和讨论案例都是很有价值的。从定义来看,讨论至少包括一个他人,尽管阅读和写作可以是非常个人和独立的行为。当然单独工作和与同伴合作都各有优缺点。下面的表格可以帮助你展开这些优缺点。拿一张白纸,在你进行案例研究时,思考一下你认为独立的案例研究和与他人协作的案例研究都各有什么优缺点:

表 8-2 独立的案例研究与他人协作的案例研究对比

	阅读案例	写作案例
个人的案例研究	优点: 不足:	优点: 不足:
协作的案例研究	优点: 不足:	优点: 不足:

讨论与思考

某著名教育杂志刊登了一则教学反思故事：程老师所带的班级英语阅读能力一直无法突破，针对这个问题，程老师开展了一项行动研究，探究分级绘本教学能否提升学生的阅读能力。结果程老师发现他的学生都非常喜欢阅读绘本，全班的英语成绩整体获得了提升。

李老师一直认为自己所在班级的学生，英语阅读能力平平无奇，看完这则故事，她决定照搬程老师的分级绘本教学法，希望能提升学生的英语阅读能力。李老师的做法是案例研究吗？为什么？

四、案例研究的特征

案例研究的关键就是案例，案例是对真实生活情境的一种描述和记录，是一种描写性的研究文本，通常以叙事的形式呈现。案例通常比较客观而多维地承载着事件发生的背景，参与者的信息等，由此案例研究具有以下几个特点。

1. 研究对象的单一性

案例研究的对象往往是个别的人、个别的事件或由个人组成的团体，这种对象一般具有单一性。需要注意的是，这里的个别不是孤立、毫无联系的个别，而是与其它个体相联系的，是整体中的个别。在教育情境的案例研究中，由于研究对象的单一性，研究者可以深入挖掘个案对象，提出具有针对性的、具体的教育建议或解决方案。例如，在开篇的问题导入中，徐阳老师进行案例研究的对象就是张明明，而不是其他学生。而在另一项研究中，某研究者在研究小学英语阅读教学中教师的学科教学知识表现及其影响因素时，研究者对某小学的六位教师进行了案例研究，尽管六位教师中既有新手型教师，也有专家型教师，在该项案例研究中，研究对象依然具有单一性，即六位教师作为一个整体，构成研究共同体。

2. 研究对象的典型性

案例研究法在选择研究对象上讲究典型性。所谓典型性，就是能集中、全面反映同类事物的共同属性或事物发展趋势的特殊个体。典型可区分为一般性典型、特殊性典型、全面性典型、先进典型、落后典型等。案例焦点（case focus）代表特定现象的各个方面，资料收集和分析将集中在这些方面上。舒尔曼在《教育中的探究原则：一种新的概述》一文中提到："如果一个研究者宣称他使用的个案研究法，那么他就要对'个案研究的是什么'这个问题做出回应。并不是说有了描述就构成个案研究。它将会是对单一个体或事件的描述。为了证明一项研究是否属于个案研究,就要看个案是否源于一整套体系或情境中,从某种意义上说它应该具有代表性。"[1]如果你是一位新手教师,体验某位经验丰富的教师如何度过他"典型"的一天,一定会给你新的启示:观察这位老师的课堂是否有典型的开始(如一节课的热身练习,或者一门课程的第一节课)、典型的授课步骤(罗列知识点,设置任务,涵盖课程中基于学科的假设或入门模块)、典型的应用或练习机会、检查学习效果典型方法、典型的复习步骤、课程结束的典型操作等。

3. 研究目的问题性与针对性

问题性是案例研究极其重要的特征之一。为什么要做案例研究?如何设计案例研究?研究的对象是什么?如何更好的搜集案例数据?这些都是进行案例研究时必须考虑的因素。针对性是案例研究的又一重要特征。案例研究的主要目的在于通过探究某个特殊的个体产生某种特殊状况的原因,进而据此提出针对性的补救或矫正措施,因材施教,以促进个体获得更好的适应和发展。案例研究与案例故事最大的不同即案例研究针对具体情境和具体事件,提供适用性的证据。本章开篇的案例中,徐阳老师通过案例研究可能发现,张明明课堂沉默的原因除了自身性格比较内向,还有家庭、转学的压力等多种原因。明白了这些问题,徐阳老师才能更有针对性的帮助张明明,让他早日融入新的班级生活。

4. 研究过程的深入性

案例研究的研究周期一般比较长,需要对个案进行连续的跟踪研究,既要研究个案的现状,也要研究个案的过去,还要追踪研究个案的发展。这意味着在整个案例研究过程中,研究者需要收集大量的数据以及掌握多种收集数据的方法。例如,迈克尔·艾普特执导的纪录片《人生七年》,历时56年采访了来自英国不同阶级的十四个七岁小孩,影片结果令人沉思。对于小学英语教师来说,他们涉及的案例对象通常比较单一,研究者能有较为充裕的时间来进行透彻、深入、全面、系统的分析与研究。

5. 研究情境的自然性

案例研究一般都是在自然的情境下展开探讨,不会去改变外在的因素,研究者着重在一旁观看或是参与其中发生的过程,不添加任何外在的影响,对研究对象控制程度很低,重在自然状态下的表现。换言之,研究者必须从参与者的视角来解释现象,同

① 舒尔曼. 实践智慧:论教学、学习与学会教学[M]. 上海:华东师范大学出版社,2014:198.

时又要保留自己的观点。采用参与者对研究现象的理解，就是主位视角（emic perspective）。获取主位视角的一般做法是研究者对参与者进行非正式谈话，并观察他们在现场的自然行为。1986 年，杰罗姆·科克（J. Kirk）和马克·米勒（M. Miller）认为这种研究取向是典型的田野研究，是研究者在自然情境中与参与者互动的过程，它是研究者"在研究对象自己的领地上观察他们，用研究对象自己的语言和术语开展交流"。① 与此同时，研究者还需要像局外人一样保留自己作为研究者的视角，即客位视角（etic perspective）。

6. 研究案例的借鉴性

案例研究的目的固然是了解把握某个个体的具体情况，但也要通过某个案例研究，揭示出一般规律，即从个别到一般。即使是消极的特殊个案，其研究目的也是要给人提供经验和教训。

问题与讨论

案例研究与其他研究方法诸如行动研究、叙事研究等的区别在哪里？

五、为什么运用案例研究

案例研究具有独特的教育教学价值。根据舒尔曼的观点，案例可以用于"教导（1）具有理论性质的原理或概念，（2）实施实践的先例，（3）品德或道德，（4）策略、性格和思维习惯，以及（5）可能的视觉效果或图像"。② 案例研究可以增强学生的学习动机；使案例作者和案例评论员获得独特的经验；从先前的案例中获得模拟决策和问题解决的能力；并可以作为学习者参与讨论和学习的指导材料。由此可见，案例研究具有许多潜在用途。

这种案例从哪里来？理查兹认为，在语言教育中，"到目前为止，这些文献很少是由教师本人开发的，或者是针对教师关于他们如何解决教学中问题的论述"。③ 理查兹认为，案例研究之所以有用，是因为它们可以提供令人信服的、丰富的由教师生成的描述性和反思性信息。教师从案例中得到启示，发现问题，学习经验。案例研究对教

---

① 梅瑞迪斯·高尔，乔伊斯·高尔，沃尔特·博格. 教育研究方法［M］. 徐文彬，侯定凯，范皑皑等译. 北京：北京大学出版社，2007：317.

② Bailey，M. & Nunan，D. Pursuing Professional Development：the Self as Source［M］. Boston：Heinle & Heinle，2011：74 - 95.

③ 同上.

学过程做整体的思考和深层次的分析,教师在教育教学案例研究中不仅可以获得特定教育情景下的教育经验、一种内化了的策略的知识,同时可以提高教师的教育决策和行动的能力,让教师掌握对教育、教学进行分析和反思的方式。把实践的经验和行为提升到理论的层面,使教师成为反思性实践者。撰写案例报告为教师实践反思提供了一种强有力的工具,写作过程中教师不自觉地对过去实践的进行深刻检视和反思,因此,案例的使用、阅读、编写和讨论在教师专业发展中具有非常重要的价值。

六、案例研究的功能与价值

1. 实践性强,易于实施

在日常教学工作中,案例研究具有很强的操作性。普通一线教师面对繁忙的日常教学工作,时间和精力有限,开展严格的教育实验和大范围的教育研究比较艰难。而案例研究的研究对象单一,研究规模小,产生于自然的教育情境,这些特点都非常有利于教师开展案例研究。教师可以针对个别典型的学生、某种教学行为或事件,结合教育、教学工作实践进行研究。对所有老师来讲,每一个老师都可以随时从他的日常教学中获得灵感,找到自己感兴趣的研究对象,并且教师不需要特别的准备,不影响其正常的教育教学活动。

案例研究对教师的教学活动具有极强的实践意义。在进行案例研究时,教师往往关注的是自己或身边同事感到困扰的教学问题或感兴趣的问题。这些问题通常与教师的职业生活息息相关,只有解决这些问题,才能保证教学工作的顺利进行。此外,对于大多数小学英语教师来讲,案例研究常用的方法如课堂观察法、访谈法等非常易于操作,在日常教学中非常常见,具有实践性。

2. 成为反思性实践者

教师的专业发展离不开教师的自我反思,案例研究能够促进教师的自我反思。在案例研究中,当教师在确定了研究问题和研究对象后,需要不停地收集资料,对研究的案例进行长期、细致的跟踪调查。教师在收集整理数据的过程中还必须不停地追问"是什么""为什么""怎么样"等问题。在分析整理数据时也需要教师一边反思一边分析,直到其搜集的数据趋于饱和。这一不断反思的过程,有利于促进教师朝着专业化的方向前进。例如某教师认为自己的某堂课没有达到预期,他会反思是因为某一个特殊的学生吗? 是因为某个互动的细节吗? 抑或是反思某个教学片段的展开过程。

3. 沟通教学理论与实践的桥梁

作为一名新手教师，从理论转向实践的过程中往往伴随着许多困难，而案例研究则能帮助教师深化对教育理论的理解，使教育理论落实到教学实践中。新手教师在观摩优秀课例时，可以选取典型事例写成案例并进行反思，将优秀老师的经验理论转化为自己的东西。通过案例的形式学习运用理论，可以帮助教师有效地把理论学习与教学实践紧密结合起来，促使教师对遇到的教学疑难问题深入思考，归纳出自己的经验理论或具有教育学规律的东西，使案例成为沟通教育理论与教育实践的桥梁。同时，教师不断进行案例分析和写作的过程不仅是一个主动学习理论的过程，也是一个反思性实践的过程。

案例探讨（有删减）

问题讨论：

1. 以下案例是否是案例研究？为什么？

2. 如果是案例研究，以下案例体现了案例研究的哪些特点？

北京市小学英语家庭作业设计和实施个案研究[①]

（一）研究对象和问题

本研究以北京市某小学为个案，该校教育水平较高，具有一定的影响力。选取3至6年级师生为研究对象，采用问卷调查法、访谈法和文本分析法，考察现阶段小学英语家庭作业设计和实施的基本情况。研究问题主要包括师生关于英语家庭作业的态度和认识、英语家庭作业的量、难度、类型、作业要求五个方面。

（二）研究方法

1. 问卷调查法

问卷围绕研究问题的五个方面设计，由15道单选题组成，调查对象主要是学生。采用随机抽样的方法，每个年级发放30份，4个年级总计发放问卷120份，回收有效问卷115份。

2. 访谈法

通过访谈英语组5名教师来印证学生问卷结果，访谈提纲涉及研究问题的五个方面。

---

① 张允，李婷. 北京市小学英语家庭作业设计和实施个案研究[J]. 基础教育外语教学研究，2015（10）：42—46.

3. 文本分析法

通过阅读和分析五位教师的英语家庭作业记分册(共 5 份)、学生英语家庭作业本和记事本(每个年级学生中随机抽取 10 套,共 40 套,每套包括一份作业本和一份记事本),主要了解学生记录作业要求情况以及作业完成情况。

(三)研究结果

1. 师生关于英语家庭作业的态度与认识

教师对于英语家庭作业的认识主要从设计作业的目的和依据两方面进行调查。五位教师都认为英语家庭作业主要是为了帮助学生及时巩固重点知识,熟悉考试题型。教师设计家庭作业的依据有两个:第一个是根据学生的语言水平。对学习成绩较差的学生,教师可适当降低作业难度。第二个是根据教学要求。教师会根据重点词汇及句型,布置一些机械类作业和练习册习题。平时的英语家庭作业模式基本固定,每次的作业不需要精心设计;但是学完一个单元或期末考试前,同年级的教师会集体设计作业,各班教师会根据学生情况相应的调整作业类型和难度。教师设计作业时很少考虑学生现实的兴趣,也没尝试过和学生一起设计作业。

学生对于英语家庭作业的态度和认识会影响到作业完成的质量,也可间接反映出对于英语学习的认识。对于"是否喜欢做英语家庭作业"这一选项,多数学生(中年级69.9%,高年级 65.2%)选择"一般",说明作业不是特别受欢迎。这可能和作业缺乏趣味性有关,因为只有极少数学生觉得作业有趣,超过 75% 的学生觉得作业趣味性一般。

2. 英语家庭作业的量

访谈教师普遍认为,在学完一课或一单元后,学生在 20 分钟内完成家庭作业较为合适,其中口头作业与书面作业各占 10 分钟。

根据记事本及作业本的文本分析,教师布置英语家庭作业的量会严格遵守学校规定:3—4 年级不超过 20 分钟,5—6 年级不超过半小时,这也符合北京市教委关于作业量的要求。教师在每节课后都会布置作业,包括英语练习册、抄译功能句、抄写单词等;练习册上的习题不会超过 5 道,大部分学生都能在学校完成。平均作业完成时间在 20 分钟左右,程度较差的学生有时需要在教师或同学的帮助下完成作业,时间不会超过半小时。文本分析与教师访谈结果一致。

学生问卷对学生完成英语家庭作业的时长进行了调查,分为书面作业和口头作业两部分,具体见表 8-3。

表8-3 口头作业和书面作业完成时间统计

口头作业完成时间	10—20分钟	20—30分钟	30—60分钟	超过1小时
中年级	63.3%	30%	6.7%	0
高年级	88.2%	11.8%	0	0
书面作业完成时间	10—20分钟	20—30分钟	30—60分钟	超过1小时
中年级	63.3%	23.3%	13.4%	0
高年级	82.4%	17.6%	0	0

根据上述数据,中年级书面作业和口头作业完成时间多集中在10—20分钟,没有超过1小时;高年级学生完成口头和书面作业的时间集中在10—20分钟,没有超过半个小时。

3. 英语家庭作业的难度

教师在访谈中说到,他们会根据学生的学习情况布置不同难度的英语家庭作业,分层作业一般体现在综合运用类作业上,如阅读理解、写作等,此类作业难度较高,教师会根据学生的程度对作业要求作出相应调整。基础练习类作业虽然简单,却是学生容易出错的地方,因此要求每名学生都要完成。

关于作业难度,在高年级学生中有76.5%认为作业没有难度,17.6%认为难度适中,仅有5.9%的学生认为英语作业较有难度。与高年级学生有所不同,在中年级学生中,仅有46.7%认为作业难度适中,40%认为较有难度,还有13.3%认为很有难度。

4. 英语家庭作业类型

通过访谈了解到,大部分教师很少布置预习类家庭作业,只是对于一些需要文化背景知识的单元(如外国节日等),教师会提前要求学生查阅网络资料。只有一位高年级英语教师认为预习作业是非常必要的,在学习新课之前,她会要求学生预习课文和单词,大概了解课文的主要内容。学完一课内容后,多数教师会布置一些简单的机械练习,如抄单词和功能句等;学完一个单元后,作业内容会注重功能句的操练,教师会布置编写对话等作业;教师很少布置实践类作业,每个学期只要求学生制作一到两次海报。另外,大多数教师处在超负荷工作状态,很少有精力尝试创新作业。

学生问卷的调查结果显示,英语家庭作业类型明显集中在抄写类和各种形式的习题这两项(详见表8-4),与教师访谈结果一致。还可以看出,该校以书面作业为主,口头作业较少,这与另一项调查结果基本一致:"英语家庭作业以口头作业为主还是书面作业为主?"低年级学生93%选择了书面作业,7%选择不一定;高年级学生98%选择了书面作业,2%选择不一定。

表 8-4 英语家庭作业类型百分比

作业类型	中年级	高年级
抄写类	77.4%	63.6%
各种形式习题	22.6%	31.8%
合作完成的口头作业	0	4.6%
实践类作业	0	0
其他	0	0

5. 英语家庭作业要求

关于英语家庭作业要求,五位访谈教师均给出肯定回答:家庭作业格式会在学期初对学生进行统一要求,每天都会询问学生是否清楚作业要求及内容,并反复解释。此外,教师还会把作业内容通过短信或微信形式发给家长,中年级班主任每天都会检查学生记事本,高年级由学生小组长检查。通过对学生记事本的文本分析,发现教师所述属实:中年级和高年级英语家庭作业内容及要求表述均很清楚。另外,教师们表示,英语家庭作业基本上是教师集体或个人设计,没有学生参与设计。

正确理解作业要求是准确完成作业的前提,关于学生对于家庭作业要求的理解情况,有76.7%的中年级学生和64.7%的高年级学生能够做到"总是能够明白教师的作业要求",仅有3.3%的中年级学生"很少能够明白教师的作业要求"。对40份学生作业本的文本分析发现,大部分情况下,学生都是按教师要求完成作业,说明他们能够正确理解作业要求。

(四)问题与建议

以上调查和分析表明,该校英语教师能严格按照教委规定的作业时间设计相应的家庭作业,大部分学生能够独立完成。但是,该校的英语家庭作业仍存在几点不足:

1. 教师以及学生对于英语家庭作业的认知存在偏差

2. 英语家庭作业形式传统单一,仍以机械类作业为主

义务教育阶段英语教学要求注重学生的兴趣,抄写形式为主的机械类作业虽然能够帮助学生记忆单词及句型,但也会让学生丧失对英语学习的兴趣和积极性。长此以

往,英语家庭作业效果会适得其反。因此,笔者从两方面提出建议:

1. 改变传统家庭作业观

仅仅把家庭作业当成巩固学习的环节或者督促学生学习的管理手段,这种家庭作业观是值得我们重新审视的。根据多元价值理念下的新型作业观,作业首先是为了达成一定的教学目标与完成一定的教学和学习任务密切相连的学习活动,因此家庭作业要纳入教学内容整体设计,并有一定的目的或目标。人类的智能是多元化而非单一的,作业目标可以是多元的,在设计时要充分考虑到学情,以适应学生的不同需求。根据《义务教育英语课程标准(2011年版)》要求,英语家庭作业不仅仅要实现知识、技能等传统目标;英语家庭作业必须做到设计的多样性、差异性、趣味性、实践性和评价的人性化、多元化。

2. 创新家庭作业形式,突出学生主体性

要想实现从"传统型"到"新型作业"的真正转变,必须以丰富的课程资源作为支持,不局限于教材、教参这些传统的课程资源,同时有效利用学生资源、家长资源、社区资源和教师自身资源。这就需要教师在设计英语家庭作业时充分了解学生的兴趣所在,创新作业的形式,同时突出学生的主体性,鼓励学生参与作业设计和评价,或者师生合作完成作业,激发学生的潜能,改变在教育中学生的被动地位。

第二节　案例研究的实施

案例研究是实证研究的一种独特方式,案例研究的问题与当前真实环境中发生的事件和行为息息相关,值得注意的是,研究者应避免对当前发生事件的干预,以保证研究的客观性。研究者在研究过程中要保持开放的心态和随机应变的能力,没有哪个案例结束时会和原先计划的一样。对于初学者,在进行案例研究时可以从以下几方面展开:明确研究问题、选择案例、搜集数据、分析数据、撰写报告与检验结果等步骤。

一、明确研究问题

任何一项研究一定要明确研究的问题。案例研究作为质性研究的一种,具有多种视角的理论传统。扎根理论(grounded theory)为案例研究的展开提供了一个指导性的框架。扎根理论是一种"从下往上建立实质理论的方法,即在系统收集资料的基础上寻找反映社会现象的核心概念,然后通过这些概念之间的联系构建相关的社会理论"。[1] 案例方法研究中的资深学者殷根据扎根理论将案例研究需明确的问题分成了四个组成部分:[2]

1. 研究要回答的问题。针对不同的研究问题,运用的研究方法也不尽相同。并不是所有的研究都可以使用案例研究的方法。案例研究的问题通常是"怎么样""为什么"的问题。案例研究一般从直接观察开始,其研究对象通常是正在发生的现象,由于研究对象在自然情境中,受时间和空间的限制,研究者对当前正在发生的事件的控制程度很低。在案例研究中,研究者需要通过搜集整理和分析数据来得到佐证这些问题的证据,最终才能得出结论。明确案例研究的过程是至关重要的,它对后续的资料收集与分析起着指导性的作用。明确研究的内容是什么,研究的目的是什么、研究的背景是什么等问题,有利于研究者顺利的开展案例研究。案例研究的问题性也要求研究者对已收集的资料不断进行分析审查,以提炼出更有意义和更具洞察力的问题。

表 8-5 不同研究方法的适用环境[3]

研究方法	研究问题的类型	是否需要对研究过程进行监控	研究焦点是否集中在当前问题
实验法	怎么样?为什么?	是	是
调查法	什么人?什么事?在哪里?有多少?	否	是
档案分析法	什么人?什么事?在哪里?有多少?	否	是/否
历史分析法	怎么样?为什么?	否	否
案例研究法	怎么样?为什么?	否	是

2. 研究者的主张。案例研究的问题为案例研究指明方向,研究的主张则为案例研究的数据收集划定了原始范围,使研究者不必以包罗万象的方式胡乱搜集数据。"研究的主张可以来源于现存的理论或者假设,但这并不意味着研究者最初的主张一定就是客观正确的,随着案例研究过程中对数据的整理与分析,原先的主张也可能被修改以便更好的指导研究的开展。但是无论主张怎样改变,案例研究本身的理论倾向和研究的目的都必须保持不变。需要注意的是,探索性案例研究中一般是不存在研究

① 陈向明.扎根理论的思路和方法[J].教育研究与实验,1999(004):58—63.
② 孙海法,朱莹楚.案例研究法的理论与应用[J].科学管理研究,2004(01):116—120.
③ 罗伯特·K.殷.案例研究:设计与方法[M].周海涛,史少杰译.重庆:重庆大学出版社,2017:12—13.

者的主张的。"[①]

3. 研究的对象。案例研究的对象可以是一个人、一个家庭、一个群体、一个组织或一个机构等。案例研究的对象不是简单孤立的,而是大量同类现象中的一个,与各种社会、历史等问题有着千丝万缕的联系,因此进行案例研究时需要从各个方面和多个角度综合观察与思考。

4. 数据分析。数据的分析可以采用量化的解释性分析技术,也可以采用以定性为主的结构性分析和反思性分析技术。

二、设计、选择案例

选择案例是案例研究中一个重要而必不可少的步骤。研究者对案例的选择取决于它是否能够充分地研究一个特定的问题。由于案例研究应用的广泛性,社会学、心理学、教育学等学科中都会运用到案例研究。梅里亚姆(Merriam)建议案例研究的选择可以从人种学、历史学、心理学、社会学等学科角度出发。[②] 人种志案例研究的取向起源于人类学,用于探索一个文化共享群体可观察到和学到的行为式、习俗和生活方式。人种志案例研究通常包括与团队的长期互动。在此期间研究者沉浸在团队成员的日常生活中,对特定现象进行深入研究。例如,某教师可能对自己学校的文化或教室的动态有最深入的了解。另一个案例研究的取向是历史分析。历史性案例研究通常是对事件、项目或组织随着时间的推移而演变的描述。历史性案例研究不是简单的按时间顺序列出事件,而是研究人员对事件的原因和结果进行描述性的解释。除了从学科角度出发,在设计案例研究时,研究者也可以根据研究目的的不同,选择探索性案例研究、解释性案例研究或描述性案例研究。

对于案例的选择,殷等学者认为案例研究是非抽样的研究。但也有部分学者认为案例研究应使用非概率的抽样方法,即目的抽样和理论抽样。在案例研究中,目的抽样和理论抽样通常是结合使用的。目的抽样是指研究者运用自己的判断,选择那些研究现象中拥有丰富信息的事例。目的抽样与案例研究的目的有关,理论抽样则与案例研究的理论倾向有关。案例选择的标准与研究的对象和研究要回答的问题有关,它确定了什么样的属性能为案例研究带来有意义的数据。研究者在案例选择的过程中

---

① 孙海法,朱莹楚. 案例研究法的理论与应用[J]. 科学管理研究,2004(01):116—120.
② Hancock,D. H. & Algozzine,B. Doing Case Study Research:A Practical Guide for Beginning Researchers[M]. New York:Teachers College Press,2006:31.

必须不断地问自己在哪里寻找案例才可以满足研究的目的和回答研究的问题,以便找到最适合的案例。

三、搜集数据

案例资料的数据搜集是案例研究的题中之义。舒尔曼说过,案例是"有案可稽的(或描绘的)场合,也可以是划定边界的场合"。① 广泛地收集和案例有关的资料,对于案例的潜在发展趋势有重要意义。在开始收集案例资料以前,需要遵循以下几大原则:②

原则一:提出可行的研究问题。不论研究过程是否顺利,研究发现离不开问题的提出。案例研究与其他研究方法不同,要求研究者自始至终保持好奇心和探究精神,对现象和表面能做到刨根问底,不断提出问题,并将研究问题与已搜集的证据展开对话,以此来判断其类型、检验其可能性。

原则二:灵活应变。尽管研究者在实施和开展案例研究前已经做了详细的计划,但整个研究过程中难免会发生预料之外的情况,很少有案例研究是完全按照计划完美实施的。因此,研究者需要调整好心态,保持弹性,灵活应变。即使研究过程中发生了计划以外的事件,也要坚守最初的研究目的,根据实际情况适时调整和修改方案。例如,当某个受访者对研究者所提出问题的回答超出了预计时间,研究者可以根据实时的回答情况适当延长受访时间,调整或取消接下来与研究无关的安排。

原则三:学会倾听。倾听不仅仅指用耳朵听,它意味着案例研究者通过更多角度和方式获取信息。倾听是为了更贴近受访者的本意,而不是强调研究者的观点。当受访者描述一个事件时,普通的听者只留意到整个事件的表面,而一个好的倾听者还会主动注意说话人的语调、语气、遣词造句,从中得到语义以外的线索,更好地了解事情的来龙去脉,理解说话人感受世界的方式,把握他的情感和态度。

原则四:保护案例相关人员隐私。案例研究者需要注意保护所有提供案例和数据的相关人员的隐私。在确认参与研究的被试时,需要平等尊重不同群体,避免不公平地排除或选定某一群体。请明确告知所有参与人员本次案例研究的实质和目的,并承诺本研究将保护他们的隐私,确保被研究者自愿接受研究邀请。在研究过程中,要时

① Bailey,M. & Nunan, D. Pursuing Professional Development: the Self as Source. [M]. Boston: Heinle & Heinle, 2011:74-95.
② 罗伯特·K.殷.案例研究:设计与方法[M].周海涛,史少杰译.重庆:重庆大学出版社,2017:90—93.

刻谨记承诺，避免出现任何刻意的、不必要的隐瞒行为，尤其注意保护未成年人等易受伤害群体。

原则五：保持学术研究严谨性。案例研究者在开展研究时应遵守学术界的道德准则和规范，包括严戒不规范引用和剽窃、全力维护学术标准等，严格履行好相关学术责任。此外，案例研究者要注意提升专业能力和学术素养，了解本研究领域的相关成果，确保研究的信度和效度。如有必要，及时公开所使用研究方法的适切性，反思研究的局限性。

1. 案例研究的内容

案例资料数据一般包括：[①]

（1）个体的背景性资料：姓名、性别、年龄、民族、籍贯、所在班级和学校、家庭结构、民族习惯乃至禁忌、学习成绩以及兴趣爱好等。

（2）个体的生理性资料：有无既往病史、药物过敏史，有无身体器官伤害，母亲妊娠情况，出生发育情况等。

（3）个体的心理性资料：认知特点、情绪情感特点、意志行为特点、个性与社会性发展特点等。

（4）个体当前问题资料：问题的主要症状、行为表现特征等，需要注意的是，研究者应该特别关注个体存在的最主要问题。

2. 案例研究的数据来源

除了案例资料应该收集的内容，案例研究的数据来源也非常重要。案例研究往往需要收集多种来源的数据，常用的几种数据来源有文献资料、档案记录、访谈、观察和实物资料。下面将一一介绍：

文献资料包括信件、电子邮件、个人文件（如日记、笔记）、会议纪录、政策文件、简报、文章等等。例如，参加新课标改革会议时陈述的课程政策、会议纪要、课程计划和课程材料等相关文件。

档案记录是质和量的数据记录——通常以计算机文档与记录的形式出现。例如，这些数据可以是关于一段时间内某地区新入职英语教师的统计数据、某地区新增英语补习班的统计数据等。但要注意的是，如果档案记录对研究很重要，研究者就必须细致地核实这些档案记录的产生背景及其准确性。

---

① 邵光华，张振新. 教育研究方法[M]. 北京：高等教育出版，2012：295.

访谈是案例研究中非常普遍且重要的数据来源。对某一个体或团体的访谈能使研究者获得丰富且有特色的信息。访谈的类型如下：[1]

（1）开放型访谈：也被称为"非结构型访谈"。在访谈之前,研究者不应预先设定访谈问题。受访者充当信息传播者,自由表达,向研究者提供信息——即受访者对某一问题或事件的看法。为了避免过分依赖一种主要媒介,研究者也可以利用其它来源的证据来证实该信息传播者所提供的论点和见解,对于出现的多种不同数据或可能相互矛盾的证据,研究者应保持敏感的态度。

（2）结构型访谈：也被称为"聚焦式访谈"。结构型访谈要求研究者事先准备好充足的访谈问题。在这类访谈中,访谈问题的措辞至关重要。"访谈者应该避免提出引导性问题,而应让受访者对每一个问题做出自己的评述,也就是说,问题不应带有诱使受访者做出某种答案的倾向。"[2]

（3）半结构型访谈：在开展这类访谈之前,访谈者既应预先准备好一系列访谈问题,但又不完全依赖这些问题,而是在访谈的过程中保持灵活开放的态度,同时根据受访者的回应提出后续问题和探究问题。在定性研究中多使用半结构访谈。

表8-6　案例研究访谈提纲示例 [3]

小学英语教师 PCK 理解的课前访谈提纲（正式访谈）

您好！

首先感谢您接受学科教学知识（PCK）理解访谈。根据您将执教的课例《　　　》,我想询问您备课环节中的思考、准备与决策相关问题,以便发现您对本节课实施前的思考,我们会对您的回答严格保密。访谈时间约为 30—50 分钟,视具体情况而定。感谢您的支持！

基本信息：

姓名 _____　现在学历 _____　毕业学校 _____　专业 _____

进修过的课程_____

开始小学教育工作时间_____　教龄_____　职称_____

开始教英语时间_____　曾教过哪些年级_____

何时来到现在的学校_____　每节英语课所用的备课时间_____

荣誉称号_____

1. 您在思考如何设计本节阅读课时,会考虑哪些因素？

2. 您在备课时是否考虑执教每个班级的情况,如何针对班级的特殊情况进行教学,如何考虑学生的个体差异等。您对阅读教学的教学顺序和学习顺序有何考虑？

3. 您在备课时,通读了多少遍阅读文本？有什么感受？

4. 请谈谈您对本节课设计的总体思路和想法。

---

① 徐碧美.如何开展案例研究[J].教育发展研究,2004,24(002):9—13.

② 徐碧美.如何开展案例研究[J].教育发展研究,2004,24(002):9—13.

③ 张冠群.小学英语阅读教学中教师的学科教学知识表现及其影响因素研究[D].东北师范大学,2019.

5.结合本节课内容,简要谈谈您对本节课教学内容的理解。
　　6.您认为什么是您最想教给学生的,什么是教学中最重要的?为什么认为它们最重要?
　　7.结合本节课学习内容,您认为学生学习会有困难吗?具体是什么困难?学生的学习困难是如何产生的?您做什么可以帮助学生解决这个困难?学生学习此内容前的先在知识与经验是什么?此外,您在课前对学生还有哪些理解?
　　8.结合本节课内容,谈谈您对如何教会学生阅读策略,以及阅读教学中使用的策略的预设与准备是什么?
　　9.结合本节课的内容,谈谈您如何将教科书中的内容转化为学生易于理解的内容,您在具体方法上的预设与准备是什么?

　　观察①分为非参与式观察和参与式观察。非参与式观察指研究者不是其参与观察对象中的一个成员。值得注意的是,在非参与式观察中,不强调研究者的存在,研究者应尽量弱化自己的存在,以免干扰观察区域内正常的行为和活动。在非参与式观察中,实地笔记,拍照,录音录像等都是非常实用的收集数据的手段。参与式观察意味着研究者去成为观察区域或社会互动中的一个参与者。这种方法常用于人类学研究,但有时也可用于特定类型的教育研究。例如,在校本课程中实施案例研究的研究人员可以在实施校本课程的学校中担任教员。这一观察的最大好处是,研究人员能够获得更直接真实的数据,这种数据是非参与式研究能够获得的。"但参与式研究的最大问题是潜在的偏见,研究人员可能不像在非参与式研究时那样客观,对所调查事件的所有方面都给予足够的关注,或者能够提出客观的问题。"②

　　实物资料③也是一种证据,它是指包括物理或文化的人工制品,如仪器、艺术品、工艺制品,这些也会为案例研究提供证据。例如,学生的家庭作业、校内作业等,假设你正在对有阅读障碍的学生进行案例研究,那么他们的书面作业可能会是你进行研究的重要数据来源。

问题与讨论

　　上述访谈提纲体现了案例研究搜集数据时的哪些内容?请举例说明。

四、分析数据

　　案例研究的资料分析实际上从资料收集的那一刻已经开始了,每一步的数据搜集

---

① 徐碧美. 如何开展案例研究[J]. 教育发展研究,2004,24(002):9—13.
② 同上.
③ Gillham B. Case Study Research Methods(Real World Research)[M]. New York:Continuum,2000:21.

和数据分析都会产生一些初步的发现和一些临时的假设,并进一步指导下一阶段的数据搜集。在数据搜集和数据分析不断循环的过程中,也会启发研究问题,研究的问题也许会得到重新的提炼,并带来更多的数据和新的发现,直到达到理论饱和。理论饱和(theoretical saturation)是指在比较理论构念(theoretical constructs)与体现其意义的实证指标(empirical indicators)的过程中,当进一步的数据收集和分析不再对研究现象有任何新贡献时,我们就说达到了理论饱和。① 达到理论饱和后,研究者就可以总结他们的分析了。高尔等人从总体上指出了三种数据分析的方法:

(1) 解释性分析(interpretational analysis):解释性分析是通过对案例研究的数据的深入考察和分组,找出最能赋予数据意义的构念、主题和模式。解释性分析有赖于明确的分类编码系统,要求尽量客观地呈现案例研究的结果,通常需要借助分析质性数据的计算机软件对数据进行处理,如 SPSS,Nvivo 等。

(2) 结构性分析(structural analysis):结构性分析主要是分析文字或叙述的数据,是通过对数据的考察,分析隐藏在现象背后的信息。与解释性分析不同,结构性分析不需要理解每一个数据的意思并作出推断,作为一种常规的分析方法,其侧重点在于文字或叙述上的数据。

(3) 反思性分析(reflective analysis):反思性分析是一种主观的分析方法,它更多的需要案例研究者根据直觉和个人的判断来描述和分析数据。"反思性分析是创造性开展案例研究的重要手段。高尔等人认为,当研究者关注某一现象,并需要对此作出大量的描述时,反思性分析是最理想的分析方法。与解释性分析不同,反思性分析不需要过分依赖于数据的编码,研究者的自由度更高,因为在反思性分析中研究者对现象的解释和评价是完全不受约束的。反思性分析的方法比较适用于探索性案例研究,操作时也更适合经验丰富的研究者。"②

五、撰写研究报告及检验

案例研究的报告应该使读者理解研究的内容并从中获得启示,可以对该案例研究提出问题和展开讨论。研究报告通过对复杂研究问题的解释,为读者提供个人经验,使读者获得对某类问题解决的能力,这是研究报告的重要目的之一。鉴于此,撰写案

---

① 梅瑞迪斯·高尔,乔伊斯·高尔,沃尔特·博格. 教育研究方法[M]. 徐文彬,侯定凯,范皑皑等译. 北京:北京大学出版社,2007:329.
② 孙海法,朱莹楚. 案例研究法的理论与应用[J]. 科学管理研究,2004(01):116—120.

例研究报告时应注意,"报告中的数据是真实可信的,读者可以在现实中直接接触到的;报告中对问题的描述是读者可以实际体验到的;报告中的结论是读者可以直接在现实生活中借鉴应用的。"[①]此外,研究者应尽力从多角度提供尽可能充足的证据以提高调查结果和调查报告的可信度,从不同的角度揭示案例的利弊等。

一个优秀的案例,应该对案例事实进行理论上的发掘和深刻的反思,以提升案例研究的理论价值。透过发掘与反思,我们观察到案例研究者的研究能力和理论素养,这也是案例研究不同于一般故事或新闻报道的原因。优秀的案例值得发掘,给人启示,促进反思,为读者提供案例的实践价值。案例研究成果的表述形式具有很大程度的灵活性,并不存在标准或统一的报告格式,但在社会科学研究领域常常会使用与案例研究过程相匹配的格式,从而将案例研究报告分为相对独立的几个部分:

背景描述:对选定研究对象的基础情况和背景的客观描述。

特定问题现象的描述和分析:典型案例存在于特定的环境中,需要描述其在这种环境中产生的特殊问题或现象,并对其成因进行分析。

资料收集:说明数据收集地来源,介绍每种来源地详细信息,例如以图标或文档附件列表的形式呈现出来。

分析与讨论:依据成因分析结果,结合搜集的案例资料,综合分析与讨论,并描述研究者发现或解决特殊问题或现象的方法。

小结与建议:对案例研究进行总结和反思,也可提出建议供读者借鉴或参考。

表 8-7　评价案例研究质量和严谨性时需要考虑的问题 [②]

评价策略	问题
有用性	本研究对相关的实践问题有用吗?
参与者的介入	研究报告中是否揭示了研究参与者的主位视角?
定量数据的使用	如有必要,是否使用了定量数据来支持质性观察?
长期观察	研究者是否用足够长的时间来观察案例研究的对象?
编码检验	如果数据经过编码,研究者是否检验过编码的信度?
参与者检核	研究参与者是否核实过报告的准确性和完整性?

---

① 孙海法,朱莹楚.案例研究法的理论与应用[J].科学管理研究,2004(01):116—120.

② 梅瑞迪斯·高尔,乔伊斯·高尔,沃尔特·博格.教育研究方法[M].徐文彬,侯定凯,范皑皑,等,译.北京:北京大学出版社,2007:337.

评价策略	问题
三角验证	研究发现是否得到不同数据收集方法、数据来源、分析者以及理论的支持？
情境的完整性	研究者是否对案例的历史、背景、参与者及文化进行了深度描述？
证据链	研究问题、数据、数据分析和研究发现之间是否有清晰且有意义的联系？
研究者的反思	研究者是否就影响他们案例研究取向的个人假设、价值观、理论取向和偏见作了说明？

案例分析（有删减）

问题讨论：

1. 以下研究是否界定和说明了研究问题以及案例的基本情况？

2. 以下研究采用了哪些收集数据的方法？

3. 以下案例是案例研究吗？为什么？

小学英语教师课堂话语与其身份建构的案例研究
——兼论学生英语学科核心素养的培养①

一、研究设计

（一）研究问题

本研究主要采用历时性个案研究法，试图探讨以下问题：(1)小学英语教师是如何通过自身的课堂话语对其身份进行建构的？(2)能否根据教师不同的目标导向对其所建构的身份进行归类？(3)教师所建构的身份对学生英语学科核心素养的培养有何影响？

（二）研究对象

本研究以 X 市区某重点小学的英语教师李琴(化名)为研究对象：李老师 34 岁，具有 8 年教龄，是一位小学英语青年骨干教师，具有硕士学位和跨学科专业背景，本科是英语专业，硕士是教育学专业。在为期一年的跟踪调查期间，李老师担任四年级的英语课程，她为人低调随和，勤奋好学，综合素养高，连续三年被评为"校优秀教师"，因表

---

① 张梦雪.小学英语教师课堂话语与其身份建构的案例研究——兼论学生英语学科核心素养的培养[J].湖南第一师范学院学报，2019，019(002):41—46.

现突出曾获得 X 市区 2015 年"教学新秀"的荣誉称号。作为一名市重点小学的青年骨干教师,李老师对国家基础英语教育的方针具有高度的敏锐性,她认同英语学科核心素养,并以其为导向开展日常课堂教学。鉴于此,本研究将李老师作为研究对象。对其课堂话语进行分析,在一定程度上具有较强的代表性。

（三）研究过程

我们按照语言学家 Cross 提倡的观点,在研究外语教师身份时,应将教师在"叙述中的身份"与"操作中的身份"结合起来,以确保数据收集的全面性。为此,本研究主要采用课堂观察、课堂录音和课下深入访谈等方式对李老师的课堂话语进行分析,旨在全面了解教师课堂话语背后的真正动机。本研究在一学年的跟踪调查中,于每个月初进行一次课堂观察,并征得李老师的同意,对课堂教学进行录音,一共 8 次即 8 个课时,每课时约 45 分钟,共计 360 分钟。每次课堂观察之后,研究者会针对课堂实践对教师进行追溯访谈,共 8 次,每次约 15 分钟,共计 120 分钟。访谈过程中研究者和教师一起讨论课堂话语,教师反思并解释自己的课堂话语动机。另外,研究者分别在学期期末对教师进行深度访谈,一共 2 次,共计 60 分钟;该环节旨在详细记录教师对其在课堂上所呈现的"多元、动态的"教师身份的看法。

（四）数据收集与分析

本研究在资料收集、整理和分类等方面,分别是相互重叠并同步进行的,每次完成数据收集之后,研究者都会对其进行初步主题定位,然后再展开深入讨论。数据来源主要是 8 次课堂录音、8 次课后追溯访谈和 2 次期末深入访谈的录音所转写的文本。本研究按照以下步骤对数据进行分析:首先,反复阅读,转写文本,旨在深入解读教师课堂话语的特征,再对教师身份的建构理据进行提炼。本研究在数据收集和分析的过程中会关注不同数据之间存在交叉印证的关联性,并及时发现需进一步探究的问题与补充材料。尤其关注教师在"叙述中的身份"和"操作中的身份"相关数据之间的关联性,比如,是否存在矛盾或相互印证。最后再让教师本人对相关文本进行核对,以确保数据的真实性。

二、研究发现与讨论

基于语料分析发现,课堂上李老师通过其话语形式所建构的教师身份不是性质单一、一成不变的。她使用各种言语行为以及不同的实现方式均彰显出她不同的特质、品格和态度,建构其多元动态的教师身份。这些身份并存或交替,分别侧重于培养学生英语学科核心素养的不同方面。

（一）权威型教师身份及话语策略

李老师在授课过程中，往往通过使用特定类型的言语行为，如问答话语、话题控制、高性情态词等策略来突显自己在英语课堂领域的权威身份，这一身份在李老师的课堂话语中得到了充分的体现。

例(1)语境：李老师在引导学生复习所学句型"What will you do?"

T：Well, the summer holiday is coming. What will you do this summer holiday?

S1：I will take a trip to Shanghai.

T：Oh, good! How about you? What will you do this summer holiday? （老师转向另一个学生）

S2：I will go to the cinema.

T：Next, please practice the sentence with your partner. And we will play "chain game". You have one minute. （老师用中文把游戏规则介绍了一下）

S1：What will you do this summer holiday?

S2：I will...

在这个例子中，李老师为了帮助学生掌握所学句型，多次向学生提出问题"What will you do this summer holiday?"。本研究发现，面对老师的指令和提问，大部分学生会条件反射似的给予配合，几乎是"有问必答"，进而达到巩固所学言语点的预设目标。

例(2)语境：李老师对学生前一天的作业情况进行了点评和反馈，希望他们养成认真细心的学习习惯，然后带领学生学习新的教学内容。

T：Attention please. I want to say something about your homework. Some students made many mistakes in spelling, such as... I hope you can do better next time. OK?

S：OK.

T：Very good! Now turn to page 56. Today we'll learn some new words. Look at the PPT：music, science, dance, sports and painting... Please read after me. Ready? Go!

S：（全体学生跟着老师读了一遍）

T：Now I will choose one student to read aloud these words again. Zhang Pengxuan, please.

S1：Music, science... （该同学把单词又大声读了一遍，个别单词发音有误。）

T：Good job. But "music" is not right... Listen to me carefully...

在这个例子中，李老师共引入了3个话题，进行了2次话题转换。首先是引入作业的话题，然后过渡到新单词的学习，再转换到学生对单词的朗读情况。显而易见，李老师是提供话题的一方，学生是无条件接受的一方。李老师还对话题的讨论进行评价，并根据学生的反映情况来决定何时结束话题，何时进入下一个话题。

除了问答话语和话题控制以外，李老师还通过使用"高程度的情态动词"（如"should""must""ought to"）来建构自己在学生心目中的权威地位。教师的权威形象有助于课堂管理，学生会从内心里更加敬畏老师，这种敬畏会体现在学生的自律上，他们在课堂上会更加配合老师，愿意跟着老师的思路走。在后来的访谈中，李老师表示："小学生自制能力弱，老师在课堂上的指令必须明确具体，而且语气要坚定有力，甚至有时用命令的口吻也是有必要的。如果你每句话都是模棱两可，或者用商量和讨论的语气，就会有部分学生不当回事儿。长期以来，就会影响他们的学习效果。"从李老师的课堂教学来看，教师的权威身份容易让学生产生信任感和服从意识，有利于提升学生的英语语言能力。

（二）育人型教师身份及话语策略

育人是英语教学的根本价值，也是英语教师的根本职责，贯彻育人理念对学生文化意识的塑造具有积极的促进作用。育人型教师是指教师在教学中从人的角度出发，去关注和关心学生的学习动向：如学生的学习情绪、学习心理等因素。通过对李老师课堂话语的分析，本研究发现，"育人"这一特征在李老师身上表现的极为明显，不仅"育其知"，而且也"育其思""育其情"。

例(3)语境：在一堂讲授"Unit 4 Can you play football?"的课上，老师引导学生练习"Can you do...?"这一句式。

T：Can you play basketball?

S：Yes，I can.

T：Wow，great! Can you play ping-pong?

S：Sorry，I can't.（学生看起来有些沮丧）

T：It's OK. It's never too late to learn. If you can't do something, you can learn it...

在这个例子中，教师根据学生的实际情况，恰到好处地传递了这些理念："It's never too late to learn. If you can't do something, you can learn it.""If you can't do something, you can turn to others for help. ""If your friend can't do something, you can give him/her a hand. "这些课堂话语不仅滋养了学生的心灵,引导他们在学习中要具有勇于尝试和挑战自我的行为取向,而且也有助于培养学生独立解决问题、向他人求助以及互帮互助的人文素养和精神品质。

另外,本研究还发现李老师在课堂上经常使用亲切、鼓励或赞美型的话语。这些带有积极情感的词汇不仅增强了学生的学习信心和兴趣,而且也缩小了师生之间的权势差距,营造和谐、友好的课堂氛围。李老师的这些话语在很大程度上建构了她作为一个"育人型教师"的身份。她在访谈中也提到,"小学生年龄小,认知能力薄弱,在英语课堂上塑造他们的文化品格主要体现在培养他们积极的英语学习情感和人文修养,首先从意识层面唤醒他们,然后再让意识引领他们的行为取向"。

(三)博学型教师身份及话语策略

博学型教师是指教师"不仅要在专业领域表现出较好的综合素养,而且在其他领域也表现出一定的跨学科能力,同时还要充满奇思妙想和创意"。通过对李老师课堂话语的分析,发现她非常注重学生思维品质的培养,比如经常设计充满创意和智慧的课堂活动、生动有趣的开放型问题、即兴才艺展示和跨学科知识补充等方式,成功地建构了一个博学型的教师身份。

例(4)语境:李老师总结 Unit 3 Friends 的单元主旨——朋友在我们生活中扮演很重要的角色,我们应该珍惜友谊。接下来,她想通过一个开放型的问题培养学生的英语思维品质以及对单元主题的掌握情况。

T:OK,girls and boys. In Unit 3,we learned some new words and sentences about friends. All of you did very well and I am proud of you. Next,you guys please think about the following question:What does "friends" mean to you?

为了帮助学生们准确地理解这个问题,李老师特意放慢语速,并用中文解释了"mean"一词的意思。在听完同学们的回答之后,李老师首先对他们的答案给予了肯定,之后给出了她个人的讲解。

T:My dear students,the following is my answer.

Now look at it carefully.

Friends mean "Fight for you".

Friends mean "Respect you".

Friends mean "Include you".

...

考虑到学生的理解能力,在讲解该部分时,李老师用中文做了解释。最后教师还即兴发挥,用英语演唱了《友谊地久天长》这首歌。

在例(4)中,李老师从教材内容出发,通过课堂话语进行引导和阐释,将"拆词解意"和歌曲演唱巧妙地融于教学当中,不仅在学生面前建构出一个才华横溢、知识面广和教学经验丰富的博学型教师身份,而且也开阔了学生视野。

(四)同伴型教师身份及话语策略

师生之间的社会距离、权势关系以及教学内容等在一定程度上限制了教师课堂话语所涉及的范围。为了更好地督促学生的自学意识、提高他们的自学能力,李老师会在适当的时候扮演学生同伴的角色,比如,她会有选择性地分享她个人的兴趣、爱好、经历等私人话题,也会给学生分享她作为教师在学校过程中的一些感受,这有利于缩小她和学生之间的心理距离,实现师生双方的情感趋同,在双方之间构建联盟关系,从而建构与学生一起成长的同伴型教师身份,促进学生学习能力的发展。

例(5)语境:已完成 Unit 5 My school 的知识学习,学生已经掌握了一些简单与学校设施相关的词汇,如 playground, garden, teacher's office, library, canteen 和句型 "Where is the... It's on the... floor."等。李老师进行话题导入,希望学生能用所学内容表达学生的设施和场所的位置,提升他们学以致用的能力。

T:When I first came to our school. I didn't know where our library was,where our canteen was and where the playground was... so, I always got lost. I really felt very bad then. You know,I have been here for eight years. I will never get lost again... Now,you can test me. Any volunteer?

S1:Miss Li,I want to try. Please tell me where our library is.

T:(老师故作沉思)Well,let me see... Our library is on the right side of the Teacher Building One. Am I right?

S2:No. It's on the left side.

T:Sorry ,it should be on the left side. You know,women are always "right". I like "right" ha-ha... Thank you! You did a good job.

李老师在例(5)中通过阐述类告知行为谈及了私人话题,分享了她刚来学校时所发生的尴尬事情,使学生走进自己的私人空间,拉近了双方的心理距离。同时"always""really""bad""never"等表示主观色彩的强化词汇凸显了她个人经历的真实感受,唤起学生情感上的共鸣,从而构建其同伴身份。另外,李老师还通过 roleplay 问答环节与现实建立同伴关系,她放低身段,有时故意在学生面前出错,然后又在学生的提醒下进行更正。本研究发现,李老师利用课堂话语所构建的同伴型教师身份,在一定程度上有利于学生更好地参与到课堂当中,合作完成相关任务,对学生学习能力的提升具有重要意义。李老师也在后来的访谈中透露,"和学生建立同伴关系可以缓解学生的紧张、焦虑或胆怯等消极的学习心理;他们会因为放松和自信使得上课时表现得更加主动,自身的思维也更加敏捷和开阔,这些为培养和发展学生的学习能力提供了积极环境"。

结语

本研究以教师的课堂话语为分析对象,采用个案研究方法,深入探讨一位小学英语教师是如何通过自身的课堂话语对其教师身份进行建构的。结果发现:小学英语教师的身份建构是一个动态、多元和复杂的过程;小学英语教师利用自身的课堂话语主要构建权威型、育人型、博学型和同伴型的多重教师身份,这些身份并存或交替,分别侧重于培养学生英语学科核心素养的不同方面。需要指出的是,不同的英语教师对身份的认知也会有所不同,本研究只是个案研究,研究对象过于单一,分析语料也偏小,研究结论只是一个尝试性的结果,未来还需要更多的学者能够针对小学英语教师的课堂话语及其身份建构开展更多的历时性研究。

知识拓展

表 8-8　个案研究报告自我检测的 19 个基本问题

个案研究报告自我检测的 19 个基本问题[①]
(1) 是否界定和说明了研究问题以及个案的基本情况?
(2) 个案记录是否简洁明确?
(3) 是否遗漏或忽略了个案的重要信息?
(4) 是否采用了多种手段或途径来收集个案的资料?
(5) 对个案资料数据的来源是否加以详细描述?
(6) 对个案特殊行为是否加以描述?
(7) 是否提供个案家庭背景的情况说明?
(8) 所获资料是否真实可靠?
(9) 是否说明了个案行为发展变化的过程和经历?

---

① 郑金洲,陶保平,孔企平.学校教育研究方法[M].北京:教育科学出版社,2003:203—204.

（10）诊断是否有充分的依据？
（11）对行为的诊断是否运用了测验或推论？
（12）是否考虑到个案作弊的可能性？
（13）是否注意到个案的行为动机？
（14）对个案的矫治是否考虑到伦理问题？
（15）对未来的矫治计划是否作了充分的考虑？
（16）是否针对性地提出了具体的矫正辅导的措施、方法和过程？
（17）对矫正辅导效果的解释是否准确？
（18）个案报告的撰写格式是否规范？
（19）他人阅读个案报告后能否对个案有真正的了解？

学习小结

本章首先梳理了案例研究的发展历程，阐述了案例研究的内涵与分类。其次分析了案例研究的六个基本特征：研究对象的单一性，研究对象的典型性，研究目的问题性与针对性，研究过程的深入性，研究情境的自然性，研究案例的借鉴性。其三，阐释了案例研究的价值与功能，主要包括：实践性强，易于实施；成为反思性实践者；沟通教学理论与实践的桥梁。其四，阐释了案例研究的过程：明确研究问题、设计选择案例、搜集数据、分析数据、撰写报告与检验结果。

评价检测

一、简答题：

1. 案例研究的内涵？

2. 案例研究的主要特征有哪些？

3. 案例研究的主要步骤有哪些？

4. 案例研究的价值与功能是什么？

5. 教师开展案例研究时应遵循哪些原则？

二、讨论题

1. 教师进行案例研究时应如何收集数据、收集哪些数据，搜集的数据都是可用的吗？

2. 教师开展案例研究时可能会遇到哪些困难，如何克服这些困难？请举例说明。

三、实践应用题

请结合自身的学习或实习经验，选择一个小学英语教学中的问题，设计一份案例研究方案。

第九章　基于教育叙事的小学英语教师专业发展

🍃 **学习目标**

1. 能够了解教育叙事的内涵及其基本特征；
2. 能够了解教育叙事的价值及其类型；
3. 能够了解如何开展教育叙事研究；
4. 能够了解基于教育叙事的小学英语教师专业发展对策。

🍃 **学习指导**

本章建议课堂教学 2 个学时。

学习重点包括：教育叙事的内涵与特征、价值与类型，教育叙事素材的来源以及如何开展教育叙事研究，教育叙事何以成为教师专业发展的媒介，当前小学英语教师开展教育叙事研究存在的问题以及应对策略等。

课堂教学以讲授为主，对话讨论为辅。

教材学习与教材之外的学习相结合，建议阅读相关领域的论文和著作，以提升理解。

🍃 **问题引导**

李艳是一名在职的小学英语教师，有两年的教学经验。她发现日常教学生活中存在着许多难题，如何让学生对英语产生兴趣？如何让学生主动地接受她的教诲？如何能与学生进行灵魂深处的交流？如何触及学生的心灵？这些未能解决的问题使她的课堂死气沉沉、学生缺乏活力且师生关系疏离。李艳老师十分想改变班级与课堂的现状,你认为李艳老师应当如何做? 你能提出哪些方法帮助她呢?

第一节　教育叙事的内涵与特征

自教师专业化这一概念提出以来,有关教师专业发展的讨论不断深入,不仅涉及到教师的知识与能力,而且触及到教师的教育理念与职业素养等诸多方面。近年来,随着基础教育课程改革的推进,关于课堂教学、学校生活、教师培训、校本研究等方面的探讨也在逐渐深入,人们逐渐认识到:研究素养是促成教师专业发展的重要条件;适当应用研究方法对教师专业能力发展具有重要意义。当前,随着现代教育从普遍教学法的探索转向语境化教学探索的趋势不断增加,叙事研究采用独特的研究视角,让教师逐渐步入了教育研究的殿堂,正是由于叙事研究具有这一重要特点,使得教师能够以研究者的身份从事教育研究的叙事研究成为了近年来颇受我国教育界关注的研究方法之一。教育本就既是一种实践活动,又是一种生活方式。教育叙事研究能够改善我国教育理论与实践之间不能很好沟通、相互脱节的局面,为教师真正参与教育研究提供了契机。教育叙事研究为教师专业发展开辟了新路径,为教师专业发展提供了新平台。

问题与讨论

你认为教育叙事是什么? 它有哪些特征? 随着时代的不断发展,教育叙事这种研究方法在哪些方面展示出了其独特的价值? 具体表现为哪些价值? 教育叙事又有哪些基本的类型区分?

一、教育叙事的内涵

在过去的几十年里,以生活故事和其他叙事方法为媒介的叙事研究发展迅速,并在人类学、历史学、心理学、质性研究和教育学等诸多学术领域中得到广泛应用。作为一种方法,人们通过叙事研究来探索人类的生活故事和经历,反之,叙事研究也可以用来理解和解释人类的经验与故事。由于人类是叙事的主体,因此叙事研究在引导人类在世界上如何生成经验、生成怎样的经验起着重要作用,而在教育中,教师与学生通常都是讲述他们的以及其他人的故事的讲述者。因此,教育叙事研究被看作是学习教育经验的主要方式。教育叙事研究,指的是在教育过程中对各种类型叙事材料的分析和调查研究。首先,通过图片、传记、影片、对话等刺激,触发当事人进行故事叙说;其次,研究者以文本数据的形式对叙事故事的内容进行分析;最后,总结反映出故事叙说者个人的重要生活经历及生命主题。在教育叙事研究过程中,故事叙说者,作为个体的人,又称"研究参与者",向研究者叙说他们的、个人的、第一手的故事。在此过程中,研究者对研究参与者的个体生活进行描述,搜集和叙说作为个人的研究参与者的个体生活,并根据研究参与者的个人生活经历撰写出一个叙事故事。

对教育叙事内涵的界定,国外较有代表的观点是,教育叙事不仅是一种教育研究方法,而且是教师专业发展的手段之一。通过教育叙事,教师不断思考在教育过程中面对的难题。而当他们参与到教育叙事研究过程中时,他们自身已经成为了教育理论研究者。作为教育理论推动者,他们寻找的并非问题的答案,而是对已知问题的再思考。教育叙事并不仅仅是研究关于专业发展的故事,可以说,它本身就是专业发展的一部分。[1] 国内学者对教育叙事内涵的研究主要集中分为三种观点,第一,认为教育叙事是教师从事教育研究的"不必进行特殊的专门训练,因而具有易操作性"[2]的方法,认为教育叙事描述的是教师在日常生活、课堂教学和教育改革实践活动中发生过的或正在发生的事件,也包括教师个人撰写的个人传记、个人经验总结等各类文本[3];第二,把教育叙事看作为教育研究者所采用的"质的研究的一种形式"[4];第三,将教育叙事上升为提高教育理论的科学研究范式,通过教育叙事研究,可以探索和理解教育规律的复杂性和不断变化的教育现象。强调教育叙事是表达人们在教育生活实践中所获得的教育经验、体验、知识和意义的有效方式,教育叙事研究的意义就是探究如何才能准确表达和阐释教育经验、教育意义。[5] "让人们听到教育者的声音"是教育叙事追求的目标之一。

二、教育叙事的特征

教育叙事研究与质性研究方法表现出部分类似的特征,如与人种志相同,强调社会作用以及现象学,强调故事的作用。诚然,教育叙事研究自身也有与一般质性研究

① Karen, E. J. & Paula, R. G. Teachers' Narrative Inquiry as Professional Development[M]. London:Cambridge University Press,2002:6.
② 李润洲. 叙事研究:改进教师的教育生活[J]. 上海教育,2004,(03B):52—53.
③ 郑金洲. 教育研究方式与成果表达形式之二——教育叙事[J]. 人民教育,2004(18):36.
④ 刘良华. 教育叙事研究:是什么与怎么做[J]. 教育研究,2007(07):84—88.
⑤ 丁纲. 教育叙事的理论探究[J]. 高等教育研究,2008(29):32.

方法不同的特征。康纳利(F. Michael Connelly)与克莱丁宁(D. Jean Clandinin)详尽地阐释了教育叙事研究的主要特征,基于施瓦布(Joseph Schwab)"共同要素"的理论,他们系统地、详细地说明了叙事研究的三大共同要素(也可以叫作教育叙事的三个维度),包括了过去、现在和将来(连续性),个人的和社会的(互动性),结合地点(情境)的概念,即时间性、情境性和空间性。首先,时间性指的是教育叙事这种质性研究不可以独立于时间之外来探究一个人或者个人事件,教育叙事研究的时间定向(temporal orientation)要求叙事研究者必须进行叙事思考并了解叙事参与者的时间史(比如过去、现在、将来);其次,情境性指的是教育叙事研究者在借助教育叙事研究时,不仅要考虑参与者的个人条件(如感情、愿望、欲望等等),而且要考虑到参与者的社会条件(比如环境、周边因素与强力等等);最后,空间性主要指的是教育叙事研究和事件发生地点的具体物理和拓扑边界会影响当前的研究。因此,教育叙事研究与一般质性研究相比较起来的独特性也在于"要求对三大维度同时进行探究",创造了一个隐喻性的三维叙事空间,其中时间性为第一维度,人和社会为第二维度,地点为第三维度。①

基于此,克雷斯韦尔(John W. Creswell)从教育叙事自身独特的研究思路和行动方式出发,指出教育叙事研究的主要特征表现为关注个体经验、使用年代学方法描述个体经验、搜集故事、重新讲述故事、编码并确定主题、描述情境或背景、与参与者合作②,并对这七个特征进行了详细的阐释。其中关注个体经验指的是充分理解个体经验是如何构成的以及关注个体经验的累积性;使用年代学方法描述个体经验指的是抽取与研究对象相关的过去、现在和未来的信息并将其用时间序列的方式组织起来描述个体经验;搜集故事、重新讲述故事、编码确定主题涵盖了教育叙事主要的研究过程;与参与者合作对教育叙事研究提出了真实性和伦理道德方面的要求。

国内外学者在探究教育叙事的总体特征时,一致强调教育叙事是一种质的研究。总的来说,教育叙事包括纪实性、时间性、情节性、反思性与合作性五个特征:

1. 纪实性

教育叙事所讲述的或呈现的是在实际的教育活动中的特定场所发生的教育事件,不论是事件的背景、起因还是过程中的具体内容、细节都必须是真实的而非杜撰的,是

---

① Connelly, F. M. & Clandinin, D. J. Narrative inquiry: Experience and Story in Qualitative Research [M]. San Francisco: Jossey Bass, 2000: 477-488.

② Creswell, J. W. Educational Research: Planning, Conducting, and Evaluating Quantitative and Qualitative Research[M]. New Jersey Merril: Prentice Hall, 2002: 507.

叙事者亲身经历的经验或研究者到事件发生现场所搜集到的文本、非文本资料。既是教师对个人教育实践、成果、经验及其他收获的真实记录，也是在教育活动中遭遇的困惑、迷茫的真实再现。教育叙事研究以教师真实的生活故事为研究载体，纪实性是教育叙事研究的一个十分突出的特点，教育叙事的价值就在于通过描述还原事件本身及其背后的心理状态来激发倾听者和阅读者的共鸣。

2. 时间性

教育叙事所叙述的内容是已经过去的或正在发生的教育事件，并非对未来的展望。叙事者的个人生活史和个人实践活动都对教育叙事有着重要意义。在教育叙事过程中，教师既是讲故事的人，同时也充当着故事中的角色。教育叙事对叙事过程中的事件情境与情节的再现就是其时间性的体现。

3. 情节性

教育叙事不是流水账式的叙事，而是记述有情节有意义的相对完整的故事，故事中包含了与教学事件密切相关的具体人物、矛盾冲突与事件发展的过程和情节。教育叙事谈论的是特别的人物、特别的问题与冲突，是所有使教育教学生活变得复杂的教学事件。"情节"是任何叙事作品的一个基本特征，既有具体而准确的故事性描述，又有基于事实的深刻分析，需要在众多具体的偶然多变的场景中折射出种种关系，从而使教育生活中发生的故事同时焕发出感性的烈焰与理性的光辉。

4. 反思性

叙事研究的主要特征在于反思。教师记叙教育故事并不是只是纯客观地记录，仅仅"用事实说话"是不够的，应该融入叙事者个人在不同阶段的感受、体验，特别是伴随这种体验、感受带来的思考、反思；应当在反思中深化对问题的思考，在反思中提升原有经验，在反思中修正个人行动计划，在反思中探寻事件或行为背后的意义和思想。教育叙事正是教师通过对经验的反思来创造故事，并揭示其中所蕴含的某种意义，使人从中获得启示和感悟，也正体现出只有教师重视对自己教学的反思，才可以促成叙事的实现。

5. 合作性

教育叙事研究过程中要求研究者与研究参与者密切合作，强调民主与平等，要求研究者和研究参与者构建良好的信任关系。在教育叙事研究过程中，这一要求贯穿始终。教育叙事合作性的特征具体表现在：双方具有共同的研究兴趣、直接与研究参与者合作以获取有关其个体经历的田野文本数据、用研究者的话语叙说基于研究参与者的个体经历故事、撰写叙事研究报告等。另外,值得注意的是,研究者与研究参与者平等对话是开展叙事研究的重要条件。

三、教育叙事的类型

教育叙事有着多重角度和立场,教师在研究中可以根据需要加以选择和运用。"世界上叙事的数量几乎数不胜数,但我们可以以某种方式对它们进行分类。"①总的来说,教育叙事可以根据四个不同的角度进行划分。第一,根据记录故事的主体来划分②;第二,根据故事提供者进行划分;第三,根据教育叙事的主题进行划分③;第四,根据叙事的理论角度进行划分。

1. 根据记录故事的主体来划分

（1）叙事的教育行动研究

叙事的教育行动研究,是一种中小学教师自己开展研究的研究方式,也可以是中小学教师在校外研究人员指导下开展的研究方式,教师个人充当着叙事者的角色,是一种展示性的叙事方式,是教师叙说自己的故事。在此过程中,教师改变了以往教育研究过程中的"被动"地位,不再是研究对象,而是面对个人教育实践中积极主动的思考者和研究者。④

（2）叙事的人类学研究

叙事的人类学研究主要是指校外研究者对教师进行观察和访谈,或者以教师提供的想法或文本为对象进行叙说的研究方式,叙说的内容涉及了教师教育实践的转变过程。在此研究方式下,校外研究者充当着故事叙说者的角色,是一种讲述式的叙事方式。在解说过程中,教师讲述的故事主线和研究者的分析交叉出现,通过研究者的解说使故事更具特殊意义。

2. 根据故事提供者来划分

（1）教师故事叙事

教师故事叙事主要是指教师提供故事来源的叙事类型。教师的故事主要来源于其课堂教学经历,研究人员通过研究教师的故事以捕捉其作为专业人员的生活。

---

① ［美］阿瑟·阿萨·伯格. 通俗文化、媒介和日常生活的叙事［M］. 姚媛,译. 南京:南京大学出版社,2002:4.
② 刘良华. 改变教师日常生活的"叙事研究"［J］. 全球教育展望,2003,（4）:18.
③ 林德全. 论教育叙事［D］. 华东师范大学硕士毕业论文,2005:29—31.
④ 王彦,王枬. 教育叙事——从文学世界到教育世界［J］. 全球教育展望,2005,34(04):35—36.

（2）学生故事叙事

学生故事叙事主要是指学生提供故事来源的叙事类型。研究人员通常会让学生口述或文本记录有关个人学习经历的故事。

另外，除了学校教育活动的主要参与者——教师与学生之外，校长、托管人，甚至餐饮服务人员与安保人员等后勤工作人员都可以成为故事的提供者。

3. 根据叙事主题来划分

（1）教育活动型教育叙事

学校教育活动主要包括教学、德育和管理三个方面，这三方面各司其职又相互配合。教育叙事也主要围绕这三个方面展开，可分为教学型、德育型和管理型的教育叙事。教学型教育叙事主要讲述的是教学活动中发生的事件；德育型教育叙事主要讲述的是道德教育活动中发生的事件；管理型教育叙事主要讲述的是学校或班级管理活动中发生的事件。

（2）生活历史型教育叙事

生活历史型教育叙事是教育叙事主体讲述其现有的教育生活中发生的事实或事件，是一种通过追忆讲述其所经历或感受到的已经过去很长时间的教育生活中发生的事实或事件的教育叙事。

4. 根据叙事的理论角度来划分

教育叙事研究中的理论角度是一种具有指导性的视角或理念，它能够为书面报告提供可参考性的结构。如，用女权主义理论讲述与女性相关的故事。

四、教育叙事的价值

自 20 世纪 80 年代始，受后现代主义的影响，人文学科领域进行了"叙事革命"，这也引起了教育界学者的关注。如前所述，教育叙事研究是质性研究方法的一种形式，但它又有别于一般的质性研究方法，这种独特的研究方法逐步受到了学校的重视和教师的欢迎。另外，教育叙事的特征是以叙事的方式对教学中和生活中产生的问题做出合理解释，从而引发教师对自己教学和生活的思考并采取各种有效措施解决问题。在此情境下，教育叙事表现出的特征对教学来说，其价值在于能够成为教师专业发展的载体和桥梁。

1. 教育叙事作为一种新型的教育教学研究方式，有其独特的价值

首先，教育叙事有助于深化教育理论与教育实践之间的关联。过去的教师培训常常就是让教师学习一些教育理论，包括教育学、教育研究方法、教育心理学等课程。似

乎只要教师们接受了这些教育理论,就可以将其应用到自己的教育实践中去。然而,事实并非如此。而在叙事过程中,教师作为"当事人"而不是"局外人"在思考着自己的教育行为、评判着自己的教学实践,在此过程中,教师不断诘问着自己、指导着自己、提升着自己,从教育实践走向了教育理论,从而真正地在理论与实际的鸿沟中架起联系的桥梁,能够改变教师教育理论与教育实践脱节的状况。

其次,教育叙事为一线教师提供了适应其职业特质的教科研方式。叙事研究作为教育研究的一种方式,特别适合学校教师。因为教师的生活是由事件构成的,叙说教育事件的内容包括了个人在教育教学生活中遇到了什么问题、这个问题有哪些特征以及在整个过程中如何解决该问题。理性的思考和分析使教师能够看到平时视而不见的事件的意义,这也就意味着教师开始根据自己的生活经验为背景去反思自己和审视世界,从而可能激发出许多意料之外的想法和观点,这实际上就是研究的真谛。教育叙事还展示出了教师对这个世界和生活创造的意义,同时也给教师看似平凡、简单、普通、重复的活动赋予了特殊的意义。

最后,教育叙事有助于研究成果的实际应用和推广。教育叙事本身具有共享性的特征,要求以实际案例的形式出现,研究过程中提供了教学中细致、翔实的情境和解决问题的方法,其反思成果可与其他同行共享并为其提供更多的体验空间,从中得到教学启示。而传统的教育研究成果由于多方面原因,相当部分因为不具备可操作性而未能有效地指导教育实践。而教育叙事研究要求教师"主动参与到"自己所叙述的事件中,出于对问题解决的需要,教师首先要进行理论学习,然后展开理性思考,这种"主动参与"、"主动融入"、"理性分析"的态度自然影响其对今后教育实践的改进,营造了研究的科学与人文氛围,促进了整个教育行业的良性发展。

2. 教育叙事能够有效促进教师专业发展和专业成长

(1) 教育叙事为构建反思性实践共同体提供了现实途径

反思性实践(reflective practice)是一种思考经验问题的方式,是教师运用逻辑推理的技能、仔细推敲的判断以及支持反思的态度进行批判性分析的过程。[1] 教师实践共同体指的是教师作为学习主体,通过实践共同体的活动促进其自身专业发展。[2] 显然,教师的专业发展应该致力于促进教师的反思性实践共同体的构建。教育叙事研究的意义就在于能够帮助教师认识其生活经验在个人专业发展中的价值与意义,通过教

---

① 卢真金.反思性实践是教师专业发展的重要举措[J].比较教育研究,2001(05):53.
② 张平,朱鹏.教师实践共同体:教师专业发展的新视角[J].教师教育研究,2009,21(02):56.

育叙事，教师不仅可以进行有效的合作与交流，还可以将经验进行分享，从而形成反思性实践共同体。

（2）教育叙事为发展教师实践智慧提供了平台

教师实践智慧是在丰富的教学实践活动中形成的，突出表现为其对教育生活中突发事件的处置方式，是一种有关教学整体的真理性的直觉认识。它源自于教学经验，通过对特定的教学情境和教学事件的关注和反思来提升表面化的经验，最终将其内化为教师的实践能力。教师实践智慧是教师对既有规则的突破、创新后形成的新的知识和经验，并且这样的知识经验能够解决往后在教育实践中遇到的问题。[①] 另外，强烈的问题意识、敏锐的发现问题的能力也是教师实践智慧形成的一个主要标志。教育叙事从发现研究问题到分析思考问题再到解决研究问题都是尊重教师实践智慧并促进其提升的表现，因此，可以说，教育叙事的研究过程就是教师教学实践智慧的提升过程。

（3）教育叙事能有效提高教师的教育教学研究能力

促进教师专业发展的最佳途径就是让教师参与研究。英国著名课程理论专家斯腾豪斯（L. Stenhouse）在 20 世纪 60 年代末、70 年代初就提出了"教师成为研究者"的命题，认为无论从何种角度解释教育研究，都不得不承认教师充满着丰富的研究机会和研究热情。让"教师成为研究者"的命题要求教师将课堂作为改革的试验田，让教师在关注课堂活动的同时去关注问题并对其进行深入思考。教育叙事研究强调三点：首先，教育叙事应当由教师来完成，即教师研究自己的教育实践和课堂生活，或采用叙事分析的方法对他人的实践进行研究；其次，教育叙事应当具有个人性，即教育事件是教师个人所经历的，并被用来作为教师反思的工具；最后，教育叙事具有故事性，研究的对象应该是发生在具体教学情境中的事件。[②] 实际上在教师开展教育叙事研究的过程中，教师能够对自己的教学进行全程监控、分析与调整，还能够进行彻底的自我反思与自我提升。教师通过为自己的教学进行研究，对自己的教学进行研究，在自己的教学中进行研究，有效提高了自身的教育教学研究能力。

案例分析与研讨

1. 以下两个案例分别属于教育叙事的哪种类型？

[①] 杨捷. 教育叙事：培养教师教育研究的契机[J]. 教育科学，2006(01)：57—59.

[②] Jalongo，M. R. & Isenberg，J. P. Teachers' Stories：From Personal Narrative to Professional Insight [M]. San Francisco：Jossey Bass，1995：4.

2. 以下两个案例总体体现出了教育叙事的哪些特点？又分别体现出了两种不同类型教育叙事存在哪些不同的特点？

案例1：

月球上有什么？[①]

一次英语课，学习的是超级女孩登上月球的故事，生动有趣的科幻场景十分吸引学生，当讨论到月球上有什么时，大家都认为月球上有山、有岩石等，没有动植物，没有生命物质。小徐同学的手举得高高的，他站起来后滔滔不绝地讲述他看过的一篇报道，说据科学家研究月球上有生命体，而且若干年后人类可以居住到月球上。几个活跃的男孩和他争辩了起来，但是小徐坚持他的观点，扯着嗓门涨红了脸，为了完成教学任务，英语教师黄老师阻止了他们的争论，并表示她也不赞同小徐的观点，但注意到了小徐一脸的委屈相。课后，黄老师回想起小徐的话，觉得他说得有板有眼的，像真的一样。难道是关于月球的研究者有新的发现了？她感到十分好奇并查阅了书籍、在网上进行搜索，发现原来是科幻报道中讲到过月球生命体，但没有得到证实。但是黄老师感谢小徐同学让自己在求证的过程中对月球有了更多的认识。

"月球上有什么"中教师描述的是课堂上非常普通的一个事件，但是正是这样的一个旁人看似的小事，教师记忆犹新，认为是自己专业成长中更新普通知识的关键事件。促使这一关键事件形成的主要因素有三：一是小徐的执着；二是小徐被否定后的委屈相，孩子的那种令人难忘的眼神；三是教师自己的好奇心。正是这三方面激发了教师产生探索真相的兴趣，了解了更多的月球知识，增加了更多的普通知识。

这件事不仅让教师更多地认识了月球，更重要的是让教师体会到日新月异的发展，教师必须不断地自觉获取多方面的知识。只有不断充实自己，才能在孩子面前有更好的表现，才能真正成为孩子们成长的领路人。

案例2：

因为他在开小差[②]

"小李，来，这个问题你来回答。"

① 陆虹.教师成长的"心灵按钮"——小学教师专业发展中关键事件的叙事研究[D].上海:华东师范大学硕士毕业论文,2012:37.
② 陆虹.教师成长的"心灵按钮"——小学教师专业发展中关键事件的叙事研究[D].上海:华东师范大学硕士毕业论文,2012:40.

"……"

"知道老师为什么请你回答吗？"

"因为他在开小差!!"旁边的小朋友齐刷刷大声说道。

……

这是很多年前的一堂课，我已经不太记得当时的教学内容和学生的面目了，只有当时的感觉还深深地印在我的脑海中，记得当时看见小李呆呆地低头坐下，心里就有一种不安，有一种似曾相识的熟悉感。

记得以前读小学的时候，有一次，期中考试，我考前三四天因为急性肠胃炎发高烧拉肚子吊盐水，没能好好复习，致使那一次的英文考试开了红灯。老师很认真负责地把家长找来狠剋了一顿，站在旁边的我真恨不得找个地洞钻进去。

在后来的日子里，我上英语课格外用心，其中有想好好学习考出好成绩一雪前耻的目的，也想改变在英语老师心目中我是个学习不用功的坏学生的印象，我慢慢发现上课时我举手，老师不太请我回答问题，但只要我不举手，十有八九就会叫到我，对于我没有把握回答的问题，回答当然是结结巴巴，还可能答错，于是这时老师总会用一种诸葛亮式的口气说，"看吧，就是因为你上课不用功，所以考试才会不及格……"说得我满脸羞愧，连后面的同学回答的是什么也听不进去。当这样的事情重复多次之后，渐渐地，我每次上英语课总会很紧张，与英语相关的学习总让我产生恐惧厌恶的感觉。

天啊！我竟然用了自己以前受过的伤害来伤害我的学生。我一下子被自己震惊了。我想我和伤害我的老师一样是负责任的教师，但是我们在师生交往活动中，片面地强调了学生知识的获得，忽视了师生人格上的平等关系，在关注差异中，缺乏换位思考，使教育偏离了目标。

第二节　教育叙事的内容与步骤

问题与讨论

作为一名教师，你认为可以从哪些地方入手搜集教育叙事中的故事？要开展教育叙事研究，你认为有哪些基本的步骤？

一、教育叙事题材的挖掘与选择

教育叙事研究的是"故事"与"事件"，但其特征决定了教育叙事并不是教师叙述所有有关教育的事件,而是有选择性地选择承载着教育经验及理论意义的教育故事,只有满足这些条件的故事才可以归为教育叙事的行列。具体来说,虽然当前教育叙事是一种在中小学学校范围内得到广泛推广的研究方式,但仍旧有许多教师在教育叙事题材的挖掘和选择上深感困惑,即使拥有大量的教育教学方面的素材,还是无法从中选择出具有典型意义的题材来,在这里,我们选取了教师、学生和课堂作为发掘叙事题材的切入点,来介绍教育叙事题材的挖掘与选择。

1. 在开展教育教学活动的主导实施者——教师中挖掘

教师是教学活动展开的主要实施者,教师自身经历的或与教师本人密切相关的事件,都可以作为教育叙事的题材。具体来说,可以从教师的日常生活、课堂教学与研究实践中进行选择。教师日常生活中发生的故事是平凡的,但也是丰富的,正是由于是教师亲身经历的事件,它们才会在教师的脑海里留下深刻的印象。从微观上说,这些故事具有不可重复的唯一性;从宏观上说,这些故事具有强大的感染力,胜过一切说教。而在课堂教学中发生的故事具有较为鲜明的专业性,如,在课堂教学中值得推广的教育方法、技巧等,从这些成功的活动中能透射出教师的教育思想、教育智慧以及富有特色的教育教学风格。教师取得成功或失败的研究实践活动同样可以成为教育叙事题材的来源,因为研究实践过程中包含了教师的困惑与所引起的反思,这也与教育叙事的基本特征相吻合。

还有值得提到的是教师在自己的生活或工作经历中,留下的终身难忘的事件,这其中往往蕴含了某些深刻的道理,凝聚了一些闪光的教育智慧,蕴藏了某些教育规律。如遗憾,容易使人产生共鸣,它既是一种教训,也是一份经验,可以引起我们的思考。

2. 在开展教育教学活动的主体对象——学生中挖掘

教育是师生共同开展的活动,而学校中的教学活动主要是围绕学生展开的。学生是具有主观能动性的人。不仅表现在学生接受教育的活动中,而且表现在学生参与教育活动时所表现出的积极主动性;学生是发展中的人。由于其正在成长过程中,因而表现出了勃勃生机、饱满的热情与奋斗的精神;学生具有个性特征。由于不同的生活环境、社会经历与家庭教育,展现出认知差异,不同的性格特点、兴趣爱好等。教师可以深入挖掘那些在学生之间、师生之间、学生家庭之中,以及学生在校外生活中所发生的故事,这些故事都可能成为叙事事件。比如,学生在学习活动中所表现出来的独特的、创新的思维方式和解决问题的方法,以及学生优异的学习成果和良好的学习行为,都是值得其他同学学习和仿效的事例。当然,教育叙事不仅需要关注学生的学习行为,更需要把叙事的视角延伸到学生的情感世界,而学生的家庭生活中发生的故事是导致学生情绪发生变化的重要原因,故而教师需要适当了解学生的家庭生活。

总之,教育叙事就是要研究学生所进行的、所思考的、所感兴趣的活动。只有当真实的学生生活呈现在我们面前时,我们才能真正地理解学生,才有可能获取与学生沟通交流的机会。这样的教育活动才是师生共同参与的活动。

3. 在开展教育教学活动的主要场所——课堂中挖掘

学校的课堂中,蕴含着丰富的教育叙事的题材。多勒(W. Doyle)认为课堂教学具有多元性、同时性、即时性、难以预料的公共课堂气氛与历时性五个特点。[①] 其中多元性指的是在课堂中会有多种任务的分配与多件事情的发生,而同时性是指课堂中会有很多事件在同时发生着,因为每一件小事都有可能成为教育叙事素材的来源,故而教师在课堂上必须关注到更多的细节。即时性指的是教师必须在事件发生之时立刻做出反应,包括学生在课堂上提问之后教师的回答与教师在教学过程中运用的各种方法、技巧,这些都能够发掘出许多生动的、鲜活的、富有时代特色的事例来。难以预料的公共课堂气氛指的是课堂中的事件一般不会按照预期发生,会发生一些出乎教师意料之外的"突发事件",而教师在妥善处理这类突发事件时,可以丰富教师的教学经验,提升教师的教学机智,同样能给人以启迪。历时性指的是师生之间相处一段时间后逐步互相了解,在课堂上的相处模式会随着接触时间的增长而产生变化,这些转变也可以成为教育叙事的素材源泉。因此,长期从事教学工作的教师,要充分利用课堂行为给自己提供研究素材,通过教育叙事的方式,探究其中蕴藏的教育思想和规律。

上文简要地阐释了如何在教师、学生、课堂中挖掘叙事题材。需要说明的是,这三种题材并不是完全独立的,而是相互交叉的,在一种叙事题材中,有时可以包含了其他两方面的叙事内容。如,在课堂中挖掘的题材,就一定会包含教师和学生的内容。有些题材,既可以属于课堂题材,也可属于教师题材或学生题材,因此三者之间往往没有明显的界限。这里所作的区分,只是为了叙述的方便,而区分的标准主要取决于叙事内容的侧重点。

---

① [美]托马斯·古德,杰雷·布罗菲. 透视课堂[M]. 陶志琼,王凤,邓晓芳等译. 北京:中国轻工业出版社,2002:译者序.

二、教育叙事的基本步骤

由于教育叙事本身具有范围广、主题多样、内容丰富、写法灵活等特点,因此,教育叙事研究过程既没有统一的格式,也没有统一的要求。自教育叙事研究兴起以来,许多教育叙事研究者对教育叙事的具体开展步骤进行了探索,此处将教育叙事研究概括为七大步骤:确定研究问题、选择研究个体、建构现场文本、重新讲述故事、编码确定主题、撰写研究报告、测验研究质量。

1. 确定研究问题

确定研究问题是进行研究的前提,教师的教育叙事注重以"小叙事"来繁荣"大生活",更关注微观层面细小的普通教育事件,更强调对教育中特殊现象的描述和观察。教师研究的范围非常广泛,教师的教育观念、教学机智、素质结构、日常生活、体态行为、课堂教学等都可能成为教育叙事研究的问题,也应该成为研究的问题。① 教师可以从自己收集的教育资料中确定自己所要研究的问题,选取那些有意义的问题,此处的"有意义的问题"需要满足三个条件,一是所探究的教育现象与内隐的研究问题要有价值;二是所探究的教育现象与内隐的研究问题要有新意;三是具有可行性,即具备主、客观条件与时机条件。② 只有当研究者确定了研究问题之后,教育叙事研究才有了适当的边界。

2. 选择研究个体

接下来研究者需要有目的地寻找作为研究参与者的个体。社会科学研究一般采用抽样的方法确定研究个体,"抽样就是选择观察对象的一个过程"③。由于教育叙事的特点要求研究参与者是一个或几个经历了某一特定问题的典型人物,或者是一个或几个经历了某种境遇的关键人物,因此决定了其需要采用综合抽样策略,即以目的抽样方式为主,兼顾临近性和便利性,选择能够为研究问题提供丰富信息的个体作为研究对象。根据研究的需要,可以选择使用特定的抽样方法,如极端个案抽样、强度抽样、最大差异抽样、分层目的抽样等。另外,研究对象的年龄、性别、性格、地位、与研究者之间的关系等社会因素也会对研究个体的选择造成一定的影响。

3. 建构现场文本

在教育叙事研究中,研究者走进现场进行观察、记录,搜集能够提供个体经历故事

① 王枬. 关于教师的叙事研究[J]. 全球教育展望,2003,32(04):11—15.
② 傅敏,田慧生. 教育叙事研究:本质、特征与方法[J]. 教育研究,2008(5):38.
③ 艾尔·巴比. 社会研究方法(上册)[M]. 北京:华夏出版社,2000:244.

的田野文本数据,并建构现场文本是一项基础性工作。如果田野文本数据积累过少,缺乏时间的连续性和内容的延续性,教育叙事研究将无法进行。一般来说,与研究个体进行私人对话或深度访谈是搜集田野数据的最直接方式。除此之外,教育叙事所需田野文本数据还可以通过下列途径进行搜集:与研究参与者进行协商,请求其通过日记的形式记录与其相关的故事;观察研究参与者并做记录;搜集研究参与者与他人互通的信件;从研究参与者的家人处了解与其相关的故事;搜集研究参与者的备忘录;搜集研究参与者的照片等社会物品;为研究参与者录像等。①

　　搜集个体经历故事的田野文本数据,即建构叙事研究的现场文本至少有两方面意义。第一,现场文本能够帮助研究者处理与参与者以及现场之间的距离问题。研究者在教育情境中往往处于两难的境地:一方面,研究者如若不能全方位地融入教育情景就无法对所探究的教学事件进行探索、描述和解释;另一方面,如果研究者完全融入教育情景,可能会带有情感的倾向性,容易在叙事研究中失去客观性。第二,现场文本能够帮助研究者记忆以及补充教育故事中被遗忘的细节。因此,一定要定时、认真书写现场文本,注意个人的心理状态,注意除了现场文本之外还需要另外的现场文本来作为补充。如将现场笔记与书写现场经验的日记结合起来,能够为研究者提供一种反思现场发生事件的平衡手段,避免研究者"离开现场"后重新讲述故事时只会依靠现场笔记而做出失真的表述。

4. 重新讲述故事

　　现场文本建构结束之后,研究者紧接着要展开的一项工作就是重新讲述研究参与者的故事。这不仅对教育叙事研究新手来说是具有挑战性的工作,也是所有教育叙事研究者面临的困难工作之一。一般来说,教育故事的重新讲述需要包含以下三个阶段:②

　　首先,将原始故事转写为文本。将研究者采用口述史、访谈、录像等方法收集的叙事资料创造为叙事文本,需要先对其进行转译,然后在此基础上制作成为现场文本。如果已经是研究对象提供的文本形式的故事,如研究参与者个人书写的日记等,或者参与者提供的某些反映自己教育故事的书面材料,就可以直接进入下一阶段。

　　其次,编码转录原始文本。研究者首先需要根据确定的是故事中的基本要素,然

---

① Connelly, F. M. & Clandinin, D. J. Narrative inquiry: Experience and story in qualitative research [M]. San Francisco: Jossey Bass, 2000: 480.
② 傅敏,田慧生. 教育叙事研究:本质、特征与方法[J]. 教育研究,2008(5).

后才能对原始文本进行转录。在此引用两种比较权威的确定故事基本元素的叙事结构,其中一种是组织故事元素并解答问题的叙事结构,将故事所包含的基本要素分解为:场景、人物、活动、问题和答案五个方面。[①] (见表 9 - 1)

表 9 - 1　组织故事元素并解答问题的叙事结构

场景	人物	活动	问题	答案
指故事背景:环境,情境,时间,位置地点,年代和纪元	故事中描述个体的原型、个性,他们的行为、做事风格和类别	贯穿于故事中的个体的动作,用以说明人物的思想或行为	要回答的问题,或者要描述或解释的现象	对问题的回答,对引起人物发生变化的原因的解释

另外一种是克莱丁宁和康纳利提出的三维空间的叙事结构:交互性、连续性和情境。[②] (见表 9 - 2)

表 9 - 2　三维空间的叙事结构

交互性		连续性			情境
个人	社会	过去	现在	将来	地点
注意内部的内在条件、感觉、期望、审美反映、精神调整	注意外部的环境条件,其他人的打算、意图、设想和观点	看过去的、回忆的故事和处置事件时的经验	看当前的故事和处置事件时的经验	看隐含的期望、可能的经验和情节线索	看处在自然情境或者在有个体打算、意图、不同观点情境之中的背景、时间、地点

研究者可以参考上述结构分析现场文本故事的基本结构,可以使用字母编码并在现场文本中标记,场景(Setting)、人物(Characters)、活动(Actions)、问题(Problem)和答案(Resolution)的字句可以分别用 S、C、A、P 和 R 来标识。这些编码是规范叙事研究中的重要组成部分,是实施研究过程中不可或缺的环节,它们是最终评估研究效度与信度的重要依据。编码完成后进入转录环节,它通过识别故事的关键元素来重新描述原始数据。

① Creswell,J. W. Educational Research:Planning,Conducting,and Evaluating Quantitative and Qualitative Research[M]. New Jersey Merril:Prentice Hall,2002:530.

② 简·克莱丁宁,迈克尔·康纳利. 叙事探究:质性研究中的经验与故事[M]. 张园,译. 北京:北京大学出版社,2008:54.

最后，重新书写故事。研究者把已经转录出来的"骨架"型故事，按事件发生时间的顺序重新书写成清晰的包含故事基本元素的一个序列性的文稿，往往以第一人称讲述。当然，对于五项故事元素如何排序，研究者可以根据具体情况做出适当的调整。

5. 编码确定主题

编码完成了一个故事的重新讲述之后，研究者面临的另外一个问题是如何在多个故事之中找到适合的主题。有三种途径可供选择：一是演绎思路，即基于某种理论框架将故事分为不同主题或类属，然后将已有的故事对号入座；二是归纳思路，类似"扎根理论"[①]研究方法，实际上就是聚类分析，指的是先将重新讲述的故事进行分门别类，每一个类别其实就是一个相关的教育主题。分类之后，再用故事来为这些教育主题提供"证词"[②]；三是归纳与演绎相结合的思路，即主题或类属在先，它们来源于对编码、转录的故事的分析。

对故事主题的确定具有一定的复杂性，但能够增加对个人经历理解的深度。与一般的质的研究相同，教育叙事研究通常要确定多个主题。在具体操作上，研究者既可以将选择的各项主题融入进个体经历的故事中，也可以作为研究报告中单独的一部分。

6. 撰写研究报告

撰写研究报告是对前面所述的一系列工作的总结概括。它夹叙夹议，既包含研究者所观察到的"事件"的故事性描述，也包括研究者对"事件"的论述性分析。

故事性研究报告是旨在说明研究对象是什么、发生了什么。故事性是教育叙事研究与其他教育研究方法对比起来最显著的特征。教育叙事不仅要有故事，而且要有很强的故事性。它需要的不是一般的故事，而要求包含"问题"的真实发生的教育事件，对故事的描述指的是从问题发生到解决问题的完整的研究性过程。但当前的教育叙事研究强调"主题先行"，故事性较弱，具有较强的说教性，给人生搬硬套之感；论述性研究报告旨在阐明研究对象的本质及其规律性，它用论述性的语言来分析，以典型材料做例证，并由材料中提炼出观点。叙事研究所分析的依据来源于事件，论述过程也是对事件的论述，所以分析必须持之有故，才能做到言之有理。当前也有部分研究报

---

① 扎根理论是一种进行质的研究的方式，其主要宗旨是将在经验资料的基础上建立理论。研究者在研究开始之前一般没有理论假设，直接从实际观察下手，从原始资料中归纳出经验，然后上升到理论。这是一种自上而下建立实质理论的方法，即在系统收集资料的基础上寻找反映社会现象的核心观念，然后通过这些概念之间的联系建构相关的社会理论。

② 刘良华. 教育叙事研究：是什么与怎么做. 教育研究，2007，28(7)：87—88.

告存在故事味太浓、冲淡了研究分析的问题。

7. 测验研究质量

教育叙事研究的建构方式是自上而下的，即对原始资料进行描述；根据其子特性建立初步的理论框架；按照理论框架对资料进行系统分析，得出研究者自己的认识或理论。要检测教育叙事研究的质量，提升教育理论的价值，可以从关注理论的效度、信度、推广度、推论和伦理问题的角度进行探讨。

案例分析与研讨（有删减）

1. 教育叙事作为一种研究方法，可否与其他教育研究方法相结合？以下案例属于教育叙事与哪种教育研究方法的结合？

2. 总结下方教育叙事案例的基本流程。

农村留守儿童英语学习的情感[①]

一、英语学习情感对儿童学习的意义

英语学习中的情感指兴趣、动机、自信、意志、合作精神等，以及学生在学习过程中逐渐形成的祖国意识和国际视野。小学英语学习的情感目标包括培养对英语的好奇心，喜欢听他人说英语；能体会到英语学习的乐趣；对各种英语学习活动有兴趣；与其他同学积极配合和合作，积极参与课堂学习；对英语学习表现出积极性和初步的自信心等（教育部，2012）。

二、留守儿童英语学习情感的现状及其成因

1. 缺乏学习动机，伴随高度焦虑——家庭因素

初次见面：开学第一天，严丹由奶奶带到学校报名。我和颜悦色地招呼她："Hi, What's your name?"黑黑瘦瘦的她吓得立刻躲到奶奶身后。她眼睛睁得大大地，直直地盯着我，眼神中的畏惧，一刻都没有褪去。她奶奶喋喋不休地诉说生活的艰难："老师们，你们看这孩子多可怜，她爸妈都不要她，也不管她了，就靠我卖卤鸡蛋，挣点钱给她买文具。这孩子可怜啊，我不想将来她进一趟城都不知道坐哪班车。""她还那么小，学什么英语哦，学英语也没用，反正将来也不可能出国。"

印象中的严丹：常常教室还没开门，严丹就在门前等候了。我问她为什么不来叫

---

① 邓晓芳，余杰. 农村留守儿童英语学习的情感[J]. 小学英语教与学，2016(4)：40—41.

老师开门？她不说话，总是一股脑儿钻进教室。我问她在家里读英语吗？她怯怯摇摇头说，"不会"。

她的头发经常乱糟糟的；眼睛里永远有擦不干净的眼屎；早上有时候没钱吃饭；看起来骨瘦如柴；天气降温时穿着短裤……有时，我帮她梳头并关心地说："老师今天想起一个新发型，来试试！"一开始她还畏缩，次数多了就自然多了。上英语课严丹极少举手答问，提问她时，她总惶恐地摇摇头。有一次，她竟然迟到了20分钟，上课时心不在焉。课后我问她怎么了，她说"奶奶病了，我要给奶奶做饭"。

分析和讨论：

(1) 家庭监护缺失，留守儿童缺乏英语学习的环境和动机

由于父母进城务工，留守儿童成了隐形孩子（invisible children）（21st Century, 2015）。2015年，某机构对华东、华中、西南地区六个省的调查发现，约1000万留守儿童终年见不到父母，2600万留守儿童一年与父母甚至没有一次电话联系。留守儿童的监护有四种方式：爷爷、奶奶或姥姥、姥爷的隔辈监护；叔叔、婶婶、舅舅、舅妈、姑姑、姑父的上辈监护；哥哥、嫂嫂或姐姐、姐夫的同辈监护；留守儿童的自我监护。这都在一定程度上造成了留守儿童家庭教育的缺失。监护人与家庭教育的缺失导致留守儿童缺乏英语学习的环境和英语学习动机。严丹的监护人奶奶是文盲，年纪大，对英语一无所知，无法提供英语学习的环境支持，也无法有效监督与辅导严丹的英语学习。同时，"留守儿童"因为没人管束，自律性不强，容易受到外界不良行为或习惯的影响，不能自主学习，英语成绩日趋下降，最终丧失英语学习的信心和兴趣，形成一种恶性循环。

(2) 家庭关爱与亲情丧失，留守儿童的心理危机与高度焦虑阻碍英语学习

由于家庭关爱与亲情的缺失，留守儿童群体有较严重的心理危机，如脾气暴躁、焦虑自闭、自暴自弃、消极自卑、做事无恒心、孤僻而不合群等。部分留守儿童任性霸道、自私冷漠、敏感多疑、固执己见、情绪多变、逆反心理强，有的甚至出现暴力、蛮横、仇视的畸形心理。严丹缺失父母温暖的怀抱与关爱，幸运的是，奶奶全身心地疼爱与呵护着她。但是，这份爱又对严丹造成了很大的心理负担，认为这个世界爱自己的人极少，连父母都不要自己、不爱自己，也许生来就没人关注、没人爱。家庭亲情与关爱的渴求，沉重的经济负担，让年幼的严丹显得与众不同，她不轻易说话，内向且自卑。超负荷的心理压力，怎能让一个孩子积极地投入到英语学习中去？

留守儿童长期缺乏亲情的抚慰和关怀，往往感到焦虑、紧张，缺乏安全感，人际交

往能力较差;性格往往变得内向、自卑、悲观、孤僻。他们常把生活中过高的焦虑复制到课堂上,注意力变得狭隘,注意的转移力降低,不能提取出情境中的重要信息,容易紧张、慌乱、行为失常,思维混乱,极大地束缚其认知能力。严丹怕见生人,在生人面前怯懦、不自信,面对他人开玩笑常常出现愤怒、焦虑的情绪,都显示出了她的消极情感占了主导,而英语学习以表达、交流等外显行为为主,像严丹这样焦虑自闭的孩子很难积极参与课堂,要求他们主动举手答问、自信积极地在同学们面前展示自己,就变得更难了。

2. 缺乏英语学习兴趣与课堂参与的积极性——学校与教师因素

笔者的第一节英语课:笔者在执教《小学英语》(人教版)四年级 Unit 2 "My school bag"的导入环节,播放了视频歌曲"Ten little candles dance",孩子们好奇地盯着屏幕笑着,少数学生听懂了 one,two,three 的意思,显得异常兴奋与自豪,但大多数学生很茫然。我反复教读 little,candles,dance 以及一些词组,终于在课堂进行到二十分钟时,大多数学生能齐唱了。接着,我播放幻灯图片并向学生提问"What can you see?",要求学生快速浏览图片,并能准确回答"I can see a book/picture/computer/box."。然而,大部分孩子茫然无措,没人举手;少数人在翻阅单词表,寻找对应的单词、句型。由于学生基础知识不扎实、参与不积极等原因,我只完成了三项教学活动,预期的另外三项教学活动被迫放弃了。

分析和讨论:

学校环境、教师素养、教学方式等各种因素都可能导致留守儿童缺乏英语学习兴趣与课堂参与的积极性。农村学校对英语课程不重视,英语教学环境差,多媒体、儿童英语读物等课外资料相当匮乏,缺乏专业、合格的英语教师,教师对现代教学方式不熟悉,教材解读不到位,课堂活动单一,不注重调动、激发学生学习英语的积极性,直接导致儿童英语学习基础薄弱,缺乏英语学习兴趣。

笔者刚到这个乡镇小学,第一次上课就遭到了严重的"排异反应"——没法按照预先设计的步骤开展教学,甚至有一个孩子悄悄地说:"英语课好烦!"严丹的表现和其他儿童一样,兴奋地看着视频,沉默应对老师的问题,被动地跟读单词,期盼早点下课。

笔者观察了该乡镇小学唯一的英语教师王老师(之前教语文)的几节课后发现:由于王老师本科毕业于中文专业,未经受过系统的英语语言的基础训练,部分发音不准,缺乏英语教育学、心理学等专业知识的支撑,在教学过程中力不从心。具体表现为:第一,教学模式传统;英语教学方法、教学活动单一;不关注学生的情感态度;上课只靠一支粉笔、一本书,以教为中心;灌输书上的内容,学生只是被动地接受知识;孩子的主动性、积极思维受到压抑,缺乏学习英语的兴趣。第二,没有注重留守儿童英语学习的身心特点,没有关注到留守儿童不自信、易焦虑、紧张害羞等消极情感,难以引导他们融入到课堂活动中。

3. 缺乏自信——同伴因素

同学 A 是严丹的亲戚,家里比较富有。她说:"严丹又穷,成绩又差,每次去我家玩儿,我爷爷看她可怜,总是给她钱。"同学 B 是班上一个调皮的小男孩,活泼好动。他对严丹的意见挺大,经常骂严丹,上课期间也不例外。他说:"看着她就烦"、"一副蠢样子"、"说英语像鸡叫"。同学 C 给严丹取了绰号"盐蛋(严丹)"。下课时,如果有一个人开始骂严丹了,其他人就会起哄,围着她、笑话她。

在一次课上,我提问严丹:"What color do you like?"她迟疑半天后回答:"Red."全班一阵哄笑,因为她[r]的发音不准。

分析和讨论:

同伴的积极或消极评价影响儿童的自尊与自信,直接影响英语学习。自信心较低的学习者往往不敢练习,导致语言运用能力降低,同时又对学习者的自我效能感造成消极影响,从而更加不敢练习。儿童自信心不足又导致高水平的焦虑,不能踊跃参与课堂,不敢大胆用英语表达。同伴的嘲笑、孤立甚至辱骂严重伤害了严丹的自尊,使她更加缺乏自信。她本来就胆怯,在英语课上被同学嘲笑后,更加沉默,不敢大声读英语、说英语。

第三节　基于教育叙事的小学英语教师专业发展对策

问题与讨论

为什么教育叙事可以成为促进教师专业发展的方式之一? 教育叙事对教师提出了哪些要求? 作为小学英语教师,应当如何应对教育叙事对教师发起的挑战?

一、教育叙事与教师专业发展

1. 教师以叙事方式认识自我、认识教育教学

教育叙事是教师系统地了解自我的一种有效途径。认识自我,就要认识自己的独特性,包括自己的生活阅历、求学经历、文化底蕴、思维方式和性格爱好等。教师开展教育叙事研究,不仅仅为了认识他人或他物,而且是为了更好地认识了解自己;教育叙

事研究的结果不仅仅是为了认识某种教育规律,而且是为了近一步清楚自己的"认识"是什么。教师以自己的教育故事解释着自己是谁,自己在做什么,自己想做什么以及自己去向何处。[①]

教育叙事可以帮助教师更好地认识教育教学。故事是人们以叙事方式认识世界的结果。布鲁纳(J. S. Bruner)指出,人类有两种基本的认识世界的方式[②]:一种是寻求普遍真理的方式(Paradigmatic Way),这是认识自然科学的基本方式,在这种方式的主导下,人们关注的是普遍意义上的"理"与"逻辑"。另一种是叙事的方式(Narrative Way),人们通常运用叙事的方式寻求事件之间具体的联系,关注事件展开的具体细节,而不是以抽象的概念和符号压制生活的情节和情趣。这是一种面向事实本身,理解他人,体验生活的人文科学认识方式。教师每天面对的是学生,是有着无限发展可能的、具体而具有生命力的人。同时教育的目的在于协助他们每一个人成为更好的自己,因此谁也不可能假定每个学生存在的本质,也不存在适用于所有学生成长的一致的普遍规律。学生的成长表现为复杂的、生成的、面向未来的开放过程。教师绝不能仅仅依据"教育之理"、"教育之逻辑"的幻影来认识学生,而需要真正走进学生的生活,关注每一次教学事件,倾听学生的心声,了解他们的故事,唯有此,师生才能共同建构成长的故事。

2. 教师以叙事的方式重构经验

经验对于教师来说具有重要作用,教师就是凭借经验去影响、教育学生。杜威(John Dewey)曾经指出,"教育者的任务就在于看到一种经验所指引的方向,如果教育者不用其较为丰富的见识来帮助未成年者组织经验的各种条件,反而抛弃其见识,那么他的比较成熟的经验就毫无作用了。"[③]教师的发展即是教师教育经验的生长。康纳利等人进一步发展了杜威的观点,认为教师的经验就是故事的经验。教师的经验以叙事的方式建构,并追问在日常教学中遇到的困境,研究并反思自己的经验,从而能够搭建出经验连续沟通的桥梁,在反思追问中重组个人经验,从而实现了经验的重构。教师在教育叙事中理解经验的意义,看到经验的未来发展方式,主动促成经验的发展,所以可以这样说,教师叙事研究的过程是教师专业发展的历程。[④]

① 王枬,唐荣德. 论教师的教育叙事研究[J]. 中国教师,2009(17):5.
② Bruner, J. S. Actual Minds, Possible Worlds[M]. Cambridge, MA:Havard University Press,1987:13.
③ 约翰·杜威. 我们怎样思维·经验与教育[M]. 姜文闵,译. 北京:人民教育出版社,1991:263.
④ 王凯. 教育叙事:从教育研究方法到教师专业发展方式[J]. 比较教育研究,2005(06):30.

3. 教师以叙事的方式促使教、学、研合一

"教、学、研合一是指教育教学与学习和研究合为一体,这是教师应有的专业工作方式,是实现教师专业发展的基本途径。"[①]教、学、研合一主要包括了教师教学、教师学习与教师研究三个方面。而在教育叙事研究过程中,教师研究是中心活动,教师教学是教师开展叙事研究的条件,教师学习是开展叙事研究的基础。一方面,教师研究与教师教学本身就是"共生互补"的关系。教师开展研究的目的是为了解决教育教学实际中存在的问题。这种研究需要教师特定的教学实践所提供的具体观察情境作为支撑,一旦离开了这种具体的观察情境,教师就失去了研究条件。在开展研究的过程中,教师以叙事的方式描述他们在教育教学活动中遭遇到的问题或质疑平常化的教学行为,故事本身就蕴含着教师对教学实践的反思、理解,以及重述故事时的再反思。另一方面,教育叙事可以使教师自觉而科学地思考自我的经验,在教师专业发展中,它可以促进教师研究素养的形成,提升教师课程理念或意识,加速教师专业实践的更新。在叙事研究过程中还要求教师了解学生的个性差异、家庭情况,要求教师与学生进行沟通。这有利于教师教学工作的开展,能够提高教师的教育管理能力,并促使教师在实践中学习,在学习中成长,从而养成终身学习的习惯。总之,在教育叙事研究过程中,教师能够全方位增强其教学、学习和研究能力,对促进教师专业发展具有重要意义。

二、小学英语教师进行教育叙事过程中存在的问题

1. 小学英语教师对教育叙事研究的认识不足

(1) 未能正确定位教育叙事的相关理论

"教师在日常教学和从事研究的过程中存在弱化理论、神化理论和泛化理论的三种情形。"[②]而在教育叙事研究过程中,小学英语教师同样存在以上三种问题。首先,弱化理论表现为教师认为教育叙事理论不重要,将"教师讲故事"等同于教育叙事研究,并未对教育叙事理论进行深刻解读与剖析;其次,神化理论表现为教师认为教育叙事理论很重要,但由于不同的研究人员对其内涵、特征与方法有不同的阐释,因此教师认为教育叙事的相关理论难以掌握;最后,泛化理论表现为教师认为与教育叙事相关的论文、与权威相关的事物都可以称之为理论,这是对教育叙事相关理论认识不清的

---

① 刘利平,刘春平. 教育叙事之于教师专业发展的促进作用[J]. 继续教育研究,2013(01):76—78.
② 汪明帅,赵婵. 教师研究中的"理论"想象[J]. 全球教育展望,2019,48(12):60—62.

表现。

（2）未能意识到教育叙事是一项研究性工作

教育叙事是一种质性研究方法，强调在自然状态下研究教育，具有自然主义研究方法的特点。这种研究更贴近于个人的教育经验与实践，能够准确反映教育的本质。教育叙事的目的是教师通过讲述自己的教育故事来反思自己的教育思想和教育行为，并通过这种反思来改变个体内隐的教学理论和教学行为。换言之，讲述故事成为了教师改变教学观念、改变教学行为的一种行为方式。然而，当前仍有部分小学教师对教育叙事的理解单纯停留在讲故事上，没有意识到它是一项研究性工作，这是对教育叙事研究的误解。

2. 小学英语教师自身教育叙事研究能力不够

在教育叙事研究中，要求每一位教师都具备了从事教育研究的素质和能力，但事实并非如此。有的小学英语教师研究能力低、理论基础薄弱，又缺乏专业引领，因此在研究过程的各个方面都容易出现问题。前文提到，教育叙事研究的素材来源是教师日常生活或教育教学生活中发生的事件，虽然看上去是琐碎的事，似乎每个人都可以进行研究，只要把当天发生的事记录下来就可以了。其实不然，不能把教育叙事研究等同于教师叙写自己的教育故事。这种教育故事必须要满足特定的要求才能成为教育叙事的研究文本。这就要求研究者要具备一定的研究能力，要做好教育叙事研究，就必须深入地了解其中的奥秘，挖掘它的本质，提炼其精髓，才能写出成功的教育叙事研究案例。

3. 小学英语教师的"科研"态度不端

（1）教育叙事研究的功利性较强

有些教师对教育叙事的认识有偏差，主体研究意愿较弱，有较为严重的功利思想，是否参与教育叙事研究完全取决于其能否给自身带来实际的利益。这也是导致许多教师的教育叙事研究浮于表面、难以深入的主要原因。另外，由于教师职称的评选与论文发表的数量直接相关，因此，教师对教育叙事研究具有较强的功利思想还表现在论文数量积累较多，但质的进展较少上。有些教师会"赶时髦"地运用教育叙事研究去阐释一些热点教育问题，但却忽视了本校的实际情况，这种研究注定会是重复化、简单化、效益低下的研究。

（2）教育叙事的研究成果运用较差

教育叙事研究的最终目的是通过对研究成果的转化和应用来解决教育实践中遇

到的难题。但由于当前教师行业中功利思想盛行，追求的不是实用理论的实用，而是实用利益的实用。上文提到，教师评优、评职称、考核等都有科研成果和论文发表的指标，因此很多教师注重的是发表相关论文，往往成功发表论文也就代表着研究的终结，因此，常常出现低层次、重复性的教育叙事研究，这也与教育叙事所要求的不断反思的信条相悖。

（3）存在学术不端的现象

2016 年 6 月，教育部颁布《高等学校预防与处理学术不端行为办法》，对学术不端行为进行了定义并对行为不端责任人的惩处方式进行了公示。同样地，中小学教师在教育科学研究中也存在着学术不端的现象。由于学术不端现象的影响十分恶劣，不仅使教师们的诚信价值缺失，还会对学术圈的氛围造成不良影响，因此要坚决杜绝。

4. 客观条件制约了教育叙事研究的发展

（1）教育叙事研究理论存在不完整性

第一，教育叙事作为一种研究方法，其独特性尚不明显。教育叙事研究强调其与量化研究和一般质性研究存在差别，但在表达中，依然采用的是质性研究的话语。第二，教育叙事是否可以虚构的问题。教育叙事研究要求参与者真实地叙说自己生活中的故事，真实性也是教育叙事的重要特征之一。但有学者认为教育叙事可以虚构，认为教育叙事研究既可能叙述真实的教育事件或教育现象，也可能叙述虚构的教育事件或教育现象。[①] 第三，教育叙事如何评价的问题。教育叙事通常是个案研究，缺乏典型性和代表性，面临着信度和效度的问题。总之，由于教育叙事的理论研究存在不完整性，对小学教师开展教育叙事研究也造成了一定的影响。

（2）缺乏学校给予教师开展教育叙事研究的有效支持

首先，学校缺乏细化的规章制度。对于教育叙事研究，学校只要求老师学期末提交几份教育叙事研究的文章，并没有对老师在教研方面做出更为具体的要求。没有规矩，不成方圆，教师的教研活动也是同样的道理，在无规则限定进行下的教研活动是盲目无效的。故而教育研究同样需要在有细化的规则和限制的条件下展开。

其次，学校硬性规定教育叙事的主题。一方面，教育叙事研究的本质是教师自我反省的平台，教师叙说的故事来源于日常生活。但在教育叙事研究开展过程中，学校会硬性规定研究的主题，使研究背离教育叙事的本质要求。另一方面，我们也可以清

---

① 刘良华. 教育叙事研究：是什么与怎么做[J]. 教育研究，2007，28(7)：87—88.

楚地认识到,研究如果加入了不自愿的因素,这样的研究就会带上敷衍的圈套,这种"任务式"的研究对教育科研毫无用处。在我国,学校的存在总是和升学率挂钩,学校总是最关心学生的成绩,教师的教学成果也大多体现为所教班级所在学校的分数情况以及班级在校的排名情况。这样学校在推行教育教学研究的过程中就可能会出现应付交差的情况。到底有没有按照步骤实施、实施的情况如何我们就无从得知了。作为一线教师,学校提供的环境是其研究能否实现的关键。

最后,学校给教师安排过多的任务和教育培训,导致教师可用于叙事研究的时间不够充分。现在的小学教师除了参与课堂教学以外还要花费大量时间在备课和批改作业上。除了班级任务之外,教师还要完成学校安排的任务、参与学校安排的培训。在校工作过多过杂,很难分出有效的时间和精力关注并反思专业问题。

(3)小学教师科研话语权较弱,科研平台不足。

长期以来,我国各大高等院校的研究人员在教育研究领域有着较强的话语权。虽然教育叙事研究是帮助教师实现教育研究的有效途径,但引起教育行业相关工作者热议的还是那些高校研究者的理论分析,一线教师的个案研究往往石沉大海。另外,教师通过外界接受到的培训大多都是主题式的讲座,是接受方,缺少对教师自我教育视野的关注与自我教育思想的反省。即使有的学校开展了书写教育日记的活动,但由于缺乏后续讨论活动,不但没有实现教育叙事研究应当实现的价值,反而让许多教师认为又徒增了许多"麻烦"。

三、基于教育叙事的小学英语教师专业发展对策

1. 加强小学英语教师对教育叙事研究重要性的认识

(1)正确定位教育叙事的相关理论

对任何研究而言,理论的重要性不言而喻。对小学教师而言,如何用相关理论来指导研究一直是一个难题。教育叙事研究是全体教师都能进行的一种教育研究模式,是教师从"匠人型"向"研究型"过渡的有效途径,因此教师迫切需要正确定位教育叙事相关理论,实现从普通教师成长为研究者、学科专家、教育专家的飞跃。

(2)进一步提高小学英语教师对教育叙事研究的意义和价值的认识

开展教育叙事研究对不少小学英语教师来讲是一个新的课题。因此,在这里首先要解决的还是一个认识和观念进行转变的问题。只有当小学英语教师对教学反思本身有认识,并真正认识到教学反思的意义和作用以及切实体会和感受到教学反思给他

们带来的好处时,他们才会发自内心地接受教学反思,并通过实际的教学行为和教学方法体现出教学反思的行动特征。所以,要把"要我研究"变为"我要研究"。

另外,小学英语教师必须认识到教育叙事研究绝非简单描写和叙述故事,它绝不是一项容易的工作。部分小学教师误认为叙事研究很简单,原因是他们低估了现象学家所研究的描写的诸多技巧。教育人类学家博尔诺夫(Otto F. Bollnow)就曾鲜明地指出:"要进行明了、准确以及实事求是的描写,并非如大多数人所认为的那么容易。这种描写并不是真正的理论工作中能很快把握的初级技术,而正相反,它需要具备极高的学问,需要进行长期刻苦的训练。"[①]

2. 加强小学英语教师的教育叙事专业研究素养

由于小学英语教师存在教育叙事研究能力较低的问题,因此加强小学英语教师的教育叙事专业研究素养就成为了迫切需求,主要可以通过加强教育叙事研究的专业指导和自我学习来实现。需要注意的是,对教育叙事研究的专业指导与培训万万不可仅仅是一个专家对所有老师的讲座式的培训,要给教师单独表达个人的机会,真正使指导成为一种专家与教师、教师与教师之间的对话式的讨论,而不是一场大型的学校会议。

除了向他人学习以外,教师在叙事研究过程中,自身应该首先注意一些基本素养的培养。因为确定研究问题是开展教育研究的前提,因此要求教师能够善于在平淡中发现问题、思考问题、细化问题、追寻问题。除此之外,因为教育叙事是一项有关"事件"的研究,因此教师还应当提升自己的写作水平。

3. 改善小学英语教师教育叙事研究的客观条件

(1) 端正学校对"教育科研"的态度

让学校对教育研究充满兴趣,并自觉开展各项教育研究工作,因其有所用而用之。学校还要自觉遵守"科研"的有关规定,研究人员具有自愿性、自主性和自觉性。应给予足够的时间和自由让教师选择自己想从事的研究内容。

紧凑时间,尽量减少教师在参加日常会议等方面的活动。应当尽可能给教师留出更多的时间用于同事间的交流与合作、用来自学,让他们在与同事交流合作中,在学习中提高增长知识和技能,从而发展教学专业能力。[②] 另外,学校单一的评价模式也需要变更,不仅仅以升学率来评价学校的质量,而要采用多种形式的评价方法评估学生

① 罗凯梅. 教育实践研究的叙事转向[J]. 基础教育研究,2004(1):48—49.
② [苏] 瓦·阿·苏霍姆林斯基. 给教师的建议[M]. 杜殿坤,译. 北京:教育科学出版社,1984:107.

的综合素质,如学校特色、教育科研的实施情况、教师自身的能力储备与提升自身能力的意识等。

(2)教育界应当倡导教育叙事成果共享

教育叙事能够锻炼教师面向日常教育生活的观察能力并揭示故事中深藏的教育意义,能够使教师从日常繁重的教学负担中摆脱出来,是一个提升教师实践智慧并对日常教学活动赋予独特意义的过程。教师之间应当主动讨论与分享,由此才能实现对叙事研究成果的应用和更好发展。更值得一提的是,随着网络技术的不断发展,教师拥有了更多分享教育叙事研究经验和研究成果的平台。除了书写博客类的教学日志之外,还有许多能够实现语音通话和视频的软件。总之,要用一种开放的思想和态度看待教育叙事,只有这样,才能更好地运用和推广教育叙事研究。

案例分分析与研讨(有改动)

1. 通过教育叙事研究,你认为小学英语教师的哪些方面可以得到提升?

2. 作为一名小学英语教师,你认为可以通过哪些途径开展教育叙事研究?

教育叙事促进小学英语教师专业发展的调查分析[①]

本研究抽取了部分参与过教育叙事的小学英语教师为样本进行了调查,本研究运用了问卷调查法、访谈法。

一、调查背景

此次调查研究主要采用问卷法和访谈法两种方式。问卷的设计主要是以关于教师专业发展测量模型为基础,主要参考的是教育部教育司编写的《教师专业化的理论与实践》中提出的教师专业素质概念的维度,同时加入了教育叙事的特点而形成的。问卷发放对象为在岗的小学英语教师。问卷调查主要采取了整群抽样法。为了获得更真实的、全面的资料,本研究在问卷调查的基础上进行了访谈研究。

二、问卷调查

问卷内容可分为三大板块:第一板块是小学英语教师的个人基本资料;第二板块是小学英语教师教育叙事的基本情况;第三个板块是教育叙事促进小学英语教师专业发展情况的调查。

---

① 林莎莎. 教育叙事在中小学英语教师专业发展中的应用研究[D]. 南昌:江西师范大学,2011:21—29.

(一) 开展的基本情况

小学英语教师教育叙事的内容更倾向于教学叙事,占 69.3%,其次就是生活叙事,占 38.7%。从小学英语教师教育叙事的内容可以看出教师更关注自己的教学和生活方面的事情。但更值得欣慰的是有 30.7% 的小学英语教师把教育叙事当作自传的一种方式,开始对自己的成长经历进行整体上的思考。教育叙事对小学英语教师专业知识、技能、情意方面的影响比较均衡,有 59.8% 的教师认为教育叙事对这三方面都产生了影响。教育叙事是小学英语教师最喜欢的教育教学研究形式。教育叙事所占的比例为 81.3%,远远高出其他教学研究方式,这说明教育叙事得到广大小学英语教师的认同。

表 9-3　教育叙事开展基本情况表

情况分析	具体分类	人数	百分比
教育叙事进行的时间	不到一年	17	22.7%
	一到三年	20	22.6%
	三年以上	38	50.7%
叙述的内容	教学叙事	52	69.3%
	生活叙事	29	38.7%
	自传叙事	23	30.7%
	社会叙事	17	22.7%
教育叙事的影响	专业知识方面	48	64%
	专业技能方面	59	78.7%
	专业情意方面	61	81.3%
喜欢的教育教学研究形式	课题研究	19	25.3%
	教师研究	34	45.3%
	校本研究	44	58.7%
	教育叙事研究	61	81.3%

(二) 促进教师专业发展的情况

问卷的第三部分是本问卷的主体,主要是调查教育叙事对小学英语教师专业发展的关系。本研究按照问卷的 31 个题目计算,分数范围是 31—124 分,问卷总分得 93 分及以上,有 49 人,占 65.3%;31 道题得分为 100—123 的有 18 人,占 24%;得分为 31—61 的有 8 人,占 10.67%,见下图:

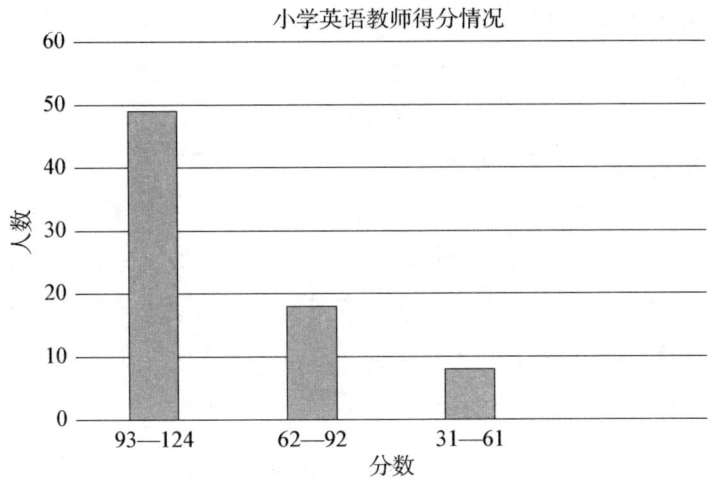

小学英语教师得分情况

三、访谈调查

首先对 80 名小学英语教师按照姓名的拼音顺序进行编号,然后随机抽出 20 名英语教师作为访谈的对象,其中有 3 名高级教师,5 名市级优秀教师,5 名校级优秀教师。

(一)访谈内容

本研究的访谈主要围绕以下 4 个问题展开的,并列举出部分小学英语教师的回答。

(1) 教育叙事对小学英语教师的教育教学有什么影响?

李老师(男,35 岁,专科,小学六年级英语教师,教龄 11 年)

"我们学校开展英语教师教育叙事活动有 3 年了,我感觉每天的写一篇教育叙事成为我的教学生活重要的部分,我把它当作我的教学反思日记。"

卢老师(女,26 岁,本科,小学六年级英语教师,教龄 3 年)

"我教的是小学高年级段,所以教育叙事的内容主要是摘抄一些有关英语语法的内容,并会写上一些我的理解。自从我坚持了一年的教育叙事后,我发现我的教学思路清晰了很多,而且可以不用再依赖我的备课本了,我能更灵活地处理教材了,我觉得这应该是因为我坚持摘抄一些英语教学技巧的东西,并去理解、揣摩,才会感觉到自己课堂教学能力上进了不少吧!"

黄老师(女,33 岁,专科,小学二年级英语教师,教龄 7 年)

"我教小学二年级英语,学生好动、好玩,你不可以对着他们讲 40 分钟的课,所以我需要在课堂上搞一些活动和游戏,但是你也不能总是开展那几个游戏吧,我需要收集和自编各种不同类型的英语游戏来培养他们学习英语的兴趣。自从有英语教师博客后，我可以从其他英语老师那学到一些新颖、有趣的游戏，同时我也可把我自己创作的课堂游戏写在我的博客里，供其他老师参考。以前，我总为找不到合适的活动和游戏发愁，现在不用了，我能获得很多题材的游戏，而且从他人的游戏里，也找到了我创作英语课堂游戏的灵感。"

陈老师（女，47岁，专科，小学四年级英语教师，教龄23年）

"我是个老教师了，我们学校开英语教师博客群，要求英语教师在网上写教育博客，我一下子适应不了，我觉得我自己把书教好就行了，写教育博客就是花拳绣腿而已。不过，后面我看到我们学校年轻教师在博客上叙述的课堂教学，感觉到年轻人上课真有活力，他们还会在博客上提供很多小学英语的教学资料，我才慢慢感觉到开个英语教师博客还是对我有些帮助的。我后面也尝试着写写我的教育博客，与年轻教师进行交流，接收到了很多新的教育观念。"

（2）教育叙事对小学英语教师的生活及其他方面有什么影响？

何老师（女，27岁，本科，小学五年级英语教师，教龄2年）

"我把教育叙事当作我与学生交流的平台，学生总会在我的博客里问一些问题，我也会把我的教学的喜怒哀乐写在上面，学生有时也会与我一起分享我的心情。我和学生的感情很好，我很了解他们，他们也很了解我，他们成为我的朋友了。"

周老师（男，34岁，本科，小学三年级英语教师，教龄6年）

"通过英语教师博客，我认识了很多同行，我们经常会在博客上交流工作经验，分享教学乐趣，这扩大了我的交际圈。我很喜欢下象棋，我还在博客群里认识了很多棋友呢！"

李老师（女，30岁，本科，小学四年级英语教师，教龄4年）

"我感到教育叙事对我最大的影响是我由一个在学校沉默寡言的女孩变为善于与同事相处的女孩了。我刚刚从大学毕业参加工作时，这个学校的一切对于我来说都是陌生的，我很不适应，我感觉其他老师也不怎么与我讲话，感觉自己是外来者，很难融入到这个圈子里。后来，学校自建了个教师博客群，我是通过在博客群里介绍自己，与其他老师交流，才慢慢熟悉，成为朋友的。现在学校的老师，我基本上都很熟悉，了解了，我和他们相处得很好，课后会经常在一起拉家常，感觉自己真正成为这学校教师队伍中的一员了。"

（3）教育叙事前后的小学英语教师最大的变化？

陈老师(男,35 岁,本科,小学四年级英语教师,教龄 7 年)

"我感觉我最大的变化就是英语写作水平和阅读水平提高了许多,因为我是用英语写教育叙事的。"

章老师(女,31 岁,硕士研究生,小学三年级英语教师,教龄 5 年)

"我最大的变化是形成反思自己教学的习惯,并学会用批判和审视的眼光,看待我的英语教学活动,让我敢于面对自己的不足,并想办法及时弥补,注意不断提高自己的教学水平和教师能力。"

丁老师(女,45 岁,专科,小学五年级英语教师,教龄 20 年)

"说实话,我教了这么多年的书,应该早已没有刚参加工作时的热情了,应该开始慢慢感到疲惫了。但是我现在还是拥有一颗对英语教学热诚的心,完全得益于我们学校的英语教师博客。为什么我可以这样说呢,主要是因为教师博客让我知道英语教学里有很多新鲜、有价值的东西需要我去继续探索,我不能停止我探索教学的脚步。"

(4) 在进行教育叙事的过程中,小学英语教师遇到的问题是什么?

朱老师(女,29 岁,本科,小学一年级英语教师,教龄 3 年)

"我感觉我的教育叙事水平很低,有时我感觉我是在记流水账,很多时候我是凭我的感觉来写的,没有条理性。"

高老师(男,33 岁,本科,小学二年级英语教师,教龄 6 年)

"我的教育叙事就是记录课堂上发生的事情,到现在我还不知道教育叙事和日记有什么区别,教育叙事有没有什么固定结构、要求,我也不知道!"

吴老师(女,38 岁,专科,小学三年级英语教师,教龄 12 年)

"我在写教育叙事时,总找点理论来支持我的叙事,但是总不知道具体用什么理由,总觉得自己的叙事很苍白吧,没有说服力。"

余老师(女,30 岁,本科,硕士研究生,小学五年级英语教师,教龄 4 年)

"我写的教育叙事总被别人抄袭,我在教师博客里,可以找到和我一样的叙事文章,他们根本就没有注明我的名字,而是直接把我的文章复制、粘贴到他的博客里,我感到很气愤。"

(二)访谈总结

(1) 教育叙事对教师教育教学的影响

[1] 与一线的小学英语教师就教育叙事进行交谈,感触最深的就是大部分一线小

学英语教师把教育叙事当作自己教学生活的一部分。小学英语教师认为,把教学中的成功与失败的经验记录下来,是反思自己教学的过程。通过这个过程可以发现自己在英语教学中的不足,并且及时想办法来弥补自己的不足。

[2]小学英语教学与其他科目的课堂教学最大的不同在于课堂中有许多的活动与游戏。活动与游戏设计直接影响着课堂的气氛、教学效果。小学英语教师可以利用网络平台对其他英语教师的教学方法、教学内容进行评价,吸收其他教师好的活动与游戏的设计,并且对失败的设计进行反思,有利于小学英语教师彼此之间取长补短,实现教学相长。

[3]教育叙事还带来了一系列的连锁反应,比如小学英语教师的写作水平提高了,与其他英语教师的交流更多了,计算机应用能力增强了,知识面拓展了,思维更活跃了,教学观念更新更快了。

(2)教育叙事对教师生活及其他方面的影响

[1]教育叙事是小学英语教师自己讲述自己的故事,把工作、生活中的不愉快的事情写出来、说出来,这是一种发泄情绪的一种方式,甚至可以发表在博客上,听听别人提出的建议,顿时感到豁然开朗。

[2]教育叙事的网络平台也为小学英语教师与学生的交流提供了良好的平台。学生浏览了英语教师的教育叙事后,能更加体会教师工作的艰辛,学生也可以把一些想法告诉给英语教师,这能形成更加和谐的师生关系,让英语教师与学生在教育叙事的平台上成为无话不谈的好朋友。

[3]小学英语教师可以通过别的教师的教育叙事作品,联想自己和周围的人和事,把那些教育叙事作品作为一面镜子或对比的尺度,有利于小学英语教师正确地反思、评价自己。

[4]小学英语教师的教育叙事,有时学生、家长、社会其他人员都参与到其中来,大家共同交流、讨论,让小学英语教师感觉到教师职业的崇高和神圣,增强社会责任感。

(3)教育叙事前后的教师最大的变化

[1]通过教育叙事,小学英语教师比以前更加了解自己,能以一种平常心对待自己的缺点,并及时改正。

[2]小学英语教师在教育叙事之前,开始对英语教学产生倦怠,经过坚持进行教育叙事发现英语教学中还有很多新鲜的、有价值的东西需要探索,为小学英语教师的

职业注入了活力。

[3] 教育叙事后,小学英语教师意识到要把一节英语课上好不仅需要专业知识、教学方法和技巧,更需要课后的反思,不断地总结经验。

(4) 教育叙事过程中教师遇到的问题

[1] 大部分小学英语教师认为自己的教育叙事中的内容很杂乱,凭自己的感觉来记录,条理、思路不是很清楚。

[2] 小学英语教师感到自己的所叙所思不具说服力,感到叙述贫乏。

[3] 有的小学英语教师指出自己发表在博客的教育叙事被他人抄袭,或者遭到他人恶意攻击。

学习小结

本章第一节首先对教育叙事进行了简单的定义;然后以教育叙事的时间性、情境性与空间性的三个维度展开对教育叙事基本特征的总结,即纪实性、时间性、情节性、反思性与合作性;接着从四个方面对教育叙事进行了大体的分类;最后从教育叙事研究作为一种新型研究方法与促进教师专业发展的角度探讨其可能的价值。本章第二节对教师开展教育叙事研究的素材来源从教师、学生、课堂三个角度提供了建议;接着对教育叙事研究的基本步骤进行了总结概括。本章第三节先是从教师认识教育教学、重构教学经验与教学研合一三个方面分析了教育叙事能够促进教师专业发展的原因;接着列举了当前小学英语教师开展教育叙事中存在的基本问题以及由这些问题提供的相应对策以期对提升我国小学英语教师的教育叙事研究能力提供一些建议。

评价检测

一、简答题

1. 教育叙事的内涵与特征?

2. 教育叙事的类型与价值?

3. 教育叙事的叙事来源有哪些?

4. 开展教育叙事有哪些步骤?

5. 教育叙事为何会成为教师专业发展方式之一?

二、论述题

1. 你认为小学英语教师在教育叙事研究过程中可能会出现哪些问题？

2. 你认为当前小学英语教师的教育叙事研究应当如何改善？

三、讨论题

为了更好地进行教育叙事，小学英语教师应当从哪些方面着手进行训练？

第十章　基于学习共同体的小学英语教师专业发展

学习目标

1. 理解学习共同体的含义和基本特征；

2. 理解教师专业学习共同体的内涵、基本模式；

3. 了解教师专业学习共同体的价值与功能；

4. 了解学习共同体的实施步骤，理解构建学习共同体的障碍与对策分析。

学习指导

本章建议课堂教学 2 个学时。

学习重点主要包括：学习共同体的内涵与特征，教师专业学习共同体的内涵、基本模式和分类，教师专业学习共同体的价值与功能，当前教师专业发展中存在的问题及对策，学习共同体的实施步骤等。

课堂教学以讲授为主，对话讨论和任务型活动为辅。

教材学习与教材之外的学习相结合，可阅读相关领域的研究论文和著作以帮助理解，获得感悟。

问题导入

李月老师从事小学英语教师一职已有两年，在教学过程中李月老师常常进行自我反思和总结，并写反思日志，但是在教学中仍存在着一些问题，如：教学方法陈旧，无法跟上时代的脚步；虽然工作努力认真，但是班级学生成绩未有提升；教学理念未得到更新，不利于教育工作的开展。对此，李月老师感到很困惑，在老教师的引导帮助下，她认识到了教师学习共同体的重要性,开始不断向其他优秀教师学习,同时课后积极与他们交流,汲取精华去除糟粕,最终教学中出现的问题得到了明显的改善。那么,什么是教师学习共同体?如何去构建学习共同体呢?

第一节　学习共同体概述

"共同体"一词作为一个基本的社会学概念,曾被学者看作一种"想象出来的安全感"或者"充满想象的精神家园",早期也主要作为一种人类共同的生活。随着社会的发展,其衍生的概念也不断宽泛,具有不同的含义,如"经济共同体"、"实践共同体"、"法律共同体"、"利益共同体"等等。此外,"Community"是其英文形式,是由拉丁文前缀"Com"和伊特鲁亚语单词"Munis"构成的,前者具有"一起"、"共同"之意,后者则具有"承担"之意,当然它也可译为社区、社群、共同体等等。

将"共同体"从"社会"中分离出来作为一个独立的概念,最早可追溯到德国社会学家滕尼斯(F. Tonnies)1887年发表的《共同体与社会》(*Gemeinschaft and Gesellschaft*)。[①] 他在人类社会进化的两极对比基础上系统地阐述了共同体理论,为之后学者对共同体的研究作了铺垫。他所认为的共同体主要是以血缘、感情和伦理团结为纽带自然生长起来的,其基本形式包括亲属(血缘共同体)、邻里(地缘共同体)和友谊(精神共同体)。这三种共同体不仅仅是各个部分加起来的总和,而是有机地浑然生长在一起的整体。

相比较滕尼斯,涂尔干(E. Durkheim)在共同体研究上的途径更加明确,范围更加集中,他在1893年发表的《社会分工论》中使用"机械团结"来阐述共同体思想。"机械团结"代表集体类型,是"不带中介地直接系属于社会",这和"有机团结"不同。[②] 而马克斯·韦伯(M. Weber)对共同体概念运用更加广泛,他对其运用时具体的适用范围作出了限定,如家族共同体、邻里共同体、人种共同体等等,但是运用概念产生一定模糊性。基于以上几位学者的理论,哈贝马斯(J. Habermas)在社会整合理论中提出"共同体"有三个层面:生活世界中的交往共同体、公共领域中的语言共同体、现代国家中的法律共同体。这三个层面并非相互独立,而是依据不同的着力点(交往、语言和法

---

① 张志旻,赵世奎,任之光,杜全生,韩智勇,周延泽,高瑞平. 共同体的界定、内涵及其生成——共同体研究综述[J]. 科学学与科学技术管理,2010(10):14—20.

② 李慧凤,蔡旭昶. "共同体"概念的演变、应用与公民社会[J]. 学术月刊,2010(6):19—25.

律）相互联结,整合系统性和社会性资源,共同搭起现代社会的基本结构。①

基于以上言论,要理解共同体的内涵,需要把握两大基本特征,即一方面能够满足个体需要的途径,另一方面具有强烈的精神特质,也要明确三个基本要素,即共同目标、身份认同和归属感。因此,在不同的语境下可给予共同体描述性的定义:一个基于共同目标和身份认同,能让成员感到归属感的人类群体。

问题与讨论

基于共同体概念,你认为什么是学习共同体? 它又具有哪些特征呢?

一、学习共同体内涵与基本特征

"学习共同体"一词的应用起源于经济学领域。20 世纪 40 年代,英国管理学思想家雷格·瑞文斯(R. Revans)在其发明的"行动学习法"中引用了"学习者团体"等新名词。② 80 年代初,关于学生学业成绩下降等问题,美国教育工作者提出"在学校中建立学习共同体"的观点,于是教育学领域正式引入"共同体"一词。

1995 年,美国教育学家博耶尔(E. Boyer)发表题为《基础学校:学习的共同体》的报告,首次提出并具体阐释了"学习共同体"这一概念。他强调建立真正意义上的学习共同体,学校必须有共同的愿景,人人平等且能够彼此交流,关心照顾学生,同时有规则纪律约束。③ 按照博耶尔的阐释,学习共同体的内涵为:它是一个由学习者共同构建的组织团体,在该组织内,学习者相互交流、沟通、分享学习资源,共同完成学习任务,解决学习问题,并且在互动过程中形成相互影响、相互促进的人际关系,最终促进个体成长。

本世纪初,日本学者佐藤学认为"学习共同体"是学校教育教学改革的愿景,这种改革哲学由三个原理组成——所谓的"公共性""民主性"与"卓越性"。同时,他指出学习者通过与他人合作,与多样思想碰撞,实现同客体(教材)的新的相遇与对话,从而产生并雕琢自己的思想,得到思想上的提升。这种共同学习团体中的每个人的经验得以交流,从而形成了众多异质的共生关系,构成了自我参与其中的共同体。④

---

① 杨礼银.哈贝马斯社会整合理论中共同体的三个基本层面[J].哲学研究,2019(10):116—125.
② 刘素贞."学习共同体"的历史渊源及对语文课程改革的启示[J].创新与创业教育,2015,6(5):131—133.
③ 屠锦红."学习共同体":理论价值与实践困境[J].当代教育科学,2013(16):7—8.
④ 佐藤学.创建学习共同体[M].钟启泉,译.上海:华东师范大学出版社,2010:214.

法国哲学家让-吕克·南希(J. Nancy)认为,学习共同体代表的是对未来学校的美好向往与理想状态。雪莉·霍德(S. M. Hord)认为,一个学习共同体就是一个参与者平等贡献,参与共享,关注的是持续的反馈和探索的协作的团体。而国内一些学者指出学习共同体是为完成真实任务或问题,学习者与其他人相互依赖、探究、交流和协作的一种学习方式,同时也是提供给学习者进行社会活动并形成共同知识确立身份感的社会性安排。①

基于以上定义,学习共同体可理解为:一个由学习者及助学者(包括教师、专家、辅导者等)共同构成的团体。其团体具有共同的愿景,团体成员间进行交流与沟通,实现多样思想的碰撞,形成共生关系,同时分享学习资源,完成学习任务并在彼此之间形成互相影响、互相促进的人际关系。

问题与讨论

学习共同体与合作学习小组、"单子式"学习个体等的区别在哪里?

1. 学习共同体的成员组成表现出极大的异质化。② "单子式"个体的学生往往自己学习和积累知识,处于自我的世界中,无交流和分享,其构成成分较为简单,具有单一性。合作学习小组的成员处于单一的学生群体中,虽然在知识水平、个性特征等方面有一定差异,但仍处于"半异质化"分布中。相较于前两者,学习共同体的成员构成具有复杂性,包括教师、学科专家、家长等等,他们通过交流分享知识与经验共同构成学习共同体的主体,且成员在地域条件、文化背景、知识水平等多个方面存在差异,具有极大的异质性。

2. 学习共同体在奋斗目标上拥有共同愿景。所谓共同愿景指的是组织中所有成员的共同愿望、理想或目标。"单子式"个体是独立进行学习的,其自主安排关于学习的进度、方式等方面的内容,且个体之间无互动、无分享,因此不存在共同愿景。合作学习小组的创建需要确定小组规模、异质分组、创建小组形象、合作学习培训等,其中创建小组形象主要包括组名、组训和奋斗目标等,但奋斗目标是基于外界规定小组成员相互合作完成活动任务,因此这种奋斗目标不能称其为共同愿景。而真正意义上的学习共同体的首要条件是"有共享的愿景",成员自主自愿参与,通过交流与协商,达到

① 纪河,朱燕菲. 继承与创新:由共同体走向学习共同体[J]. 中国远程教育. 2019(10):74—79.
② 仇丽君,潘洪建. 简论学习共同体的基本特征[J]. 教育科学论坛. 2011(8):5—7.

共同的进步和成果的共享,同时合作完成学习共同体的愿景。

3. 学习共同体是以"协商的文化"为机制。① 相比较"单子式"个体和合作学习小组,学习共同体是一种新型课堂教学生活世界,共同体成员都有着共同的愿景、特定的角色或身份,具有认同和归属心理,通过分享学习资源、对话沟通、尊重彼此的差异并共同完成学习任务,在这一过程中成员彼此交流感受、体验和观点,从而建立相互影响和促进的人际关系,形成对共同体愿景较强的认同感。因此,为促进成员不断地实践与反思,学习共同体需要建立一种合作、协商的文化机制,而这种文化机制则是建立在共同体的愿景和成员的发展需求上的。

4. 学习共同体的角色互换具有灵活性。"单子式"个体往往处于自足、封闭的学习状态中,其身份是确定的,无法实现角色的互换,具有固定性;对于合作学习小组而言,所有成员均需承担一定的角色,履行相应的职责,如协调员、监督员、统计员、检查员以及观察员等,其遵守小组活动规则,实现角色分工,但成员总是固定地扮演着自己的角色,角色互换的程度不高②。而在学习共同体中,其成员的角色是可变化和塑造的,正如布鲁纳(J. S. Bruner)所认为,"教师不一定成为专卖者,而学习者们也有能力相互成为支架",即学习共同体中参与者的角色是可以重建的。③ 成员通过角色的转变不仅获得经验上的分享,也获得情感上的满足与支持。

讨论与思考

陈老师是一位小学英语老师,他在某次教学过程中创设了"如何在荒岛求生"的话题,然后让学生以小组为单位展开讨论,同时教师也参与其中进行资源的分享与交流,请问在教学过程中陈老师采取的是学习共同体的形式吗?

案例分析与研讨

1. 怎样的英语课堂是可以被称为学习共同体的课堂?

2. 学习共同体的课堂能给学生带来哪些益处?

3. 教师如何利用学习共同体促进自身的专业发展?

---

① 陈亚蓉. 试论中小学学习共同体的特征与构建[J]. 科教导刊. 2019(17):7—8.
② 张玉彬. 合作学习的理论与实践[M]. 北京:光明日报出版社. 2017:68.
③ 布鲁纳. 教育的文化:文化心理学的观点[M]. 宋文里,译. 台北:台湾远流出版社. 2001:51.

以学习共同体聚焦小学英语课堂案例研究[①]

2019 年 8 月 16 日我有幸上了一节公开展示课。我准备的是小学英语四年级上册第二单元"Unit 2 My schoolbag B Let's talk"部分。本次公开课与以往不同的是，观课教师需要坐到孩子们中间，以蚂蚁之眼对焦学生进行全程观察，并记录下相关细节。一个班三十几名学生，再加上十几位老师的"入驻"，教室有限的空间被填得满满当当，就连教室的后面也站了数十名的观课老师。面对这样的场面，不光是孩子们，我也难免有点拘谨和不安。于是，在上课之前，我让孩子们向身旁的观察员老师们打招呼问好，Leonard J. Waks 教授的加入让孩子们尤为惊奇，因为他们没有见过外国人，更别说面对面地打招呼问好了。由于好奇，孩子们主动与教授打招呼，并用英语介绍自己，有的孩子还主动伸出了他们的小手。于是师生之间的陌生感和距离感就在这样轻声地交谈和肢体接触中被逐渐打消。我的课也在一个比较安全、安定的环境中开始了。

这个班是四年级的小学生，他们刚刚接触英语一年，对英语有比较浓厚的兴趣，于是，根据小学生好奇、好胜、好动、模仿力强、表现欲旺盛等生理和心理特点，我设计了符合他们心理特点的教学方法。

在教学的过程中，我给学生不断地创设各种真实的场景，促使学生在拟真的环境中理解语言、学习语言并运用语言。比如，预热环节与学生共唱"Colour song"之后，利用真实情景询问孩子们喜欢的颜色，利用书包学习用具的颜色引出本课主句型"What colour is it?"。在这节课上，我还利用同伴合作的学习方法，使学生在与同伴倾听、互助、合作、探究的过程中完成学习内容。当进行同伴合作时，课堂上出现了尤为精彩的一幕，我让学生合作练习表演对话时，坐在 Leonard J. Waks 教授身旁的一组同学竟然主动与教授开启了对话，孩子们认真地提问，教授很配合地与孩子们合作，他竟然拿出自己的背包与同学们一起表演。当我让孩子们停下练习进行展示时，教授还在与孩子们认真地对答。其他孩子立刻注意到这一幕，不约而同地静下来，一起注视着他们，认真地看着他们表演，眼里流露出惊奇与羡慕。

观摩课之后，紧接着是评课环节。有观察员指出，他观察的那组同学，其中一名同学对本课的主句型"What colour is it?"发音不准。另外一位观察员也反映他观察的一名同学对这个句子的读音存在问题，老师没有发现学生存在的困难，他们也没有向老

---

① 谷香玲. 以蚂蚁之眼聚焦课堂——以小学《英语》四上"Unit 2 My school bag B Let's talk"为例[J]. 内蒙古教育,2020(1):51—52.

师确认正确的读音。观察员在作最后陈述的时候说,难道我们就让孩子们带着错误的句子回家吗? 这句话深深刺痛着我的心。

其实有一位观察员早已指出了问题产生的原因:学习共同体的课堂就是关注每个孩子的学习状态,我们要通过他们的眼神、表情,听他们与同伴的交流,关注他们是否投入、是否在思考、是否在倾听。通过孩子外在的表现,我们学会去观察他们内在变化的发生。课堂上这些学生可能没有认真倾听,导致他们没有明白句型的正确读音。而作为老师,我也没有关注到他们存在的问题,我只关心知识点的落实和教学进度,忽略了学生实际的接受能力和是否掌握了这些知识的情况。

面对这一问题的出现,张雯老师也给我提出了中肯的意见,她说,本课句型"What colour is it?"与"What's in it?"句型前面极其相似,所以大家就会把"What colour"读成"What's colour"。面对相似的句型时,我们可以设置一个相关的 chant 来强化和对比区分,利用 chant,孩子们可以更好地来区分记忆。

另一组观察员也汇报了他们课堂上观察的情况:在 Group work 时段,教师的指令不明确,导致部分学生完成任务时不顺利。此时叶建军老师也为我提出了修改方案。他说,教师在布置任务时可以通过 video 的形式将要求展现,也可以通过 step 演示的方式来解决。

最后,叶建军老师向我提出了更细致全面的指导,也为我在今后的教学中提出了更有效的意见与建议。他说:首先,在进行课堂设计时,我们一定要注意语篇的二度开发与重构。在单元备课的基础上,科学地利用教材,整合教材,设计符合单元主题的话题。将教材的文本转换成为教学的文本。其次,要注意语境的创设,根据话题创设出与我们生活实际相符的语境。第三,要注意话题相关的知识点,在学习新的语言知识时,我们一定要注意它的音义形。这些知识点在学习时一定是语境、语篇带动词句的学习。

听到这些我感觉很震撼。有了观察员们的细致观察与汇报,我看见了自己课堂上存在的各种不足。但在面对这些不足与迷惑时我不再迷茫,我也有了些许想法。有了专家老师们的引领与指导,我更进一步了解了共同体的课堂。学习共同体是谁实践,谁有收获。谁学习,谁有成长。我感觉对于我来说,学习共同体的学习和实践之后那份收获是满满的。

二、教师专业学习共同体

20 世纪 90 年代后,教师专业发展取向发生深刻变化,"合作"、"文化"等为关键词的发展模式逐渐取代传统发展模式，开启新的教师发展道路——教师专业学习共同体。所谓教师专业学习共同体(PLC)指的是以教师自愿为前提，以分享资源、技术、经验、价值观等作为核心精神，以共同愿景为纽带把教师联结在一起，教师间互相交流和共同学习的学习型组织。[1] 它强调教师在组织中的协作学习和专业成长。在专业学习共同体中，不同学科和专业的教师进行个体反思，发现在教学过程中存在的问题，从而通过教师及教育工作者的有效合作找到解决方法，以此增强协作研究能力。此外，其可采取不同的形式，如协作行动研究、探索性实践、教师学习小组、课程研究等等，这些形式呈现了教师专业学习共同体的一致特征，即共同的价值观和愿景、集体学习、采取探究立场、进行反思性对话、分享经验和知识、共享和支持性领导等。同时根据不同的分类标准，其可分为不同类型。一方面依据平台的种类不同，分为线下教师专业学习共同体和基于网络环境的教师专业学习共同体；另一方面，因涉及学科和专业不同，分为同学科教师专业学习共同体和跨学科教师专业学习共同体，除此之外，也可分为研究型、基础型、专家型。

基于长期的理论研究和实践，许多研究者提出了专业学习共同体的创建和发展模式，这将有利于在教学中应用专业学习共同体的理念。富兰(M. Fullan)指出，"专业学习共同体是学校文化重建的过程，它由学校、学校教师和学生三者构成相互联系的系统模型，将其分为起步期、磨合期、成熟期，指出有效的专业学习共同体需要达成'深层教学、系统性变革、学校领导的支持'三大目标"，[2]同时提出了影响各个阶段的发展因素。[3]

表 10-1 富兰的专业学习共同体发展阶段影响因素

起步期	磨合期	成熟期
大量文件需求	协调	融入
清晰的模型	共同控制	指导
强有力的鼓动	压力和支持	广泛使用
有效的发起	技术帮助	调整竞争的优先顺序
	奖励	持续帮助

① 商利民. 教师专业学习共同体研究[D]. 广东：华南师范大学，2005.
② Fullan, M. The New Meaning of Educational Change (3rd Edition)[M]. New York：Teacher College Press, 2001：94-199.
③ Joyce. Changing School Culture through Staff Development [M]. Alexandria, VA：Association of Supervision and Curriculum Development，1990：3-25.

而胡弗曼(J. B. Huffman)和海普(K. K. Hipp)认为,专业学习共同体的创建需要经历发起、执行、制度化三个阶段,每一阶段将从五个维度把握,即支持和共享的领导、共同的价值观和愿景、集体学习和运用、共享的个人实践以及支持性条件,且每一维度在不同发展阶段内容不同(如图10-1所示)。[①] 其中发起、执行、制度化三阶段是具有内在逻辑的连续统一体,发起阶段强调教师自主权的赋予,有利于发挥教师的潜在领导力,此阶段是共同价值观和愿景的萌芽阶段,成员间开始形成平等的人际关系,但该阶段具体流程并不清晰;执行阶段扩大化学校权力的分享,增强教师的主人翁意识和责任感,同时共同体价值观和愿景达成初步共识,教师重心转移到学生的成长方面,但由于资源和技术条件的缺乏,在此阶段教师的执行易受到限制,引发其挫折感,阻碍共同体的运行;制度化阶段学校领导权得以共享,支持性领导机制建立,因此基于承诺和

专业学习共同体的发展阶段			
	阶段 I 发起阶段	阶段 II 执行阶段	阶段 III 制度化阶段
共享和支持性的领导	在教职员工中培养教师领导力	分享权力、权威和责任	基于承诺责任广泛地参与学校决策
共同的价值观和愿景	建立价值观和规则	关注学生高度期望	共同愿景引导教与学的活动
集体学习和应用	分享信息专业对话	协同合作问题解决	将所学应用于教学实务
共享的个人实践	同侪观课提供知识、技能与鼓励	分享新实务成果提供回馈	客观分析学生学习成果提供同侪教练与教学辅导
支持性条件	建立相互关心的人际关系	信任与尊重认同与嘉奖	勇于冒险共同努力

行政人员和教师的行动

学生学习和学校改进

资源、设备与沟通系统

外在关系和教育行政机关、家长、社区

图10-1 胡弗曼和海普的专业学习共同体创建发展图示[②]

---

① 简·贝姆普斯·胡弗曼,克里斯蒂·基弗·海普.学习型学校的文化建构[M].贺凤美,等,译.北京:轻工业出版社,2006:26—30.

② 陈晓端,任宝贵.当代西方教师专业学习共同体的理论与实践[J].当代教师教育,2011(1):19—25.

责任,教师参与各种学校事务,并将获得的知识和共享成果转换为个人实践性知识,运用于教学实践中。在该阶段价值已不存在于个人主义界限内,而是形成了群体价值,但两者易产生价值冲突。总体而言,专业学习共同体是处于动态持续的发展历程中的,并不断走向更高层次的共同体形态。

从一般意义上来讲,教师专业学习共同体中的教师协作与其他团队的协作具有显著的区别,首先它的重点是放在学生的产出上,同时也关注教师的产出,这可能导致教学文化和实践的重大变化。其次,个别专业发展课程不会在专业学习共同体中产生持续的努力,这种合作实际上是专业学习共同体的基本原则:教师为达到目的而进行合作,并实现既定目标。① 最后,专业学习共同体中的教师协作概念主要包括两个主要方面:集体学习和分享个人实践。根据研究成果,集体的学习要求教师优先提高专业水平,并积极为教学中产生的问题确定最佳解决方案,以实现有效的学习。而分享个人实践则要求教师参与诸如同伴辅导、课堂观察和讨论等活动以促进教师的专业发展。从某种角度上来说,教师专业学习共同体还是一个实践共同体,成员在相同的领域中相互磋商和分享经验,旨在通过将学生的学习和成就置于中心,在协作环境中不断地发展自己的专长,这有利于提升教师的实践能力和教学水平,因此它也是促进教师专业发展的最基本的实践形式。

1. 何为教师专业学习共同体的生成要素?

国外一些学者曾指出,教师专业学习共同体可以按照"3Ps"来理解,即 planning,pedagogy,performance。默勒(L. Moller)按照交互活动在学习中所发挥的不同支持作用划分了学习共同体的三个构成部分:学术性支持(academic support)、认知性支持(intellectual support)、人际性支持(interpersonal support);②彼得·圣吉(P. Senge)提出学习共同体的五大元素:自我超越(personal mastery);系统思考(systems thinking);心智模式(metal model);共同愿景(buliding-shared vision);团体学习(team learning)。③ 因此,在教师专业学习共同体的组织结构中,它的生成要素可包括共同体的价值观和愿景、心智模式、合作文化氛围、自我超越、教师反思与实践性的循环学习

① Brown, B. D., Horn, R. S. & King, G. The Effective Implementation of Professional Learning Communities [J]. Alabama Journal of Educational Leadership, 2018(5):53 - 59.

② Moller, L. Designing Communities of Learners for Asynchronous Distance Education [J]. Educational Technology Research & Development, 1998(4),115 - 122.

③ 李翠平,赵君. 大学英语改革背景下的教师学习型组织建设[J]. 吉林省教育学院学报. 2015(5):45—46.

方式。[①]

布兰克斯坦(Blankstien)提出教师专业学习共同体具有六项基本原则,即具有共同愿景和价值观、确保所有学生取得成就、实行以教学和学习为重点的协作团队、使用数据指导决策和持续改进、让家庭和社区积极参与、建立可持续的领导能力等,[②]其中共同愿景和价值观是首要原则,是建立专业学习共同体的关键要素。共同愿景主要包括教师个体愿景和团体共同愿景,教师个体是为了寻求自身的发展,而团体愿景是教师怀着教育信念为共同目标而努力,两者相互联系,相互融合,以实现共同体的可持续发展。此外,共同愿景还与学校愿景内在统一,以此促进教师的专业化发展和学生的全面发展。

在拥有共同愿景的情况下,组织内的成员需建构心智模式,即一种根深蒂固于个体心中的思维方式,指的是个体看待周围事物的思维模式。它决定我们如何认识和了解世界,并以怎样的行动面对世界。因此,在专业学习共同体中,教师需形成正确的心智模式,开放个人的内心世界,积极表达看法,同时以宽容的心态接受他人的建议,实现与外部世界的融合。当然,作为一个学习型组织,其有自己的心智模式,即共享心智模式,具体包括共享的知识结构和信念结构,这两者需保持一致性,才能保证专业学习共同体的发展和进步。

除了共同愿景之外,有效的专业学习共同体需把握其他六个方面,即成员拥有自主权、注重学生的产出和实践中常见的问题、鼓励多样性和协作、注重成员的专业成长以及非评价性的同伴观察。[③] 由此可见,教师间的协作也是专业学习共同体是否成功的重要组成部分。正如哈格里夫斯(A. Hargreaves)提出的四种教师文化,即个人主义文化、派别主义文化、人为合作文化和自然合作文化,教师专业学习共同体要求成员在自由、平等的氛围中相互学习,分享知识和技能,并进行反思性探究,使其超越个人反思或依赖外来专家指导,同时在这个过程中,教师之间易建立良好的人际关系,形成群体合力,促进教师进一步发展。

同时,教师专业发展需要实现教师智慧的生成,主要包括自我激励、情感整理、主

① 熊燕,王晓蓬. 教师专业学习共同体的内涵及生成要素[J]. 当代教育科学. 2010(3):30—31.

② Jones, L. , Stall, G. & Yarbrough, D. The Importance of Professional Learning Communities for School Improvement [J]. Creative Education, 2013(5):357—361.

③ Courtney, M. B. , Constantine, J. & Trosper, J. Best Practices Guidebook: Professional Learning Communities [R]. Barbourville, KY. Bluegrass Center for Teacher Quality, 2017.

动定标和增强自身的创造力等,为此教师需进行"自主学习",即"能学"、"想学"、"会学"以及"坚持学",从而达到"学而不厌"的境界,实现自我超越,即提高个人能力,突破自我,实现技巧的成熟。在自我超越过程中,学习共同体中教师的反思与实践能使个人与集体获得"双赢性"。库伯(D. Kolb)进行了学习循环理论研究——封闭式连续循环,即"体验—反思-概括性评断-检验",在此过程中,教师首先有意识地观察行动结果,此为体验阶段,后开始进入自我思考、总结和评定的反思阶段,以发现存在的问题与不足,通过学习共同体成员的帮助,在原基础上形成新的行动方案与计划(概括性评断),从而进入下一轮评断,此为最后的检验阶段。

一般而言,教师是专业学习共同体的中坚力量和核心力量,其具有不同的分工和角色,在共同体中起着不同的作用,如组织者、新成员、老成员、核心成员、指导者抑或是顾问,随着学习共同体的不断发展而改变。同时,承担着不同角色的内部成员之间相互协作、交流互动,共享学习成果。

2. 教师专业学习共同体基本模式

其基本模式主要包括教研员与中小学教师之间的协作(共同研课模式)、大学与中小学教师之间的协作(课题教研模式)、校内教师之间的协作(包括校本教研与集体备课两种模式)。[1] 教研员是学科教学中的骨干分子,也是将课程目标落实到课堂教学中的重要关键人物,他们为中小学提供服务、教学管理、监督、指导等,共同研课模式把教研员的工作与中小学教师的学习联系在一起,把教学与科研联系在一起,共同关注学校的具体实践、教师实践,具有灵活、直接、广泛等特点,有利于根据教师个人特点、教育形式政策指导教师学习,但教研员自身的研究水平和研究态度在具体工作中影响中小学教师的协作与互动;课题教研模式基于大学与中小学教师之间的交流与合作,此模式可解决理论与实践存在的矛盾,大学学者能获得更多的教育实践问题案例,作为理论研究的出发点;中小学教师能提升教学实践能力,寻找理论的支撑点,培养专业的思维视角,但同时也存在矛盾与冲突,如时间安排、场地限制、教师的积极性等问题;校本教研模式是立足于教师所在学校,教师之间教研协作的形式,它以教师为教研主体,以课程实施中的具体问题为研究对象,目的是促进教师、学生、学校共同发展,其具体形式包括个人与集体反思、共同备课和评课等,以此促使教师反观自己的行为,但易形成小团体文化,使教师产生优越感,阻碍学校的整体教育改革;[2]集体备课模式是教

---

① 商利民. 教师专业学习共同体研究[D]. 广东:华南师范大学,2005.
② 韦爽. 专业学习共同体视角下的教师校本教研模式[J]. 剑南文学(经典教苑),2012(6):352.

师根据自身的兴趣和课程改革的需要而聚集在一起,集体解决同学科或同年级的教学实践问题所采取的形式,此模式有助于教师共享信息,生成新的思想和观点,形成和谐、民主的氛围,但由于教师通常在同一个相对狭小的空间中进行工作,较少获取外界信息,目光相对短浅,教师无法保持学习的激情,易产生职业倦怠感。

三、教师专业学习共同体的价值与功能

教师专业学习共同体作为一个"有效群体",实现了教师自主管理、自主思考以及协同发展,并订有成员公认的行为准则和民主化的决策程序,是不断创新的高效组织群体,同时它是促进学校变革和教师专业发展的有效形式,具有重要的价值与功能:

1. 创建协作学习氛围,实现教师专业成长

"教师专业发展的本质是同事间不断经过意见交换、感受分享、观念刺激、沟通讨论来完成的。"[1]在专业学习共同体中,教师的专业学习不同于传统专业发展模式,它提倡合作大于竞争,教师根据教学实践中产生的问题进行现场学习,针对不同的境况提出不同的学习和教学策略,因此教师在共同体中的学习实现教学工作学习化和学习工作化,两者相互统一。在相互支持和探究的良态学习环境中,教师也追求和谐氛围,重视在共同体中与其他成员相互关系的协调,这有利于建立开放、信赖、支援性的人际关系,提升教师探索和创新的激情,提高反思和应对的能力,以此在动态环境中及时调整自己,汲取新知识并将其纳入原有知识结构,实现专业知识的建构。

此外,通过专门对话和合作实践,教师专业学习共同体整合个体资源,促使群体资源的共享与创生,这不仅共享知识和经验,促进教师专业知识和能力的发展,同时也使教师通过合作开发课程、互相观摩课堂等一系列活动来获取丰富的知识,如本体性知识、条件性知识、背景性知识和实践性知识,在此过程中,也提高了教师的教学能力,如教学设计能力、课堂教学能力、教学语言表达能力等等,提升了教师的实践性智慧,形成反思型文化,促进信念深层次转变。

受传统教师专业发展观的影响,大多数学校仍采用短期培训、简单研讨会或者工作坊的形式来促进教师专业发展这种重外部灌输轻内部建构的教师专业发展模式,忽

---

① Thomas, G. , Wineburg, S. , Grossman, P. , Hyhre, O. & Woolworth, S. In the Company of Colleagues:An Interim Report of the Development of a Community Teacher Learners [J]. Teaching and Teacher Educatiaon, 1998,14(1):21.

视教师的主体性,导致教师主体参与的边缘化。① 而教师专业学习共同体强调教师个人与共同体的互动,促进了教师专业发展主体意识的觉醒,有利于提升教师学习的主动性和自觉性。毫无疑问,学习共同体将学习置于中心地位,在协作学习的氛围中,成员之间互相配合、互换信息和情感交融,这能为教师带来安全感和认同感,实现自我的身份认同。教师专业学习共同体强调基于共同体进行自我建构,从而实现从量变到质变,增强教师的专业效能感和认同感。

2. 完善教育教学技能,促进学生真正发展

在共同体中,教师和管理者信息畅通,交流互动直接,由"自我"走向"他我",通过与管理者的沟通,教师在教学方法的选择、教学内容的处理、教学活动的设计等方面获得建设性的意见,引导教师打破思维定式,从而在分享实践中提高专业水准,帮助教师改进教育教学实践,提高学生的学业成绩,实现学生的真正发展。当然由于共同体保持着一种持续准备、即兴推行的弹性,教师在教育生活中会不断更新教学观念,完善教学技能,使教师自身更有人格魅力。

3. 营造学习型学校文化,提升学校管理效能

学习型学校具有以下特征:(1)重视学生的学习活动;(2)教师应不断学习;(3)鼓励教师和其他同事合作或相互学习;(4)学校是学习系统的组织;(5)学校领导者是学习的领导者。② 通过教师团队建设,领导者在决策过程中与教师分享权力,实现权力由集中逐渐转为分散,这将有利于增强教师赋能,改进学校管理效能,保证学校发展的生机和活力。在学习型文化营造过程中,"合作、分享、创生"的精神在实践中不断进行延伸,为学校文化增添更多的意蕴,有利于创造浓厚的学习型氛围。

除此之外,PLC作为"学习＋变革型组织"蕴含着教育变革的巨大潜力,具体来看,它包括学习、变革和动力三大功能:(一)学习功能包括对合作文化的学习、对专业知识和技能的学习、对异质性人格类型的学习、对变革中的问题的反思和学习等等;(二)变革功能包括凭借共同体变革"自我"、通过共同体变革学校、借助共同体变革教育;(三)动力功能包括对个体自我变革的推动作用和为组织的变革提供动力。③ 在教育

---

① 王京华,李玲玲.教师学习共同体——教师专业发展的有效路径[J].河北师范大学学报(教育科学版),2013,15(2):39—42.

② Southworth, G. 'The learning school', in Ribbin, P. & Burridge, E. (Eds.) Improving Education: Promoting Quality in Schools [C]. London: Cassell, 1994.

③ 徐胜阳.教师专业学习共同体的内涵、功能及其限度——基于教育变革的视角[J].教师教育论坛,2016(8):29—33.

变革过程中,教师专业共同体仍存在着功能盲点,因此需与政治、经济等因素相联系来弥补自身的功能缺陷。

案例探讨

以下案例是否为教师专业学习共同体？为什么？从中你得到什么启示？

基于小学英语教师口语培训的研究[①]

2015年4月至6月,云南省昆明市某区的小学骨干英语教师集中进行了英语口语培训,培训共计30个学时。为了不影响参训教师的正常教学,本次培训每周安排一次集中学习,时间跨度为2.5月。在34名学员中,教龄在5年以内的年轻教师占了三分之一,且都具有本科学历,英语专业功底较好,入职不久,语言僵化现象不明显,且他们有不同的教学策略可以保持自身的教学水平。其余学员教龄在6～15年之间,他们的专业背景存在一定的差异,很多教师是学校的英语学科骨干,具有比较丰富的教学经验,但是他们的英语语言尤其是英语口语的退化和僵化现象比较明显。有些教师口语表达极不流畅,且口音较重,一些常用词的发音存在问题。基于此,培训团队精心设计了培训课程,体现了专业引领原则和完整性原则。培训授课教师团队由两名长期从事"国培"的教师和两名应届毕业研究生组成,使培训在教学经验、年龄、性别方面体现出多元化。培训选择贴近教师生活的话题,以激发学员的学习动机和兴趣。培训设计把建立具有良好学习氛围的学习共同体作为首要目标,以激发学员的学习热情和培训者的教学热情,教学相长,更好地发挥培训者的专业引领作用。在课程完整性方面,第一课为小组文化建设,最后一课为小组汇报表演,每课包含 warming-up、话题讨论、汇报展示、语音完善等环节。

（一）实行小组学习

分组时应综合考虑教师的语言表达能力、来源地、工作年限等因素,以利于学员扩大交流圈,相互学习。除了固定分组外,培训中还随机进行临时分组,以扩大学员的交际圈,并适当突出个体作用。另外,每组有一位培训教师作为助教参与小组活动,以保证在适当的时候提供帮助。小组设组长一名,负责组织课内外活动。

---

① 袁刚. 构建学习共同体,促进教师专业发展——基于小学英语教师口语培训的研究[J]. 英语教师,2016
(12):70—72.

（二）以课外学习平台巩固课堂内容

教研员建立了小组和班级微信群供教师进行英语交流，每天指定相应的话题，并发布到相关英语学习平台上。在开展课堂学习活动之后，主讲教师结合相关内容布置课外阅读和朗读材料，并在下次课中核查。

（三）课堂合作和体验式学习

在培训者的引领下，课堂任务主要以小组合作学习的形式进行，强调了组员之间的互动，也有各组之间的适当竞争，还穿插个人和结对形式的活动，课堂形式丰富、灵活，突出了语言点和教学实践。另外，每堂课上培训者还预留给小学教师一定的时间进行热身和反思总结，通过学员和授课教师的点评，引起培训教师的思考，突出活动对教学实践的针对性。

（四）培训应遵循的原则

1.“分层引领”原则

对于语言功底和组织能力较强的学员，教研员给予他们更大的挑战，以期他们有更大的提高；而对于语言功底较弱的学员，教研员则给予他们更多的参与机会，对他们进行引导和鼓励，让学员树立信心，争取有所突破。

2.语言的流利度和准确度并重原则

培训前期需要培养教师的语言流利度，让他们更快地进入状态，把遗忘的内容逐步“捡”起来，建立互助学习的氛围和信心。在培训中期，培训者要注重考查小学教师的语言准确度，包括课堂用语的准确性和朗读的要领等，既能有效规避他们的畏难情绪，又能使培训更加规范。

在培训结束时，为了更为客观地评价培训的效果，笔者设计了一项调查，将调查内容通过 SPSS 软件进行分析，得出调查结果。从平均数来看，最高的是“我认为培训促进了教学技能提高的动机和愿望”和“我在培训中认识很多同行，这是我的另一个重要的收获”这两项，平均分达到了 4.9 分以上，说明被调查者对于这两项最为满意。平均分最低的是“我认为此次培训对我的帮助不大”，为 1.4615 分，说明被调查者认为此次培训对于他们来说是有很大帮助的。从标准差来看，“我觉得这样的培训应该多开展几次”和“我认为这样的培训是我最需要的”两项在平均分相同的情况下，前者较之后者的标准差大，说明被试者对第一项的观点差异性明显，而第二项的观点一致度较高。

上述的调查结果和学员的反思日志所反映的情况一致度非常高，经过整理发现，日志在学习共同体和培训者专业引领方面的反馈比较突出,这也从另一个侧面为调查的结果提供了数据的支撑。

(一)创建学习共同体的必要性

学习共同体,从狭义的角度讲是指培训者或学员团体,广义指二者的结合,他们互为学习资源。小学教师那孩子般的天性有助于学习共同体的建立和文化氛围的创造。

学员1:本次培训使我仿佛又回到了大学时代,激发起了许多美好的回忆,来自不同学校的同行真诚的交流使我感动,年轻教师的阳光以及他们较强的英语素质再一次激发了我学习的积极性。在此期间我购买了两本较好的英语读物,今后每天都会坚持10分钟的英语学习。

(二)培训团队对专业的引领

本次培训以英语口语为主,培训的设计和实施满足了学员教学工作及家庭教育的需求。一方面,得益于培训主题的"专一",较之一些"大杂烩"似的培训,本次培训更注重口语。从学员反馈来看,在课堂教学策略方面的引导培训尽管是"隐性"的,但部分学员的需求很强烈,"悟性"高的教师很有收获,凸显出培训者专业引领的作用,而这种引领在良好的团队合作和学习氛围中得以很好地体现。另一方面,培训团队成员的教学经验、年龄、性别的多元化也使得培训过程轻松和愉快。

学员2:口语是我的弱项,从自身角度讲,我的性格有些内向,不敢张口说英语,怕犯错误,外部原因是缺乏英语语言环境。这次培训请来两位专家为我们授课,为我们精心组织话题训练,在课堂上,专家采用各种不同的活动和游戏来激发我们的积极性,使我对练习口语有了信心。另外,口语微信群给我提供了口语练习的环境,特别是专家提供的话题都非常具有针对性,能够让我提高口语表达能力。

第二节　构建教师学习共同体的障碍与对策

问题与讨论

随着课程改革和教育改革的深入,专业学习共同体成为近年来研究者关注的焦点,虽然在实践中取得一定的成效,促进了教师的专业发展,但仍然存在一些障碍与困境,你认为有哪些障碍与困境?有什么对策可以解决这些障碍?

一、教师学习共同体面临的障碍

1. 发展目标不清晰，评价标准缺失①

所谓的目标不清晰指的是存在两种可能的状态，一是缺乏具体清晰的目标；二是虽有目标但设定失当，如教师只关注自己是否成功，自己的利益是否得以实现等，而未能关注学生的学习与成长。当下专业学习共同体的核心任务是提升教师教学水平，并提高学生的学习成绩，如果教师学习的目标偏离学生的学习需求必然会使师生之间共享、合作的关系趋于形式化。然而，在实践中大部分学校（特别是学生学业水平较低的学校）在开展专业学习活动时将重点放在教室以外的因素，如组织结构、日程安排等，同时在教师共享知识与经验的过程中，往往出现私人闲聊、批阅作业等无关的活动，不利于专业学习活动的开展。美国学者利特（J. W. Little）曾提出质疑："扪心自问，在教师的合作中，我们是创造性地提出了一些基于丰富信息的选择，还是相互强化了一些不明智的习惯？是提升了我们的理解力和想象力并对工作有所促进，还是仅仅肯定了彼此当前的做法？"②可见，形式化的教师专业学习共同体只会带来消极的影响。

例如在实际教学过程中，某小学英语教师不关注学生的学习，而只关心学期末他是否能得到物质奖励，因此在参与共同体学习时，不与其他教师沟通和协作，同时也不进行反思，这使得他对学习共同体缺乏认同感和归属感。现实学校中大部分教师亦是如此，各成员间缺乏交流和互动，形成教师单子式孤独奋战的局面，即形同虚设的"热寂"状态，它指的是某一事物或组织与外界缺少各种因素的互动，趋于濒死沉寂的状态。作为一种系统组织，缺乏生态学习观等先进理念的指导，教师之间很难建立起共同的发展目标，没有目标的引导，就会迷失方向。

明确的监控和评价机制能够确保共同体持续有效运行。然而，现阶段大部分学校缺乏相关的监控和评价机制，究其原因是评价标准的设计是相对复杂的，因其涉及多方面因素，如学者托马斯·古斯基（Thomas R. Guskey）以四层次培训评估模型为基础，构建了教师专业发展活动效果评价的五层级评估标准，③包括学生的学业成就、教师对新知识和技能的使用、组织支持与改革、教师的学习、教师的反应等，每一层级的

① 吴艳茹. 教师专业学习共同体的构建[J]. 教育评论，2013(1):55—56.
② Little, J. W. The Persistence of Privacy: Autonomy and Initiative in Teachers' Professional Relations [J]. Teachers College Record, 1990(4):525.
③ 古斯基. 教师专业发展评价[M]. 方乐，张英等译. 北京:中国轻工业出版社，2005:62—84.

具体内容各不相同，同时依据情境的变化而改变。此外，设计好的评价标准内容较为空泛和笼统，没有明确的方向性，不易实施，同时管理者强迫教师采用此标准，来实现目标的达成。毫无疑问，专业学习共同体将沦为学校科层管理的又一种形式。

2. 缺乏支持性条件与制度保障，僵化现象严重①

PLC中的赫德模型强调专业学习共同体具有基本的属性，包括支持和共享性的领导、集体创造力、共同的价值观和愿景、支持性条件以及共享的个人实践。其中支持性条件决定了成员何时、何地、以何种方式作为一个整体聚集在一起，以完成共同体中的专业学习、共同决策以及创造性工作。为保障专业学习共同体的有效运行，支持性条件包括两个方面：物理条件和文化条件。② 物理条件是处境性变量，如成员见面和交谈的时间、相互依存的教学角色、沟通结构、学校自主权和教师赋权等，而文化条件指的是教师之间的尊重和信任、拥有适当的认知和技能基础等。然而，实际情况却是时间的缺乏，教师除了常规的教学工作外，还需参加家长会议、学科组会议以及兼顾行政工作，可想而知长期参与 PLC 只会流于形式化，未有实际效果。除此之外，资金有限也是需要解决的问题，往往一个学区中每所学校用于教师专业发展的资金是不均等的，因此少数教师可获得资金的支持，从而得到高质量的专业发展，这在很大程度上强化了教师间的竞争与隔阂。

构建和维持专业学习共同体除了支持性条件外，还依赖相匹配的制度环境。制度环境建设涉及多个方面，如学习制度、评价制度、激励制度、积极的学习环境与条件。在学习制度上，当前学校为教师安排的进修或培训是定期或不定期的，未根据教师的个别差异和特定需求制订具体的培训内容，且教师在培训过程中是被动参与，这种学习方式很难提高教师的理论水平；在评价制度上，现行学校评价的目的是考核，考核的指标是学生的成绩，评价具有很强的功利性；在激励制度上，目前我国学校给予教师的是物质激励，忽视精神激励，不能从教师内在需求出发，激发教师的学习动机。

然而，这样的制度环境能否建设成功，受到资源条件以及共同体领导者的见识等诸多因素的限制。其中，领导者的垄断式"个人导向"或实行"放羊式"发展方式会极大地破坏制度建设，会使教师失去主体性，无法实现赋权增能。而实行"放羊式"管理往往会使包含管理者在内的小组成员处于散漫状态，形成僵化现象。

---

① 班振. 中小学教师学习共同体发展的困局及未来指向[J]. 教师教育论坛，2017(10)：44—45.

② Hord, S. M. Professional Learning Communities: Communities of Continuous Inquiry and Improvement [M]. Austin, TX: Southwest Educational Development Laboratory, 1997:14 - 25.

3. 共享性与多样性之间关系失衡，文化环境孤立

在有些共同体中，成员崇尚的是孤立的合作文化，如教师缺乏分享的能力和意愿，处于孤立的教学现状，这种教学现状必然会影响到教师的思维方式和行为习惯，因此这种文化难以长期维持。针对该现象，决策者需创建和维护一个沟通系统，启动一个整体合作文化系统，实现文化共享，[①]但在文化共享过程中，仅仅将其理解为所有成员共同分享同种文化要素是有失偏颇的，只有"和而不同、多元并存"，才能使合作与共享具有意义。然而，当前共同体成员为了过度追求共享性，只接受一种想法和建议或者同一个成员只能采取一种教学方法等，这损害了文化的多样性。成员不能接纳彼此的异质性经验，不能实现成员之间的情感共鸣和思想交融，文化环境仍处于孤立状态。正如管理学中的"鲶鱼效应"[②]所说，"异己分子"在群体中是具有重要性的，个性独特、想法丰富的教师往往有利于促进共同体的创新发展。总之，多样性是依赖共享性而存在的，二者的关系应处于平衡状态，才能促进共同体的健康发展。

4. 教师参与意识薄弱，缺乏专家引领的学习机制

教师是否具有学习的意识和热情取决于自身的发展动机，发展动机直接关乎学习的程度和结果。然而在实践中，教师往往满足于现状，不思进取，出现职业倦怠的现象，这主要是由于内在动机不足，自我发展意识薄弱。因此，教师往往不愿参与共同体的学习，仍采取原有教学方法和手段，知识经验仍停留在原有的基础上，这不利于教师的自我提升。同时教师专业学习共同体的创建主要采取两种途径，即"组织向内"和"个人向外"，前者指管理层自上而下、由外而内组织建构而成，后者指教师个体因共同目标自愿建立而成。相比较"个人向外"，前者领导者往往掌握决策的权利，教师被动参与其中，这导致教师参与意识更加薄弱，专业学习共同体也已然有名无实。此外，在共同体中还缺乏专家引领的学习机制，大多数学校采用校内教师之间教研的模式，而忽视与其他学校课程教学专家、教授等进行探讨和研究，这将不利于教师在理论和实践方面的深度发展。

---

① Zhang, D., Tian, W. The Dilemma and reconstruction path of quasi teacher professional learning community [J]. Higher Education of Social Science, 2017(1): 27 - 33.

② "鲶鱼效应"指的是渔民为了让沙丁鱼活着回到渔港，在装满沙丁鱼的鱼槽里放进一条以其为主要食物的鲶鱼。鲶鱼进入鱼槽后，由于环境陌生，便四处游动。沙丁鱼见了鲶鱼四处躲避，加速游动，使大部分沙丁鱼都可以活下来。即通过个体的"中途介入"，对群体起到竞争作用，符合人才管理的运行机制。

二、促进学习共同体发展的对策

专业学习共同体的核心是促进教师专业学习,"其不同之处在于它强调小组或集体学习,这既可以促进通过反思和分析对知识的积极建构,也可以促进通过与同伴合作学习的共同构建"。① 当前,专业学习共同体的实施应以自主自愿为前提,以提高学生学业水平、促进个人和学校发展为根本目标。对此,要想确保专业学习共同体稳定和高效地运行,需从三方面做好建设工作,即教师个人层面、学校层面和专业学习共同体层面。

(一) 教师个人层面

1. 树立合作意识,进行反思性专业探究

合作意识在专业学习共同体构建中是至关重要的。现阶段,广大教师需摒弃狭隘的个人专业发展观,改变孤立和封闭的状态,如独立进行课堂教学、排斥其他教师听课等,同时教师应转变沟通方式,由传统的单向式、自上而下式的传递转变为双向式的互动,以此产生意义协商,最大限度地发挥自身优势,使教师树立合作意识。合作意识确立后,需切实地实施合作行动。在专业学习共同体中,教师开展合作具有三种不同的形式,首先是常规制度型合作,它需要将共同愿景具体化为共同目标,以配套的评价促进教学实践的推进,并提供专门的分享平台实现成员之间的反思性探究;其次为项目问题型合作,即依据项目问题在认同基础上强化差异,改进教学实践;最后是结构松散型合作,它主要指基于凝聚力建设,促使成员主动分享收获,并将反思对话作为固定模式。② 这三种不同的合作形式促使教师投入更多的合作激情,并提供给教师更多反思与对话的可能性。

2. 培养共同学习理念,重视个人潜力开发

当今社会,由于经济的快速发展,学习英语的氛围日渐浓厚,因此,英语教师须摆脱故步自封、因循守旧的状态,摒弃教师为教学者而非学习者的观点,加强自我学习,优化知识结构,树立终身学习的理念,同时教师须改进教学方法,更新教学手段,培养终身学习的习惯。在教师专业学习共同体中,"学习"指的是共同学习,即终身学习、全过程学习、全员学习、团队学习等,其中团队学习要求成员尊重个体之间的差异,包容

① Yin, H. , To, K. H. , Keung, C. P. & Tam, W. W. Y. Professional Learning Communities Count: Examining the Relationship between Faculty Trust and Teacher Professional Learning in Hong Kong Kindergartens [J]. Teaching and Teacher Education, 2019, 82: 153 - 163.

② 郑丹丹. 谈教师专业学习共同体中的合作[J]. 浙江外国语学院学报,2012(6):98—103.

他人的想法,以此开发个人潜力和群体潜力。

3. 培养独立精神,激发参与意识

在传统的管理模式下,学习共同体的领导者位于权力结构的最高层,这促使领导者忽略自身的专业发展,难以认识到成员对决策作出贡献的动态潜力,往往在此模式下,教师是决策的执行者,而非参与者,这将导致教师的参与意识非常薄弱,无法对学校各类事务进行决策,因此,共同体成员须意识到他们享有平等参与共同体决策的权利,享有平等的身份和地位。此外,教师需培养独立精神,敢于质疑权威,促使领导者作出正确的决策,使得专业学习共同体良性发展。

(二) 学校层面

1. 创设合作友好型文化

著名学者哈格里夫斯认为,合作是教师文化的一种,是在日常生活中自然生成的一种相互开放、信赖、支援性的同事关系。[①] 培养合作文化有利于教师工作的高效开展,形成融洽的关系,使共同体成员获得归属感。但是教师间的协作应以自愿为基础,不能强制化,反之,学校应帮助共同体中的成员感受到对工作的激情,具体包括以下几个方面:一是要阐明清晰、具体的共同愿景;二是要匹配任务和角色;三是建立科学合理的奖励机制;四是要开展多样化的合作。此外,为实现有意义的协作,学校需向教师提供合理化的标准,确保预期课程与实际教授内容相符合,同时学校也可以通过集体备课和团队评课的形式来发挥集体的智慧和力量,完善和优化课堂教学过程,其中集体备课主要指的是同学科同年级的备课、同学科不同年级的备课、不同学科同年级之间的备课,而团队评课提倡教师间互听互评,有利于教师反省不足,借鉴教学经验,实现全面、多元化的评价。

2. 给予丰富的资源支持

学校管理在支持教师致力于更好的教学决策协作方面发挥着至关重要的作用。因此,学校需给予专业学习共同体丰富的资源支持,如时间、场地设施资源、课程资源等等,以此调动教师的学习积极性。其中时间是宝贵的资源,学校需提供给教师足够的时间共同设计教案,互相观摩课堂,分享反馈,并为学生的进步采取有效的行动。此外,学校要重视资源分配的均衡性,防止各专业学习共同体之间出现不良竞争,阻碍其共同进步和发展,同时也要注意资源的统筹、整合和共享。为保障资源的有效利用,学

---

① Hargreaves, A. Changing Teachers, Changing Times: Teachers' Work and Culture in the Postmodern age [M]. London, Cassell, 1994: 163 - 185.

校也应当完善管理制度,弥补管理中的"缺位"和不足,促进学校的民主化管理。

3. 创新与重构学校制度,积极转变领导角色

学校是一个具有各种制度并需要制度保障的组织。当一种制度不能激发人的潜能时,便是需要改革和调整的制度。一般来说,制度是规范教师的行为,同时激发教师的进取精神,因此在共同体中制度需要发生转变,即从"要求教师如何做"到"发现教师做了什么"。"主动鉴定"教师的工作,而不是"被动验收"。[①] 除了创新和重构学校制度,学校领导也需找准角色定位,重新审视自己,要从"决策者"转变为"促进者",从"指挥者"转变为"合作者",从"领导者"转变为"服务者",充分发挥教师的主观能动性,并掌握教师工作的进度,协调好各方面工作的同步性,促使学校整体向前发展。

(三) 专业学习共同体层面

1. 制定评价标准,构建有效运行机制

所谓评价标准是在评价活动中应用于对象的价值尺度和界限,其中客观性因素是评价具有科学性的重要依据。制定科学的评价标准,合理地评价共同体中的各项活动,促使成员积极主动地投入学习,同时专业学习共同体中的个体知识增长是通过集体知识的不断完善,因此需实行发展性评价,定位到个体能力,关注个体需要,适当结合组织所获得的成绩,来促进教师及共同体的同步发展。为确保教师专业学习共同体的实效性,有效的运行机制是关键,包括管理机制、流动转换机制、激励机制和评价机制,通过建立这些运行机制,能够帮助教师获得更好的专业发展资源,提高教师分享经验的力度,实现优势互补、相互提升的目的。

2. 营造和谐人际关系氛围

学习共同体理应是成员互相研究和讨论的组织,而不是各成员简单的叠加,这就要求全体成员共同决策,正确处理好组员之间、组员与领导之间和专家之间的共生关系,营造和谐的氛围。在民主平等、相互信任和协作的人际关系氛围中,每位教师以自己对集体贡献的力量为骄傲,所有的成员齐心协力,为了共同的目标而努力,这种教师群体间和谐的人际关系,为教师专业学习共同体的顺利开展提供了至关重要的条件。

案例分析与研讨

1. 自媒体背景下教师学习共同体主要的现状是怎样的?

---

① 魏宝宝,孟凡丽. 教师共同体构建:蕴含价值、现实困境与实现路径[J]. 当代教育论坛,2019(4):23—32.

2. 产生现状的原因主要有哪些?

3. 通过自媒体,教师如何在学习共同体中促进教学能力的发展?

自媒体背景下教师学习共同体现状调查案例研究[①]

在自媒体环境下,广大教师利用网络等自媒体从事各种教学活动。因此,自媒体使教师表现出全新的发展形式。研究者们在此课题方面进行了许多教师专业发展的课题研究,如教师博客群、教师 QQ 群等。在自媒体背景下,教师如何实施专业的教学技能呢?为此,笔者对烟台小学英语教师进行调研,以便更好地了解教师专业发展现状,发现并分析问题,探寻提升其教学能力发展的方法与对策。

一、调查对象

此次研究,笔者对烟台地区的小学英语教师进行调研。问卷发放 230 份,问卷收回 220 份,有效回收率 95.6%。

二、调查结果

(一) 基本信息

此次调研,在 220 份有效回收问卷中,男教师所占比例为 29.5%,女教师所占比例为 70.5%。年龄在 40 岁及以上教师所占比例为 18.2%,年龄在 39 岁及以下教师所占比例为 81.8%,本科以上学历教师所占比例为 98.2%,见表 10 - 2。本科以下学历教师所占比例为 1.8%。

表 10 - 2　调查对象基本信息表

		人数	百分比
性别	男	65	29.5
	女	155	70.5
年龄	40 岁及以上	40	18.2
	39 岁及以下	180	81.8
学历	本科及以上	216	98.2
	本科以下	4	1.8

---

① 麻铁凝. 自媒体背景下小学英语教师学习共同体现状及策略研究[D]. 鲁东大学,2016.

（二）自媒体背景下教师学习共同体现状分析

1. 利用自媒体的态度与意识

通过数据分析（见表10-3）表明，一天或一周经常使用自媒体的人数分别为65.9％和34.1％。对于"利用网络等自媒体做什么？"，表示进行专业学习的小学英语教师人数占25.5％，表示查找资料的占29.6％，表示娱乐的占22.7％。表示浏览网上信息的占22.3％，被调查的小学英语教师人数68.6％以上的教师利用自媒体开展学习活动，说明大部分小学英语教师对自媒体感兴趣，具有主动性。更重要的是，"教学水平能力"和"专业素养的提升"是小学英语教师利用自媒体学习的主要动力，表明了自媒体对教师成长的作用。自媒体已经成为教师专业成长的一条主要途径，就它"是否可以对教师专业发展有好处"的调查表明教师对自媒体有比较大的认可和喜欢使用自媒体。

表10-3　教师利用自媒体的态度与意识

		人数	百分比
利用时间	每天都会利用	145	65.9
	每周都利用	75	34.1
	查找资料	65	29.6
利用目的	专业学习	56	25.5
	浏览信息	50	22.3
	通信与娱乐	49	22.7
自媒体可以促进教师	赞同	95	43.2
	同意	73	33.2
专业发展	一般	47	21.4
	不同意	5	2.3
是否进行过自媒体学习	是	151	68.6
	否	69	31.36

2. 教师利用自媒体的动机和需求

自媒体的优势具体表现在以下三点：一、不受限于时空；二、技术方便实用，可以为个人提供必要的需求；三、为教师提供合作与交流的机会，克服成长过程中的孤独感。从表格数据可知（见表10-4），小学英语教师利用自媒体专业成长的原因较多。大量的资源占比最大，约占50％；其次，方便实用占到了30％左右。利用自媒体进行专业成长是因为有很多传统学习无法比拟的优点，已经被越来越多的人接受。

表 10 - 4　教师利用自媒体进行专业成长的动机和需求

		人数	百分比
	资源丰富	108	49.1
使用原因	在线交流方便	66	30.0
	专业知识	199	90.5
教师需求	其他相关知识	21	9.5

3. 教师利用自媒体进行专业成长的途径

被调查的小学英语教师中(见表 10-5),有三分之二的习惯自学,三分之一左右的喜欢有计划的学习,基本没有人喜欢强制性的方式。据调查,小学英语教师在使用自媒体的过程中,QQ 群和微信、公众平台比例较高,各占 44.5%、27.3%,这从一个方面反映出,小学英语教师希望通过自媒体沟通与交流各种观点、教学材料,并给予反馈。而且,教师们非常喜欢自媒体的共享资料与资源的功能,在自媒体背景下,教师们不仅能分享各自的知识与技术资源,还可共享自己在教学过程中的各种经验以及对自己教学效果的反思与评价。这些都要求处于自媒体背景下的教师学习共同体中的教育者多多分享与合作。

表 10 - 5　教师利用自媒体的途径

		人数	百分比
	自学形式	154	70
学习形式	有组织、计划的学习	66	30
	教师 QQ 群	98	44.5
	微信、微信公众平台	60	27.3
	博客	28	12.7
学习途径	远程研修	20	9.1
	知识讨论论坛	14	6.4

4. 开展情况

从用自媒体的情况来看,形式丰富多样(见表 10-6)。其中,36.9% 的教师选择利用网络下载、浏览资源;选择观看专家视频讲座的为 19.5%;选择参与 BBS 讨论,与同伴交流为 15.2%;选择写教学日志的为 13.2%;参加集体备课评课为 6.6%;另外,还有 7.8% 的比例人数参加协作小组。有 51% 的教师表示每天都会参加各种网上的学习、交流,选择每周都会的 38.18%,仅有 7.3% 的教师表示偶尔或很少参加。这从很大程度上说明我区教师在线专业成长开展情况整体是不错的。

表 10‐6　教师在线专业成长开展活动情况

		人数	百分比
	下载、浏览资源	82	36.9
	观看视频讲座	43	19.5
经常参与的活动	BBS 讨论,同伴交流	33	15.2
	写教学日志	29	13.2
	集体备课评课	15	6.6
	参加协作小组	17	7.8
上网时间	每天参加	112	51
	每周参加	84	38.2
	偶尔或很少参加	16	7.7

5. 制约因素

影响内因(见表 10‐7)主要有以下三个方面:第一、时间不够,所占人数比例为 54.5%,第二、缺少必备的硬件和软件设备,所占人数比例为 26.4%,第三、计算机技能不足,网络在线沟通困难,所占人数比例为 19.1% 等;外在因素包括以下三个方面:第一,没有足够的吸引力,不能有效地激发教师的求知欲望,所占人数比例为 53.6%;第二,功能有缺陷、技术不到位,部分功能未被开发利用,部分老教师缺乏相应的网络技术,所占人数比例为 18.2%;第三,学习效果未达到预期所愿,所占人数比例为 27.9% 等。最终结果还表明内外因素对城区学校的影响不大,对城郊学校影响较大。

表 10‐7　制约教师利用自媒体进行专业成长的主要因素

		人数	百分比
内在因素	缺乏时间	120	54.5
	不具备电脑设备和上网条件	58	26.4
	缺乏网络交流技能	42	19.1
	开展活动缺乏吸引力	118	53.6
外在因素	网络平台功能不强、缺少技术支持	40	18.2
	在线学习质量难以保证	62	28.2

6. 期望与建议

据统计(见表10-8),66.3%的小学英语教师非常重视丰富的网络资源,这表示拥有优质资源是非常必需的。据调查问卷中教师们的需求反应来看,当前烟台地区的小学英语教师的在线专业成长仍有很多的不足。调查数据显示,40%的小学英语教师想获得课题,30.5%的小学英语教师需要优秀教学资源的支持,这些数据都反映出目前自媒体背景下网络学习活动的开展已不能仅仅局限于表面现象,而应充分发挥教师学习共同体中教师的创新性与开拓精神。开展更加新颖、具体、可操作性强的活动,使教师学习共同体与教学实践相互整合,共同进步。

表10-8 教师对在线专业成长的期望与建议

		人数	百分比
	重视网络资源	146	66.3
利用自媒体途径	其他	74	33.7
	课题研究	88	40.0
需要完善的地方	视频、案例教学	67	30.5

三、结果讨论

(一)缺乏知识共享的意愿

通过调查发现,尽管小学英语教师经常使用邮箱、访问论坛等,但效果并不太好,这说明小学英语教师学习共同体在内容、形式、结构等各个方面还有很大程度改善的必要。教师不会主动与他人分享优秀教育资源,另外,出于对自身利益的考虑,许多老教师也会对新教师有一定程度的保留,不愿意与新教师分享。凡此种种,都会导致小学英语学习共同体难以发挥应有的优势。

(二)缺少名师专家的引导

教师的教育教学活动具有很大的自主性和随意性,同时由于网络资源杂乱、结构不完整,教师需自己进行筛选。但由于教师彼此间缺少交流与互动,因此,教师们缺少专家学者的指点与引导,也相应地缺少了与其他教师的沟通与分享,为此小学英语教师经常陷入到孤军奋战的情形中,因而学习效果不好也就不足为奇了。

(三)活动方式过于形式化

学校的管理者轻视活动的内涵与本质,更注重外在形式,没有很好地理论联系实际,因而造成理论与实践的严重脱节,未能形成民主、和谐的工作与学习气氛。例如,在线教师学习共同体学习活动中,有些管理者规定了一些强制性并非常具体的形式要求,这都会强烈的引起教师们的反感和不满,严重影响教师学习共同体的实际活动效果。

第三节　学习共同体的实施

教师专业学习共同体(PLC)为解决学校面临的各种挑战提供了有效的基础设施,如教师隔离、与同事互动困难、参与决策意识不强等等。但在实施过程中,有三个因素影响共同体的运行,具体包括关键因素、人力资源和结构条件,关键因素指的是有效对话、集体关注学生学习、开放班级供其他教师观摩、合作性实践以及共享价值观和习惯,而人力资源则包括愿意改变、信任和尊重、社会化、支持性的领导力和认知技能,最后结构条件指向赋予教师自主权、见面谈话时间等。① 为此,专业学习共同体的工作要具有生产性、有效性和专业性,其实施须包括三个主要方面:(a)使用协作式探究周期来指导工作;(b)学习如何进行深入的对话;(c)以改进的方式看待学生的工作。

一、学习共同体的实施过程

1. 使用协作式探究周期来指导工作

探究周期是一个发现实践产生的问题或教学挑战的过程,需要不断关注和改进。它是 PLC 获得成功的重要组成部分。探究周期的关键要素是着眼于学生的工作,以更好地理解学生的思维方式并相应地改变指导方法。协作工作中使用的探究周期分为三个主要阶段:重点、实施和分析(图 10 - 2)。② 进行探究循环既不是单向的,也不是按照顺序的过程。例如,当教师在周期开始时便谈论目标和价值观,在分析阶段,人们的共同愿景会变得更加清晰。此外,一旦确定了重点,实施和分析阶段就可以在一个学年或多个学年中以很小的周期发生。尽管探究周期可能是连续的,但教师会在循环的探究周期中进行反思或以改进后的教学方法重新实施教学活动。

① Hassan，M. A. A. ，Musa，K. ，Hashim，Z. & Habidine，N. F. Implementation of Professional Learning Community Among Teachers in Malaysia [J]. International Journal of Education，Psychology and Counselling，2020(34):137 - 146.

② Holmlund，N. T. ，Linda，L. & Charlotte，W. How to Create a Professional Learning Community [J]. Science and Children，2010(9):36 - 40.

（1）集中探究

协作式探究需明确学生的需求或确定一个问题。找到这个焦点可能是有挑战性的，因为在教学过程中有太多的问题需要解决，以至于很难只关注一个。同样，教师对最紧迫的问题有不同的看法，并可能担心选择的重点会浪费时间。因此允许每个人先进行两到三分钟的思考，并写下想要关注的重点的细节，其次轮流谈论自己最感兴趣的内容，其他小组成员提出关于发言者发表内容的一些想法或以其为基础的问题，然后原发言人作最后发言。在所有陈述完毕后使用"五个拳头"（用手指表示支持的程度，从"完全不支持"到"完全支持"）的投票方法，以确定哪个想法获得了最多的支持。这些会话为教师提供了自由表达个人想法的机会，有利于信息的交流和共享。同时在集中讨论阶段重点确定的难易程度将取决于小组成员是否全部教授同一科目，如果每个人都教相同的内容时，选择一个探究重点要容易得多，但该因素并不妨碍 PLC 向前发展。小组首先确保他们正在探索的领域与每个小组成员相关，并且探索的内容足够丰富，可以进行持续探究。确定重点领域后，教师需在这一领域内一起进行课程主题研究，为下一阶段的行动实施作好铺垫。

（2）实施共同行动并收集数据

周期的下一个阶段是通过在教室中实施特定的活动，并收集与这些活动有关的学生学习证据来解决探究问题。例如，教师可能想开发并使用诊断方法来进行评估，以在教特定的单元之前引起学生的关注；或者 PLC 成员意识到某系列课程对学生来说有一定难度，那么他们可能会修改课程或者改变原有的教学策略，再教授这些课程。课程教授完毕后，教师可以通过在课堂上录制的视频、收集到的学生笔记或者 PLC 成员的集体形成性评价来评判这些课程是否能够影响学生的思维能力，进而为下一轮的改进行动提供证据。但如果所有的 PLC 成员都教相同的科目，那么每个人都可以实施一个共同的策略；如果不是这样，成员可以作为关键朋友来互相评审彼此的执行情况。相同的课程，教学策略可以是针对每位教师的教室环境量身定做，同时一些常见的策略可以在每个年级执行或者不同年级的教师可以实施与策略相关的教学活动，以此增进学生对知识的理解。

（3）分析学生的思维方式

协作式探究的功能在于教师将学生的工作带到学习共同体内进行共享交流，并且教师负责人需要为学习共同体创设安全、和谐的环境，以此使教师能够安心地对学生的工作进行反思和分析。因此，探究性问题和协作规范可以简化流程并支持深层对话和反思对话,而不仅仅是共享结果。在 PLC 中,教师负责人可发布一组探究性问题供成员使用,这些问题可包括"学生在课堂上的回应是否显示她已经掌握了知识"或"教师在课堂上如何促进与学生的互动?"等等,同时教师同意对话的规范对 PLC 的发展会有所帮助,对协作规范的审查,例如着眼于探究的过程或关注自我和他人可以帮助小组成员在对话交流过程中建立信任和尊重,创造平等、和谐的氛围。

教师的学习是对学生的思维方式进行协作分析的结果。例如,教师可能会从学生的回答中知道他们提出的问题使学生困惑,但是他们并不能完全得出学生真正知道的知识。基于这一发现,教师可以改变提问策略或者在课堂教学中探索多种学生能够理解问题的教学形式,以促进课堂教学有序进行。对学生思维方式的分析在探究周期中多次发生,并转向下一步。

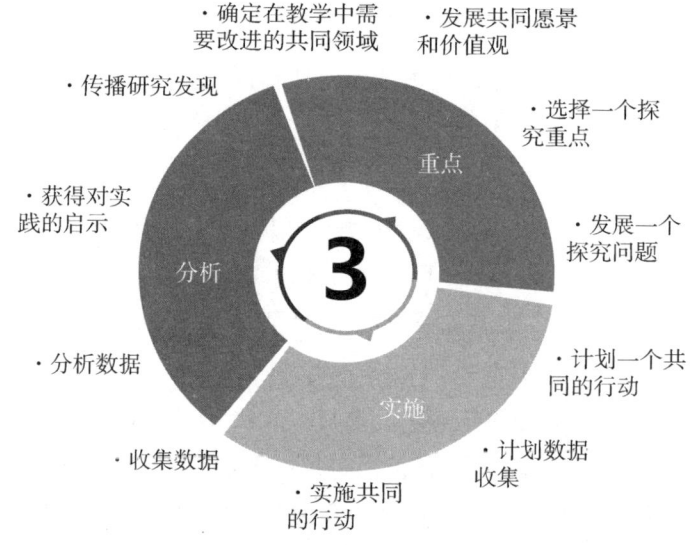

图 10-2　探究周期

2. 深度对话

由于教学主题具有个人化,因此很难进行实质性的教学对话。于是,共同体在最初对话困难时可提出以下问题:学生们通常都了解什么? 他们通常在哪些地方表现不佳? 是否在某些领域中优秀学生总是表现良好,而班上的其他同学却从未达到令人满意的结果? 这些类型的问题将注意力集中在学生的学习上,包括学习方法、学习目标、学习动机等等。其次,教师可将之前形成的评估性数据或真实的学生作品带到共同体中,在深度对话中获取多样化的信息,以确定学生是否达成学习目标,是否在某些方面取得进步,同时教师将学生学习的证据呈现在共同体中,有利于教师分析学生的工作,确定学生群体最迫切的需求。当然若无学生的展示作品时,教师可以转向谈论课程成功与否等方面问题。[1] 最后建立合作规范,例如释义和探究,[2]并使用预先确定的探究问题和协作规范,可使教师放心地对这些类型的问题进行思考、提问和回答。通过深度对话可以探索关于教学的真实问题,可以探寻学生想法的变化,以使后续教学更加针对学生的特定需求。同时深度对话也有益于教师进行反思和总结,促进观念的更新,为教学方法的改进奠定良好的基础。

3. 改进方法

PLC 工作的另一个重要方面是教师对学生工作的看法,当这种看法促进教学方法改变时,便会产生一种改进的方法,简称为"改进"方法。在 PLC 中,教师主要谈论衡量学生成就的标准,例如评估分数等。这种对学生工作进行评判的方法并没有帮助教师知晓某些特定课程是如何影响学生的思维方式。它可能导致教师得出一些浅层的结论,如"我的学生已经掌握了这个知识点,因为他们能用这个知识点解决问题"等,因此相对来说这种评判更多地侧重于过去教学的成败,而不是着眼于解决学生当前的特定需求。对此,当教师认为某一教学方法是可以改进时,就可以采取相关策略,以满足于当前学生的需求,实现其长远发展。教师可通过检查学生的学习成果或进行课堂对话,以识别学生对知识点的错误理解,并根据当前的学习目标进行教学方法的调整。随着方法的改进,对学生工作的评判和分析成为进一步探究的起点,这也是出于对教学、学习目标和学生思维方式三者之间联系的考虑。在评判和分析的过程中,教师进行更深层次的对话,提出有关学习、教学等试探性问题,而不总结和评判学生的学习成就,这将共同改变教师工作的性质。关注讨论的话题对于改善教师的教学和学生的学习非常重要。

案例分析与研讨

1. 影响研讨课进行高质量互动的因素有哪些?

---

① Pirtle, S. S. & Tobia, E. Implementing Effective Professional Learning Communities [J]. SEDL Insights, 2014(3):2-7.

② Garmston, R. & Wellman, B. The Daptive School: A Sourcebook for Developing Collaborative Groups [M]. Norwood, MA: Christopher-Gordon Publishers, Inc, 1999:33-56.

2. 微观政治运作与教师专业发展是否有矛盾？

3. 教师专业学习共同体的制度化互动能否促进教师的专业发展？主要表现在哪些方面？

教师专业学习共同体的制度化互动研究[①]
——以 Q 校英语教研组研讨课互动为例

一、研究方法及过程

研究采用质性研究方法,选取上海市 M 区 Q 小学的英语教研组(以下简称英语组)作为个案进行研究。Q 校是区内"A"级一等先进学校,在预研究中,研究者发现,该校的英语组具有 Shirley M. Hord 等人提出的教师专业共同体的典型特征。具体现象包括:Q 校英语组教师整体比较团结,能积极分享知识经验,具有学习型组织文化;教师在长期的共同学习中形成了对教学共同的理论知识背景;教师在日常工作中能分享领导、群体决策;教师对学生具有很强的爱心和责任心,对教育具有共同的价值追求。研究者在 2012 年 9 月半年多时间内进入 Q 校英语组。通过访谈、参与式观察、文件法收集资料。在此过程中,研究者发现 Q 校英语组在学校行政力量的推动下,建立了一系列能保证教师互动有序性与系统性的组织制度,如读书制度、研讨制度、听课备课制度等。经过进一步的分析,发现研讨课互动在人员的参与、互动内容、互动方式等方面能基本反映 Q 校英语组的制度化互动形态,因而文本选择以研讨课为例,对教师专业学习共同体的制度化互动进行探究。

二、教师专业学习共同体的研讨课互动

(一)研讨课概况

Q 校英语组每个学期会开设各类研讨课,包括日常组内研讨课、面向全校的精品课及面向外校的公开课。精品课既是向全校教师展示英语组教师专业水平的平台,也是向组内教师提供的高质量教学示范,因而一般会推荐组内综合教学能力突出的教师展示。此外,学校"课程与教学部"会结合区教研室的教研通知,每次指定 1—2 位教师开设面向校外的公开课,在活动当天还会有区教研员以及大学专家参与点评。表 10 - 9 是 2013 学年上学期 Q 校英语组教师的研讨课安排表。

① 林美. 教师专业学习共同体的制度化互动研究——以 Q 校英语教研组研讨课互动为例[J]. 小学英语教与学,2015(8):34—39.

表 10-9 Q 小学英语组 2013 学年上学期研讨课安排

年级	课型研讨	研讨主题	课题	承担教师
一年级	口语教学	基于课标,基于学生,情境创设,培养语用	1A M2 U2 My family	F O(负责)
二年级	对话类小语篇教学	再构"对话类文本",提高教学有效性的实践研究	2A M3 U1 In the children's garden	Q P(负责)
三年级	句型教学	基于教材、生情,研创文本、语篇运用,提高语用	3A M3 U1 My school	F、J S(负责)
四年级	句型教学	基于课标,研究教材,语篇再构,提高语用	4A M2 U2 Jobs	Y,P J(负责)
五年级	语篇教学	微课程提高小学五年级学习语篇阅读能力的实践研究	5A M4 U1 Water	O,S,Y J(负责)

从表 10-9 可看出,执教研讨课的教师包括骨干教师 S、两名"区希望之星"教师 P 和 O、一名具有四年教龄的青年教师 J,他们在教学能力和教学经验上都相对具有优势。其他未开设研讨课的教师也都分组参与其中。不同年级的研讨课包含了口语教学、句型教学、语篇教学等,不仅在课的横向类型上十分丰富,也体现了纵向上的年级螺旋上升。可见学科负责人为促进教师发展做了细微的统筹安排,尽量为不同状态的教师提供有针对性的帮助。

由于研讨课在促进教师专业发展时,还涉及到教研组和学校的形象,因此一般会选择让优秀青年教师执教——老教师语音语调、语言素养比不上新教师。因此区级公开课和校级公开课中,学校及英语组便对更多优秀青年教师有了急切需求,不然每次亮相的都是这个老师,其他学校的老师都认识了,其他组也觉得英语组好像没人了。虽然学科负责人也一直认为要提升整个教研组教师的教学专业水平,但培养新教师一般是接力式的,一个一个来。

(二)研讨课互动过程

研讨课互动基本经历了如下步骤:(1)执教教师在备课组讨论的基础上自主设计教案;(2)执教教师上课;(3)执教教师总结和反思;(4)执教教师修改教案形成新方案⋯⋯组内日常研讨课一般会经历 2 次 1—3 的步骤;面向全校、校外的公开课会在 2—4 的步骤里进行更多次的磨课循环后,再进行公开课展示,此时会有区教研员及大学专家与教师互动。

为发现组内教师研讨和有专家参与研讨时两者的异同,研究者特呈现某一节公开课后执教教师O的个人反思,组内教师Y的现场点评,W教师在研讨结束后递交的点评以及专家B的点评。总之,教师O、Y的现场发言和W教师的"私下"点评可以基本反映组内研讨课互动,而3位教师和专家的对比点评可以帮助我们更好理解组内研讨互动和有专家参与的公开课研讨的区别。

执教教师O上完课的反思:……我上下来,发现听力导入和创编儿歌……没想到小朋友还是很能干的。但感觉还是要加点东西,如颜色等,这样语段会更丰满些。

组内教师W点评:教师根据学生的实际需求整合教材……但教师应强调词性的变化,让学生练练后小结。

组内教师Y点评:……学生以往学习积累的能力在本节课中都起到了积极的作用……感觉下来就是"What can you do in 季节?",是否可把do改为省略号,如"What can you see?"感觉会给学生更多开发的空间。

大学专家B点评:O老师课堂教学非常有序……季节,首先是spring,其次是summer, autumn, winter。学习spring时老师教,到学autumn时学生可以自己用……这样积累的知识被激活,孩子资源和书本资源形成主动对话。再一个是互动多样性的问题……如A和B学生说完后,你可以提问其他同学他们说了什么,这样大家会集中注意力听对话内容……增加互动的面,使点和面处于主动的状态。

再一个是学和习的关系,像rain,fog……看能不能让他们看板书对词进行分析。我觉得四年级开始可以给他们一些语法渗透,要有长远意识……不然将来易混淆。

可以说,执教教师的自我反思和组内教师的点评都包含了课堂教学的优缺点及改进策略。在如何改进课堂教学这一方面,可以说创设"开放课堂"已成为英语组教师的一种本土理论。但也可以发现几位教师的反思未回答深一步的问题,如为何要把do改为省略号。而B专家的点评一定程度上弥补了其不足,回答了关于开放的几个关键问题。

(三)研讨课互动的影响

1. 对于教师群体的影响

集体反思、点评的研讨课互动对于教师共同体而言最大的意义在于促进教师专业知识的螺旋上升。此外,对于教师群体而言,集体研讨可促进一种共享、合作、包容的氛围。在研讨过程中,教师的反思、点评包含了亮点,也能就教学中的问题进行批判和再构,这种打破表面的一致性和假象"共识"是教师长期合作的结果,也会在研讨中得到强化。

2. 对教师个体的影响

研讨课互动也会对不同教师形成不同影响。首先,对执教教师而言,专业发展的过程隐含了个人优势身份的获得与失去风险。其个人反思与同伴点评可帮助他们从外显行为中探究自我的内隐理论,从而进一步改变头脑中的观念。其次对于其他参与教师而言,除分享集体知识外,也可就自我教学设计思路等进行反思和重建。最后针对老教师来说,研讨互动模式可使中年教师保持教学的热情,拒绝加入"不投入"阶段。

三、结论

(一)专业发展与微观政治运作:教师专业学习共同体制度化互动的双重性质

对于教师专业学习共同体而言,一系列共享个人实践、集体学习与反思过程中,集体的内隐理念进一步外化,形成集体共同的教育教学理论,从而促进共同体程度不断上升,因此,教师专业共同体的制度化互动首先是教师的专业发展。

然而,研讨课互动也埋伏了微观政治的深层线索。在研讨课互动中,微观政治运作主要存在于教师个体之间以及学校领导与共同体之间。教师个体之间指开课教师获得的个人身份优势,后者指学校领导借研讨课互动建设学校品牌,创造更多有利资源。

(二)促进与束缚:教师专业学习共同体制度化互动对教师专业发展的生成影响

1. 促进作用

在学校行政系统一定赋权的前提下,教师专业学习共同体的互动通过促进教师领会共同体成员的文化工具促进教师专业发展。研讨课互动主要从制度、人际和个人层面为教师学习提供文化工具。同时大学专家和教研员的优势文化工具可弥补教师间文化工具的有限性。

2. 束缚力量

在增能赋权的口号下,控制可能以自主的形式赋予教师责任,要求其达成组织目标,也可能让教师无权参与那些重要的、价值含涉的问题。在 Q 校,学校行政力量为教师专业发展建构了富有意义的制度支持,在实际运作过程中,隐含的问责力量限制了教师的专业自主权,也加强了微观政治运作,从而对教师专业发展形成了束缚。

学习小结

本章主要介绍了教师专业学习共同体,首先对学习共同体的基本内涵进行阐释,指出学习共同体是一个由学习者及助学者(包括教师、专家、辅导者等)共同构成的团体。其团体具有共同的愿景,团体成员间进行交流与沟通,实现多样思想的碰撞,形成共生关系,同时分享学习资源,完成学习任务并在彼此之间形成互相影响、互相促进的人际关系,并分析了其基本内涵;其次,探讨了教师专业学习共同体的内涵、生成要素和基本模式,其中生成要素包括共同愿景、合作文化氛围、自我超越、教师反思与实践性的循环学习方式、学习共同体内部成员结构等;其三,阐述了教师专业学习共同体的价值与功能,明确其实施的意义所在。最后,探讨了如何实施专业学习共同体,并详细介绍了教师专业学习共同体在实践过程中遇到的障碍以及相应的对策,以给小学英语教师更好地参与专业学习共同体一些启发。

评价检测

一、简答题

1. 学习共同体的特征有哪些?

2. 学习共同体与合作学习小组、"单子式"学习个体间的区别在哪里?

3. 教师专业学习共同体的内涵与功能是什么?

4. 学习共同体的实施步骤是什么?

5. 当前教师专业学习共同体遇到了哪些困境?应如何解决?

二、讨论题

1. 在专业学习共同体中,小学英语教师在哪些方面会得到提升?

2. 为了促进小学英语教师的专业发展,依据专业学习共同体,小学英语教师需要具备哪些素养以及需要采取哪些行动?

三、实践应用题

以所在班级为单位,小组合作构建专业学习共同体,并在实行过程中发现需要改进的地方,小组交流并记录,最终呈现报告。